PrépaBAC

Réussir l'examen

Tle STMG

Mes épreuves finales

W0353477

Management, Sciences de gestion et numérique

Enseignement commun – Laurent Izard, Laurence Nouger
Gestion et finance – Nathalie et Alain Gomez
Mercatique – Laurence Nouger
Ressources humaines et communication – Christine Malarmey
Systèmes d'information de gestion – Christine Malarmey

Droit et Économie

Frédéric Ginoux

Philosophie

Audrey Bebert-Mion

Grand Oral

Benoît Godiard

FOUCHER

Les ressources numériques

Au fil des pages, des QR codes à flasher vous renvoient à des ressources variées : corrigés, documents, schémas, vidéos, podcasts...

Mode d'emploi

Lorsque je rencontre un pictogramme ressource au fil des pages :

1. Je vais sur www.foucherconnect.fr
2. Je saisis le code de la ressource indiqué dans le pictogramme.
3. Je visualise ma ressource.

Des FLASHCODES permettent aussi d'accéder aux ressources depuis un smartphone

Maquette de principe : Studio Favre & Lhaik

Mise en pages : STDI

Infographies : STDI

Crédits iconographiques :
p. 26 : ph ©LIGHTFIELD STUDIOS, stock.adobe.com ; p. 112 : ph © IWC ; p. 112 : ph © SIXT SE ; p. 112 : ph © Ikea Tokyo

ISBN 978-2-216-17122-4

SOMMAIRE

MANAGEMENT, SC. DE GESTION ET NUMÉRIQUE

Enseignement commun

Thème 1. Les organisations et l'activité de production de biens et de services

Thème 2. Les organisations et les acteurs

Thème 3. Les organisations et la société

Gestion et finance

Thème 1. Appliquer les règles comptables

Thème 2. Analyser la situation de l'entreprise

Thème 3. Accompagner la prise de décision

Mercatique

Thème 1. La définition de l'offre

Thème 2. La distribution de l'offre

Thème 3. La communication de l'offre

Ressources humaines et communication

Systèmes d'information de gestion

Droit et Économie

Droit

Économie

PHILOSOPHIE

Les notions au programme

Grand oral

Zoom sur l'épreuve

Les sujets

Réussir le Grand oral

La démarche marketing

1

Toute organisation propose sur le marché des biens et/ou des services. Pour assurer la vente de ses produits, l'organisation doit mettre en place une démarche marketing structurée.

1 Démarche marketing et plan de marchéage

L'organisation, dès sa création, détermine ses finalités et met en place une **stratégie globale.** La déclinaison opérationnelle de ces orientations stratégiques se concrétise dans le **plan de marchéage.** Ce plan de marchéage est l'aboutissement de la démarche marketing.

A. Le principe

La démarche marketing a pour point de départ **l'étude des besoins du consommateur.** Celle-ci permet d'adapter le produit, le prix, la communication et la distribution (= plan de marchéage). Elle est traditionnellement opposée à une **politique de l'offre** (qui part du produit pour trouver ensuite les meilleurs moyens de l' « imposer » aux consommateurs).

B. Les étapes de la démarche marketing

▶ Les étapes de la démarche marketing sont schématisées ci-dessous :

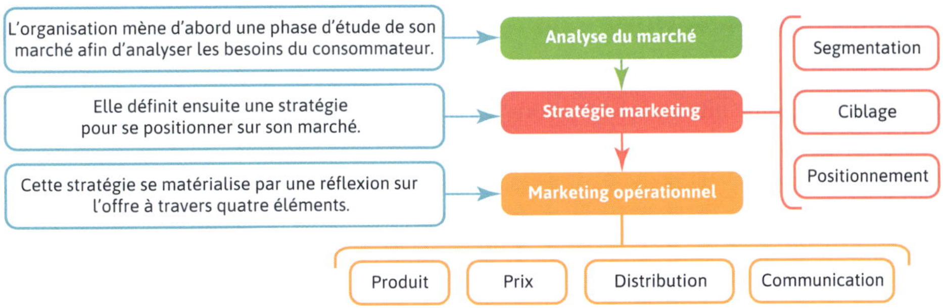

▶ La compréhension du marché est fondamentale. L'organisation doit, en effet :
– **connaître parfaitement ses clients actuels et potentiels** ainsi qu'anticiper l'évolution de leurs besoins et attentes ;
– **identifier ses concurrents actuels et potentiels**, leurs poids…

▶ Selon la conception de l'organisation et son rôle dans la création des besoins, quatre approches marketing sont possibles :
– **l'approche réactive** : l'organisation réagit au marché. Elle ne crée pas et n'anticipe pas le besoin. Elle satisfait le besoin déjà exprimé ;

#exemple
Approche réactive : le lave-vaisselle Bob
foucherconnect.fr/24terstmg01

– l'**approche anticipative (ou anticipatrice)** : l'organisation anticipe le marché en favorisant l'émergence d'un besoin latent. Les moyens technologiques actuels permettent d'obtenir une masse de données considérable sur le comportement du consommateur. De ces informations émergent les tendances du marché et les besoins latents des consommateurs ;

– l'**approche proactive (créative)** : l'organisation crée un marché en révélant à la fois un problème non perçu par le consommateur et sa solution ;

– l'**approche médiatrice (co-créative)** : l'organisation favorise la collaboration avec le consommateur pour co-créer le produit. Le consommateur participe à la création de l'offre : directement, en récoltant des informations sur des blogs, des réseaux sociaux, des plateformes collaboratives de clients ou indirectement, en menant des études quantitatives ou qualitatives sur le comportement des consommateurs.

#exemple
Approche anticipatrice : Yacon & Co
foucherconnect.fr/24terstmg02

#exemple
Approche proactive : Demain en 3D
foucherconnect.fr/24terstmg03

#exemple
Approche médiatrice : la cocréation chez Décathlon
foucherconnect.fr/24terstmg04

2 La collecte d'informations pour comprendre le marché

▶ L'organisation met en place une **démarche de veille** et une **étude du marché.** Ces méthodes permettent de recueillir des informations nécessaires à la prise de décision.

Selon les professionnels, 40 % à 50 % du coût d'une étude sont consacrés à la collecte de l'information et seulement 10 à 15 % au traitement des données (e-marketing.fr).

▶ Aujourd'hui, le recueil et le traitement d'informations nécessitent l'utilisation des **technologies numériques.** En effet, face à l'accroissement du volume de données collectées, les outils numériques permettent de détecter, d'organiser, de structurer et de diffuser l'information pertinente et constituent une **aide à la décision.** Deux familles d'outils facilitent la gestion de ce processus :

– **la veille** : **active** (surveillance de l'environnement centrée sur un objet identifié), **passive** (surveillance de l'environnement sans but précisément identifié), **concurrentielle** (analyse systématique et permanente des actions de la concurrence) ;

– **le *knowledge management*** : organisation des données collectées, des connaissances, des savoir-faire afin de mieux les interpréter, les analyser, les diffuser, les partager.

#exemple
L'Oréal innove pour les femmes en situation de handicap
foucherconnect.fr/24terstmg05

À savoir

Les informations collectées sont nombreuses. Il faut donc les transformer en informations exploitables pour la prise de décision. C'est la fonction du *datamining*, une technologie très utile à l'action marketing.

Innovation ou adaptation du modèle économique ?

2

Une fois l'analyse des caractéristiques du marché effectuée, deux politiques peuvent être mises en place pour créer de la valeur : l'innovation de produits et l'adaptation du modèle économique (**business model*****).***

1 L'innovation de produits

▶ Selon l'Insee, l'innovation désigne **l'introduction sur le marché d'un produit ou d'un procédé nouveau ou significativement amélioré** par rapport à ceux précédemment élaborés par l'unité légale.

▶ Deux types d'innovation sont ainsi caractérisés :

– **l'innovation de produits (biens ou services)**, qui inclut les changements significatifs de design et les biens ou services numériques ;

Exemple : Le groupe L'Oréal crée de multiples innovations dans le domaine de la beauté, et notamment dans l'innovation de produits. Ainsi, le 3D shu:brow permet aux utilisateurs de créer sans effort des sourcils 3D personnalisés à la maison en quelques secondes.

– **l'innovation de procédés (incluant les innovations d'organisation et de marketing)** : elle concerne la production et les méthodes de développement, la logistique et la distribution, le système d'information et de communication, les tâches administratives et la comptabilité, l'organisation des procédures, la gestion des relations avec les fournisseurs, l'organisation du travail, les processus de décision, les ressources humaines, le marketing, l'emballage, la tarification et le service après-vente.

Exemple : La start-up Algramo innove en termes de procédés en développant un modèle d'emballage réemployable qui intègre une puce RFID, mémorisant et récupérant ainsi des données à distance, à la manière d'un code-barres. À chaque passage en magasin, la puce se connecte au distributeur de produits et permet de recharger le contenant selon les habitudes de consommation du client.

#exemple
Le 3D shu:brow
foucherconnect.fr/24terstmg06

#exemple
Réemploi et vrac : la bonne idée de la RFID
foucherconnect.fr/24terstmg07

2 L'adaptation du modèle économique

▶ Le ***business model* ou modèle économique** est initialement un **document synthétique** qui décrit la situation d'une société sur un marché donné. Il apporte des précisions sur le **positionnement de l'entreprise** et sur ses activités. Il décrit également les **principes de fonctionnement** ainsi que les **règles d'organisation** d'une entreprise.

▶ Confrontées d'une part à une concurrence accrue, parfois nouvelle (notamment avec les GAFAM), et d'autre part à l'utilisation croissante des technologies dans le quotidien des consommateurs, les entreprises repensent leur **modèle d'organisation.**

▶ Ainsi, la distribution des produits évolue : création de plateformes, développement de la distribution collaborative…

▶ De même, de **nouveaux modèles économiques**, modifiant la perception du prix du produit et la valeur perçue, se sont développés, notamment le *low cost* et le *freemium*.

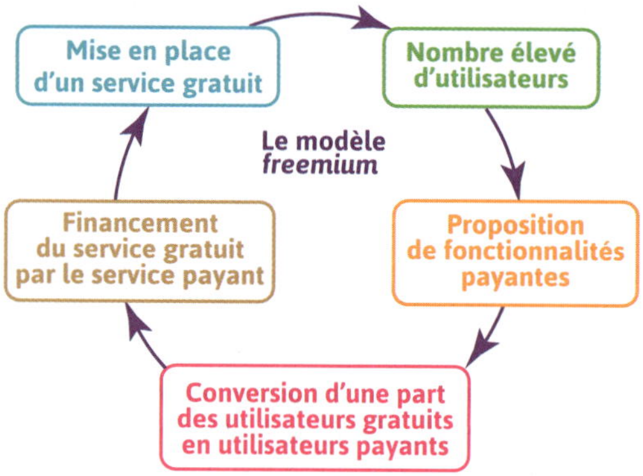

▶ Ainsi, une organisation décidera de commercialiser l'offre en respectant deux contraintes :
– la **valeur perçue** doit être suffisante pour rencontrer une demande et se différencier des concurrents ;
– l'**offre doit être rentable**, c'est-à-dire que le coût d'innovation ou d'adaptation de l'offre doit être couvert (notion de seuil de rentabilité).

ZOOM SUR… LE MODÈLE FREEMIUM

Le terme « freemium » est composé de deux mots anglais : ***free*** (gratuit) et ***premium*** (qui se rapporte à une offre payante). Il s'agit donc d'un **modèle économique** et d'une **stratégie commerciale** consistant à proposer gratuitement l'accès à un service, afin d'attirer le plus grand nombre d'utilisateurs possible pour tenter de leur vendre une version payante plus tard. Mais qui dit « offre gratuite », dit « offre limitée », notamment en : nombre de fonctionnalités, caractéristiques, confort d'usage, support technique, nombre de licences ou encore temps d'utilisation. L'objectif des entreprises proposant ce modèle est donc d'orienter dans un second temps les utilisateurs vers un **service premium**, plus complet et attractif. Dans ce schéma, les financements sont assurés par les **abonnements payants** (même si d'autres **sources de revenus** sont envisageables : **recettes publicitaires**, **monétisation des bases de données**…). C'est pourquoi le *freemium* implique un habile **jeu d'équilibre**, dans lequel l'entreprise doit atteindre un **ratio** idéal afin que les services payants subventionnent suffisamment les **utilisations gratuites** du produit.

Quelles ressources pour produire ? 3

Après avoir défini sa stratégie, il appartient à l'organisation de mettre en place sa production, qu'il s'agisse d'une production de biens ou de services, matérielle ou immatérielle, marchande ou non marchande. Dans un premier temps, l'organisation doit identifier les ressources financières, matérielles et humaines qu'elle devra mobiliser. Les arbitrages réalisés vont avoir des conséquences en matière de compétitivité et de réactivité.

1 Les ressources tangibles et intangibles

▶ Les **ressources tangibles** sont les actifs (matériels ou non) que possède l'organisation. Ces ressources tangibles figurent à l'actif du bilan de l'organisation. On les trouve dans :
– l'**actif immobilisé** (machines, entrepôts, véhicules…) ;
– l'**actif circulant** (stocks, disponibilités…).

▶ Les **ressources intangibles** sont des ressources qui ne figurent pas à l'actif du bilan mais qui représentent une véritable richesse pour l'organisation.

Exemple : Le savoir-faire des salariés, l'image de marque, la capacité de l'entreprise à s'adapter à son environnement…

2 Les ressources financières

A. Les ressources internes et externes

▶ **Les ressources financières internes** : il s'agit de l'**autofinancement** (utilisation des ressources que l'organisation possède déjà) et de l'**augmentation de capital** (demande aux propriétaires de l'organisation d'investir à nouveau pour son développement).

▶ **Les ressources financières externes** : il s'agit de l'**emprunt bancaire**, du **crédit-bail** (un contrat de location avec une promesse d'achat à la fin du contrat), des **subventions** (accordées par l'État ou les collectivités locales) et du ***crowdfunding*** (financement participatif).

#Info
Le *crowdfunding*
foucherconnect.fr/24terstmg08

B. Les besoins financiers d'une organisation

Pour apprécier les besoins de financement d'une organisation, on peut établir un **bilan fonctionnel** qui met en évidence les **cycles d'investissement**, de **financement** et d'**exploitation**. À partir de ce bilan fonctionnel, on peut calculer des indicateurs tels que le **FRNG (fonds de roulement net global)**, le **BFR (besoin en fonds de roulement)** et la **trésorerie nette**. Fiche 34

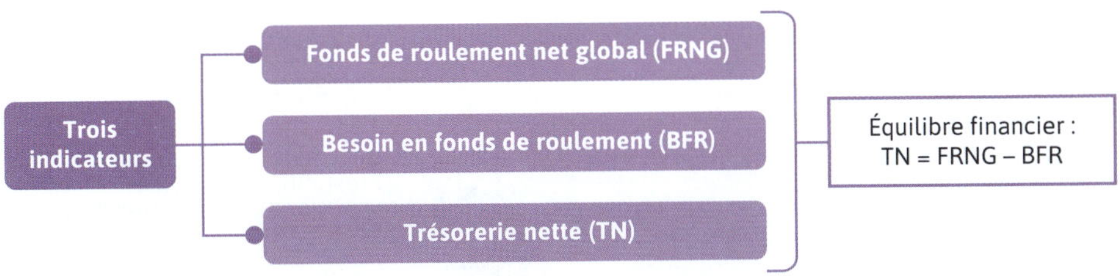

3 Les ressources humaines

A. La gestion prévisionnelle de l'emploi et des compétences (GPEC)

▶ Les choix de production ont des conséquences sur les **besoins en ressources humaines.** La première décision est de nature **stratégique** : l'organisation assure-t-elle elle-même la production ou la confie-t-elle à un partenaire *via* l'**externalisation** ou la **sous-traitance** ? Dans le cas d'une production en interne, les organisations doivent prévoir les **qualifications** et les **compétences individuelles** dont elles auront besoin pour produire.

▶ C'est le rôle de la **gestion prévisionnelle de l'emploi et des compétences** (GPEC) que d'adapter les ressources humaines aux **besoins immédiats et futurs** de l'organisation tant au niveau quantitatif que qualitatif.

▶ Il s'agit pour l'organisation de disposer de façon continue des **ressources humaines** et des **compétences requises**, tout en évitant les situations de sureffectif ou sous-effectif, les changements trop brutaux, etc.

B. Les moyens de la GPEC

▶ Après avoir identifié ses besoins futurs nécessaires à la production, l'organisation recherche une **adéquation entre les besoins en compétences et les ressources humaines** effectivement disponibles. Celle-ci suppose une **approche quantitative et qualitative** incluant les compétences de chaque salarié, l'efficacité organisationnelle, le climat social, l'aptitude au changement…

▶ Pour ajuster les ressources aux besoins identifiés, l'organisation peut rechercher des compétences en interne, réaliser des actions de formation, des opérations de mobilité interne, planifier des recrutements ou prévoir des compressions de personnel.

C. La recherche de flexibilité

▶ Afin de répondre aux **évolutions de l'environnement** et d'**accroître la flexibilité**, les organisations mobilisent différentes techniques juridiques pour redéfinir la relation de travail.

▶ La flexibilité résulte aussi de choix en matière d'organisation du travail (horaires flexibles, équipes autonomes, équipes polyvalentes, etc.).

▶ Les **transformations numériques** de la société s'imposent comme un levier incontournable d'accompagnement des **nouvelles formes de relations de travail.** La relation commerciale se réalise de plus en plus via les outils numériques (achats via Internet…). Il en est de même pour l'organisation matérielle du travail (planning de mission de livreurs…).

▶ La **flexibilité de la main d'œuvre**, sa formation et sa polyvalence peuvent apporter une réponse aux difficultés de recrutement des organisations : selon le ministère du Travail, plus de 350 000 offres d'emploi restent insatisfaites.

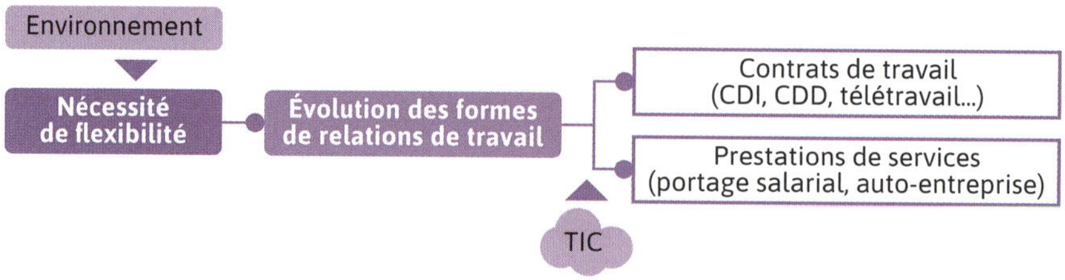

Quels choix d'organisation de la production ?

4

Les décisions stratégiques et opérationnelles relatives aux choix de la production, à l'organisation de la production et du travail, ainsi qu'à son évaluation, sont déterminantes. Elles sont étroitement corrélées aux questions logistiques, aux impératifs de maîtrise des coûts ainsi qu'à la prise en compte du cycle de vie du produit.

1 Quel mode de production choisir ?

▶ Avant de déterminer les modes de production à mettre en œuvre, les organisations doivent s'interroger sur leurs **capacités d'innovation.**

▶ Un autre enjeu majeur consiste à adopter des **méthodes de production plus flexibles**, afin de mieux adapter l'offre aux besoins, et des **méthodes de distribution nouvelles** ou considérablement améliorées, pour **accroître la performance.** Fiche 48

À retenir

L'innovation est une démarche indispensable pour tenter d'améliorer la productivité et la qualité des produits tout en préservant celle de l'environnement. Elle doit s'inscrire dans une politique de développement durable, c'est-à-dire de croissance maîtrisée, permettant une amélioration des modes de vie tout en respectant les équilibres naturels de la planète.

▶ L'organisation traditionnelle de la production conduit à fabriquer et stocker avant de vendre. La **gestion en flux tendus**, d'origine japonaise, organise la production en temps réel en fonction des commandes de produits enregistrées (production en « juste-à-temps » ou « JAT »). Il s'agit de répondre plus facilement aux modifications de la demande des consommateurs.

#vidéo
Qu'est-ce que l'industrie 4.0 ?
foucherconnect.fr/24terstmg09

▶ Les **choix stratégiques** portent aussi sur les **modes de production** de biens ou de services et les méthodes à mettre en œuvre.

Décisions liées à la personnalisation du produit	Deux types de produits : - **standardisé** (un même produit pour chaque client) ; - **personnalisé** (produit unique soit dans sa structure ou sa finition).
Décisions liées au processus de production	Trois types de production : - en continu, réalisée sans interruption pour des quantités importantes de produits ; - **en discontinu**, quantités relativement faibles de produits ; - **en projet**, qui ne concerne qu'un seul produit.
Décisions liées au processus commercial	Deux types de production : - **à la commande** : réalisée après une commande ferme d'un client ; - **sur stock** : produit fabriqué en grande quantité ou délais de livraison réduits.

▶ La production de services présente des particularités : participation du client à la production de services, automatisation des flux d'informations et de travaux (*workflow*), mode projet dans certains secteurs d'activité et certaines organisations. Fiche 6

2 Comment maîtriser les flux logistiques ?

▶ Le terme logistique, emprunté au vocabulaire militaire, désigne aujourd'hui la **gestion des flux au sein de l'entreprise**. Limitée dans un premier temps à l'organisation des transports et du stockage, la logistique intervient aujourd'hui dans toutes les phases de la vie du produit, depuis la conception jusqu'à l'après-vente. Dans une approche élargie du concept, on y inclut également les flux d'informations.

▶ La logistique est source de création de valeur dans la mesure où elle vise à optimiser de façon continue tous les processus de la chaîne d'approvisionnement. La notion de **gestion de la chaîne logistique** complète celle de la logistique proprement dite dans sa dimension de pilotage.

À retenir

La *supply chain*, ou chaîne logistique, désigne l'ensemble des flux physiques ou d'informations et les processus de mise à disposition des produits de la conception au client final.

#exemple

Les enjeux de la Supply Chain cosmétique en 2024

foucherconnect.fr/24terstmg10

3 Pourquoi la question de la qualité est-elle centrale ?

▶ La qualité est un enjeu concurrentiel crucial. Elle ne se limite pas à la qualité de production des biens mais concerne également la production de services.

▶ De plus en plus, la qualité est au centre des préoccupations des organisations, depuis la conception du produit jusqu'à l'après-vente. L'objectif est d'intégrer toutes les améliorations de produits ou de processus pour satisfaire au mieux les clients.

▶ La démarche qualité concerne également la production des services publics pour lesquels on recherche une **meilleure satisfaction de l'usager** : qualité de l'information du public, personnalisation des relations entre l'usager et l'agent, simplification des démarches et formalités administratives, réduction des délais.

ZOOM SUR… L'ÉVALUATION DE LA PERFORMANCE

Elle se mesure notamment grâce au **contrôle des coûts**. Les méthodes et les choix de charges retenues pour le calcul d'un coût dépendent du contexte de l'organisation et de ses objectifs. Aucune organisation n'échappe à la question du suivi de ses coûts. Les questions liées au développement durable dans les process de production – celle du recyclage des déchets générés lors du cycle approvisionnement-production-distribution et celle de la gestion de la fin de vie des produits – constituent une problématique actuelle dans la détermination des coûts.

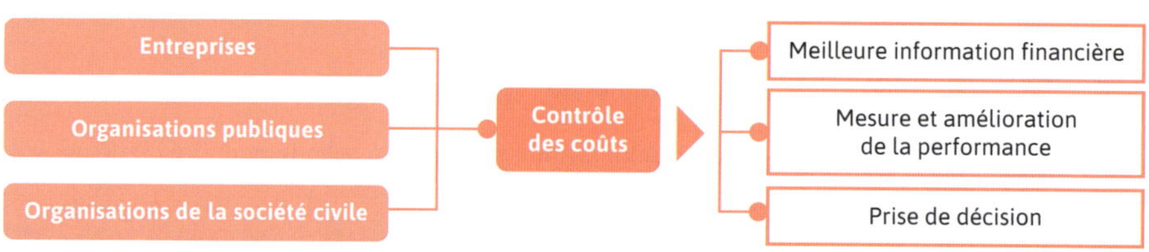

L'automatisation et la dématérialisation

5

Afin de gagner en efficacité et en compétitivité, les entreprises cherchent à exploiter les transformations digitales dans leur système de production (automatisation), de distribution mais aussi dans la conception et la présentation de leurs produits.

1 L'automatisation des systèmes de production

L'automatisation des processus comporte **plusieurs avantages** :
– améliorer la productivité et les cadences ;
– réaliser un meilleur suivi de production ;
– optimiser les tâches : supervision, contrôle, remontée des données à la hiérarchie ;
– réduire la pénibilité au travail ;
– faciliter le suivi des KPI (*Key Performance Indicator*) : c'est-à-dire des indicateurs clés qui remontent par les systèmes informatiques tels que le temps de fonctionnement d'une machine, son rendement, etc ;
– améliorer ses connaissances des machines afin d'en perfectionner la supervision ;
– individualiser l'offre grâce à **l'intelligence artificielle** (IA). Ainsi, en analysant les données des consommateurs, l'IA aide les entreprises à **créer des campagnes de communication ciblées et efficaces.** Cette personnalisation améliore l'expérience utilisateur et augmente significativement le retour sur investissement pour les entreprises. De même, dans le domaine du commerce en ligne, l'IA joue un rôle crucial dans la recommandation de produits. En analysant les habitudes d'achat et les préférences des utilisateurs, les algorithmes d'IA suggèrent des produits pertinents, augmentant ainsi les **ventes** et la **satisfaction client**.

Mot-clé

L'automatisation de la production consiste à transférer des tâches de coordination, auparavant exécutées par des opérateurs humains, dans un ensemble d'objets techniques appelé partie commande (PC).

2 La dématérialisation des données

Les entreprises automatisent, depuis plusieurs années, les échanges d'informations avec leurs fournisseurs. Ainsi, **l'échange de données informatisé** (EDI) permet d'**améliorer l'efficacité des échanges** entre fournisseurs et distributeurs et rend les organisations plus flexibles.

#vidéo
Le fonctionnement de l'EDI
foucherconnect.fr/24terstmg11

Plus particulièrement, l'EDI :

– **améliore l'efficacité de la chaîne d'approvisionnement et la satisfaction du client** par l'échange d'informations actualisées et complètes (réduction des ruptures de stocks, amélioration de la qualité des produits, raccourcissement des délais de livraison) ;
– **réduit les coûts de gestion de l'information** dans les processus marchandises ;
– **accélère les flux de communication** intra et inter-entreprises ;
– **diminue les erreurs humaines** ;
– **réduit les litiges** avec les partenaires commerciaux.

Info

L'échange de données informatisé (EDI), ou en anglais *electronic data interchange*, est le terme générique définissant un échange d'informations automatique entre deux entités à l'aide de messages standardisés, de machine à machine.

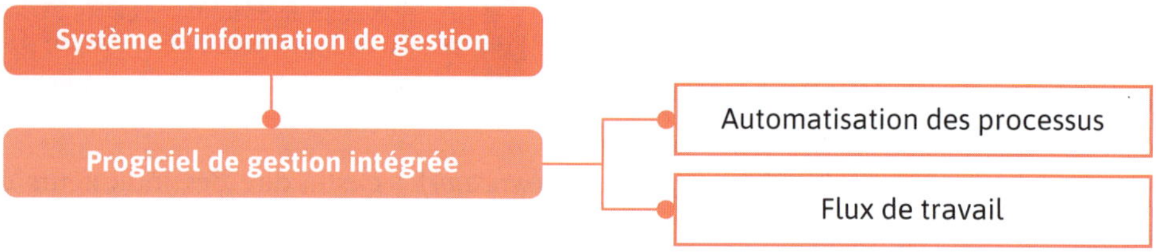

Les outils de la transformation numérique 6

Le développement des objets connectés et intelligents permet de collecter des données (sur le comportement des consommateurs, sur leur utilisation du produit), d'améliorer les produits et les processus de production.

1 Les produits connectés et intelligents

De nombreux industriels imaginent leur prochain produit connecté, intelligent (machine de fabrication connectée, chaussure connectée, etc.). L'Internet des objets permet ainsi aux entreprises de gérer des biens et équipements, d'en optimiser les performances et même de créer de nouveaux services à valeur ajoutée.

Remarque

Les objets connectés ou encore l'IoT (*Internet of things*) sont en plein essor. Selon la définition du cabinet de conseil McKinsey & Company, l'Internet des objets consiste à intégrer et embarquer des capteurs et systèmes intelligents dans les machines ou divers produits afin que ceux-ci communiquent entre eux. L'Internet des objets, ou IoT, et le Big Data (son corollaire) sont des tendances en passe de transformer le monde et l'industrie.

ZOOM SUR… DEUX EXEMPLES INNOVANTS

▶ **La montre connectée : la domotique au poignet**. Aujourd'hui, certaines maisons ont des capteurs, des caméras, des thermostats intelligents, des serrures connectées et d'autres appareils reliés à un réseau interconnecté. Cette infrastructure numérique améliore le confort et l'efficacité énergétique en offrant un contrôle et une automatisation sans précédent. Piloter sa maison depuis… le poignet ! La montre connectée est au cœur de cette révolution, un accessoire qui a évolué bien au-delà de sa fonction initiale. Elle est devenue le meilleur outil pour interagir avec les systèmes domotiques. Imaginez-vous à l'intérieur d'une maison lumineuse et chaude, avec des haut-parleurs qui jouent votre musique préférée. Vous pouvez faire tout cela grâce à la montre connectée que vous portez à votre poignet !

▶ **Poséidon, le miroir connecté qui permet de se lever de bonne humeur tous les matins**. Il est doté d'un haut-parleur à utiliser comme une tablette géante. Le verre du miroir se transforme en écran géant (comme dans des films de science-fiction !). Avec ce miroir, il sera par exemple possible de consulter son agenda tout en se brossant les dents ou de chauffer l'eau de la douche en se rasant. Le prix est d'environ 5 000 euros.

2 Les outils numériques

Afin de mettre en place et d'exploiter l'ensemble des possibilités de ces nouvelles technologies, l'entreprise doit organiser son **flux de travaux** (*workflow*) et optimiser la **circulation d'informations** (*cloud computing*).

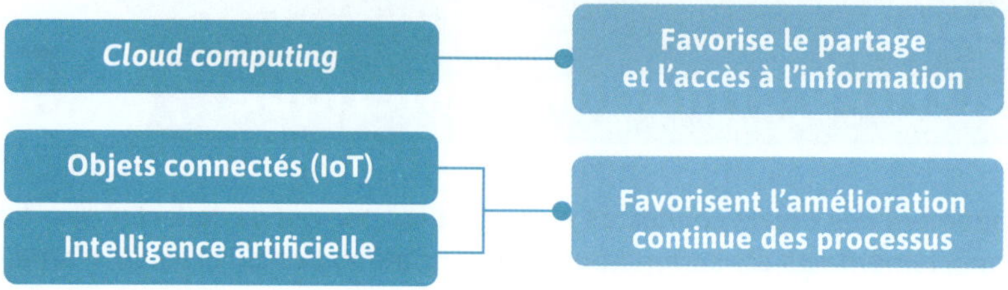

A. Le *workflow*

▶ Dans le contexte marketing, le concept de *workflow* est le plus souvent associé à un processus d'automatisation des tâches permettant un enchaînement automatisé des différentes opérations et étapes de validation d'une tâche plus ou moins complexe (procédure de commande, suivi de projet, campagne emails…). La mise en place du *workflow* automatisé permet de traiter plus rapidement et à moindres coûts les opérations marketing ou les demandes d'un client.

▶ Utiliser un moteur de *workflow* permet plusieurs avantages :
– **la clarté** : les processus deviennent explicites et peuvent être modifiés beaucoup plus facilement et dynamiquement sans relancer l'application ;
– **la visibilité** : la modélisation graphique peut être utilisée pour discuter du processus entre les personnes du métier et les développeurs, ainsi qu'entre les développeurs et les administrateurs informatiques (OPS) ;
– **la gestion des erreurs** : dès qu'une erreur survient dans un processus, il est possible de spécifier le comportement à avoir. Il est aussi possible de relancer et de visualiser les instances en erreurs.

Mot-clé
Un *workflow* est généralement la représentation ou la structuration d'une série ou flux de tâches constitutive d'un même process.

B. L'informatique en nuage (*cloud computing*)

Le ***cloud computing*** est un terme général employé pour désigner la livraison de ressources et de services à la demande par Internet. Il désigne le stockage et l'accès aux données par l'intermédiaire d'Internet plutôt que via le disque dur d'un ordinateur. Plus simplement, le *cloud computing* est le fait de pouvoir utiliser des ressources informatiques sans les posséder.

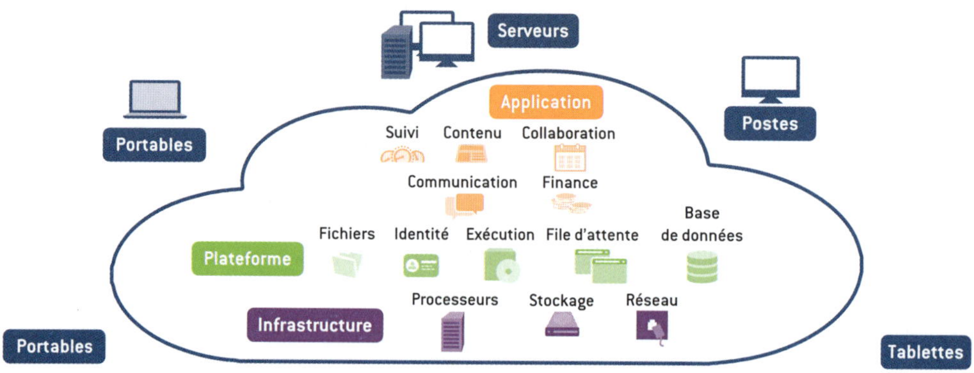

7 L'organisation et la coordination du travail

L'instabilité de l'environnement et l'élévation du niveau de compétences des salariés entraînent une adaptation des organisations. De même, le degré d'exigence des consommateurs (délai de livraison raccourci, qualité...) nécessite une grande réactivité de la part des entreprises. Ces facteurs de contingence entraînent une modification indispensable de l'organisation du travail qui doit être adaptée à l'environnement et au secteur d'activité.

1 L'organisation rigide du travail

▶ Les organisations rigides ont été mises en place pour permettre l'application du **taylorisme** (organisation scientifique du travail – OST, en 1911) et du **fordisme**, deux méthodes de travail nées aux États-Unis puis étendues à l'ensemble des pays industriels. L'objectif du taylorisme est d'obtenir la **meilleure productivité possible**.

▶ L'organisation taylorienne se caractérise par :
– une **intervention forte de la hiérarchie** ;
– un **travail divisé en tâches** élémentaires, simples et répétitives (parcellisation des tâches), confiées à des travailleurs spécialisés ;
– une **division verticale du travail**. L'organisation repose sur une séparation de la conception et de l'exécution, et sur le contrôle des exécutants par la présence de chronométreurs.

▶ Le **taylorisme** est l'une des composantes du **travail à la chaîne** mis en place dans l'industrie automobile par Henry Ford (fordisme). Des problèmes induits par le taylorisme comme la démotivation des travailleurs sont apparus. Le post-taylorisme a alors été initié.

▶ Le terme **post-taylorisme** désigne une organisation de travail qui, sous diverses formes, permet aux travailleurs de **participer aux décisions relatives** à la production :
– rotation des postes de travail ;
– élargissement et enrichissement des tâches ;
– groupes semi-autonomes ;
– cercles de qualité.

2 La coordination du travail

Le nombre et la complexité des tâches et la division du travail (spécialisation) requièrent une coordination pour que les actions de chacun tendent vers l'objectif commun de l'organisation. En outre, la flexibilité nécessite de repenser la coordination au sein des organisations. Henry Mintzberg est à l'origine des modes de coordination suivants :
– l'**ajustement mutuel** : il consiste à coordonner les tâches par de simples discussions informelles basées sur la négociation et le compromis ;
– la **supervision directe** : elle consiste à coordonner les tâches par des ordres du supérieur hiérarchique à ses subordonnés ;

– la **standardisation des procédés de travail** : elle consiste à spécifier le contenu du travail dans des manuels de procédure ;
– la **standardisation des résultats** : elle repose sur les **résultats à obtenir** et non sur la façon de travailler ;
– la **standardisation des qualifications** : la **possession de diplômes et de formations** certifie la maîtrise de savoirs et de compétences partagés par les membres d'une même profession.

À retenir
Avec la complexification des tâches, il est logique qu'une organisation passe de l'ajustement mutuel ou la supervision directe à une standardisation des procédés de travail, des résultats ou des qualifications.

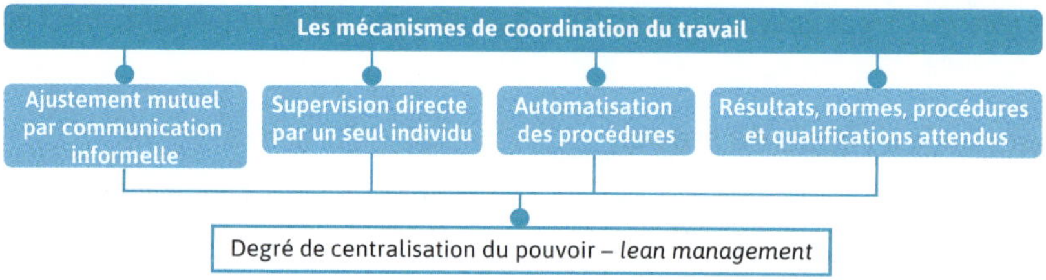

3 Le choix d'une organisation hiérarchique

▶ La coordination dans une organisation nécessite une réflexion sur :
– le **degré de centralisation du pouvoir** ;
– le **degré d'autonomie à attribuer aux salariés** ;
– le **système de contrôle à mettre en place.**

A. Centralisation ou décentralisation ?

▶ La centralisation et la décentralisation sont deux possibilités de transfert du pouvoir de décision.

▶ Dans une organisation hiérarchisée :
– la **centralisation** consiste à attribuer le pouvoir de décision à un niveau plus élevé ;
– la **décentralisation** consiste à transférer le pouvoir de décision à des niveaux hiérarchiques inférieurs.

B. Le système de contrôle

▶ Plus l'organisation décentralise, moins le contrôle direct sur les opérations est possible. Le dirigeant ne contrôle alors plus que les aspects essentiels.

▶ Cependant, le dirigeant doit garder une **maîtrise des activités déléguées** en mettant en place des **outils de contrôle** pour pouvoir prendre des **décisions stratégiques.** Ainsi, le développement du management par projets a donné lieu à l'adaptation du **système de contrôle des résultats.**

▶ Le reporting est utilisé pour connaître la situation de chaque fonction ou projet et pour contrôler son résultat.

À retenir
Le *reporting* est un système d'information permettant des échanges entre les différentes fonctions de l'entreprise. Chaque salarié et chaque service peuvent ainsi faire progresser leurs projets en connaissance de la situation générale. Les outils de *reporting* sont des tableaux de bord intégrant des indicateurs de performance adaptés à chaque service/fonction.

Une flexibilité croissante de l'organisation du travail

8

Face à l'environnement fluctuant, certaines organisations font le choix d'une organisation flexible. Plusieurs modèles d'organisation flexible cohabitent.

1 La flexibilité

▶ La **flexibilité** se définit comme la **souplesse de l'organisation** et de ses moyens de production pour répondre aux fluctuations rapides de la demande et aux évolutions de l'environnement technico-économique. Elle est l'une des composantes de la réactivité industrielle. C'est un élément essentiel de l'économie numérique.

▶ La flexibilité du travail est l'une des composantes de la **flexibilité globale**. Elle peut prendre plusieurs formes :

Flexibilité quantitative externe	Consiste à faire varier le volume de main-d'œuvre en recourant au marché du travail précaire (contrat à durée déterminée, personnel intérimaire) ou à des licenciements.
Sous-traitance ou externalisation	Permet de faire appel à d'autres entreprises pour la réalisation d'une partie de la production ou d'activités annexes (exemple : gardiennage, restauration, entretien).
Flexibilité quantitative interne	Consiste à faire varier le temps de travail annuel des salariés de l'entreprise. Elle peut entraîner des périodes irrégulières de travail à l'intérieur d'une journée (exemple : hôte de caisse dans la grande distribution).
Flexibilité fonctionnelle	Permet de faire changer les salariés de poste de travail, sans coûts supplémentaires, par le développement de la polyvalence.
Flexibilité salariale	Fait varier les rémunérations en fonction de la performance.

2 Les modèles d'organisation flexible

Le modèle taylorien étant devenu progressivement obsolète, d'autres types d'organisation, plus souples, ont vu le jour. Elles se sont accompagnées d'une plus grande polyvalence des salariés :
– une **polyvalence horizontale** ou **élargissement des tâches**, qui consiste à confier d'autres tâches de même niveau de complexité afin de rendre le travail moins monotone ;
– une **polyvalence verticale** ou **enrichissement des tâches**, qui a pour objectif d'octroyer davantage de responsabilités, donc de qualification.

▶ Divers modèles d'organisation flexible ont été proposés :

	Présentation	Principe
Le toyotisme	Modèle proposé par un ingénieur de Toyota, Taiichi Ono, au début des années 1950, pour améliorer la productivité. Il consiste à planifier la production en fonction de la demande et à développer diverses formes de flexibilité.	• Production déterminée par le carnet de commandes afin de diminuer les invendus. • Travail en équipe. • Principe du juste-à-temps pour minimiser les stocks. • Management participatif afin de mieux considérer le facteur humain. • Flexibilité : sous-traitance, polyvalence, objectifs par équipes... NB : la quasi-absence de stock nécessite une réactivité permanente
L'organisation apprenante	Son enjeu principal est d'utiliser ses compétences, de savoir les actualiser, les renouveler ou d'en acquérir de nouvelles pour apporter des réponses adaptées aux diverses situations rencontrées.	• Pratiques organisationnelle et managériale participatives : décentralisation, travail en équipe, enrichissement du travail, participation à la fixation et l'évaluation des objectifs... • Forte autonomie procédurale, dans les méthodes et dans le rythme de travail. • Mise en place de processus permettant au salarié d'acquérir des connaissances. • Tâches souvent polyvalentes et peu répétitives. • Règle du partage : l'apprentissage est le fait d'un processus de co-construction qui développe de nouvelles connaissances pour aboutir à de nouveaux savoir-faire.
L'organisation « *Lean* »	Elle vise à améliorer la qualité et à rentabiliser la production d'une entreprise en évitant au maximum le gaspillage de ses ressources.	• Diffusion importante des normes et outils de type management par la qualité et le juste à temps (zéro délai, zéro défaut, zéro gaspillage...) au niveau de l'ensemble du processus de production. • Recherche de résolution des problèmes survenant dans la confection, le transport et le stockage de la marchandise. • Incitation des employés à développer constamment leurs compétences professionnelles, dans le même souci de ne pas gâcher les ressources de la société.

3 Quelle évolution de ces modes d'organisation ?

▶ Selon certaines prospectives, les modèles d'organisation pourraient évoluer sous l'influence de différents facteurs : l'instabilité de l'environnement économique, les évolutions sociales et sociétales, l'évolution des qualifications et les facteurs institutionnels (variation du temps de travail, évolution des statuts comme la remise en cause du CDD...).

▶ Parmi ces facteurs, l'un est particulièrement significatif : la **numérisation de l'économie et du travail** (nommée aussi digitalisation).

Exemple : Le concept d'économie de plateforme dont l'ubérisation n'est qu'une variante de cette numérisation.

Quiz express 9

Vérifiez que vous avez bien retenu les points clés des **fiches 1 à 8**

1 À quel type de veille correspond la définition suivante : « surveillance de l'environnement sans but et objet précisément définis » ?

a. ❑ Veille active
b. ❑ Veille passive
c. ❑ Veille concurrentielle
d. ❑ Veille exponentielle

2 L'environnement actuel étant en perpétuelle évolution et ultra-concurrentiel, quelle approche semble la plus adaptée pour une entreprise souhaitant se différencier des concurrents ?

a. ❑ L'approche anticipatrice
b. ❑ L'approche réactive
c. ❑ L'approche proactive

3 Le *freemium* :

a. ❑ permet au client de bénéficier d'un service complet et totalement gratuit
b. ❑ permet aux entreprises de conquérir et fidéliser des clients
c. ❑ est une technique de prix *low cost*
d. ❑ permet aux clients de réaliser des économies

4 Parmi ces exemples, lesquels correspondent à des ressources externes de financement ?

a. ❑ Le *crowdfunding*
b. ❑ L'autofinancement
c. ❑ Le crédit-bail
d. ❑ L'augmentation de capital

5 Que signifie GPEC ?

a. ❑ Gestion prévisionnelle des emplois et des compétences
b. ❑ Gestion prévisionnelle des emplois et des connaissances
c. ❑ Gestion provisoire des emplois et des compétences
d. ❑ Gestion provisoire des entreprises et des connaissances

6 **En quoi consiste une production en temps réel ?**

a. ❑ Une importante production au début de chaque mois

b. ❑ Une production juste-à-temps

c. ❑ Une production en fonction des commandes

d. ❑ Une production lancée uniquement après un nombre fixe de commandes

7 **L'intelligence artificielle :**

a. ❑ complexifie le parcours client

b. ❑ permet aux entreprises de collecter de nombreuses informations pour enrichir leur base de données

c. ❑ permet de réduire les erreurs dans le système de production et la logistique

d. ❑ nécessite un investissement et une veille technologique permanente

e. ❑ rassure le client

f. ❑ allonge le temps de prise de décision

8 **Quels sont les avantages de l'automatisation de la production ?**

a. ❑ Améliorer la productivité et les cadences

b. ❑ Individualiser les tâches

c. ❑ Uniformiser l'offre

d. ❑ Faciliter le suivi des KPIs

9 **À quoi correspond la flexibilité fonctionnelle du travail ?**

a. ❑ Faire appel à d'autres entreprises pour la réalisation d'une partie de la production ou d'activités annexes

b. ❑ Faire changer les salariés de poste de travail, sans coûts, par le développement de la polyvalence

c. ❑ Faire varier les rémunérations en fonction de la performance

d. ❑ Faire varier le volume de main-d'œuvre en recourant au marché du travail précaire

10 **Quels sont les différents types d'organisation flexible du travail ?**

a. ❑ Le toyotisme

b. ❑ Le fordisme

c. ❑ L'organisation *Lean*

d. ❑ L'organisation apprenante

11 **Quelles sont les nouvelles technologies utilisées par les organisations ?**

a. ❑ Le *cloud computing*

b. ❑ Le *workflow*

c. ❑ L'intelligence artificielle

d. ❑ Le *chatbot*

↗ CORRIGÉS p. 299

Vers le Bac 10

Entraînez-vous sur les notions du thème 1 : Les organisations et l'activité de production de biens et de services

1 Cas pratique : Le cas Lucibel

Lucibel, entreprise française fondée en 2008, produit des luminaires et systèmes d'éclairage. La société est spécialisée dans l'éclairage professionnel à LED. Depuis plusieurs années, Frederic Granotier, son fondateur et président, a pris la décision de relocaliser la production en France, qui était auparavant réalisée en Chine.

Lucibel faisait face à de nombreuses problématiques dans son usine de production chinoise à Shenzhen : de la revente de copies de brevets aux concurrents, à du vol de matériel ou encore à du chantage des fournisseurs aux rétrocommissions. Le PDG estime alors perdre la moitié de son temps à gérer les déconvenues de l'usine chinoise.

En 2014, une opportunité permet à Lucibel de prendre le chemin de la relocalisation. L'usine Schneider Electric, située à Barentin en Normandie, est vouée à la fermeture et revend son site de production. Lucibel s'engage alors à réembaucher une partie des salariés pour pouvoir en contrepartie, occuper le site. Ainsi, pendant trois ans, Lucibel occupe les locaux gratuitement et rapatrie progressivement la conception et l'assemblage de ses produits à forte valeur ajouté, la gamme courante étant, dans un premier temps, maintenue chez le sous-traitant chinois. Frédéric Granotier précise : *« Sans cette opportunité que Schneider nous a offerte, je pense que nous aurions mis notre usine en Europe de l'Est ou au Maghreb. Proche de l'Europe pour pouvoir fournir nos clients en camion, mais pas en France »*.

Petit à petit, ce sont toutes les étapes de production qui seront rapatriées, de la petite R & D aux produits finis. Pour ce faire, c'est tout le process qui est revu et corrigé. En optimisant la conception et la fabrication, Lucibel fait alors passer le temps moyen d'assemblage de son produit phare, le Tubular Lucibel, de 30 minutes en Chine, à 10 minutes lorsqu'il est fabriqué en Normandie ! Les sous-traitants européens qui fournissent les composants sont désormais choisis avec soin, et les coûts de transports ont quasiment disparu. C'est grâce à ces optimisations industrielles progressives que Lucibel produit désormais sa gamme Tubular à un prix de revient quasiment équivalent à celui du « Made in China ». Le groupe a même étendu la gamme avec de nouveaux produits et propose désormais des solutions sur mesure à ses clients, ce qui aurait été impossible en produisant à plusieurs milliers de kilomètres.

https://perspectives-industrie.fr/relocalisation-en-france-le-sucess-est-possible-3-4-lucibel-relocalisation-reussie-de-la-chine-vers-la-france/13 février 2020

1. Pourquoi la décision de réimplanter la production de Lucibel en France est-elle importante ?

2. Quels sont les implications organisationnelles, techniques et humaines de cette décision ?

3. Quels sont les problèmes de management qu'entraine la relocalisation de l'entreprise ?

2 Cas pratique : La diversité des modes de production chez Color Foods

Découvrez les coulisses du site de production de fruits secs chez Color Foods en accédant au schéma interactif via le flashcode suivant :

#info

Schéma interactif

foucherconnect.fr/24terstmg12

Le travail du pâtissier

1. Quels sont le mode de production de chacun des deux documents ci-dessus ?

2. Quelles sont les différentes étapes du système de production de Color Foods ?

3. Comment optimiser l'efficacité des facteurs de production de chacun de ces types de production ?

↗ CORRIGÉS p. 299

Les différents acteurs de l'organisation

11

Au sein des organisations, il existe une diversité d'acteurs, notamment des salariés et des actionnaires, auxquels le management doit porter une attention constante. En particulier, les managers ont un rôle de motivation, de coopération et de dynamisation des différents individus ou des groupes qui composent l'organisation.

1 Des attentes à satisfaire selon le statut des acteurs

▶ Toute organisation doit satisfaire les attentes de ses différents acteurs :
– les salariés attendent en premier lieu une **rémunération** en contrepartie de leur travail. Mais ils aspirent également à accroître leur **autonomie** ou leurs **responsabilités** et souhaitent disposer de **conditions de travail satisfaisantes** ;
– les propriétaires des organisations à but lucratif recherchent une **rentabilité acceptable** par rapport à leur **investissement**, en limitant la **prise de risque** ;
– les dirigeants de l'organisation sont les mandataires des propriétaires et doivent de ce fait répondre à leurs attentes. Mais ils peuvent avoir des objectifs propres (carrière, rémunération satisfaction personnelle…).

▶ Il appartient au management, en respectant les finalités de l'organisation (finalité lucrative, recherche de l'intérêt général…), de prendre en compte la **spécificité des différents statuts** de ses membres (salariat, fonctionnariat, bénévolat…). Il doit également s'adapter aux différentes formes de **relations de travail** (prestataires, intérimaires, etc.).

Les acteurs internes dans les organisations

- **Le personnel**
  Ex. : salariés, fonctionnaires, bénévoles
- **Les décideurs**
  Ex. : dirigeants (PDG…), cadres, cadres administratifs, président d'une association
- **Les financeurs**
  Ex. : propriétaires, actionnaires, dirigeants salariés
- **Les délégués du personnel et les délégués syndicaux**

▶ Certains objectifs généraux (pérennité et croissance d'une entreprise, missions de service public d'une administration, respect des statuts d'une association…) sont normalement partagés par les différents acteurs de l'organisation. Néanmoins, propriétaires, dirigeants ou salariés peuvent avoir des intérêts contradictoires. Par exemple, les salariés souhaitent augmenter leur rémunération, alors que les actionnaires cherchent à maxi- miser leur profit. La diversité des objectifs poursuivis par les différents acteurs peut donc être source de tensions et de conflits au sein de l'organisation.

2 Des conflits à identifier

Les conflits les plus graves ont souvent une ou plusieurs causes clairement identifiées. On distingue plusieurs types de conflits comme le montre le schéma suivant.

Types de conflits

- Les conflits salariaux (liés à l'évolution des salaires, ou à des inégalités catégorielles ou individuelles)
- Les conflits liés aux évolutions économiques de l'organisation (fusions, délocalisation de l'activité, réorientations stratégiques)
- Les conflits liés à l'exercice du pouvoir (conflits d'associés, relations des salariés avec les dirigeants)
- Les conflits liés aux conditions de travail (horaires, cadence, hygiène, sécurité)

ZOOM SUR ... DEUX CONCEPTIONS DU CONFLIT

Henri Fayol a inspiré l'enseignement du management pendant une grande partie du XXe siècle. Il range « les grèves et tous les obstacles d'ordre social » parmi les accidents et catastrophes naturelles ne relevant pas de la « fonction administrative », mais de la « fonction de sécurité », au même titre que « le vol, l'incendie, l'inondation ». Et il les réprime durement, notamment par des licenciements systématiques...
Pour Mary Parker Follett, le conflit n'est ni bon ni mauvais, c'est la manifestation d'une différence, l'expression naturelle de la diversité indispensable à la vie. Il faut simplement chercher à en tirer le meilleur parti. On doit sortir du conflit « par le haut », en cherchant ce qui peut satisfaire les intérêts légitimes des deux parties.

3 Une culture d'entreprise à cultiver

#vidéo
La culture d'entreprise chez Nespresso
foucherconnect.fr/24terstmg13

▶ Une culture d'entreprise est un **ensemble de valeurs, symboles, rituels ou croyances**, partagés par les différents acteurs d'une organisation. Ces éléments constituent en interne d'importants **facteurs de cohésion et de motivation** du groupe. En externe, ils sont également vecteurs de l'identité et de l'image de l'organisation et contribuent ainsi à renforcer sa légitimité.

▶ Il est donc logique que la culture soit instrumentalisée par la direction d'une organisation pour en faire un véritable outil de management. Néanmoins, une culture d'entreprise imposée et trop artificielle peut s'avérer contre-productive en générant des conflits et en limitant la créativité et l'adaptabilité de l'organisation.

▶ Une culture d'entreprise partagée par l'ensemble des salariés permet au contraire de créer des conditions favorables à leur implication. Affichant des valeurs communes, elle crée une **cohésion dans le groupe**, propice au **développement de la motivation**, qui elle-même contribue à la performance de l'entreprise.

ZOOM SUR... CULTURE ET PROJET D'ENTREPRISE

Conscientes de l'importance de la culture d'entreprise, de nombreux dirigeants ont souhaité matérialiser dans un document les valeurs de leur organisation. Plus généralement, le projet d'entreprise est concrétisé par une charte qui répond à la triple question : Qui sommes-nous et que faisons-nous ? Pourquoi combattons-nous ? Où voulons-nous aller ?

Dynamique de groupe et coopération

12

Toute organisation est composée d'individus mais également de groupes formalisés ou non. Les dirigeants se doivent de mettre en œuvre un style de management permettant de fédérer les différents acteurs autour des objectifs à atteindre.

1 Les styles de management

▶ Entre le dirigeant de style taylorien, rigide et autoritaire, et le « nouveau manager » du XXIe siècle, capable de mobiliser les salariés autour d'un projet, de déléguer son pouvoir et d'être un véritable animateur, on peut identifier de **multiples styles de comportement**. L'évolution de la gestion des ressources humaines traduit néanmoins une mutation des mentalités et des pratiques qui conduit à davantage prendre en compte les aspirations des salariés.

Repère

Pour Rensis Likert, à l'origine du concept de « gouvernement participatif dans l'entreprise », il convient de distinguer quatre styles de direction :
- le style I : despotique ou exploiteur (approche taylorienne) ;
- le style II : bienveillant (approche relations humaines) ;
- le style III : consultatif (il faut déléguer et communiquer) ;
- le style IV : participatif.

C'est ce quatrième type de gouvernement qui a la faveur de R. Likert : il est partisan de la responsabilité de groupe, de la décision par consensus et de la fixation d'objectifs par le groupe.

▶ Le management est en pratique exercé avec un certain style qui résulte de la combinaison de la personnalité des dirigeants et des composantes propres à l'organisation qu'ils conduisent. Si plusieurs facteurs influencent le style de direction (type d'organisation, culture et environnement de l'organisation, personnalité des dirigeants), il est pour autant très difficile de définir un style de direction idéal. **Le style de direction doit être adapté à une organisation donnée et tenir compte du contexte.**

2 Les styles de leadership

#vidéo
Étude de cas Favi
foucherconnect.fr/24terstmg14

▶ Le leadership se définit par la capacité à entraîner les personnes. Il traduit l'**influence d'un individu ou d'un groupe d'individus** sur un groupe ou un autre groupe. Le leader a des compétences personnelles qui lui confèrent une différence et qui lui permettent d'être écouté et suivi par un groupe de personnes.

▶ Plusieurs auteurs ont proposé des **typologies complémentaires de leadership** fondées sur les qualités spécifiques des différents leaders.

▶ Même avec un leadership performant, le travail en groupe n'est pas, en lui-même, une garantie de plus grande efficacité ni même de cohésion. La qualité du groupe se construit à partir de la **dynamique** et des **relations** qui s'y développent. La **prise en charge du groupe**, le **traitement des phénomènes d'influence** et la **prise de décision collective** sont autant de variables conduisant, ou ne conduisant pas, à la **cohésion**.

3 Coopération, facteurs de motivation et qualité de vie au travail

A. La mise en œuvre de la coopération entre les acteurs

▶ Toute action collective suppose une **coopération entre les différents acteurs** de l'organisation qui travaillent de façon interdépendante. Mais la coopération n'est pas toujours spontanée ; ce sont les processus qui créent naturellement des **interdépendances dans le travail.**

▶ Il est possible d'identifier **plusieurs modes d'action coopératifs** : groupes de projet, réunions, techniques de créativité, outils collaboratifs, réseaux sociaux d'entreprise, communautés de pratiques. La mise en œuvre de la coopération peut être accompagnée par des **dispositifs numériques** : plateformes collaboratives, agendas partagés, messagerie instantanée interne, intranet, extranet, gestion informatisée des flux de travail, réseaux sociaux d'entreprise, communautés de pratiques.

▶ La mobilisation des ressources humaines consiste, pour l'organisation, à rassembler ses membres afin qu'ils conjuguent leurs énergies pour atteindre des objectifs dans une **logique de performance.**

#exemple
La communauté de pratiques
foucherconnect.fr/24terstmg15

B. L'influence des facteurs de motivation dans la performance

▶ La motivation dépend de **facteurs internes et externes à l'individu** qui influencent son comportement. Le cadre et les conditions de travail, la rémunération, la communication interne, le contenu du travail sont autant de facteurs qui peuvent renforcer la mobilisation, la motivation et la satisfaction.

▶ Ainsi, il appartient à l'équipe dirigeante d'une organisation d'analyser le **degré d'implication** et de **motivation** des différentes catégories de salariés et de mettre en œuvre, le cas échéant, une **politique de motivation** qui peut comporter des **éléments financiers** (primes, participation…) et **non financiers** (système de promotion, formation, services aux salariés, etc.).

C. La qualité de vie au travail, un déterminant du bien-être au travail

▶ La qualité de vie au travail (amélioration des conditions de travail, prévention des risques majeurs, des risques psychosociaux, hygiène, sécurité) est un **élément déterminant du bien-être au travail** et une **source de performance.** Or, les différentes études menées par les organismes spécialisés montrent un accroissement des **risques psychosociaux (RPS).**

▶ La réglementation contraint aujourd'hui les entreprises à anticiper les RPS et à mettre en œuvre des actions destinées à les réduire. Mais, au-delà des contraintes juridiques, les entreprises ont pris conscience des risques financiers et humains liés aux accidents du travail, maladies professionnelles et autres RPS. Elles sont de plus en plus nombreuses à rechercher les facteurs de stress et à mettre en œuvre des **stratégies préventives** ou des **actions correctrices** : évolution de l'organisation du travail, concertation sur les objectifs opérationnels, meilleure information des salariés, etc.

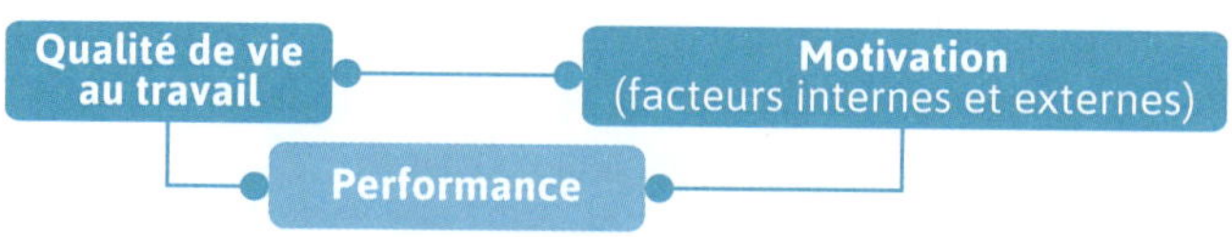

L'apport des technologies dans le processus d'achat

13

La révolution numérique a considérablement modifié les attentes des consommateurs et des usagers. Ils exigent donc, de la part des organisations et des administrations, une réponse rapide et précise à leurs questions. Afin de s'adapter, celles-ci cherchent à instaurer une relation de plus en plus personnalisée avec leurs clients et usagers.

1 Une connaissance affinée du client et de l'usager

▶ Les technologies permettent désormais :
– une connaissance parfaite du comportement du consommateur et de l'usager ;
– une identification précise du processus d'achat du client, de son parcours client et usager.

▶ En effet, l'intelligence artificielle permet une analyse des données et une prise de décisions rapide, en temps réel.

ZOOM SUR... L'INTELLIGENCE ARTIFICIELLE

Depuis plusieurs années, les assistants vocaux et les enceintes connectées se sont immiscés dans les foyers et même dans les poches des consommateurs. Ainsi, l'emploi de l'intelligence artificielle conversationnelle s'est considérablement développé. Des études ont montré que 60 % des acheteurs utilisent des dispositifs vocaux, ceux-ci les aidant de manière directe, rapide et efficace à comparer, rechercher le produit qui leur convient le mieux, et connaître les prix. De plus, d'autres systèmes accompagnent le consommateur lors du processus d'achat, comme répondre aux doutes concernant un produit grâce aux assistants virtuels et aux chatbots. 47 % des consommateurs reconnaissent l'influence positive de l'IA au travers de recommandations de produits plus personnalisées, et 38 % considèrent que les outils améliorent leur expérience d'achat. Tous ces outils de l'IA permettent à l'organisation de collecter des données sur le comportement du consommateur, son processus d'achat.

▶ L'acronyme ROPO (*Research Online, Purchase Off line*) qualifie la **phase de recherche et de collecte d'information sur Internet** qui précède un acte d'achat réalisé en magasin. Il est donc très important de proposer une FAQ (foire aux questions) permettant de répondre aux questions les plus fréquentes des internautes. Il est également nécessaire de soigner les avis en ligne. En effet, d'après une étude menée par Trustpilot en 2020, 89 % des consommateurs regardent attentivement les avis en ligne avant d'acheter auprès d'une entreprise. Enfin, la **transparence** est fondamentale. La description du produit et les informations doivent figurer sur le site de la marque (tarifs, descriptifs, réductions, points de vente, canaux de contacts…).

2 Les notions de consommateur, client et usager

▶ Le **consommateur** est l'utilisateur final du produit.

▶ Le **client** désigne une personne morale ou physique susceptible ou non d'acquérir un bien proposé par une entreprise.

▶ L'**usager** est une personne qui a recours à un service public.

3 Le processus d'achat du consommateur

▶ Grâce aux technologies, les organisations maîtrisent le processus d'achat du client.

▶ Les consommateurs sont aujourd'hui suréquipés et ultra-connectés : ordinateur, smartphone, tablette. Parallèlement, l'émergence des **médias sociaux** et l'importance de certains d'entre eux dans la vie quotidienne influencent fortement la façon de consommer.

▶ En effet, les médias sociaux font partie des habitudes quotidiennes de certains consommateurs et constituent une source d'avis influents pour chacun des achats effectués.

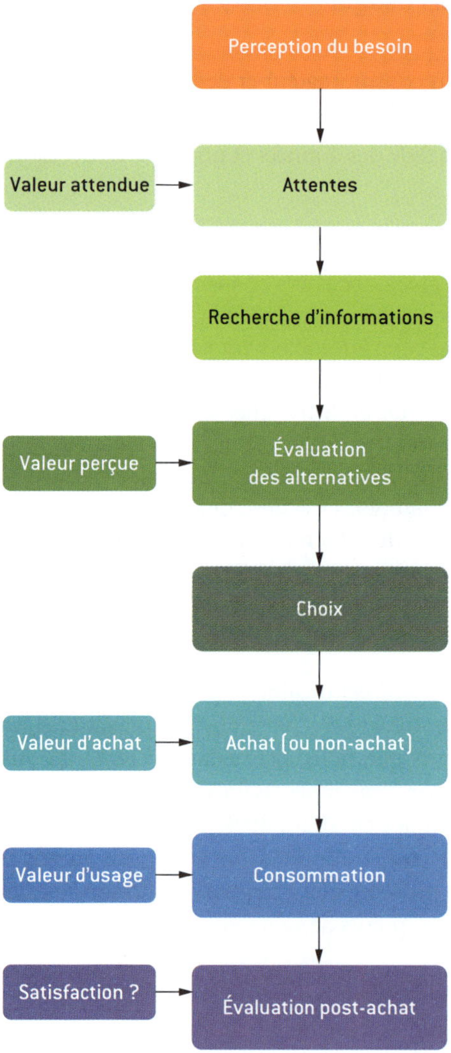

Perception du besoin : **Prise de conscience d'un manque** qu'il faut satisfaire par un acte d'achat.

Recherche d'informations : Le consommateur **collecte des informations externes** (avis clients, des amis, de la communauté ; fiches techniques) ; il fait également appel à son expérience d'achat, sa propre connaissance.

Évaluation des alternatives : Le consommateur définit des **critères d'évaluation** (le prix, la qualité) ; il évalue les solutions envisageables en fonction de ces critères.

Achat (ou non-achat) : Le consommateur réalise l'**acte d'achat** en choisissant le produit lui permettant de **maximiser la satisfaction de son besoin**. Le non-achat peut être définitif ou temporaire.

Évaluation post-achat : Le consommateur évalue l'utilité de son achat : a-t-il pu satisfaire le besoin ?
Si l'utilité est positive = fidélisation ; si l'utilité est négative = détournement du produit et/ou de l'organisation.

Le comportement du consommateur

14

Le processus d'achat dépend de facteurs individuels et de facteurs liés à l'environnement du consommateur.

1 Les facteurs individuels

Facteurs individuels	Caractéristiques
Le besoin	• Le besoin est un état de tension ou de désir. Lorsqu'un individu éprouvant un besoin est capable de décrire l'élément ou la prestation pouvant y répondre, on parle alors d'attente. • Une hiérarchie classique des besoins est proposée par la pyramide de Maslow (voir ci-dessous). • Un individu éprouve de nombreux besoins qui sont hiérarchisés. Une fois un besoin satisfait, l'individu éprouve des besoins d'un niveau supérieur.
La motivation	• La motivation est la raison subjective poussant à un certain comportement (d'achat, de consommation, etc.) pour satisfaire un besoin non satisfait. • Il existe plusieurs typologies de motivation suivant les auteurs : Henri Joannis, par exemple, les classe en motivations hédoniste, oblative et d'auto-expression.
La personnalité	La personnalité est l'ensemble des traits relativement stables qui caractérisent un individu.
L'image de soi	L'image de soi est la représentation mentale qu'un individu se fait de lui-même, décrivant sa personnalité physique (taille, genre…) et psychologique (caractère, comportement…). C'est tout à la fois la façon dont nous nous voyons, ce que nous voulons être, ce que nous croyons être…
Le style de vie	Le style de vie se caractérise par une typologie d'individus fondée sur des opinions, des comportements et des valeurs qu'ils partagent et qui permettent d'expliquer en partie ce comportement.
L'attitude	L'attitude d'un individu à l'égard d'un produit, d'une marque, est l'ensemble des connaissances, croyances, opinions et sentiments qu'il a sur ce produit, cette marque.
Le frein	Le frein est une force psychologique négative qui empêche un individu de consommer un produit.

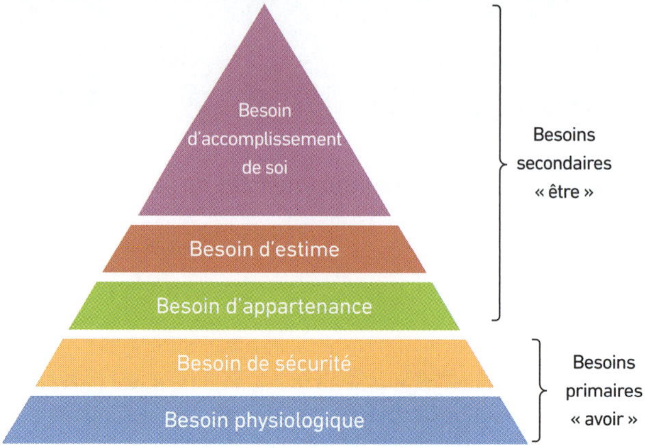

2 Les facteurs liés à l'environnement de l'individu

Des éléments extérieurs influencent le comportement d'achat :
– **la culture** : c'est l'ensemble organisé et évolutif des éléments acquis (connaissances, idées, croyances et superstitions, valeurs, symboles, normes et lois, réalisations artistiques, folklore, coutumes, mythes et traditions) qui permettent aux membres d'un groupe ou d'une société de se comprendre, de vivre ensemble, de partager et de transmettre un certain savoir ;
– **les groupes sociaux** : toute personne appartient à plusieurs groupes (amis, collègues, relations sportives) et rêve d'appartenir à d'autres groupes de personnes qu'elle admire. Ces groupes influencent ses achats notamment par le bouche-à-oreille ;
– **la classe sociale** : dans une société, les individus peuvent être classés selon leur niveau social. Les individus d'une même classe ont des conditions matérielles de vie, des comportements, des intérêts similaires. Par exemple, des consommateurs appartenant aux classes sociales supérieures choisissent plutôt un hébergement dans un hôtel 4 étoiles que dans un 2 étoiles ;
– **la famille** : l'acheteur est influencé par les membres de sa famille. Par exemple, la présence d'un jeune enfant peut influencer la réservation de vacances dans un hôtel avec des services spécifiques, comme un club bébé.

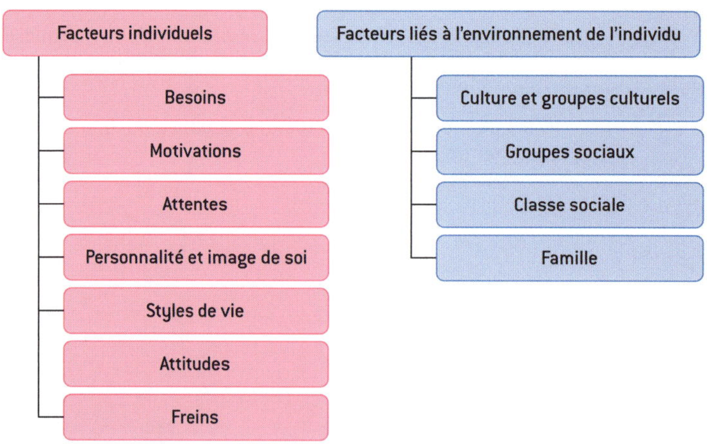

L'influence croissante des technologies

15

Pour conquérir et fidéliser son client, l'organisation doit davantage le connaître et savoir analyser son parcours. Or, celui-ci s'est digitalisé.

1 Les technologies au service de la connaissance des clients

▶ La **digitalisation des comportements d'achat** a fait évoluer l'expérience client. En effet, les clients peuvent aujourd'hui collecter des informations sur un produit depuis une multitude de **canaux digitaux** : sites web, applications mobiles, réseaux sociaux, messageries instantanées, référencement naturel, publicités en ligne, contenus digitaux… Ainsi, 80 % d'internautes français se renseignent sur Internet avant d'acheter un produit. Il est donc indispensable de soigner son parcours client digital pour conquérir et fidéliser les clients. D'autant plus qu'une expérience négative est lourde de conséquences : si le parcours client digital n'est pas à la hauteur des attentes du client ou du prospect, celui-ci est fortement dissuadé d'acheter. Les marques doivent donc s'adapter aux attentes des internautes et offrir une **expérience client de qualité** si elles souhaitent **gagner des leads** rapidement.

▶ L'acronyme RoPo (*Research online, Purchase offline*) qualifie la **phase de recherche et de collecte d'avis sur Internet** qui précède un acte d'achat réalisé en magasin. Fiche 13

Au départ, la recherche d'information et d'avis concernait essentiellement l'e-commerce.

▶ Le smartphone accentue ce phénomène. Selon la FEVAD, 42 % des consommateurs font désormais des recherches en ligne sur le point de vente depuis leur mobile, et 65 % des répondants déclarent reporter leur achat ou changer de magasin en fonction de ces recherches.

▶ La digitalisation du parcours client est notamment liée aux notions de RoPo et de **digitalisation du point de vente.** Ce phénomène provoque l'apparition de nouvelles attentes chez le consommateur et de nouveaux défis organisationnels au sein des entreprises. Parallèlement, toute organisation parvenant à détecter ce parcours client peut collecter un nombre croissant d'informations très précises sur son client donc améliorer la relation qu'elle entretient avec ce dernier.

Exemple : Le parcours d'achat automobile, pour lequel plus de 90 % des acheteurs de véhicules neufs commencent leur parcours en ligne et dans le cadre duquel le nombre moyen de concessions visitées avant l'achat est désormais inférieur alors qu'il était de quatre ou cinq il y a 20 ans.

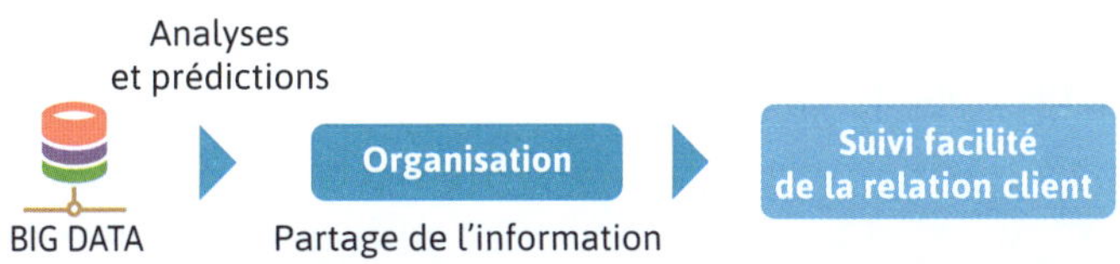

▶ La digitalisation du parcours client peut se schématiser de la manière suivante :

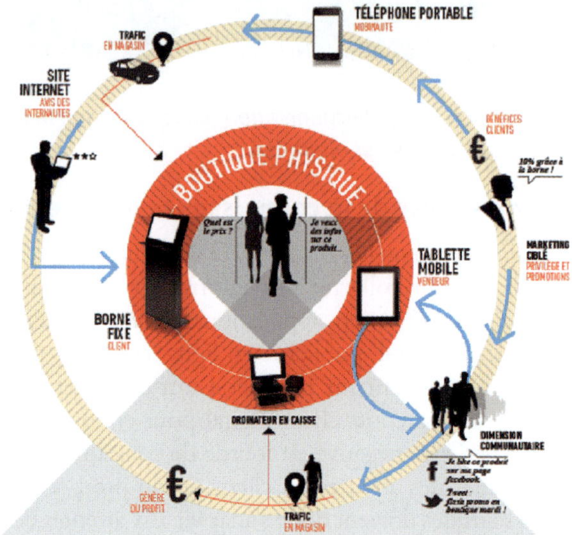

2 Une utilisation croissante des technologies par les administrations

▶ La transformation numérique a révolutionné le secteur public. En effet, à l'image des prestataires de services, la sphère publique a entamé sa mutation afin de s'adapter aux évolutions de la société, aux attentes des usagers et des agents publics ainsi qu'aux opportunités qu'apportent les nouvelles technologies.

▶ Le gouvernement a ainsi lancé en 2017 le programme Action Publique 2022 qui vise à améliorer la qualité des services publics. L'objectif de cette démarche est de répondre aux habitudes de consommation des citoyens de plus en plus nombreux et actifs sur la toile.

▶ Pour s'adapter, les administrations doivent donc :
– assurer un accès aux documents administratifs (loi sur la liberté d'accès aux documents administratifs de 1978) ;
– simplifier les démarches administratives ;
– améliorer les échanges entre administrations et la relation entre les usagers et ces dernières.

▶ Pour atteindre ces objectifs, les établissements publics doivent développer des solutions innovantes et économiques, c'est-à-dire :
– intégrer le multicanal dans leurs communications (e-mail, messagerie instantanée, réseaux sociaux, SMS, téléphonie, télécopie…) ;
– interagir en temps réel avec les ressources internes et les citoyens ;
– s'équiper d'outils évolutifs tout en maîtrisant ses dépenses.

#info
Le baromètre du numérique 2022
foucherconnect.fr/24terstmg16

La stratégie de communication 16

La communication joue un rôle dans la prise de décision, coordonne l'action de l'ensemble des acteurs, contribue au dialogue social et améliore l'image de l'organisation. Mais quelle stratégie de communication adopter ?

1 Pourquoi la communication est-elle importante ?

▶ Au niveau interne, la communication vise à **développer la participation** et **l'adhésion du personnel aux objectifs de l'organisation**. L'affirmation de valeurs communes ou la cohésion de ses membres sont autant de raisons qui donnent une dimension stratégique à la communication.

▶ Vis-à-vis de son environnement, la communication participe au **renforcement de l'image** de l'organisation auprès de ses partenaires, de ses clients et du grand public.

▶ La communication permet ainsi à l'entreprise d'**affirmer son identité** tout en veillant à sa réputation. Chaque organisation a en effet une personnalité représentée par son identité et sa culture. Cette personnalité est composée d'éléments représentatifs de sa spécificité et constitue le fondement de son développement.

ZOOM SUR… LA MARQUE EMPLOYEUR

La marque employeur désigne l'ensemble des problématiques d'image de l'organisation liées à la gestion des ressources humaines et au recrutement d'une entreprise. Elle est de plus en plus valorisée par les entreprises, des startups aux grands groupes en passant par les TPE-PME, qui ont pris conscience de la nécessité d'investir pour mettre en œuvre une communication adaptée pour attirer et conserver les talents. « C'est de la communication externe auprès des candidats potentiels et interne auprès des salariés de l'entreprise », précise Aurore Berlingard, chargée de recrutement de Proximedia (Groupe Publicis).

▶ La stratégie de communication de l'organisation constitue donc un **facteur de succès** et fait l'objet d'une démarche de plus en plus rigoureuse, notamment dans les grands groupes. Mais il peut arriver qu'un événement inattendu vienne perturber cette stratégie de communication. Il convient alors de développer dans l'urgence une **communication de crise** pour limiter le **risque de détérioration de l'image de l'organisation.**

#vidéo
La marque employeur de Transavia
foucherconnect.fr/24terstmg17

2 Quelles sont les différentes modalités de communication des organisations ?

La communication de l'organisation présente plusieurs modalités et s'appuie sur diverses techniques. Traditionnellement, on oppose la **communication interne** et la **communication externe.**

A. La communication interne

▶ C'est le processus par lequel les différentes composantes de l'entreprise se transmettent des informations. Les personnes qui doivent collaborer pour mener à bien les multiples tâches peuvent, grâce à ce processus, se coordonner et créer des **situations de synergie**.

▶ Selon ses objectifs, la communication interne prend des formes différentes (ascendante, descendante ou horizontale). Plusieurs canaux de communication peuvent être mobilisés : (Intranet, journal d'entreprise, réunions d'information, rapports…).

B. La communication externe

▶ Elle regroupe l'**ensemble des actions de communication** entreprises à destination des publics externes à l'organisation considérée. La communication externe doit ainsi s'adapter à des publics spécifiques extérieurs à l'organisation : clients, fournisseurs, associés, banques, collectivités locales ou encore associations. Il convient de distinguer la **communication institutionnelle** destinée à promouvoir l'organisation dans son ensemble de la **communication commerciale** tournée vers le marché (publicité, actions promotionnelles…).

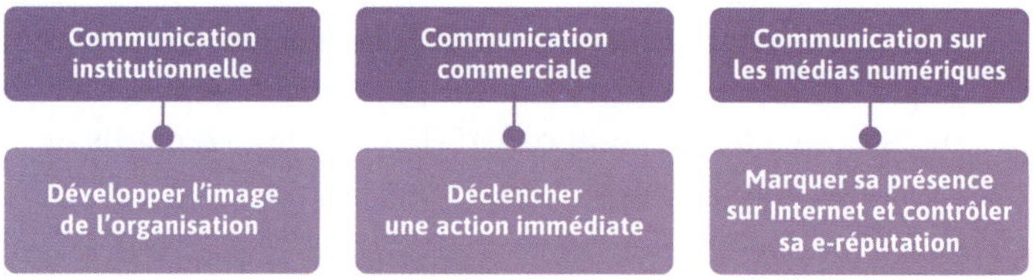

▶ De plus en plus d'organisations considèrent que, pour des raisons de cohérence, il est préférable de développer une **communication globale** qui vise les acteurs internes comme les partenaires externes ou le grand public. Il s'agit alors d'harmoniser la communication interne avec la communication externe.

▶ Les possibilités offertes par les technologies numériques ont profondément modifié la manière dont les organisations appréhendent la communication. En combinant la communication sur **divers médias numériques** (LinkedIn, Instagram, Facebook…), l'organisation cherche à marquer sa présence et son identité tout en veillant à sa réputation.

C. La communication financière

▶ La communication financière regroupe l'ensemble des actions de communication mises en place par l'entreprise lui permettant de **présenter sa santé financière**, ses capacités et ses perspectives de développement.

▶ S'il s'agit avant tout d'un **outil d'aide à la prise de décision** pour le dirigeant, la **communication des informations financières** de l'entreprise est une **obligation légale**. En effet, les entreprises sont tenues de tenir une comptabilité et d'établir une fois par an les comptes annuels en réalisant le **compte de résultat**, le **bilan** et les **différents documents annexes**.

▶ Par ailleurs, il est important pour l'entreprise de communiquer ses informations financières aux différentes **parties prenantes** qu'elles soient **internes** (actionnaires, salariés) ou **externes** (clients, fournisseurs, partenaires, grand public).

Quiz express 17

Vérifiez que vous avez bien retenu les points clés des **fiches 11 à 16**

1 Quels conflits sont liés à l'évolution des salaires ?

a. ❑ Les conflits économiques
b. ❑ Les conflits liés au pouvoir
c. ❑ Les conflits environnementaux
d. ❑ Les conflits salariaux

2 Quel est le nom du concept élaboré par Rensis Likert ?

a. ❑ Le gouvernement participatif dans l'entreprise
b. ❑ Le gouvernement du personnel
c. ❑ L'approche bienveillante du monde du travail
d. ❑ La mutation des facteurs

3 Combien de types de leadership existe-t-il selon Daniel Goleman ?

a. ❑ 5
b. ❑ 6
c. ❑ 7
d. ❑ 8

4 Quel analyste est connu pour son étude à l'usine d'Hawthorne de la Western Electric ?

a. ❑ Abraham Maslow
b. ❑ Henry Ford
c. ❑ Elton Mayo
d. ❑ Joseph Schumpeter

5 Comment définir un usager ?

a. ❑ L'utilisateur final d'un produit
b. ❑ Une personne morale ou physique susceptible d'acquérir un bien proposé par une entreprise
c. ❑ Une personne qui utilise un service public
d. ❑ Une entreprise qui travaille pour le service public

6 **Quel auteur a développé une analyse pyramidale des besoins ?**

a. ❑ Abraham Maslow
b. ❑ Henry Ford
c. ❑ Elton Mayo
d. ❑ Joseph Schumpeter

7 **Quels facteurs du comportement d'un consommateur sont liés à son environnement ?**

a. ❑ L'image de soi
b. ❑ L'attitude
c. ❑ Les groupes sociaux
d. ❑ La famille

8 **Lequel de ces types de communication n'existe pas ?**

a. ❑ La communication interne
b. ❑ La communication valorisante
c. ❑ La communication institutionnelle
d. ❑ La communication commerciale

9 **RoPo signifie :**

a. ❑ Research offline, purchase online
b. ❑ Research online, purchase offline

↗ CORRIGÉS p. 301

Vers le Bac 18

Entraînez-vous sur les notions du thème 2 : Les organisations et les acteurs.

1 Les quatre styles de leadership

Le modèle est structuré autour de quatre styles principaux de leadership :

- directif ;
- persuasif ;
- participatif ;
- délégatif.

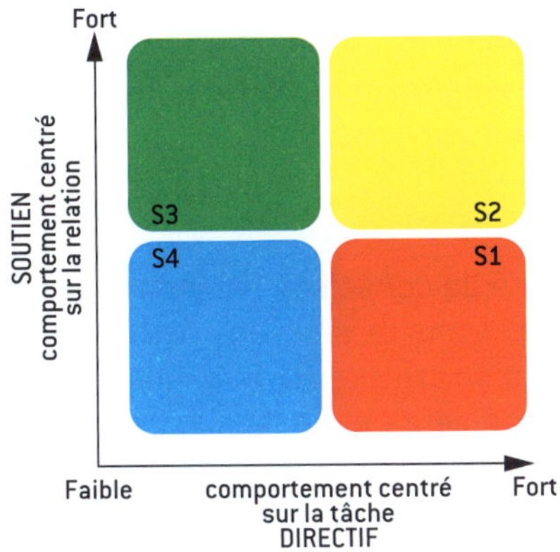

S1 : STYLE DIRECTIF

- **Description** : Le manager définit les rôles et indique aux collaborateurs ce qu'ils doivent faire, comment, quand et où le faire. La communication est principalement unidirectionnelle.

- **Application** : Ce style est adapté aux collaborateurs de maturité faible (M1), qui ont peu de compétences pour la tâche à accomplir et sont peut-être peu disposés ou peu sécurisés à l'idée de prendre des responsabilités.

S2 : STYLE PERSUASIF

- **Description** : Tout en continuant à diriger et à prendre les décisions, le manager essaie de persuader ses collaborateurs en expliquant les raisons derrière les décisions et les tâches. La communication devient plus bidirectionnelle.

- **Application :** Ce style est efficace avec des collaborateurs de maturité faible à modérée (M2), qui peuvent manquer de compétences mais sont motivés et prêts à apprendre.

S3 : STYLE PARTICIPATIF

- **Description :** Le manager partage la prise de décision avec les collaborateurs, encourageant leur participation. Ce style met l'accent sur le soutien émotionnel autant que sur la guidance.

- **Application** : Adapté aux collaborateurs de maturité modérée à élever (M3), qui ont développé des compétences mais manquent peut-être de confiance ou de motivation pour agir seuls.

S4 : STYLE DÉLÉGATIF

- **Description** : Le manager délègue la responsabilité des décisions et de l'exécution des tâches aux collaborateurs, fournissant peu de supervision directe.

- **Application** : Ce style convient aux collaborateurs de maturité élevée (M4), qui possèdent les compétences et la confiance nécessaires pour accomplir les tâches de manière autonome.

1. Que pensez-vous de chacun des 4 types de leaders décrits dans le document ci-dessus ?

2. Comment ces différents leaders peuvent-ils motiver leurs subordonnés et assurer la cohésion du groupe ?

2 Cas pratique : Ovicloud

Ovicloud est une société de conseil en informatique spécialisée dans le développement des solutions de stockage des données. Elle jouit d'une excellente réputation et sa croissance implique de recruter chaque année plusieurs dizaines d'ingénieurs et de techniciens.

Les candidatures sont nombreuses, mais le climat social ne semble pas très bon et le taux de *turn over*, 35 % sur les trois dernières années, inquiète les dirigeants. Une enquête a mis en lumière la déception des jeunes diplômés face à leur travail chez Ovicloud : ils se plaignent d'être mal informés et de ne pas disposer de suffisamment d'autonomie dans leurs fonctions. Pourtant, un intranet existe et permet d'affirmer les valeurs de l'entreprise. Il est régulièrement mis à jour par la direction qui souhaite maintenant réfléchir au positionnement de sa « marque employeur ».

1. Quelle est la définition de la marque employeur ?

2. Quelles seraient les solutions pour faire évoluer la communication de l'entreprise en interne ?

3. En quoi le développement de la communication externe peut permettre d'améliorer le recrutement chez Ovicloud et réduire le taux de *turn over* ?

↗ CORRIGÉS p. 301

Éthique et management

19

Les organisations évoluent dans un environnement économique, écologique, socio-culturel, politique, numérique et institutionnel dont elles doivent tenir compte. C'est la raison pour laquelle de nombreuses entreprises, administrations publiques ou associations ont adopté des règles de conduite et des valeurs qu'elles s'efforcent de respecter.

1 L'éthique au sein des organisations

▶ Dans son sens général, l'éthique est une réflexion sur la conduite responsable de sa vie au regard des **règles morales.** Appliquée au management, l'éthique invite à promouvoir des règles, des pratiques, des normes en vue de la **satisfaction de l'intérêt général** et des **différentes parties prenantes.**

▶ Pour une entreprise par exemple, il s'agit de concilier sa finalité de **recherche de profit** et son **impératif d'efficacité** avec le **respect de ses salariés, fournisseurs ou autres partenaires.** Il s'agit également de considérer l'impact de son activité sur son environnement : lutte contre la pollution, respect de la concurrence, etc.

#vidéo
D'où viennent les jouets en bois Encore !?
foucherconnect.fr/24terstmg18

▶ Ce respect de soi et des autres suppose avant tout un **strict respect des règles morales** universelles (prohibition du vol, de la violence, du mensonge…) et de la légalité. Mais l'éthique des affaires va bien au-delà car elle vise à promouvoir des valeurs positives comme la tolérance, la loyauté, le partage ou la transparence des pratiques.

ZOOM SUR…L'ENTREPRISE ARTELIA

Artelia est un groupe indépendant qui exerce dans le monde une large gamme de métiers (management de projet, ingénierie, conseils et audits, ensemblier). Artelia promeut des valeurs fortes et engage ses collaborateurs à les partager, de manière à ce qu'Artelia soit :

- **un groupe durable** qui met l'accent sur la maîtrise de ses risques et privilégie une gestion rigoureuse pour garantir une relation durable avec ses clients et ses collaborateurs, et qui intègre les dimensions du développement durable dans ses missions ;

- **un groupe proche** qui veille à la satisfaction de ses clients par une relation privilégiée d'écoute et de conseil adaptée à leurs besoins et leurs attentes ;

- **un groupe humain** qui veille à la sécurité et la sûreté des personnes, qui s'engage dans le développement de l'employabilité de ses collaborateurs, qui favorise une relation franche et positive entre les personnes et un travail en équipe efficace, enfin qui prend pleinement ses responsabilités en matière sociale et sociétale [...]

▶ Le questionnement généralisé sur l'éthique dans les organisations trouve son origine dans la dénonciation et la médiatisation de certaines pratiques de corruption, de fraude fiscale, de destruction de l'écosystème ou du travail des enfants, à partir des années 1980. Ce questionnement a notamment permis de mettre en lumière la **finalité sociale des entreprises**, l'impératif de **transparence** et d'**intégrité** des administrations publiques ou encore l'importance du **rôle sociétal** des organisations à but non lucratif (aide humanitaire, médicale, banque alimentaire…).

▶ L'éthique des affaires repose ainsi sur quelques principes fondamentaux :

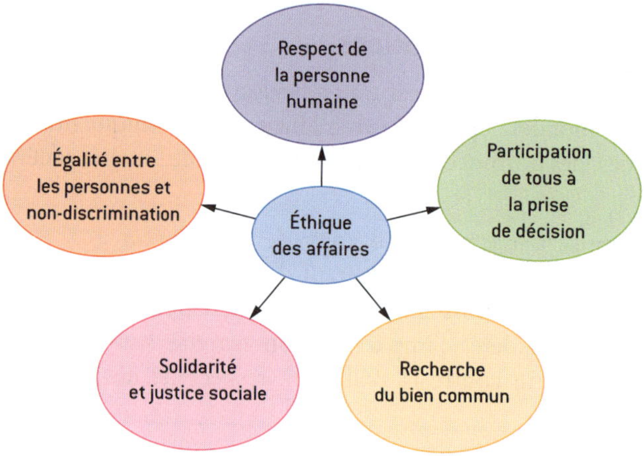

2 Éthique et déontologie

On confond parfois éthique et déontologie. La déontologie s'applique au monde professionnel en établissant **une série de règles et de devoirs** auxquels sont obligatoirement soumis les membres d'une même activité professionnelle ou d'un corps de métier. Ainsi, à la différence de l'éthique professionnelle, qui définit ce qu'un individu particulier estime comme moralement correct dans sa profession, la déontologie professionnelle est un **code de conduite** qui s'applique à tous les membres d'une même profession.

#vidéo
L'éthique, une bonne pratique pour toutes les entreprises
foucherconnect.fr/24terstmg19

ZOOM SUR… QUELQUES RÈGLES DÉONTOLOGIQUES

- **Le secret médical** dans les professions de la santé et l'interdiction de dévoiler des informations sur leurs patients.
- **Le secret professionnel** pour les avocats et l'interdiction de dévoiler des informations sur leurs clients.
- **L'interdiction** pour un policier de profiter de sa fonction afin **d'obtenir des avantages** en sa faveur.

La mise en œuvre de comportements éthiques

20

De nos jours, la plupart des entreprises affichent des préoccupations éthiques, mais les actions sont parfois en décalage avec les principes revendiqués. Ainsi, plusieurs pratiques contraires aux règles éthiques ont été observées, principalement dans des grandes organisations.

1 Des comportements parfois contraires aux règles éthiques

▶ **La pratique d'un lobbying agressif.** Le lobbying est un ensemble d'actions d'influence menées par un groupe de pression pour défendre ses intérêts face à des institutions ou individus pouvant prendre des décisions qui pourraient l'affecter. Les actions de lobbying sont surtout menées à destination des décideurs politiques et particulièrement auprès des institutions européennes à Bruxelles. Mais, parfois, elles peuvent viser des autorités locales ou des établissements publics.

Exemple : Alors que l'Europe travaille à se donner des objectifs climatiques ambitieux pour 2030 et 2050, l'influence des industries dites « fossiles » sur les décideurs bruxellois s'intensifie. Plusieurs associations de défense de l'environnement pointent du doigt des pratiques « sournoises » de lobbying : rendez-vous privés, « pantouflage », sponsoring et collaborations avec les institutions de l'Union européenne… les moyens d'influence sont nombreux.

▶ **Le *green washing*,** ou en français, **l'écoblanchiment.** Il consiste pour une entreprise à orienter ses actions marketing et sa communication vers un positionnement écologique. Cette entreprise se présente comme écoresponsable alors qu'elle pollue excessivement la nature et l'environnement. Un produit peut aussi être abusivement vanté comme « écologique » ou « protégeant l'environnement ». Fort heureusement, de plus en plus d'entreprises intègrent dans leurs pratiques de véritables préoccupations écologiques.

▶ **Le *social washing*.** Il consiste à masquer de mauvaises pratiques internes managériales et des conditions de travail pénibles par des services aux salariés sur lesquels l'entreprise s'appuie pour développer une politique de communication valorisante.

#vidéo
L'éthique chez ECT
foucherconnect.fr/24terstmg20

2 Un contrôle plus rigoureux des pratiques

▶ De nombreuses règles juridiques ont pour but d'éliminer certaines pratiques contraires à l'éthique. Il s'agit de **protéger la vie privée des salariés**, de **lutter contre les discriminations sexistes, raciales ou sociales**, et de **prendre en compte les situations de handicap.**

▶ L'éthique incite également les organisations publiques ou privées à **diffuser une image transparente de leur activité**, notamment par une information financière fiable. L'évolution des normes comptables permet de mieux encadrer cette communication financière et de garantir une **meilleure transparence des informations** destinées aux investisseurs, aux marchés financiers et aux autorités de contrôle.

3 Une organisation peut-elle intégrer des préoccupations civiques ?

▶ Le concept de **civisme** fait référence aux qualités d'un bon citoyen, zélé et montrant un réel dévouement pour le bien commun et l'intérêt public.

ZOOM SUR... QUELQUES PRÉOCCUPATIONS CIVIQUES

Pendant la crise sanitaire de mars 2020, le groupe de luxe LVMH a fabriqué « en grande quantité » du gel hydroalcoolique sur trois de ses sites de production français dédiés normalement à ses parfums et cosmétiques (Dior, Guerlain et Givenchy), pour l'offrir aux hôpitaux de l'Assistance Publique-Hôpitaux de Paris.

Dans le même temps, Thomas Huriez, fondateur de la marque « 1083 », a modifié sa ligne de production de jeans pour fabriquer des masques et aider les professionnels de santé à se protéger.

▶ Une organisation doit concilier des préoccupations civiques avec ses propres objectifs :

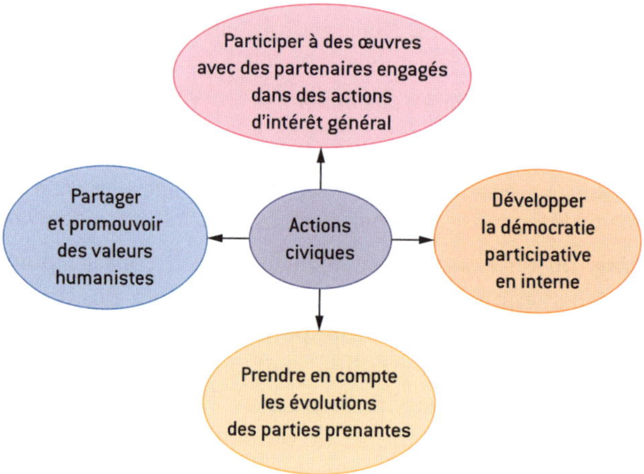

▶ Pour mieux s'ancrer dans son environnement local, **soigner son image** et **concrétiser ses préoccupations sociétales**, une entreprise peut avoir recours au **mécénat**, au **sponsoring** ou à des **partenariats** avec certaines associations culturelles ou caritatives. Les salariés peuvent utilement être associés à la réflexion et à la mise en œuvre des « bonnes pratiques » au sein de l'organisation.

ZOOM SUR... QUELQUES BONNES PRATIQUES

Sous-traitant d'Airbus, Team Plastique habille les sièges des pilotes. La société a créé des groupes où les salariés réfléchissent à la manière de mieux travailler ensemble. Un groupe de réflexion et d'action de huit salariés travaille sur l'innovation (clients, matières, nouvelles technologies...). Pendant deux jours, l'entreprise a réuni tous ses salariés. L'objectif était de faire émerger ce qui constituait les fondements de l'entreprise et de réfléchir à la manière dont chacun voyait son avenir.

L'évolution de la relation individu/travail

21

La prise en compte des interactions de l'organisation et de la société conduit à analyser les évolutions des modes de vie et de consommation qui peuvent avoir une influence sur le management des organisations. Il convient notamment d'apprécier les incidences de l'ancrage sociétal et territorial de chaque organisation.

1 Un travail de plus en plus oppressant pour le salarié

▶ Le travail peut être source d'**épanouissement personnel**. Mais l'intensification de la concurrence interentreprises, la recherche constante d'amélioration de la productivité ou la perte de sens du travail génèrent une **souffrance** pour le salarié dont les managers doivent tenir compte.

▶ Les enquêtes statistiques montrent que la **pénibilité physique du travail** reste une réalité malgré l'évolution des technologies : la très grande majorité des maladies professionnelles reconnues sont logiquement des troubles musculo-squelettiques (TMS).

▶ De nombreux salariés développent d'autre part des **pathologies liées à la pression psychologique** qu'ils subissent ou à un **excès de stress** (dépressions...) d'où l'apparition du concept de **risques psychosociaux** (RPS).

▶ Pour l'organisation, ces risques sont **générateurs de coûts** : outre les arrêts de travail répétés, les conséquences d'une mauvaise ambiance affectent l'efficacité collective du travail (baisse de la productivité, non-respect des horaires ou des exigences de qualité...), la dégradation du climat social, les coûts de *turn over* et d'intégration de nouveaux salariés ou les risques juridiques... Il convient également de gérer le déficit d'image qui peut avoir des conséquences directes sur les résultats.

> **Info**
> D'après les statistiques du ministère du Travail, 34 % des salariés sont exposés à des postures pénibles ou fatigantes dans le cadre de leur travail et 40 % doivent porter ou déplacer des charges lourdes. La proportion de travailleurs déclarant subir des rythmes contraints (cadence imposée, objectifs de productivité oppressants, contrôle permanent d'un supérieur hiérarchique, etc.) est passée, en dix ans, de 31,6 % à 35,2 %.

2 Les nouvelles aspirations des salariés

▶ Le management des organisations doit tenir compte des **attentes** et **aspirations** de leurs membres. Ces aspirations dépendent de différents facteurs : type d'organisation considérée, implantation géographique, niveau d'études et catégorie socioprofessionnelle des salariés...

▶ Le facteur le plus clivant concerne l'**âge des salariés** : les plus anciens (baby-boomers et génération X) sont souvent les plus engagés dans leur poste : ils se sentent concernés par l'organisation ou le client pour lesquels ils travaillent. Ils sont **fidèles** à leur entreprise et sont **habitués à être jugés sur les résultats**. Par ailleurs, le stress de la hiérarchie est bien moins important que celui de **l'utilisation des nouvelles technologies**.

ZOOM SUR... LES GÉNÉRATIONS DE SALARIÉS

Les générations qui composent la société actuelle peuvent être regroupées en 4 catégories, selon leurs dates de naissance :
- **les baby-boomers** : individus nés entre 1946 et 1964 ;
- **la génération X** : entre 1965 et 1979 ;
- **la génération Y** : entre 1980 et 2000 ;
- **la génération Z** : à partir de l'an 2000.

▶ Ces générations X Y Z sont différentes mais complémentaires. **Il est essentiel que le management s'appuie sur les caractéristiques de chacun**, en prenant en compte le **style de vie** et la **productivité**, sans quoi une baisse d'**engagement** des salariés est à prévoir.

▶ Toutefois, les nouvelles générations (Y et Z) recherchent avant tout la **nouveauté**, en changeant fréquemment de poste, d'employeur ou de région. La notion de groupe est essentielle, avec une envie de collaborer au sein d'une équipe. Le travail devient alors un **outil de socialisation** et de rencontres. Mais le **développement personnel** occupe également une place très importante chez les jeunes (opportunité de formation, travail à l'étranger…).

#vidéo
La fonction RH en 2025 : axes de transformation
foucherconnect.fr/24terstmg21

▶ Il existe toutefois des tendances fortes communes à la plupart des salariés (recherche d'un meilleur équilibre vie privée/vie professionnelle, recherche de sens dans le travail, etc.).

3 La recherche de nouveaux modes d'organisation du travail

▶ Pour répondre aux **attentes des salariés** et aux **nouveaux modes de vie** tout en tenant compte des **impératifs économiques**, les organisations expérimentent de **nouvelles formes d'organisation du travail.** Plusieurs tendances se dessinent, qui transforment peu à peu le rapport de l'individu au travail.

▶ Le rapport à la hiérarchie évolue : les nouveaux organigrammes et espaces de travail s'efforcent de réduire les échelons hiérarchiques et de rapprocher les salariés des dirigeants.

▶ **Le travail en équipes autonomes** est favorisé et permet aux organisations de libérer la créativité des salariés tout en donnant du sens à leur travail, ce qui accroît leur implication. Le recours systématique aux outils numériques a rendu possible le développement du télétravail et a amélioré la communication au sein des organisations.

▶ **L'anticipation et la prise en compte des risques psychosociaux** permettent de mieux gérer les situations de souffrance au travail.

▶ **L'évolution de la société** conduit à inventer de nouvelles formes de travail qui s'éloignent du salariat : chaque année, le nombre d'auto-entrepreneurs augmente et l'« ubérisation » du travail préfigure de nouveaux modèles d'organisation dans lesquels le travailleur gagne une certaine indépendance mais abandonne la protection liée au contrat de travail.

Le rapport au travail évolue : temps, lieu, mode d'organisation → **Nouveaux comportements sur le lieu de travail** → Développement du télétravail, *coworking*, *flex office*, évolution du rapport à la hiérarchie, augmentation du travail indépendant...

Les nouveaux modes de consommation

22

Le consommateur actuel a bouleversé, depuis les années 2000, son comportement. En effet, hyperconnecté (smartphone, tablette), il a accès à un large choix de marchandises produites en masse, disponibles rapidement, dans le monde entier. Cependant, certains consommateurs s'interrogent et cherchent à adopter d'autres modes de consommation dits alternatifs, voire rejettent la consommation, dans son schéma actuel.

1 Une consommation via les plateformes d'intermédiation et à la demande (ubérisation)

Les consommateurs actuels utilisent de plus en plus les **plateformes « collaboratives »** numériques (Uber, Airbnb, etc.) qui se développent de manière fulgurante. En effet, le consommateur veut gagner du temps et privilégier les **relations CtoC** (*consumer to consumer*, du consommateur au consommateur). L'ubérisation répond à cette demande : elle consiste à **mettre en contact direct particuliers et sociétés de services** (livraison de repas, par exemple) grâce à des **applications** pour que cette mise en relation soit quasi instantanée.

2 Une consommation plus responsable

▶ Face aux dérives de la consommation de masse (standardisation, impact sur le développement durable…), les consommateurs cherchent à développer ou à réactiver des modes de consommation plus directs, plus citoyens. Fiches 47 et 48

▶ Différents schémas sont ainsi offerts à ce « nouveau » consommateur :

L'économie de la fonctionnalité	• Système privilégiant l'usage plutôt que la vente d'un produit. • L'échange économique ne repose plus sur le transfert de propriété de biens, qui reste la propriété du producteur tout au long de son cycle de vie, mais sur le consentement du client à payer une valeur d'usage.
L'économie du partage = l'économie collaborative	Nouveau mode de consommation permettant de partager entre consommateurs l'usage ou la consommation de produits, équipements ou services. **Exemple** : les sites d'hébergement entre particuliers, les sites de covoiturage ou de location entre particuliers (bateau, camping-car, etc.).
Le glanage	• La pratique du glanage est historique : à l'origine, elle désigne le ramassage des fruits, légumes et céréales restés ou tombés au sol dans un champ ou un verger après une récolte. • Aujourd'hui, le glanage, plus particulièrement alimentaire, répond à des motivations diverses et prend des formes multiples : seul ou à plusieurs, de façon spontanée ou dans un cadre organisé, ponctuellement ou fréquemment, à la campagne ou en ville… **Exemple** : l'application Too good To go est une application permettant aux inscrits d'acheter à un prix réduit les invendus des commerçants.

3 Un rejet du système de consommation de masse : l'anticonsumérisme

▶ L'anticonsumérisme est un **mouvement consumériste** activiste parfois délibérément hostile à la publicité et au marketing en général, car jugés trompeurs et manipulateurs de la conscience humaine. Il se rapproche dans certains cas du **mouvement antimondialiste** (ou altermondialiste).

▶ Ses adeptes mènent des **actions de contestation** à des niveaux divers :
– appel à résister à la publicité par des pratiques de non-attention : ne pas regarder les affiches et zapper pendant les pubs TV ;
– appel à la non-participation : retourner les sacs publicitaires, arracher les publicités dans les journaux.

▶ Leurs actions militantes peuvent aller jusqu'à la détérioration physique ou la destruction de produits et/ou de supports de communication publicitaire.

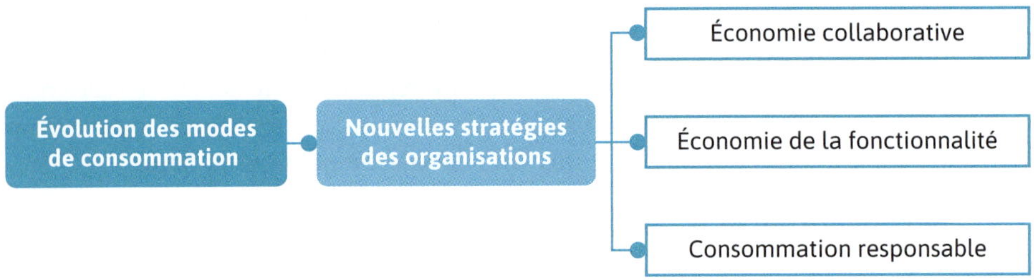

Les données personnelles : un patrimoine à protéger

23

La collecte d'informations sur le citoyen est stratégique. Cependant, elle doit s'effectuer dans le respect de la législation.

1 Les données personnelles : un outil stratégique pour l'organisation

▶ Les traces que chaque individu laisse sur le Net – préférences idéologiques, culinaires ou sportives, achats, soucis de santé… – sont devenues une industrie extrêmement lucrative.

▶ Ainsi, citoyens, consommateurs, organisations sont plongés dans **l'ère du Big Data**, de l'**interconnexion des données** et de leur **valorisation**. Dans ce contexte, les modes de production, de collecte et d'analyse des données personnelles ont explosé ces dernières années et offrent des potentiels de valorisation gigantesques, mettant notamment l'**expérience client au cœur des stratégies**. La relation client devient de plus en plus proactive, ce qui permet d'anticiper les besoins, d'adapter les stratégies, les opérations, le retail, etc.

> **Info**
> Le business des données personnelles sur Internet est en pleine expansion. La situation de quasi-monopole des GAFAM sur ce marché des données (elles trustent 95 % du marché) rend complexe la régulation du secteur pour protéger la vie privée des citoyens. De même, le développement de l'intelligence artificielle (IA) pose des questions éthiques.

▶ De nombreuses entreprises ont élaboré les premiers modèles fondés sur l'analyse et/ou la revente des données personnelles pour développer leur service.

▶ En réponse à ces dangers, la législation s'adapte.

2 Le respect de la législation

A. La loi RGPD

▶ Depuis mai 2018, les organisations doivent respecter le **règlement général sur la protection des données (RGPD)**. Il s'inscrit dans la continuité de la **loi française informatique et libertés de 1978** et renforce le contrôle par les citoyens de l'utilisation qui peut être faite des données les concernant.

▶ **Le RGPD harmonise les règles en Europe** en offrant un cadre juridique unique aux professionnels. Il permet de développer leurs activités numériques au sein de l'UE en se fondant sur la confiance des utilisateurs.

▶ Le RGPD s'applique à tout organisme quels que soient sa taille, son pays d'implantation et son activité.

Exemple 1 : une société établie en France qui exporte l'ensemble de ses produits au Maroc pour ses clients moyen-orientaux doit respecter le RGPD.
Exemple 2 : une société établie en Chine proposant un site d'e-commerce en français livrant des produits en France doit respecter le RGPD.
Exemple 3 : une organisation de collecte et traitement des données travaillant pour le compte d'une autre entité (entreprise, collectivité, association) doit garantir la protection des données confiées.

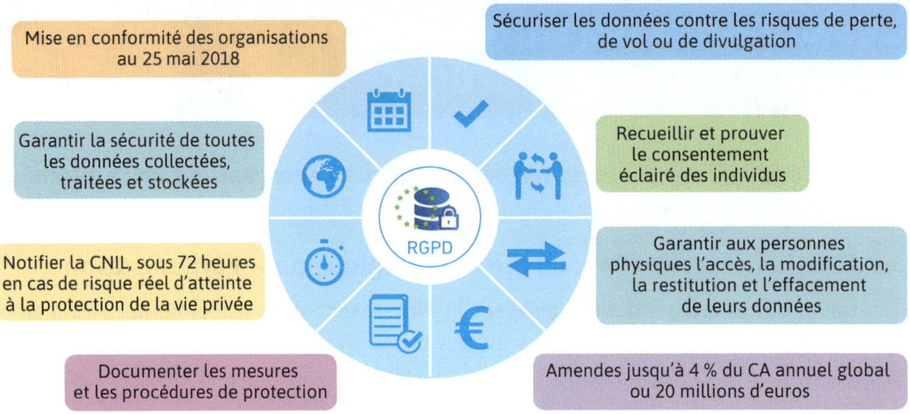

▶ Le RGPD accroît le **degré de responsabilité** et les **obligations de transparence des acteurs économiques et institutionnels.** En effet, ceux-ci sont contraints de communiquer exhaustivement et clairement, à tous les individus concernés, la nature et les modalités de traitement des données.

B. La loi pour une République numérique (loi Lemaire)

▶ Elle a été promulguée le 7 octobre 2016. Elle vise à **encourager l'innovation et l'économie numérique**, à promouvoir une **société numérique protectrice**, à **garantir l'accès de tous au numérique.**

▶ Parmi l'ensemble des mesures, deux sont énoncées ici :
– la **publication en ligne** des principaux documents, des bases de données et des données qui présentent un intérêt économique, social, sanitaire ou environnemental des administrations au sens large (l'État, les collectivités locales de plus de 3 500 habitants, les établissements publics et les organismes privés chargés d'un service public) ;
– la **transparence des algorithmes.** À l'heure de l'**intelligence artificielle**, les algorithmes occupent dans nos vies une place importante. Ainsi, dans de nombreux domaines, ils sont utilisés pour faciliter les prises de décision : résultats de requêtes sur un moteur de recherche, ordres financiers passés par des robots sur les marchés, diagnostics médicaux automatiques, affectation des étudiants à l'université.

Mot-clé

Un algorithme est un calcul informatique qui s'appuie sur des données – personnelles ou pas – pour réaliser des prévisions ou prendre des décisions.

À SAVOIR

Depuis le 1er janvier 2018, toute personne dont l'activité consiste à collecter et diffuser des avis de consommateurs en ligne doit assurer une « information loyale, claire et transparente » sur les modalités de publication et de traitement de ces avis. Cette information porte notamment sur la date de publication des avis en ligne ainsi que sur les critères de classement et l'existence d'une procédure de contrôle de ces avis. Les conditions de référencement, de suppression et la logique de remontée de ces contenus doivent, en outre, être clairement notifiées sur le site.

Le développement des *blockchains*

24

Pour contrer le problème de sécurisation des données et la perte de confiance dans les systèmes financiers, bancaires ou administratifs (crises, corruption, fraude), les chaînes de blocs (*blockchains*) se développent.

1 La création des *blockchains*

#vidéo
La *blockchain* par les nuls
foucherconnect.fr/24terstmg22

▶ La *blockchain* est une **technologie de stockage** et de **transmission d'informations**, transparente, sécurisée, et fonctionnant sans organe central de contrôle. Par extension, une blockchain est une base de données qui contient l'historique de tous les échanges effectués entre ses utilisateurs depuis sa création. Cette base de données est sécurisée et distribuée : elle est partagée par ses différents utilisateurs, sans intermédiaire, ce qui permet à chacun de vérifier la validité de la chaîne d'informations.

▶ Les *blockchains* modifient donc la **sécurisation des échanges** car le registre des données est distribué sur tous les ordinateurs du réseau. Elles permettent la médiation des contrats.

Exemple : Suppression de l'intermédiaire des banques pour effectuer une transaction dans le cas du bitcoin.

▶ La première *blockchain* a été créée en réponse à la crise financière de 2008 et à la défiance à l'égard du système bancaire. Elle s'appelle *bitcoin* et repose sur trois principes :
– c'est un logiciel libre ;
– c'est un logiciel participatif (chacun peut participer à l'amélioration de son fonctionnement) ;
– le système est décentralisé.

▶ Par extension, d'autres *blockchains* ont été créées.

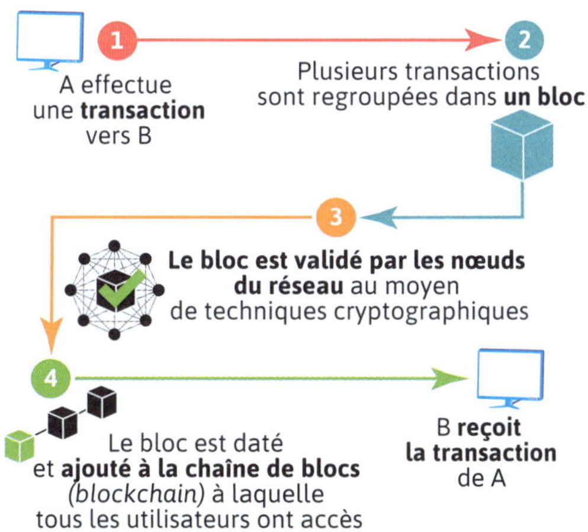

2 Des exemples de *blockchains*

▶ **Exemple 1** : au Honduras, le premier cadastre numérique adossé à une *blockchain* a été créé pour lutter contre la corruption et l'attribution aux élites des terrains les mieux localisés.

▶ **Exemple 2** : pour éviter la falsification des diplômes et garantir la sécurisation des documents, le diplômé inscrit, dans son CV ou dans son profil LinkedIn, le lien d'une transaction de la *blockchain*. Dans cette transaction envoyée par l'école, une empreinte digitale du diplôme est intégrée afin de sécuriser la légitimité de l'information. Le service RH de telle ou telle organisation peut alors utiliser n'importe quel explorateur de la *blockchain* pour s'assurer de la validité du diplôme du postulant.

▶ **Exemple 3** : la start-up Zooz propose un service de covoiturage entièrement repensé car décentralisé : le service n'est pas détenu par ses fondateurs ou par un quelconque investisseur extérieur, mais par la communauté de ses utilisateurs. Ce service permet aux conducteurs et aux passagers de se connecter en temps réel pour remplir les sièges vides des conducteurs, sans avoir à s'appuyer sur un acteur intermédiaire pour la mise en relation : tout passe par une plateforme autogérée. La Zooz rémunère ses conducteurs en jetons appelés « Zooz » (une monnaie basée sur le bitcoin) stockés sur une *blockchain*. La valeur des jetons diminue avec l'augmentation du nombre d'utilisateurs inscrits : le but est de favoriser les « early-adopters » afin d'accélérer le développement de l'application.

Aujourd'hui, le secteur du luxe s'interroge sur l'utilisation de la blockchain pour assurer une traçabilité des produits et lutter contre la contrefaçon.

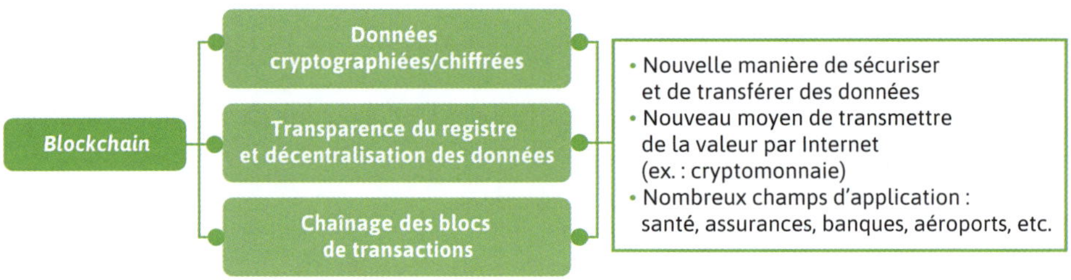

Les organisations et leur écosystème

25

Les organisations sont implantées sur un territoire et intégrées dans un écosystème qui peut leur fournir des ressources nécessaires à leur fonctionnement. Réciproquement, l'action des organisations produit de multiples effets sur cet écosystème dont elles doivent tenir compte. La révolution numérique a d'autre part permis de développer les relations de partenariat et la création de réseaux d'acteurs.

1 Un écosystème d'affaires

▶ Les organisations s'intègrent dans leur **environnement local** et font partie d'un **écosystème** qui leur fournit certaines **ressources nécessaires à leur fonctionnement** : ressources humaines, financières et fiscales, infrastructures de transport et numériques, services publics, pépinières d'entreprises, supports techniques (centre technique industriel, laboratoire de recherche, etc.), organismes de formation et organismes consulaires.

Remarque

La notion « d'écosystème d'affaires » a été popularisée par l'économiste James F. Moore dans les années 1990. L'écosystème est alors défini comme « une communauté économique supportée par l'interaction entre des entreprises et des individus. Cette communauté va produire des biens et des services en apportant de la valeur aux clients, eux-mêmes au cœur de cet écosystème ».

▶ Une organisation doit pouvoir **saisir les opportunités** que lui offre son ancrage territorial. Il s'agit par exemple de profiter de la présence d'une technopole, de développer l'activité au sein d'une pépinière d'entreprises ou encore d'obtenir des subventions ou une aide matérielle de la part de la collectivité d'accueil.

Exemple : La communauté d'agglomération de Castres-Mazamet, les laboratoires Pierre Fabre, la chambre de commerce et d'industrie du Tarn et la chambre des métiers et de l'artisanat du Tarn ont fait émerger il y a plus de 10 ans l'association Castres-Mazamet Technopole afin de doter le territoire d'un outil spécifique de soutien à l'innovation. La Technopole développe son expertise autour de 3 missions :
- l'animation et la mise en réseau des compétences scientifiques et industrielles ;
- l'ingénierie de l'innovation et l'incubation ;
- le marketing territorial et l'accueil d'entreprises innovantes.

#exemple
L'association Castres-Mazamet Technopole
foucherconnect.fr/24terstmg23

2 La responsabilité des organisations

▶ L'action des organisations produit simultanément de multiples effets sur son écosystème territorial, d'ordre économique, social, culturel ou encore en matière de développement d'infrastructures. La prise en compte de ces effets dans le processus de décision est l'une des dimensions de la responsabilité des organisations.

Exemple : En 2001, Bernard Arnault, président du groupe LVMH, confie à l'architecte Franck Gehry la conception d'un grand vaisseau de verre dédié à la culture, à Paris, dans le bois de Boulogne : la fondation Louis Vuitton. Cinq ans plus tard, une convention d'occupation de 55 ans est conclue avec la Ville de Paris, et permet d'engager les travaux de ce lieu d'exception pour l'art et la culture. L'édifice s'est inscrit dans le paysage culturel français et international. Il accueille chaque année plus d'un million de visiteurs venus de tous les horizons.

▶ Les organisations peuvent ainsi façonner leur environnement local et participer activement à la vie économique, culturelle et sociale de leur commune, département ou région. Elles peuvent réaliser des actions de mécénat, participer à des aménagements locaux concertés (transports en commun…) et créer des emplois.

Exemple : Photonis est une société de haute technologie, avec 80 ans d'expérience dans la conception, la fabrication de composants électro-optiques et de capteurs de haute précision. Première entreprise du secteur privé de la Corrèze, Photonis France est implantée dans la commune de Brive-la-Gaillarde et emploie 450 collaborateurs.

▶ Ces dernières années ont mis en lumière de nouveaux champs de responsabilité des entreprises qui peuvent impacter leur écosystème local ainsi que leur environnement national. La pandémie, la crise ukrainienne et les impératifs écologiques ont rappelé **l'importance de notre autonomie industrielle.** Une réindustrialisation décarbonée de notre pays constitue donc aujourd'hui un enjeu majeur pour nos entreprises, dans un environnement économique qui reste incertain.

#presse
Réindustrialiser la France ?
foucherconnect.fr/24terstmg24

Les organisations transforment leur écosystème

- sur le plan économique, social, culturel et écologique
- en formant des grappes d'entreprises
- en améliorant l'attractivité des territoires
- et ont la responsabilité de prendre en compte leur impact (RSE)

Les stratégies d'implantation des firmes

26

Le bon choix d'implantation d'une entreprise peut rapidement s'avérer décisif pour l'activité de cette dernière. Une bonne implantation permet une meilleure interaction à la fois avec ses fournisseurs, ses clients mais aussi ses salariés.

1 Les critères économiques

▶ Les décideurs de l'organisation recherchent d'abord un lieu d'implantation qui permet de **minimiser les coûts** (coûts d'installation, d'approvisionnement, de fabrication ou de distribution…).

▶ Les entreprises implantées ou devant s'implanter dans ces quartiers bénéficient d'un **dispositif complet d'exonérations de charges fiscales et sociales** durant cinq ans ; un compromis idéal pour l'implantation des entreprises en processus de création.

À retenir

Une **zone franche urbaine (ZHU)** est un quartier de plus de 10 000 habitants, situé dans des zones dites « sensibles » ou « défavorisées ». Elles ont été définies à partir des critères suivants :
– taux de chômage ;
– proportion de personnes sorties du système scolaire sans diplôme ;
– proportion de jeunes ;
– potentiel fiscal par habitant.

▶ La localisation d'une entreprise reflète aussi son image. C'est une composante importante à prendre en compte, à la fois pour les salariés, mais aussi pour les différentes parties prenantes : prospects, clients, investisseurs, intervenants extérieurs…

▶ Plusieurs stratégies d'implantation sont donc envisageables en fonction des objectifs prioritaires de l'organisation.

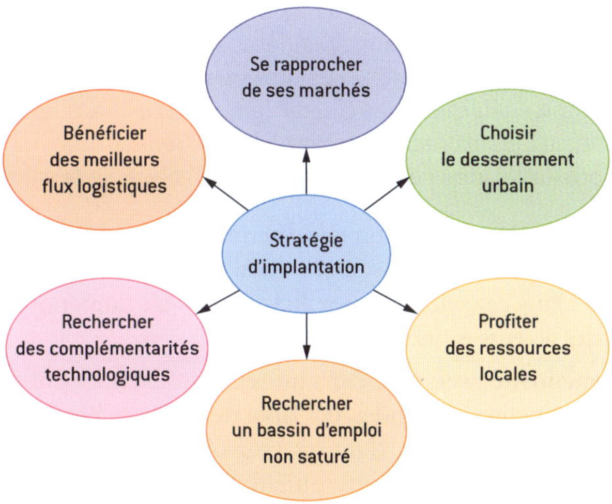

2 L'organisation au cœur de réseaux d'acteurs

▶ Le développement du numérique permet aujourd'hui de rapprocher les organisations et d'appréhender différemment la notion d'écosystème, débordant la stricte dimension territoriale.

ZOOM SUR... LA CRÉATION DE RÉSEAUX

Elle permet d'envisager une activité de recherche en dehors du processus d'innovation de l'entreprise via un écosystème d'innovation. Il y est fait appel lorsque les idées de produits souhaités par l'entreprise imposent des contraintes technologiques qu'elle ne peut pas résoudre elle-même. Lorsque c'est le cas (l'entreprise ne « sait pas faire » le produit qu'elle a imaginé correspondre aux besoins de ses clients), elle se rapproche de partenaires ou de prestataires qui ont plus de compétences ou de connaissances sur le sujet et qui, eux, « savent peut-être faire » (exemple : centres techniques). Si l'état de la technologie directement accessible ne permet pas de fabriquer ces produits imaginés par l'entreprise, alors il peut être envisagé de faire appel à des centres de recherche pour augmenter les connaissances dans le domaine et, peut-être, résoudre les problèmes techniques qui empêchaient l'entreprise de fabriquer les produits qu'elle avait imaginés.

▶ Les organisations n'agissent pas seules et les **relations de partenariat** qu'elles tissent se traduisent par la **création de réseaux d'acteurs** (pôles de compétitivité, écosystèmes d'affaires, campus des métiers et des qualifications, etc.) qui structurent les territoires et améliorent leur attractivité.

#vidéo
La ruche numérique
foucherconnect.fr/24terstmg25

ZOOM SUR... LES CLUSTERS

Les clusters sont des réseaux d'entreprises constitués majoritairement de PME et de TPE, fortement ancrés localement, souvent sur un même créneau de production et issus d'une même filière. Dans une économie mondialisée, les clusters permettent, en fédérant les énergies, de conquérir des marchés qui n'auraient pas été accessibles par des entreprises seules. Par raccourci, on désigne également par cluster la structure chargée du fonctionnement du réseau. En bref, le cluster regroupe : des PME en réseau, une activité dominante, un territoire de proximité, des coopérations, des liens avec le territoire.

▶ Les pouvoirs publics locaux jouent un **rôle déterminant** dans la recherche de **compétitivité des territoires** (valorisation des ressources locales, plans d'accompagnement, ruches d'entreprises, etc.). Dans ce cadre, les inégalités d'accès au numérique ont des incidences sur la localisation des acteurs économiques.

▶ Un **pôle de compétitivité** rassemble dans un territoire bien identifié et une thématique donnée des entreprises petites et grandes, des laboratoires de recherche et des établissements de formation. D'autres partenaires, dont les pouvoirs publics nationaux et locaux, sont associés à cette dynamique. Il a vocation à soutenir l'innovation, favoriser le développement des projets collaboratifs de recherche et développement (R & D) particulièrement innovants. Il crée ainsi de la **croissance** et de **l'emploi**.

Quiz express

27

Vérifiez que vous avez bien retenu les points clés des **fiches 19 à 26**

1 Comment définir l'éthique dans les affaires ?

a. ❑ Le respect de valeurs et de principes moraux

b. ❑ L'obligation de ne pas dévoiler des informations

c. ❑ Une réflexion sur la conduite responsable au regard des règles morales

d. ❑ Un code de conduite qui s'applique à tous les membres d'une même profession

2 En quoi consiste le *social washing* ?

a. ❑ Orienter ses actions marketing et sa communication vers un positionnement écologique

b. ❑ Masquer de mauvaises pratiques internes managériales et des conditions de travail pénibles

c. ❑ Défendre ses intérêts face à des institutions ou individus prenant des décisions qui pourraient l'affecter

d. ❑ Éliminer des comptes de l'entreprise certaines données sur le personnel

3 Quelles actions civiques une entreprise peut-elle avoir ?

a. ❑ Développer la démocratie participative en interne

b. ❑ Payer ses impôts et taxes

c. ❑ Permettre aux salariés de prendre toutes les décisions les concernant

d. ❑ Partager et promouvoir des valeurs humanistes

4 Que signifie le sigle « RPS » ?

a. ❑ Risques pour la sécurité

b. ❑ Relations psychologiques subies

c. ❑ Risques psychosociaux

d. ❑ Relations passives sécuritaires

5 À quelle période sont nés les membres de la génération X ?

a. ❑ Entre 1946 et 1964

b. ❑ Entre 1965 et 1979

c. ❑ Entre 1980 et 2000

d. ❑ À partir de l'an 2000

6 À quoi correspond un « système privilégiant l'usage plutôt que la vente d'un produit » ?

a. ❑ Le locavorisme
b. ❑ L'économie du partage
c. ❑ Le glanage
d. ❑ L'économie de la fonctionnalité

7 Sur quels principes repose la *blockchain bitcoin* ?

a. ❑ C'est un logiciel libre
b. ❑ C'est un logiciel participatif
c. ❑ Le système est décentralisé
d. ❑ Les salariés sont propriétaires de l'entreprise

8 Quels critères permettent l'existence d'une zone franche urbaine ?

a. ❑ Proportion de personnes âgées
b. ❑ Taux de chômage
c. ❑ Potentiel fiscal par habitant
d. ❑ Espérance de vie moyenne dans la zone

↗ CORRIGÉS p. 302

Vers le Bac 28

Entraînez-vous sur les notions du thème 3 : Les organisations et la société

1 Éthique et travail des enfants

L'Organisation internationale du travail définit le travail des enfants comme l'ensemble des activités qui les privent de leur enfance, de leur potentiel et de leur dignité. Elles les empêchent de poursuivre un parcours scolaire typique, nuisent à leur santé ainsi qu'à leur développement physique et psychique. Les Nations unies ont élaboré une première convention internationale qui a été signée en 1989 pour justement assurer les droits de l'enfant. [...] Nestlé, multinationale suisse dans l'industrie de l'agroalimentaire, va chercher son cacao au plus près des agriculteurs en Côte d'Ivoire et au Ghana. Très vite, elle s'est rendu compte que pour sa chaîne d'approvisionnement, le travail des enfants était sollicité. Si elle souhaite continuer à grandir et à étaler ses produits à travers la planète, c'est avec éthiques et valeurs qu'elle veut s'y prendre : jusqu'en 2020, l'entreprise prévoit plus de la moitié de son approvisionnement mondial total par le biais d'un plan qu'elle a mis en œuvre avec la Fondation International Cocoa Initiative (ICI) afin de combattre le travail des enfants qui, dans ce domaine, constitue un véritable défi. Ceci-dit, pour trouver ou créer les solutions adaptées à ce problème, il faut en comprendre les raisons. Les études de cas que l'entreprise a alors menées en distinguent trois :

- la pauvreté dont souffrent les producteurs de cacao et qui poussent les jeunes adultes à devoir et vouloir quitter leurs communautés pour justement ne pas en pâtir ;
- dans ces zones-là, le nombre d'écoles est minime et la distance à parcourir pour s'y rendre décourage les parents et leurs enfants ;
- le travail des enfants découle aussi de la culture et de la tradition. Le métier de cultivateur s'hérite, et est donc enseigné aux jeunes depuis petits. Puisque la vie dans ces régions est difficile, une croyance en Côte d'Ivoire par exemple dit qu'il faut endurcir les enfants pour qu'ils puissent y faire face lorsqu'ils grandiront.

Nestlé a alors voulu cibler le changement à travers l'amélioration des conditions de vie des cultivateurs. Avec ICI, ils ont mis en place le « système de suivi et de remédiation du travail des enfants » pour identifier, surveiller et arrêter cette pratique.

Source : Margaretta El Khoury/changethework/5.07.2018

1. **Pourquoi le travail des enfants constitue-t-il une question éthique complexe ?**

2. **Quels pourraient être les grands axes du « système de suivi et de remédiation du travail des enfants » de Nestlé ?**

2 Le choix de localisation de l'entreprise

Document 1. La crise énergétique en Europe représente un risque majeur pour l'industrie selon Louis Gallois. « *Aux États-Unis, le gaz est quatre fois moins cher. Et globalement, l'énergie est entre cinq et dix fois moins chère,* » rappelle l'ancien capitaine d'industrie. Pour l'ancien président d'Airbus et de la SNCF, l'Inflation Act de Joe Biden n'arrange rien. « *Vous ajoutez à cela ce plan massif de 370 milliards de dollars de Joe Biden qui va financer très largement l'industrie verte. Aujourd'hui, un chef d'entreprise va forcément regarder où il localise son activité.* » Le groupe Safran a d'ailleurs annoncé récemment qu'il renonçait pour l'instant à la construction d'une usine près de Lyon.

« Crise énergétique : Pour l'industrie, le risque est majeur », selon Louis Gallois, francetvinfo.fr, 5 janv 2023

Document 2. Pour produire du lithium bas carbone destine aux batteries des futurs véhicules électriques, l'entreprise Voriridian Lithium a choisi de s'implanter « au cœur de l'Europe » à Lauterbourg, qui appartient à Ports de Strasbourg. Ce choix vaut pour l'aspect multimodal du site, avec l'accès au transport fluvial sur le Rhin, au rail et pour la proximité avec les axes routiers. Mais également parce que la région Grand-Est est un centre d'excellence en matière de chimie et de physique des matériaux et particulièrement dynamique quant à l'accompagnement des entreprises dans leurs projets.

« Viridian va implanter sa première usine de lithium pour batteries aux Ports de Strasbourg », Actu-Transport-Logistique.fr, 9 juin 2022

Document 3. L'entreprise Bellatrix, qui fabrique depuis 2020 le vélo électrique Iweech, un vélo doté d'intelligence artificielle, envisage de relocaliser la production de vélos dans les Bouches-du- Rhône. Au total, l'investissement envisagé par l'entreprise a été évalué à 5,7 millions d'euros. La subvention allouée par le plan France 2030 va permettre de financer près de 30 % des investissements engagés par Bellatrix dans son projet d'usine 2024. Un soutien financier qui vient accélérer la relocalisation de la production du vélo, ainsi que la création d'emplois, que le chef d'entreprise estime à 15 nouveaux collaborateurs à l'ouverture de la nouvelle usine. « L'investissement envisagé permettrait de produire près de 15 000 cadres en 2/8 ou 30 000 cadres en 3/8. 800 000 vélos sont assemblés chaque année dans l'Hexagone, mais il n'y a plus de filière industrielle ». Une opération rendue possible par la nature Premium des vélos de Bellatrix, dont les deux modèles sont vendus 3 490 et 4 190 euros. Une relocalisation qui permettrait également de limiter le recours au transport et réduirait ainsi l'impact environnemental de l'entreprise.

« Bellatrix envisage de relocaliser la production de vélos dans les Bouches-du-Rhône », *Le Journal des Entreprises* – Région Sud (bingj.com), 23 février 2023

1. **Quels sont les facteurs de choix d'implantation des entreprises ?**

2. **Pour quels motifs les organisations délocalisent leur production ou leurs activités de services à l'étranger ?**

3. **Comment les organisations ont-elles longtemps façonné les territoires et les ont modelés tant sur le plan économique que sur les plans culturel, démographique, éducatif et social ?**

↗ CORRIGÉS p. 302

Le système d'information comptable

29

Le système d'information comptable a été profondément modifié par les technologies numériques. Comment fonctionne le système d'information comptable ? Quelles sont les conséquences des nouvelles technologies sur la comptabilité ?

1 Le système d'information comptable et le PGI

▶ **Le système d'information comptable** (SIC) peut être défini comme l'ensemble des informations comptables qui circulent dans l'organisation. Les SIC ont fortement évolué avec le développement des technologies numériques. L'utilisation par les entreprises des progiciels de gestion intégrés (PGI) a fortement modifié les traitements comptables.

▶ Un PGI est un logiciel qui fonctionne avec une base de données commune à toute l'entre- prise (nécessité de travailler en réseau). Tous les services ont accès à cette base commune (comptable, commercial, ressources humaines…).

Sigle

PGI : progiciel de gestion intégré (ou **ERP** : *Enterprise Ressource Planning*).

Avantages et inconvénients d'un PGI

Avantages	Inconvénients
• Un seul outil sert à toutes les fonctions de l'entreprise • L'information est mise à jour en temps réel • Moins de redondance d'informations (répétitions)	• Le coût du PGI est élevé • Le coût de formation du personnel est important • On doit réorganiser la façon de travailler au sein de l'entreprise

2 Les conséquences des technologies sur le processus comptable

▶ L'une des principales conséquences des technologies numériques sur le processus comptable est la **dématérialisation croissante des documents comptables.** En effet, de nombreux documents peuvent désormais être dématérialisés : factures, bulletins de salaires, déclarations fiscales…

Mot-clé

Dématérialisation : produire un document sous forme numérique plutôt que sous forme papier.

▶ Avec des documents dématérialisés, il est nécessaire de **garantir la sécurité des traitements.** Pour cela, on peut utiliser des techniques telles que la **signature électronique** ou l'**horodatage des documents.**

▶ Même avec des documents dématérialisés, l'entreprise doit être capable de les conserver. Il est indispensable d'utiliser des **techniques de sauvegarde multiples** : sur un serveur, une clé USB, un DVD ou le *cloud.*

Mot-clé

Cloud computing : sauvegarde et stockage d'informations sur des serveurs distants.

A. Le principe de la partie double

▶ À chaque enregistrement comptable, on retrouve au moins un **compte au débit** et un **compte au crédit.**

▶ À la fin d'un enregistrement, le total des débits doit être égal au total des crédits. C'est le principe de la partie double.

> **Mémo**
> • **Débits** : flux entrants.
> • **Crédits** : flux sortants.

B. Le plan comptable général (PCG)

Pour enregistrer des flux comptables, on doit utiliser un **plan de compte normalisé.** Il s'agit des comptes du plan comptable général (PCG).

	Classe 1	Classe 2	Classe 3	Classe 4	Classe 5	Classe 6	Classe 7
Intitulé	Comptes de capitaux	Comptes d'immobilisations	Comptes de stocks	Comptes de tiers	Comptes financiers	Comptes de charges	Comptes de produits

Comptes	Signification
Comptes de capitaux	Capital + emprunts
Comptes d'immobilisations	Comptes d'acquisitions d'immobilisations (biens durables)
Comptes de stocks	Comptes liés aux stocks de l'entreprise
Comptes de tiers	Comptes de dettes et de créances
Comptes financiers	Comptes de paiement et d'encaissement (banque, caisse...)
Comptes de charges	Éléments qui coûtent de l'argent à l'entreprise
Comptes de produits	Éléments qui rapportent de l'argent à l'entreprise

C. L'articulation des documents comptables

> **Mémo**
> • **Dettes** : sommes que l'on doit.
> • **Créances** : sommes que l'on nous doit.

Dans un processus comptable, il faut respecter un certain nombre d'étapes :
– les **pièces comptables** s'enregistrent dans le journal comptable ;
– le **Grand-livre** représente l'ensemble des comptes utilisés par l'entreprise avec le détail de chaque opération ;
– la **balance des comptes** reprend le total des débits et des crédits ainsi que le solde de chaque compte (solde débiteur ou créditeur) ;
– le **bilan** représente le patrimoine de l'entreprise à la fin de l'exercice comptable. On y trouve l'actif (ce que possède l'entreprise) et le passif (ce que doit l'entreprise) ;
– le **compte de résultat** regroupe l'ensemble des charges et des produits pour un exercice comptable et il permet de déterminer le résultat de l'exercice (bénéfice ou perte).

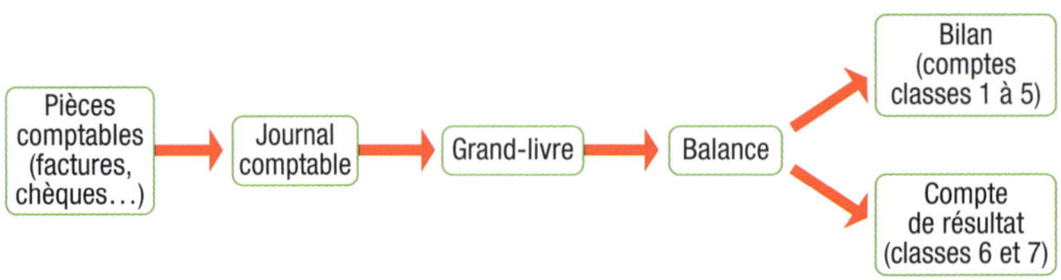

Les processus d'achat, de vente et d'investissement 30

Le cycle d'achat et de vente est une des bases du système comptable. L'investissement correspond à l'acquisition d'un bien durable. Il est nécessaire de procéder régulièrement à un certain nombre de contrôles à la fois sur les comptes clients et sur le compte bancaire.

1 Le processus d'achat et de vente

Lors d'un achat ou d'une vente, le vendeur doit établir une « facture de DOIT ». Sur cette facture, on trouve des réductions commerciales (remises, rabais et ristournes), du transport et de la TVA.

Info Les réductions commerciales ne s'enregistrent pas. On enregistre le net commercial.

N° compte débit — N° compte crédit — Date de l'opération — Sommes débit — Sommes crédit

N° compte débit	N° compte crédit	Libellé	Sommes débit	Sommes crédit
		02/09/N		
411		Client Ricci	6 000,00	
	707	Ventes de marchandises		4 750,00
	7085	Port facturé		250,00
	44571	TVA collectée		1 000,00
		Fact 145 02/09/N		
512		Banque	6 000,00	
	411	Client Ricci		6 000,00
		Virement Bancaire 05/09/N		
607		Achats de marchandises	1 350,00	
624		Transport	50,00	
44566		TVA sur autres biens et services	280,00	
	401	Fournisseur Richard		1 680,00
		Fact AV356 07/09/N		
401		Fournisseur Richard	1 680,00	
	512	Banque		1 680,00
		Chq 7789		

Nom des comptes débiteurs — Libellé de l'opération — Nom des comptes créditeurs

2 Le processus d'investissement

Le processus d'investissement concerne l'**acquisition des immobilisations** (les biens durables). Avant de procéder à l'enregistrement, on doit calculer le **coût d'acquisition** de l'immobilisation et bien penser à utiliser des **comptes de TVA** et des **comptes de fournisseurs d'immobilisations.**

À SAVOIR

Coût d'acquisition = prix achat HT – toutes les réductions + les coûts directement attribuables (port, installation…).

SA LMI	
Doit	SA Renoir
Fact n° 045	Le 10/10/N
Ordinateurs	5 000,00
Remise 20 %	– 1 000,00
Net commercial	4 000,00
Transport	50,00
Mise en service	150,00
TVA à 20 %	840,00
Net à payer TTC	5 040,00

Coût d'acquisition

5 000 – 1 000 + 50 + 150 = **4 200,00 €**

		10/10/N		
2183		Matériel de bureau et informatique	4 200,00	
44562		TVA sur immobilisations	840,00	
	404	Fournisseurs d'immobilisations		5 040,00
		Fact 045		

3 Le mécanisme de la TVA

À la fin de chaque mois, l'entreprise doit déterminer le solde de TVA dû à l'État. Il s'agit de la TVA à décaisser. On peut trouver des cas où l'entreprise ne doit pas de TVA à l'État ; c'est le cas du crédit de TVA (dans ce cas, l'entreprise possède une créance sur l'État).

#exemple
Mécanisme de la TVA
foucherconnect.fr/24terstmg26

La TVA est un impôt indirect. L'entreprise se charge de collecter la TVA auprès du consommateur pour le compte de l'État.

4 Les procédures de contrôle

A. Le lettrage des comptes clients

Dans un compte client, lors d'une **vente**, le compte est **débité**. Lors d'un **règlement**, le compte est **crédité**. Si la même somme est identifiée au débit et au crédit, on lettre cette somme (ou ce regroupement de sommes). Les sommes non lettrées représentent les **créances non payées** par le client. Il faut dans ce cas procéder à la relance du client.

B. Le rapprochement bancaire

#exemple
Le rapprochement bancaire
foucherconnect.fr/24terstmg27

▶ Il s'agit de **pointer (ou de lettrer)** sur le compte 512 et sur le relevé bancaire toutes les sommes similaires.

▶ Un rapprochement bancaire se compose de 2 parties (une **partie compte 512** et une **partie relevé bancaire**). On inscrit le solde de fin de période du compte 512 et du relevé bancaire. Ensuite, les sommes non pointées sont insérées dans le rapprochement bancaire.

À SAVOIR

Les comptes réciproques

Le compte 512 (banque) et le compte de l'entreprise à la banque sont des comptes réciproques. Les sommes enregistrées au débit dans la comptabilité se retrouvent au crédit sur le relevé bancaire et inversement. Les sommes non pointées dans le 512 banque sont inscrites dans l'état de rapprochement du côté du relevé bancaire. Si elles sont au débit, on les inscrit au crédit et inversement. On procède de la même manière avec les sommes non pointées sur le relevé bancaire.

Communiquer une information comptable fidèle

31

Tous les ans, il est nécessaire de présenter une image fidèle de l'organisation à travers le bilan et le compte de résultat. Pour cela, il faut réaliser quelques opérations d'inventaire qui illustrent les principes comptables.

1 Les exercices comptables et les opérations d'inventaire

À la fin de chaque exercice comptable, il est nécessaire d'établir des **documents de synthèse.** Il s'agit du **bilan**, du **compte de résultat** et de l'**annexe du bilan.** La réalisation de ces documents obligatoires nécessite d'enregistrer des **opérations d'ajustement des comptes** en respectant un certain nombre de **principes comptables.**

Les principaux principes comptables sont la prudence, l'indépendance des exercices, la continuité de l'exploitation et la permanence des méthodes.

2 L'amortissement des immobilisations

A. La réalisation d'un plan d'amortissement

▶ La base amortissable d'un actif est son **coût d'acquisition.** L'amortissement d'un actif commence le jour de sa mise en service. L'entreprise peut choisir d'amortir un actif en **mode linéaire** ou en **mode non linéaire.**

▶ Le **cumul des amortissements** se calcule en additionnant les amortissements pratiqués depuis le début de la mise en service du bien.

▶ La **valeur nette comptable** (VNC) d'un actif est égale au **coût d'acquisition** déduit du **cumul des amortissements** pratiqués à une date donnée.

B. Le cas d'un amortissement en mode linéaire

Lorsque l'actif est acquis en cours d'année, le nombre de lignes du plan d'amortissement correspond au nombre d'années d'utilisation + 1.

À retenir

Un actif amortissable est un actif dont l'utilisation par l'entreprise est déterminable. L'entreprise mesure son utilisation par la consommation des avantages économiques attendus de l'actif. Des critères physiques, techniques et juridiques limitent cette utilisation dans le temps.

▶ Pour calculer les annuités d'amortissement, il faut connaître le taux d'amortissement : **Taux d'amortissement = (1/durée de vie) × 100**

▶ **La première et la dernière annuité d'amortissement** sont calculées au *prorata temporis*, c'est-à-dire en fonction de la **durée de possession de l'actif** par l'entreprise.

▶ La première année, le *prorata temporis* se calcule du jour de la mise en service de l'actif jusqu'au 31/12. La dernière année, il se calcule du 01/01/N jusqu'à la date anniversaire de la mise en service.

Première annuité = base amortissable × taux d'amortissement × *prorata temporis*

▶ Les autres annuités se calculent toutes de la même façon.
On parle d'**annuité constante** :
Annuité constante = base amortissable × taux d'amortissement

#exemple
Annuité constante
foucherconnect.fr/24terstmg28

C. Le cas d'un investissement en mode non linéaire

▶ Dans le cas d'un amortissement non linéaire, on calcule les annuités d'amortissement en fonction d'**unités d'œuvre (UdO)**. Il suffit de prendre pour chaque annuité les UdO de l'année et de les comparer au nombre total d'UdO.

▶ L'enregistrement comptable d'un amortissement non linéaire est le même que pour un amortissement linéaire. Le principe comptable qui s'applique à l'amortissement est le **principe d'indépendance des exercices**.

#exemple
Amortissement non linéaire
foucherconnect.fr/24terstmg29

3 La dépréciation des actifs

▶ On parle d'une **dépréciation** lorsqu'un actif a une **valeur actuelle inférieure à sa valeur d'origine** (on parle d'une moins-value latente ou potentielle).

▶ Cette perte de valeur peut concerner des actifs tels que les stocks, les terrains ou les créances clients.

#exemple
Dépréciation des actifs
foucherconnect.fr/24terstmg30

4 La constatation des stocks

À la fin de l'exercice comptable, une fois qu'un inventaire physique a été réalisé, il est nécessaire de procéder à un ajustement comptable des stocks. On annule le stock de début d'exercice et on constate le stock de fin d'exercice.

#exemple
Constatation des stocks
foucherconnect.fr/24terstmg31

5 La cession des immobilisations

Lorsque l'on cède une immobilisation, il faut procéder à trois enregistrements différents :
– la **cession** : à la date de la cession, on utilise le compte 775 produits de cession d'éléments d'actifs (pour le HT) et un compte de TVA collecté, tous les deux au crédit. Au débit, on utilise le compte banque ou caisse selon le mode de règlement ;
– l'**enregistrement de la dotation complémentaire** : il faut calculer la dotation aux amortissements entre le 01/01 et la date de cession du bien et l'enregistrer (de la même façon qu'en dotation classique aux amortissements) ;
– la **sortie du bien du patrimoine de l'entreprise** : on doit solder le compte d'immobilisation pour sa valeur d'origine (au crédit) et solder le compte d'amortissement (au débit). La différence entre les deux sommes figurera au débit dans le compte 675 valeurs de cession des éléments d'actif cédés.

Mesurer la performance 32

Pour mesurer la performance de l'entreprise, différentes approches sont possibles. On peut analyser la profitabilité pour savoir comment se forme le résultat mais aussi déterminer la rentabilité économique ainsi que la rentabilité financière.

1 L'analyse de la profitabilité

A. La valeur ajoutée

Pour comprendre la formation du **résultat de l'entreprise**, le premier indicateur à calculer est la **valeur ajoutée** (VA) :

VA = (Ventes de marchandises + Production vendue +/– Production stockée + Production immobilisée) – (Achats de marchandises +/– Variation stocks de marchandises + Achats de matières premières +/– Variation stocks de matières premières + Autres achats et charges externes)

Mot-clé

Valeur ajoutée : richesses créées par l'entreprise du fait de son activité.

B. Les autres indicateurs de la profitabilité

▶ Voici les trois autres indicateurs importants de la profitabilité :

– l'**excédent brut d'exploitation** (EBE) : il correspond aux ressources dégagées par l'entreprise sans tenir compte des amortissements et des dépréciations (les charges non décaissées). C'est ce qui reste une fois que l'entreprise a payé les fournisseurs, l'État et les charges liées au personnel : EBE = VA – Impôts – Charges de personnel (salaires et charges sociales) ;

– le **résultat d'exploitation** (RE) : il correspond au bénéfice (ou à la perte) réalisé par l'entreprise si on ne tient pas compte des éléments financiers et exceptionnels :

RE= EBE + Autres produits d'exploitation + Reprises d'exploitation – Autres charges d'exploitation – Dotations d'exploitation ;

– le **résultat courant avant impôts** (RCAI) : il correspond au bénéfice (ou à la perte) réalisé par l'entreprise si on ne tient pas compte des éléments exceptionnels :

RCAI =RE + Produits financiers – Charges financières.

▶ Dans le cadre de l'analyse de la profitabilité, on peut calculer **la capacité d'autofinancement** (**CAF**). Il s'agit de la trésorerie potentielle dont l'entreprise dispose pour le financement de ses futurs investissements. Elle constitue une source interne de financement. Il existe deux méthodes de calcul de la CAF.

À SAVOIR

- **Méthode soustractive** : CAF = EBE + Autres produits d'exploitation + Produits financiers (sauf les reprises) + Produits exceptionnels (sauf les reprises et PCEA) – Autres charges d'exploitation – charges financières (sauf dotations) – Charges exceptionnelles (sauf dotations et VCEAC) – Participation des salariés – Impôts sur les bénéfices
- **Méthode additive** : CAF = Résultat de l'exercice – Toutes les dotations aux amortissements et dépréciations – PCEA + Toutes les dotations aux amortissements et dépréciations + VCEAC

Pour la méthode additive, on doit prendre les dotations et les reprises d'exploitation, financières et exceptionnelles.

#cas pratique
L'analyse de la profitabilité
foucherconnect.fr/24terstmg32

2 L'analyse de la rentabilité

Pour mesurer la rentabilité d'une entreprise, il existe deux indicateurs importants :
– la **rentabilité économique** : il s'agit de comparer ce que rapporte l'activité de l'entreprise (sans tenir compte des éléments financiers et exceptionnels) par rapport aux moyens investis :
Rentabilité économique = RE/(Immobilisations brutes + BFR) ;
– la **rentabilité financière** : il s'agit de déterminer ce que rapporte l'argent investi par les propriétaires de l'entreprise :
Rentabilité financière = Résultat net de l'exercice/Capitaux propres

À SAVOIR

Si une entreprise investit dans un nouveau projet, elle doit généralement emprunter. Si le résultat d'exploitation dégagé par cette nouvelle activité est supérieur aux charges financières liées à cet endettement, on dit qu'il existe un **effet de levier positif** pour l'entreprise. Dans le cas contraire, on parle d'un **effet de massue**.

Structure financière et pérennité de l'entreprise

33

L'analyse des cycles d'investissement, de financement et d'exploitation permet d'apprécier la structure financière de l'entreprise. Le calcul de ratios donne également des indications sur les performances de l'entreprise.

1 La construction du bilan fonctionnel

Le bilan fonctionnel est un document qui permet de présenter le **patrimoine de l'entreprise.** Il met en évidence le **cycle d'investissement**, le **cycle de financement** et le **cycle d'exploitation** de l'entreprise. Il aide également à déterminer le niveau de la **trésorerie.** Pour établir ce bilan fonctionnel, on doit partir d'un **bilan comptable** et procéder à des retraitements.

ACTIF		PASSIF	
EMPLOIS STABLES		RESSOURCES STABLES	
ACTIF CIRCULANT		PASSIF CIRCULANT	
TRÉSORERIE ACTIF		TRÉSORERIE PASSIF	
TOTAL ACTIF		TOTAL PASSIF	

VOCABULAIRE

- **Emplois stables** : il s'agit de l'intégralité des immobilisations (pour la valeur brute).
- **Actif circulant** : ce sont les stocks, les avances et acomptes et toutes les créances (pour la valeur brute).
- **Trésorerie actif** : on prend en compte les VMP (valeurs mobilières de placement) et les disponibilités (pour la valeur brute).
- **Ressources stables** : il s'agit des capitaux propres, les provisions pour risques et charges, on ajoute le total des amortissements et dépréciations de l'actif, on ajoute les emprunts (sauf les concours bancaires courants).
- **Passif circulant** : on prend en compte toutes les dettes.
- **Trésorerie passif** : il s'agit du montant des concours bancaires courants.

#exemple
Le bilan fonctionnel
foucherconnect.fr/24terstmg33

2 L'analyse du bilan fonctionnel

À partir du bilan fonctionnel, on peut calculer un certain nombre d'indicateurs utiles pour mesurer la performance de l'entreprise :
– le **FRNG (fonds de roulement net global)** : il permet de vérifier que les emplois stables (les immobilisations) ont bien été financés par des capitaux à long terme (les ressources stables) ;

– le **BFR (besoin en fonds de roulement)** : le BFR représente la somme d'argent dont l'entreprise doit disposer afin de financer son cycle d'exploitation. Ce besoin est souvent la conséquence du décalage entre les encaissements des clients et le paiement des fournisseurs. Une durée de stockage importante peut aussi expliquer le niveau élevé du BFR ;

– la **TN (trésorerie nette)** : le niveau de la trésorerie dépend du FRNG et du BFR. Si le FRNG couvre le BFR, le TN sera excédentaire. Si le FRNG ne couvre pas le BFR, la TN sera déficitaire.

Calculs

- **FRNG (fonds de roulement net global) =** Ressources stables – Emplois stables
- **BFR (besoins en fonds de roulement) =** Actif circulant – Passif circulant
- **TN (trésorerie nette) =** FRNG – BFR

Pour augmenter son FRNG, il faut recourir à l'emprunt ou augmenter le capital. Pour réduire le BFR, il faut réduire les délais de stockage, faire payer les clients plus rapidement et régler les fournisseurs plus tardivement.

#exemple

L'analyse du bilan fonctionnel

foucherconnect.fr/24terstmg34

3 Le calcul des ratios

Il existe plusieurs ratios importants que l'on doit calculer :

– **le ratio de rotation des stocks** : il permet de connaître la durée moyenne en jours de la conservation des stocks avant la vente. On a intérêt à réduire le plus possible ce ratio : **Rotation des stocks (pour un stock de marchandises) = (Stock de marchandises au bilan/Coût d'achat des marchandises vendues) × 360** ;

– **le ratio de rotation des créances clients** : il permet d'estimer en jours la durée moyenne de crédit accordée aux clients. On a intérêt à réduire le plus possible ce ratio : **Rotation des créances clients = (Créances clients au bilan/CA TTC) × 360** ;

– **le ratio de rotation des dettes fournisseurs** : il permet de calculer en jours la durée moyenne de crédit obtenue auprès des fournisseurs. On a intérêt à augmenter le plus possible ce ratio : **Rotation des dettes fournisseurs = (Dettes fournisseurs au bilan/Achats et charges externes TTC) × 360** ;

– **le ratio d'indépendance financière** : il permet de vérifier si les ressources de l'entreprise proviennent plutôt de ses fonds propres ou de l'endettement auprès des banques. Si ce ratio est faible, cela signifie que l'entreprise est peu endettée auprès des établissements bancaires : **Ratio d'indépendance financière = Emprunts/(Capitaux propres × Amortissements, dépréciations et provisions)** ;

– **le ratio de capacité de remboursement** : il permet de connaître en nombre d'années le temps nécessaire pour rembourser l'intégralité de l'endettement si on y consacre l'intégralité de la CAF (capacité d'autofinancement) : **Ratio de capacité de remboursement = Emprunts/CAF.**

Pour porter un jugement sur ces ratios, il est nécessaire de faire une comparaison dans le temps et une comparaison avec les ratios moyens du secteur.

Les modes de financement et le budget de trésorerie

34

L'organisation a la possibilité de choisir différents modes de financement, à la fois internes et externes. Il est nécessaire pour l'entreprise de prévoir sa trésorerie et de prendre les bonnes décisions pour éviter une éventuelle insuffisance.

1 Les différents modes de financement

A. Les modes de financement internes

Il existe deux modes de financement internes :
– l'**autofinancement** : il s'agit d'utiliser l'argent disponible dans l'entreprise. Cet argent provient du résultat et des sommes mises en réserve ;
– les **apports personnels des associés en compte courant** : dans certains cas, les associés peuvent prêter de l'argent à l'entreprise pour financer les investissements. Les associés sont alors rémunérés par des intérêts à un taux proche de celui du marché.

B. Les modes de financement externes

Il existe quatre modes de financement externes :
– l'**emprunt bancaire** ;
– l'**augmentation de capital** : on demande aux propriétaires de réinvestir dans l'entreprise en échange d'actions (ou de parts sociales) supplémentaires ;
– le **financement participatif ou *crowdfunding*** : il consiste en un échange de fonds entre individus en dehors des circuits financiers institutionnels, afin de financer un projet ;
– les **subventions** : il existe des dispositifs publics qui, sous certaines conditions, peuvent aider au financement des entreprises.

2 Le budget de trésorerie prévisionnel

A. Principe et construction du budget de trésorerie

▶ Il s'agit d'un **document prévisionnel**. Son but est de prévoir les **excédents** ou les **insuffisances de trésorerie** afin de prendre les décisions adéquates pour anticiper les problèmes.

▶ Pour réaliser les budgets de trésorerie, on ne doit pas se demander ce qu'on vend et ce qu'on achète mais « À quel moment vais-je payer ? » et « À quel moment vais-je être payé ? ».

B. Quelles décisions prendre en cas d'insuffisance de trésorerie ?

On peut proposer quelques solutions pour remédier à un problème de trésorerie. Afin d'illustrer les différentes solutions, prenons en exemple le cas pratique précédent de la SA Arti :
– **obtenir que l'immobilisation soit payée en deux fois** mais aux mois de février et mars ;
– **obtenir des délais de paiement plus intéressants auprès des fournisseurs** (par exemple : 50 % le mois de l'achat et 50 % le mois suivant) ;

– **envisager un emprunt pour financer l'acquisition de l'immobilisation.** Il faut vérifier que l'entreprise n'est pas trop endettée ;
– **céder des valeurs mobilières de placement** (VMP) si l'entreprise en possède ;
– **utiliser les concours bancaires courants (le découvert bancaire)** si le problème concerne une courte période ;
– **faire appel aux apports personnels** en compte courant d'associés.

EXEMPLE

La SA Arti souhaite connaître sa trésorerie prévisionnelle pour le premier trimestre de l'année N+1. Elle communique les renseignements suivants :

Extrait de la balance au 31/12/N

		Débit	Crédit
401000	Fournisseurs		4 000,00 €
411000	Clients	6 000,00 €	
430000	Charges sociales		2 500,00 €
445510	TVA à décaisser		2 200,00 €

Toutes ces sommes sont encaissées ou décaissées durant le mois de janvier N+1 :

- Ventes TTC : 24 000 € en janvier, 35 000 € en février et 36 000 € en mars.
- Achats TTC : 10 800 € en janvier, 13 200 € en février et 18 000 € en mars.
- Salaires : 5 000 € par mois, paiement le dernier jour du mois.
- Charges sociales : 2 000 € par mois, paiement le mois suivant.
- Encaissement des ventes : les clients paient 50 % au comptant et le reste à 30 jours.
- Paiement des achats : les fournisseurs sont payés 80 % le mois de l'achat et les 20 % restants le mois suivant.
- Immobilisations : en janvier, on fait l'acquisition d'une machine pour 15 000 € HT (TVA à 20 %). Paiement 50 % en janvier et 50 % en février.
- Trésorerie initiale : au 1er janvier, on dispose de 12 000 € de trésorerie.

Budget de TVA

	Janvier	Février	Mars
TVA collectée	4 000,00 €	5 000,00 €	6 000,00 €
TVA ABS	1 800,00 €	2 200,00 €	3 000,00 €
TVA Immobilisations	3 000,00 €		
Crédit de TVA du mois précédent		800,00 €	
TVA à payer	– 800,00 €	2 000,00 €	3 000,00 €

Voir détail du calcul du budget de trésorerie sur le lien suivant :

#exemple
Trésorerie prévisionnelle
foucherconnect.fr/24terstmg35

L'affectation du résultat

35

L'affectation du résultat est un moment important dans la vie de l'entreprise. Le manager possède une certaine marge de manœuvre qu'il doit utiliser au mieux pour garantir la pérennité de son entreprise et envisager l'avenir.

1 L'affectation du résultat

Pour répartir le bénéfice, il faut maîtriser un certain nombre de mécanismes :
– partir du **résultat de l'exercice** ;
– tenir compte du **RAN** (**report à nouveau**) de l'année précédente : si ce RAN était créditeur, on doit le rajouter ; s'il était débiteur, on doit l'enlever ;
– calculer le **montant de la réserve légale** selon le principe suivant : chaque année, on doit mettre en réserve légale 5 % du bénéfice net. Cependant, le montant total figurant en réserve légale ne doit pas excéder 10 % du capital ;
– prendre en compte la **réserve statutaire** : les statuts de l'entreprise peuvent prévoir qu'une réserve statutaire soit dotée tous les ans ;
– voter la dotation à la **réserve facultative** : chaque année, l'assemblée générale des actionnaires (AGO) décide du montant affecté à la réserve facultative ;
– calculer le montant des **dividendes** : les dividendes correspondent à la part des bénéfices attribuée aux propriétaires de l'entreprise. En général, le dividende est exprimé pour une action ;
– le **RAN de l'exercice** : si on a distribué un dividende plus important que le bénéfice disponible, le RAN sera débiteur ; sinon, il sera créditeur.

Pour trouver le bénéfice distribuable, on procède ainsi : **Bénéfice net – RAN débiteur – Réserve légale × RAN créditeur**

2 La marge de manœuvre du dirigeant

Lors de l'affectation du bénéfice, le dirigeant de l'entreprise dispose d'une certaine marge de manœuvre afin de prendre ses décisions :
– **penser à l'avenir de la société** : afin de préparer l'avenir, le dirigeant se doit de préserver la capacité d'autofinancement de l'entreprise en affectant dans les différentes réserves une somme suffisante afin de financer les futurs investissements ;
– **satisfaire les propriétaires de l'entreprise** : l'avenir du dirigeant dépend du bon vouloir des actionnaires. Si ces derniers ne sont pas satisfaits du niveau des dividendes versés, ils peuvent se séparer du dirigeant. De plus, les actionnaires ont investi dans l'entreprise, il est donc normal qu'ils en attendent une certaine rentabilité.

EXEMPLE

La SA Massi vous demande de vous occuper de l'affectation de son résultat de l'année N.

Extrait du bilan au 31/12/N

Capital (10 000 actions de 10 €)	100 000,00 €
Réserve légale	8 500,00 €
RAN créditeur	1 000,00 €
Résultat de l'exercice	8 0000,00 €

- Les statuts prévoient une dotation à la réserve statutaire de 5 % du capital chaque année.
- L'AGO a voté une dotation de 35 000 € à la réserve facultative.
- L'AGO a décidé de verser un dividende arrondi à l'euro supérieur.

Affectation du résulat

Bénéfice de l'exercice	80 000,00 €	
RAN débiteur		
Réserve légale	1 500,00 €	80 000 × 5 % = 4 000. Mais si on met 4 000 € en RL, on va dépasser le maximum autorisé (100 000 × 10 % = 10 000). On va juste mettre 1 500 € pour atteindre 100 000 €.
RAN créditeur	1 000,00 €	
Bénéfice distribuable	79 500,00 €	
Réserve statutaire	5 000,00 €	100 000 × 5 %
Réserve facultative	35 000,00 €	
Dividendes	40 000,00 €	(79 500 – 5 000 – 35 000) = 39 500 € à répartir. 39 500/10 000 actions = 3,95 € par action. On arrondit à 4 €. 4 € × 10 000 actions = 40 000 €
RAN de l'exercice	– 500,00 €	79 500 – 5 000 – 35 000 – 40 000 = – 500

L'analyse des coûts

36

Il existe plusieurs approches pour calculer des coûts : les coûts complets, qui permettent de déterminer la rentabilité individuelle d'un produit, et les coûts partiels, qui offrent un aperçu de la rentabilité globale de l'entreprise. Dans tous les cas, les coûts sont un outil d'aide à la décision.

1 Les coûts complets

➢ Le principe de calcul

▶ Grâce à la méthode des coûts complets, on calcule le coût de revient des produits sur une certaine période ou pour une commande. Pour réaliser les coûts complets, on doit s'intéresser aux différentes charges en faisant une distinction entre les charges directes et les charges indirectes.

▶ Les coûts complets désignent en réalité un enchaînement de coûts :
– le **coût d'achat** : il désigne le coût réel des achats de matières premières ;
– le **coût de production** : il détermine le coût des produits fabriqués à la sortie des ateliers ;
– le **coût de revient** : il renseigne sur le coût total du produit au moment de sa vente.

Mémo
- **Charges directes** : charges directement affectables à un coût.
- **Charges indirectes** : charges qu'on ne peut pas directement affecter à un coût. On doit les retraiter avant de les affecter.

#exemple
Les coûts complets
foucherconnect.fr/24terstmg36

2 Les coûts partiels

➢ Le principe de calcul

▶ Dans le cadre des coûts partiels, il faut mettre en évidence deux types de charges :
– **les charges variables** : il s'agit des charges qui varient proportionnellement au niveau d'activité (c'est le cas par exemple des achats de matières premières) ;
– **les charges fixes** : il s'agit des charges qui sont indépendantes du niveau d'activité. Quel que soit le niveau de la production, ces charges ne changent pas (c'est le cas par exemple des loyers, des amortissements).

▶ Avec la méthode des coûts partiels, on peut calculer des indicateurs tels que le seuil de rentabilité ou l'indice de sécurité.

➢ Le tableau d'analyse différentielle

Dans le tableau d'analyse différentielle (ou compte de résultat différentiel), il s'agit de déterminer le résultat de l'entreprise sur un produit en distinguant les charges variables et les charges fixes. On met aussi en évidence la marge sur coût variable.

➢ Le seuil de rentabilité, la marge et l'indice de sécurité

À la suite du tableau d'analyse différentielle, il est nécessaire de calculer certains indicateurs pour mesurer la rentabilité du produit :
– le **seuil de rentabilité (SdR) en valeur** : il s'agit du niveau de chiffre d'affaires pour lequel l'entreprise ne réalise ni bénéfice ni perte. En d'autres termes, l'entreprise commence à être rentable une fois qu'elle dépasse ce niveau de chiffre d'affaires ;
– le **seuil de rentabilité (SdR) en quantité** : il permet de déterminer à partir de combien de produits vendus le produit est rentable ;
– la **marge de sécurité** : elle désigne le montant du chiffre d'affaires qui dépasse le seuil de rentabilité ;
– l'**indice de sécurité** : il exprime la marge de sécurité en pourcentage du chiffre d'affaires.

Mémo

SdR en valeur = Charges fixes/Taux de marge sur coût variable
SdR en quantité = SdR en valeur/Prix de vente unitaire
Marge de sécurité = Chiffre d'affaires – SdR en Valeur
Indice de sécurité = Marge de sécurité/CA × 100

➢ Le principe du coût marginal et du coût spécifique

▶ Le plan comptable général définit le coût marginal de la manière suivante : « Le coût marginal est la différence entre l'ensemble des charges courantes nécessaires à une production donnée et l'ensemble de celles qui sont nécessaires à cette production majorée (ou minorée) d'une unité. »

Exemple : La société Le Bouteiller a fabriqué 10 000 produits pour un coût total de 260 000 € (120 000 € de charges variables et 140 000 € de charges fixes). Supposons qu'une entreprise lui propose de lui fabriquer 1 000 unités supplémentaires. En refaisant les calculs, on constate que la production de 11 000 unités coûtera au total 274 000 €. On peut dire que cette production supplémentaire à un coût marginal de 14 000 € (274 000 – 260 000), soit un coût marginal de 14 € par produit (14 000/1 000).

▶ Avec la **méthode des coûts spécifiques**, on impute à un produit les **charges variables** (comme pour les coûts partiels) mais on prend aussi en compte les **charges fixes directes** qui le concerne (on parle de charges fixes spécifiques).

Marge sur coût spécifique = Chiffre d'affaires – (charges variables + charges fixes directes)

#exemple
Les coûts partiels
foucherconnect.fr/24terstmg37

Mémo

Charges fixes spécifiques : charges directement imputables à un produit. Si on arrête la production, ces charges disparaissent. C'est le cas des amortissements d'une machine qui servirait à un seul produit et qu'on revendrait.

Quiz express 37

Vérifiez que vous avez bien retenu les points clés des **fiches 30 à 36**

1 Qu'est-ce qu'une créance ?

a. ❑ Un flux entrant
b. ❑ Un flux sortant
c. ❑ Une somme que l'on doit
d. ❑ Une somme que l'on nous doit

2 Que signifie « PGI » ?

a. ❑ Produit de gestion interne
b. ❑ Progiciel de gestion intégré
c. ❑ Processus de génération instantanée
d. ❑ Pratique générale interne

3 Quel compte est utilisé pour le rapprochement bancaire ?

a. ❑ Compte 251
b. ❑ Compte 521
c. ❑ Compte 215
d. ❑ Compte 512

4 Qui collecte la TVA ?

a. ❑ L'État
b. ❑ Les entreprises
c. ❑ Les associations
d. ❑ Les consommateurs

5 Comment définir la rentabilité économique ?

a. ❑ Estimer les richesses créées par l'entreprise
b. ❑ Comparer ce que rapporte l'activité de l'entreprise par rapport aux moyens investis
c. ❑ Déterminer ce que rapporte l'argent investi par les propriétaires de l'entreprise
d. ❑ Déterminer ce que rapporte l'argent en fonction des coûts de production

6 **En quoi consiste le principe de la partie double ?**

a. ❑ Le total des débits doit être supérieur au total des crédits
b. ❑ Le total des crédits doit être supérieur au total des débits
c. ❑ Le total des débits doit être égal au total des crédits
d. ❑ Le total des débits doit être inférieur au total des crédits

7 **Quelles méthodes permettent de calculer la capacité d'autofinancement ?**

a. ❑ La méthode multiplicative
b. ❑ La méthode divisible
c. ❑ La méthode additive
d. ❑ La méthode soustractive

8 **Comment calculer le ratio de capacité de remboursement ?**

a. ❑ (Créances clients au bilan/CA TTC) × 360
b. ❑ Emprunts/CAF
c. ❑ Ressources stables – emplois stables
d. ❑ FRNG – BFR

9 **Que signifie « VMP » ?**

a. ❑ Valeur mobilière de placement
b. ❑ Valorisation motivée personnelle
c. ❑ Vecteur moyen de productivité
d. ❑ Valeur moyenne de prévisibilité

10 **Quelles charges sont indépendantes du niveau d'activité ?**

a. ❑ Les charges indirectes
b. ❑ Les charges fixes
c. ❑ Les charges variables
d. ❑ Les charges directes

11 **À quoi correspond ce calcul : charges fixes/taux de marge sur coût variable ?**

a. ❑ La marge de sécurité
b. ❑ L'indice de sécurité
c. ❑ Le SdR en valeur
d. ❑ Le SdR de rentabilité

12 **À quoi correspond ce calcul : chiffre d'affaires – SdR en valeur ?**

a. ❑ La marge de sécurité
b. ❑ L'indice de sécurité
c. ❑ La valeur ajoutée
d. ❑ Le coût marginal

↗ CORRIGÉS p. 304

Vers le Bac

Entraînez-vous sur les notions de l'enseignement spécifique Gestion et finance

1 Cas pratique 1 : Appliquer les règles comptables

La société Poletti a fait l'acquisition d'une camionnette le 1er juin de l'année N pour un coût d'acquisition de 15 000 €. La société a décidé d'amortir ce bien selon le mode linéaire sur 4 ans. La fin de l'année, la société Poletti a des soucis avec 2 de ses clients :

– Lucciani lui doit 3 000 € HT et elle pense perdre 40 % de la créance. Il existe déjà une dépréciation de 500 € ;

– Bernardoni lui doit 5 000 € HT. La créance est irrécouvrable et il existe une dépréciation de 1 200 €.

1. Calculer le montant de la première annuité d'amortissement et procéder à son enregistrement.

2. Passer les enregistrements nécessaires dans le journal de l'entreprise en ce qui concerne les deux clients.

2 Cas pratique 2 : Analyser la situation de l'entreprise

On vous communique le bilan fonctionnel de la SARL Caraïbes Fumés pour l'année N :

Bilan fonctionnel au 31/12/N

Emplois stables	1 013 116,00 €	Ressources stables	1 754 708,00 €
Actif circulant	734 185,00 €	Passif circulant	210 563,00 €
Trésorerie actif	217 970,00 €	Trésorerie passif	0,00 €
Total actif	1 965 271,00 €	Total passif	1 965 271,00 €

On vous communique aussi certains ratios de l'entreprise Caraïbes Fumés :

		Année N	Moyenne du secteur
Actif circulant	734 185,00 €	15 jours	30 jours
Trésorerie actif	217 970,00 €	20 jours	20 jours
Total actif	1 965 271,00 €	3%	20%

1. Calculer, grâce aux fonds ci-dessus : le fonds de roulement net global (FRNG), le besoin en fonds de roulement (BFR) et la trésorerie nette (TN) de la société Caraïbes Fumés.

2. Donner votre avis sur la situation de cette entreprise tout en mentionnant les axes à améliorer ?

3 Cas pratique 3 : Accompagner la prise de décision

La SA Legomo vous demande de l'aider dans le calcul de la répartition de son résultat de l'année N. Elle vous communique les renseignements suivants :

Extrait du passif du bilan au 31/12/N

	Montants avant répartition	Montants après répartition
Capital (10 000 actions à 50 €)	500 000,00 €	
Réserve légale	45 000,00 €	
Réserve statutaire	320 000,00 €	
Autres réserves	1 000 000,00 €	
Report à nouveau	2 400,00 €	
Résultat de l'exercice	789 813,00 €	
Total des capitaux propres	2 657 213,00 €	

Décisions prises par l'AGO du 15/05/N +1

La réserve légale sera dotée selon les règles en vigueur.

On dotera la réserve facultative d'une somme de 300 000 €.

Le dividende par action sera arrondi à la dizaine de centimes inférieure et le reste sera affecté en report à nouveau.

Extrait des statuts de l'entreprise : dotation tous les ans en réserve statutaire d'une somme égale à 10 % du capital.

Vous devez procéder à la répartition du résultat et compléter l'extrait du bilan après répartition.

↗ CORRIGÉS p. 305

La personnalisation de l'offre est-elle incontournable ?

39

Alors que le consommateur recherche une personnalisation des produits, que l'organisation doit différencier son offre de celle de ses concurrents (même de manière mineure), celle-ci peut-elle encore offrir un seul et même produit à tous les consommateurs ? Ne doit-elle pas mieux connaître le consommateur et le segment auquel il appartient afin de lui proposer une offre adaptée, voire personnalisée ?

1 La segmentation

L'objectif de la **segmentation** et du **ciblage** est d'**orienter l'action marketing** afin de créer de la valeur pour les consommateurs cibles et pour l'organisation.

A. Définition

▶ Segmenter un marché consiste à le **découper en sous-ensembles** (segments) de consommateurs les plus distincts possible les uns des autres et dont les populations, à l'intérieur de chaque segment, sont les plus homogènes entre elles.

▶ Des **critères de segmentation** sont utilisés pour effectuer ce découpage : données sociodémographiques, motivations, besoins, comportements d'achat…

▶ Les critères de segmentation choisis doivent permettre d'obtenir des **segments de population homogènes**, de taille suffisante et opérationnels.

#exemple

2 milliards de petits Alphas et moi

foucherconnect.fr/24terstmg38

Exemple : La génération des Alphas, née dès 2010, représente un quart de la population mondiale en 2025. Ils sont nommés ainsi car ils ont créé de nouveaux modes de communication, d'outils d'éducation, de modes de vie pour plus d'éco-responsabilité… Leur monde ne s'appuie plus sur une continuité générationnelle. Qui sont-ils ? Quelles sont leurs attentes ? Disposant d'un pouvoir de prescription de plus en plus fort, 70 % des Alphas influencent les achats de loisirs, de sorties en famille, de vêtements et de jeux au sein du foyer, et ce, dès 4 ans !

B. La typologie

Trois segments sont à distinguer :

– B2B : *Business to Business*. **Exemple** : l'enseigne Leclerc achète des palettes de pâtes à l'entreprise familiale Barilla ;

– B2C : *Business to Consumer*. **Exemple** : la mère de famille achète un paquet de pâtes Barilla dans son point de vente habituel ;

– C2C : *Consumer to Consumer*, qui prend de plus en plus d'ampleur en raison de la désintermédiation des marchés. fiches 45 et 46 **Exemple** : l'inflation et l'évolution des modes de consommation plus durables donnent une nouvelle impulsion aux marketplaces C2C. En effet, dans ce contexte, le marché de l'occasion reste largement structuré autour des échanges C2C : 84 % des Français achetant des produits d'occasion le font entre particuliers. L'essor des marketplaces C2C ouvre la voie à l'innovation, comme en témoignent les nombreuses start-up spécialisées dans ce domaine.

2 Le ciblage

Cibler consiste à choisir de **s'adresser à un ou plusieurs segments** selon des critères d'intérêt (rentabilité), d'accessibilité et de capacité (marketing, financière) pour l'organisation.

> **À savoir**
> Le marketing de masse est de moins en moins utilisé. Par exemple, le sucre, un produit basique, a été décliné en de nombreuses versions : le sucre en grains, le sucre en poudre, le sucre vanillé, le sucre saveur noisette, le sucre glace, les édulcorants artificiels, les alternatives au sucre (sirop d'agave, sirop de stevia).

▶ Une fois la segmentation réalisée, l'organisation peut :
– **effectuer des actions marketing différenciées** (exemple : une offre produit spécifique) tout en veillant à éviter d'éventuels conflits de segments ;
– ou ne **s'adresser qu'à un seul segment de marché.**

▶ Elle peut donc mener une des stratégies de ciblage répertoriées ci-dessous.

Stratégie indifférenciée = marketing de masse 	L'organisation propose un seul type de produit pour tous les prospects et clients, quelles que soient leurs caractéristiques de consommation. L'organisation met l'accent sur les ressemblances du marché. • Objectif : toucher tous les segments de clientèle. • Conditions : demande à la fois forte et homogène ; produit banalisé. **Exemple** : la pâte à tartiner Nutella
Stratégie différenciée = marketing segmenté 	L'organisation oriente son activité vers plusieurs segments distincts et met l'accent sur les différences qui opposent certains groupes de consommateurs à d'autres. L'ensemble des segments ne sera pas forcément couvert par l'offre de l'organisation. **Exemple** : Kinder surprise/Kinder Bueno
Stratégie concentrée ou sélective = marketing concentré 	La différenciation est concentrée sur un seul segment de marché si l'organisation cible un segment. **Exemple** : le parfum Diptyque cible le marché des consommateurs experts (marque vendue dans 700 points de vente seulement dans le monde, pas de communication grand public : image de luxe discrète et élitiste)
Personnalisation = marketing individualisé = marketing personnalisé = *one to one* 	L'organisation propose une offre individualisée. Ce type de stratégie concerne plus particulièrement les entreprises offrant des produits haut de gamme. **Exemple** : John Lobb, chaussures sur mesure

▶ Le choix d'une stratégie de ciblage dépend des facteurs suivants : les ressources de l'entreprise ; le degré de variabilité du produit ; le cycle de vie du produit ; les caractéristiques de la demande ; les stratégies des concurrents.

> **#exemple**
> Moblo : application pour dessiner ses meubles en 3D
> foucherconnect.fr/24terstmg39

▶ Afin de concilier réduction des coûts de production et demande de personnalisation croissante des consommateurs, de nombreuses organisations mettent en place une stratégie de *mass customization*.

Le positionnement

Le positionnement de l'offre se définit comme la mise en avant des attributs qui permettent de différencier la marque de ses principaux concurrents auprès du segment cible.

1 La détermination du positionnement

▶ Le schéma ci-dessous synthétise le processus amenant à la détermination du positionnement.

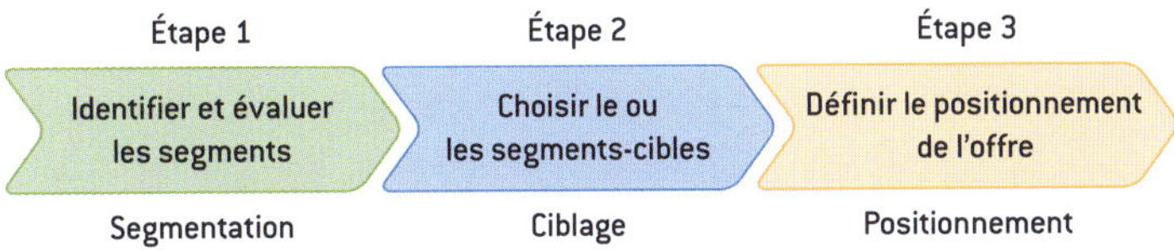

▶ Le positionnement relève généralement de la **politique produit**, mais il mobilise aussi d'autres domaines du **plan de marchéage**, notamment la **communication** et le **prix**. L'**image-prix** est, ainsi, un élément clé du **positionnement des enseignes de distribution**. Par exemple, les supermarchés à dominante marques propres (SDMP) comme Aldi sont positionnés « entrée de gamme » ; les Galeries Lafayette Haussmann Paris sont positionnées « haut de gamme ».

▶ Le positionnement des différents offreurs sur un marché peut être visualisé grâce à une carte perceptuelle ou mapping.

> **Mémo**
> Le plan de marchéage est la combinaison des politiques produit, prix, communication, distribution.

2 La proposition d'un produit : l'offre globale

À partir d'une démarche de segmentation de la clientèle, l'organisation sélectionne le(s) segment(s) possédant un **potentiel d'activité** suffisant. Elle propose, à chaque segment, un produit plus ou moins adapté. On parle alors de **couple produit-marché** (exemple : les ciseaux pour gauchers).

3 La notion d'offre globale

▶ L'offre globale est composée d'une **offre principale** et d'une **offre associée** :
– l'offre principale équivaut à un produit ou à un service qui répond au besoin de base d'un consommateur ;
– l'offre associée représente des produits ou des services qui s'additionnent à l'offre principale lui permettant de se différencier par rapport aux concurrents (le SAV, les modalités de livraison, les produits accessoires, etc.).

▶ Il existe 4 **combinaisons différentes de l'offre globale** : un bien principal = un service associé ; un bien principal = un bien associé ; un service principal = un service associé ; un service principal = un bien associé.

▶ La proposition d'une offre globale permet de **positionner l'organisation par rapport aux offres concurrentes** et de répondre aux **évolutions des attentes des consommateurs.** L'organisation choisit donc de proposer un seul produit ou une gamme de produits. Elle détermine ensuite un moyen d'identification de son produit (la marque).

4 Le produit

Le produit se définit comme « toute offre présentée sur un marché, que ce soit un bien (tangible) ou un service (intangible) ». Il se caractérise par plusieurs composantes :

L'étiquette	• Elle contient l'information décrivant le produit. Elle apparaît sur ou à l'intérieur du conditionnement. • Fonctions : identifier et présenter le produit, communiquer avec le client. Sa présentation est réglementée. Sur cette étiquette figurent des informations : quantitatives (poids, taille...), qualitatives (qualité, authenticité), techniques (type de matériel, technologie), mercatiques (marque, nom, promotion, caractère innovant).
La stylique = le design	• Elle consiste à donner une forme au produit et au conditionnement pour faciliter son utilisation, lui donner une apparence esthétique conforme aux désirs des consommateurs, le différencier des concurrents. • Exemple : la présentation du produit Blood casse les codes puisqu'une boisson est vendue généralement soit en bouteille, soit en canette. • Elle conforte les attributs du produit.
Le packaging	Il désigne les différents emballages destinés à recevoir le produit.
La marque	• C'est l'identifiant du produit, celui qui le distingue de la concurrence. • La marque, pour être protégée, doit être déposée auprès de l'Inpi/Ompi. • La marque doit être distinguée : - du nom commercial : appellation d'un fonds de commerce ou d'une entreprise ; - de l'enseigne : signe distinctif du lieu où est exercé le commerce ; - de l'appellation d'origine : référence à l'origine géographique d'un produit ; - du label : il garantit la qualité de services spécifiques ou un processus certifié.

5 La gamme

▶ C'est un **ensemble de produits de même catégorie** ou répondant au **même type de besoin** proposé par une même marque. Selon la stratégie de l'entreprise (positionnement sur le marché, nombre de segments ciblés), **la gamme de produits est plus ou moins longue.**

▶ L'organisation, en fonction de ses objectifs et de ses moyens, doit choisir un **niveau de gamme** (entrée de gamme, milieu de gamme, premium, haut de gamme, luxe).

	Intérêts	Limites
Gamme courte	• Connaissance parfaite du marché • Concentration des efforts sur quelques produits • Meilleure maîtrise des coûts • Gestion simplifiée • Peu de risque de cannibalisation • Image de marque plus simple à gérer • Moins d'erreurs de positionnement	• Conquête d'un nombre limité de segments (manque à gagner) • Choix très limité pour le consommateur • Difficulté de fidélisation • Dépendance liée à quelques produits • Lutte difficile contre la concurrence

Les nouveaux modèles de consommation

41

Historiquement, les organisations avaient tendance à proposer une offre standardisée. Cependant, la valeur perçue par le consommateur a évolué. Toutes les organisations sont donc aujourd'hui contraintes d'offrir une expérience nouvelle au consommateur, s'orientant davantage vers l'économie à la demande et de fonctionnalité.

1 L'évolution du modèle classique de consommation

▶ La **standardisation** était la règle durant les Trente Glorieuses, afin d'optimiser l'efficacité et la productivité. Une adaptation à des besoins individuels était impossible, ou n'était réservée qu'à quelques clients payant un prix très élevé.

▶ Cependant, ce modèle est devenu obsolète en raison de transformations majeures :
– l'**ultra connectivité permanente**, facilitée par l'explosion des usages mobiles ;
– le **développement rapide des technologies logistiques** de proximité (*drive*) ;
– la **simplification des paiements électroniques** ;
– un **marché fortement concurrentiel** fournissant au consommateur un large choix ;
– la **demande croissante des consommateurs** pour une nouvelle génération de services rapides, efficaces et pratiques ;
– une **attente de plus en plus forte du consommateur**, demandeur de produits personnalisés, haut de gamme, quitte à payer un peu plus cher.

Info D'après le cabinet Brain Consulting, les consommateurs sont prêts à payer 20 % plus cher pour un produit personnalisé.

Qualité des biens et des services
Diminution du risque perçu par le consommateur (labels, certifications, etc.)

▶

Satisfaction des clients
Valeur globale perçue de l'offre diminuée des coûts supportés (monétaires, psychologiques, de transaction)

▶

Augmentation de l'image de marque
Représentations mentales attachés à un produit, à une marque ou à une entreprise

▶ Ces évolutions bouleversent profondément tous les secteurs économiques et toutes les organisations, qui doivent donc étudier ces nouveaux modèles de consommation et s'y adapter.

2 Les nouveaux modèles

Le consommateur évolue dans un environnement utilisant des technologies de plus en plus complexes et pointues. Les organisations doivent comprendre que :
– le consommateur veut privilégier des **relations désintermédiées et rapides** ;
– l'**usage l'emporte désormais sur la possession.** Il faut donc développer des produits dont la durée de vie prime sur le prix. **Fiche 22**

A. L'économie à la demande

▶ L'ubérisation consiste à mettre en contact direct particuliers et sociétés de services (livraison de repas, par exemple) grâce à des applications facilitant une mise en relation quasi instantanée.

▶ Le client est au cœur des processus. L'objectif est de le satisfaire en supprimant les intermédiaires (gain de temps). Ce modèle est basé sur une relation CtoC (*consumer to consumer*, du consommateur au consommateur).

Exemple : Pharmao propose un service de livraison de médicaments à domicile ou au travail en une heure maximum.
Scooterino Amen permet aux Romains pris d'un besoin urgent de se confesser de recevoir la visite d'un prêtre sur un scooter.

B. L'économie de la fonctionnalité

▶ Elle se définit comme un système privilégiant l'**usage** plutôt que la vente d'un produit.

▶ L'échange économique ne repose plus sur le transfert de propriété de biens, qui restent en possession du producteur tout au long de son cycle de vie, mais sur le consentement du client à payer une **valeur d'usage.**

▶ Ainsi, ces dernières années, **le secteur de la location a connu une croissance significative.** De plus en plus de personnes optent pour la location plutôt que pour l'achat de certains articles. Quelques choix peuvent surprendre au départ, mais la liste est tout à fait logique si l'on considère les revenus générés par chaque niche et les intérêts et raisons qui poussent les consommateurs à louer ces articles. En effet, le besoin de ces articles est souvent éphémère. Il est donc beaucoup plus abordable de louer que d'acheter.

#doc
La location de sacs de luxe
foucherconnect.fr/24terstmg40

Exemple : Le matériel de camping et de randonnée, les outils et le matériel de construction, les costumes et robes pour toutes les occasions, les équipements de sport d'hiver.

▶ Cette consommation sans propriété de biens favorise ainsi le **développement durable.** En effet, le fabricant est tenu de faire durer le produit, ce qui entraîne un moindre gaspillage des ressources naturelles.

▶ En outre, la mise en place d'un bonus réparation et d'un indice de réparabilité font évoluer les mentalités : ceci encourage les consommateurs à faire réparer plutôt que de jeter.

Exemple : La jeune entreprise Murfy, créée en juillet 2018, s'est spécialisée dans la collecte d'appareils électroménagers, la formation, la réparation à domicile et le reconditionnement pour la vente en seconde main.

L'adaptation de l'offre

42

Face à ces bouleversements, les organisations doivent proposer une offre personnalisée, de qualité constante, et ce, de manière quasi immédiate (réactivité) tout en faisant vivre au client une expérience unique.

1 La personnalisation

▶ Les organisations doivent proposer une offre personnalisée, parfois de masse (*mass customization*). Fiche 40

▶ Une **adaptation des processus opérationnels** permet une personnalisation des offres sur une grande échelle, en créant des expériences sur mesure à partir des préférences, des habitudes et de l'historique de chaque client

Exemple : Netflix enregistre et tient compte progressivement des préférences de ses clients et leur recommande les films qu'ils sont susceptibles d'apprécier. Le diffuseur fait même des suggestions en fonction de l'humeur de ses clients. 60 % des utilisateurs de Netflix sélectionnent des films sur la base de ces recommandations. L'IA permet de fournir un dispositif de recommandations beaucoup plus performant. Divers algorithmes sont mis en place pour affiner la personnalisation.

#exemple
Les algorithmes de recommandation de Netflix
foucherconnect.fr/24terstmg41

2 La réponse immédiate

Les fournisseurs de produit/service doivent être capables de converser en direct avec leur client et de recevoir les commandes clients 24 heures sur 24. L'expression « heures normales d'ouverture » perd donc progressivement tout son sens.

Exemple : Inspiré du secteur de la grande distribution, le *click and collect* est devenu un service proposé par de plus en plus de restaurateurs.

3 Le même niveau de qualité

▶ Les organisations doivent respecter un **niveau élevé de qualité**, en toutes circonstances. En effet, le consommateur est capable de se détourner rapidement de la marque si la qualité d'un produit ou d'un service associé diminue.

Exemple : Une seule interaction malheureuse peut s'avérer très coûteuse pour une marque. Des études montrent qu'il faut 12 expériences positives pour compenser une seule mauvaise expérience.

▶ Pour respecter ces exigences des consommateurs, les entreprises sont soumises à des défis importants, notamment celui d'offrir une expérience client afin d'améliorer la valeur perçue.

4 L'expérience client

▶ Faire vivre une expérience au client a pour but de le **fidéliser**. En effet, sa satisfaction sera maximisée, la mémorisation et le capital sympathie de la marque seront développés.

▶ Différentes techniques de **marketing expérientiel** peuvent être utilisées, à cette fin, par l'organisation.

A. La théâtralisation de l'offre

▶ C'est une démarche ponctuelle ou permanente qui consiste à **mettre en scène l'offre commerciale** d'une enseigne ou d'une marque (décor, ambiance). Les objectifs sont :
– d'augmenter la fréquentation du point de vente ;
– de favoriser l'acte d'achat par la création d'une ambiance favorable, voire « euphorisante » ;
– de fidéliser.

B. Le marketing sensoriel

Il regroupe l'ensemble des techniques marketing utilisant **un ou plusieurs des 5 sens pour favoriser l'achat** d'un produit ou service et/ou son expérience d'utilisation.

#exemple
Costco offre une expérience client unique !
foucherconnect.fr/24terstmg42

C. Le marketing immersif

▶ Il regroupe les pratiques destinées à provoquer une **immersion du consommateur** ou du prospect dans l'univers de la marque ou du produit. Pour ce faire, le marketing immersif utilise des technologies destinées à plonger le visiteur dans le monde de la marque au moyen de la réalité virtuelle ou de la réalité augmentée, des vidéos 360°, des cabines immersives.

▶ Le marketing immersif peut servir différents objectifs :
– un **objectif d'image** (exemple : la stratégie innovante de Chanel qui utilise l'espace pour asseoir l'image de la marque) ;
– un **objectif d'expérience client** (exemple : Club Med *The Place To Ski* qui utilise l'espace public pour proposer une expérience unique) ;
– un **objectif de séduction** avec la mise en situation d'usage du produit ou du service (exemple : *A Virtual Honeymoon to London and Hawaï* ; Mariott utilise la technologie pour télétransporter les clients dans un monde virtuel).

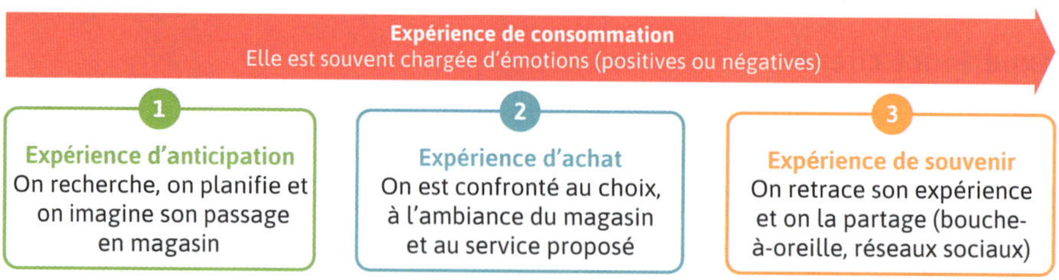

La politique de prix

43

Tout bien a une valeur d'usage et une valeur symbolique. Le prix influence la perception globale du produit ou de la marque. La fixation du prix est donc essentielle pour une organisation : elle oriente sa stratégie et assure sa rentabilité.

1 La typologie des prix

Afin de conquérir de nouveaux clients, fidéliser les clients actuels et réaliser des bénéfices, les organisations choisissent une **politique de prix** dont la typologie est variée.

Exemple : Le prix rond comporte un nombre d'euros entier sans ajout de centimes (100 €), **le prix magique** est légèrement inférieur au prix rond (99 €), **le prix d'appel** est le **prix minimal** d'une grille de prix sur lequel repose la publicité d'une organisation. L'objectif est d'**attirer les clients** puis de les **fidéliser** sur des produits offrant plus de marge au vendeur. Il est généralement proposé en quantité limitée et pour un temps donné.

2 Les contraintes pour déterminer une politique de prix

L'organisation peut fixer ou modifier le prix de son produit pour tenir compte de :
– **contraintes externes** : elles relèvent de l'environnement de l'organisation ;
– **contraintes internes** : elles dépendent directement de l'organisation.

A. La méthode

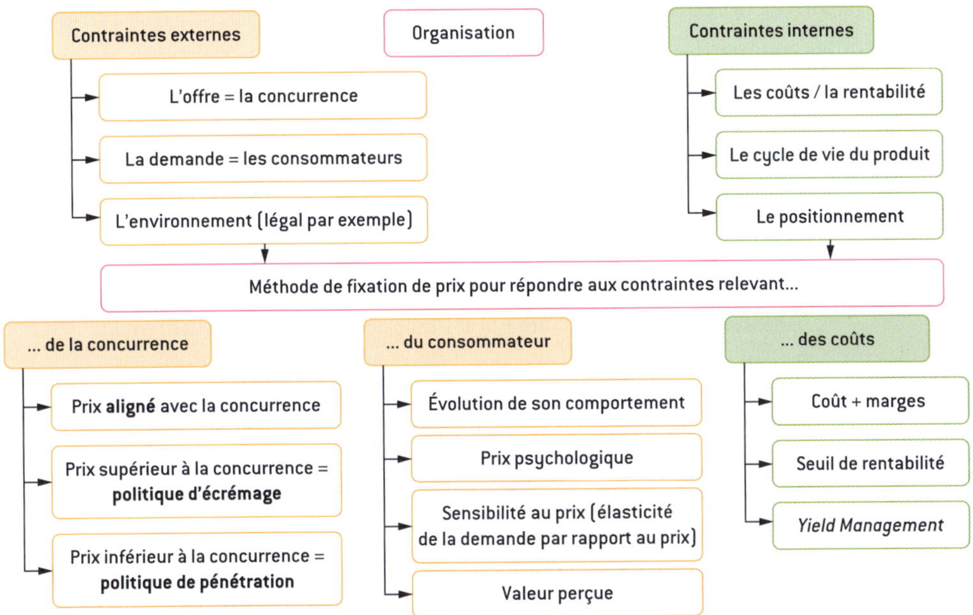

B. Les contraintes externes

L'organisation doit analyser l'offre, la demande, l'environnement.

L'offre	• Identifier ses concurrents directs et indirects • Analyser leur poids : leader ? challenger ? suiveur ? • S'informer en permanence des prix appliqués par ses concurrents grâce aux outils suivants : relevés de prix, sites internet comparateurs de prix, panels, client mystère
La demande	• Analyser l'évolution du comportement du consommateur : hypersensible au prix, aux promos, aux offres de la concurrence. • Prendre en compte l'effet psychologique du prix : - **prix d'acceptabilité** : prix optimum situé entre 2 limites : si le prix est fixé en dessous d'un certain seuil, le consommateur met en doute la qualité du produit et si le prix est trop élevé, il représente une dépense excessive pour le consommateur eu égard à la qualité proposée. - **élasticité** : l'élasticité (E) exprime l'impact d'une modification de prix (P) d'un produit/marque sur la demande (D) de ce produit/marque. - **valeur perçue** = prix cible = *target costing* (voir schéma ci-dessous).
L'environnement	• Tenir compte de la législation • Respecter l'interdiction de certaines pratiques de vente (prix imposé, entente sur les prix…)

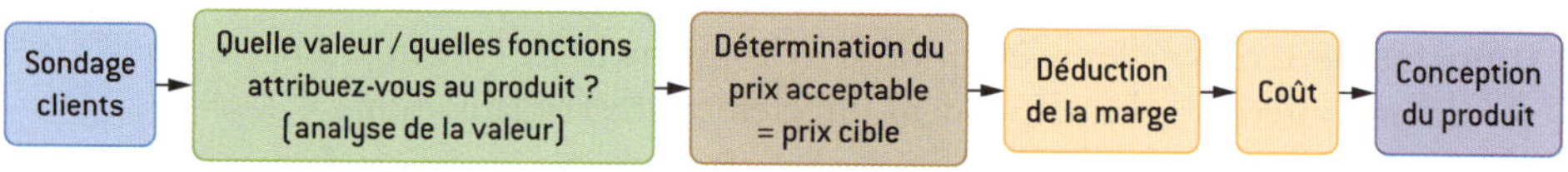

C. Les contraintes internes

▶ La **prise en compte des coûts** (production, distribution) dans la fixation du prix est **fondamentale.** Le processus de fixation du prix est schématisé ci-dessous.

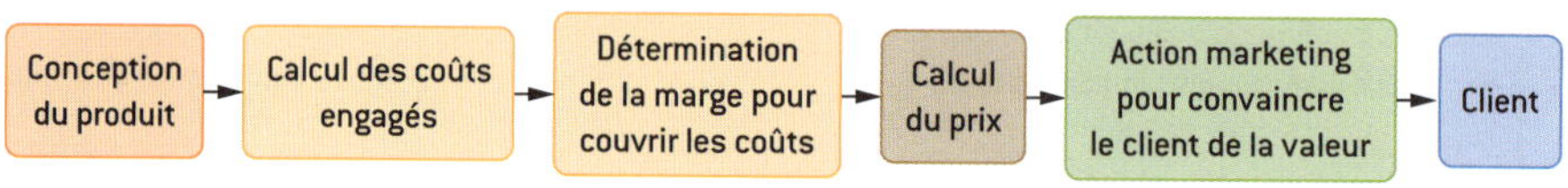

▶ Le **cycle de vie du produit** : selon la phase dans laquelle se situe le produit, le prix varie.

Lancement	**Prix élevé** : l'organisation, en situation de monopole, peut pratiquer un prix élevé générateur de marge pour amortir les frais de conception et de lancement
Croissance	**Prix élevé mais en baisse** : l'organisation doit trouver le plus grand nombre d'acheteurs possibles alors que les produits concurrents apparaissent
Maturité	**Prix adapté en fonction de la situation et du comportement des principaux concurrents** : l'objectif est de garder, voire de développer, sa part de marché
Déclin	**Baisse des prix** : promotion par le prix pour relancer le produit ou pour liquider les stocks si l'abandon du produit est envisagé

▶ Le **positionnement** : le prix est en rapport avec la **qualité réelle du produit** mais aussi avec **celle perçue par le consommateur** : si le produit est considéré comme luxueux, son prix devra être élevé afin de défendre une image de marque.

Le choix d'une stratégie de prix

44

Une fois les contraintes analysées et prises en compte, l'organisation choisit une stratégie de prix. Mais, dans un contexte de concurrence croissante, les organisations peuvent la modifier et utiliser des techniques de réduction de prix.

1 Les stratégies de prix

Une organisation peut combiner plusieurs stratégies de prix si elle possède, par exemple, des marques au positionnement différent.

Stratégies	Objectif	Intérêts	Limites
La pénétration, stratégie de domination par les coûts.	→ Conquérir une large part de marché avec une diffusion du produit la plus rapide possible **Exemple** : Ryanair	• Décourager les concurrents potentiels • Séduire le plus rapidement possible le marché • Diminuer les coûts grâce au volume des ventes	Associer la marque à un niveau de qualité bas
L'écrémage, prix de prestige	→ Cibler une clientèle limitée, peu sensible au prix élevé **Exemple** : le casque Beoplay H93rd (500 €), positionné haut de gamme	• Augmenter la rentabilité • Renforcer l'image de marque • Vendre d'autres produits moins chers dans la gamme de l'organisation	• Le développement des ventes est lent • Le prix élevé peut attirer les concurrents
L'alignement	→ Aligner ses prix sur ceux de la concurrence ou du leader (cas où l'organisation ne possède pas le leadership) **Exemple** : Kyriad propose un prix d'appel à 45 € ; Première Classe Hôtels à 46 €	Éviter la guerre des prix	Se démarquer sur d'autres aspects du plan de marchéage est nécessaire
Les prix différenciés ou *yield management* ou management du revenu	→ Maximiser le CA grâce à une politique de tarification différenciée et dynamique **Exemple** : un billet SNCF	• Augmenter la performance de l'entreprise • Élargir la gamme tarifaire pour les clients • Lutter contre la concurrence	Susciter l'interrogation des clients qui ne comprennent pas cette variation de prix

La politique des prix différenciés ou *yield management* s'oppose à la politique du prix unique consistant à proposer à un moment précis à tout consommateur un prix unique pour un produit déterminé.

2 Les réductions de prix

A. Les objectifs et les limites

▶ Les techniques de réduction de prix permettent :
– d'**augmenter le chiffre d'affaires** : conquête et fidélisation de consommateurs, achats d'impulsion ;
– de **lutter contre la concurrence** ;
– d'**accroître la visibilité** : moyen de communication hors média (la promotion par le prix) ;
– d'**améliorer la situation financière** : favoriser le « déstockage », optimiser la trésorerie.

▶ Cependant, elles comportent des limites :
– la notion de « prix sacrifiés » nuit à l'image ;
– le risque de confusion peut émerger chez les consommateurs dans le cas où un même produit est proposé sur de nombreux sites, à la même période et à des prix différents (exemple : une location saisonnière est proposée via Le Bon Coin, une agence immobilière) ;
– une guerre des prix peut s'enclencher entre les concurrents ;
– le consommateur risque de s'habituer à un système de réduction permanente : bénéficiant en permanence de prix cassés, il peut ne plus vouloir acheter au prix de base.

B. Quelques techniques

▶ **La gratuité** :
– la **gratuité sans aucune contrepartie financière** (exemple : Gillette, en offrant ses rasoirs et en faisant payer ses lames, a été l'une des marques pionnières dans ce domaine) ;
– le **modèle freemium** qui consiste à proposer une version gratuite grand public couplée avec une version payante. Fiche 2

> **Info**
> Seuls quelques exemples sont fournis ici : ces techniques évoluent et varient en fonction du secteur d'activité. Aujourd'hui, face à l'inflation, de nouvelles opérations commerciales sont mises en place.

▶ L'***every day low price*** (EDLP) est une stratégie par laquelle un distributeur ou un fabricant décide de limiter ou supprimer le recours aux promotions ou réductions de prix et de pratiquer des prix revendiqués comme bas tous les jours de l'année. (exemples : Castorama a arrêté les promotions pour proposer des prix bas stables toute l'année).

▶ **Le prix aux enchères** est une technique utilisée par les sites internet. Le site de prix aux enchères laisse aux acheteurs et vendeurs la liberté de fixer les prix qu'ils souhaitent et prélèvent une commission sur les transactions effectuées.

▶ **La promotion** est une baisse provisoire du prix pour augmenter les ventes à court terme.

▶ **Les soldes** consistent à proposer certains produits, ou l'ensemble des produits d'un point de vente, avec une réduction de prix, pendant une période déterminée. Chaque produit doit comporter une indication sur le prix avant et après solde. La réglementation encadre cette pratique et en fixe la durée et le calendrier.

▶ **Le prix forfaitaire**, l'offre groupée ou le *bundling* est une proposition dans un même lot de produits ou de services différents ou complémentaires pour un prix inférieur à la somme de leurs prix respectifs.

La distribution de l'offre : circuits direct et indirect

45

La distribution de l'offre a fortement évolué ces dernières années. Le développement des technologies et la modification des attentes du consommateur ont fait émerger de nouvelles formes de distribution, plus solidaires, plus directes, respectant davantage la philosophie du développement durable.

1 L'organisation de la distribution

▶ **La politique de distribution** :
– achemine un produit, du producteur ou distributeur au consommateur final ;
– impose d'opter pour des canaux de distribution ;
– doit être cohérente avec les autres éléments du mix. Ainsi, un produit haut de gamme vendu très cher sera distribué de manière exclusive ou sélective.

▶ **Le canal de distribution** : c'est la matérialisation du chemin suivi par un produit, de son producteur au consommateur.

▶ **Le circuit de distribution** : c'est l'ensemble des canaux de distribution impliqués dans le processus de commercialisation (du producteur au consommateur) d'un produit.

Une organisation peut combiner le circuit indirect et le circuit direct pour la distribution de son service. Il utilise alors un circuit mixte.

▶ **Le réseau de distribution** : c'est l'ensemble des distributeurs permettant d'acheminer les produits du producteur aux consommateurs. On distingue 2 formes :
– **le réseau de distribution externe**, composé des points de vente qui ne sont pas directement contrôlés par l'entreprise (distributeurs/revendeurs, points de vente indépendants, etc.) ;
– **le réseau de distribution interne**, directement contrôlé par l'entreprise (exemple : l'enseigne Zara appartenant au groupe textile Inditex).

2 Les dimensions d'un circuit de distribution

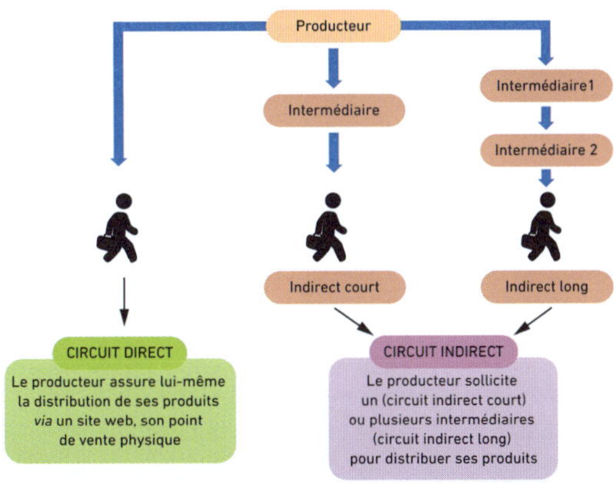

<table>
<tr><th></th><th colspan="2">Circuit indirect</th></tr>
<tr><th></th><th>Court</th><th>Long</th></tr>
<tr><td rowspan="2">Avantages</td><td>• Assez bon contact avec la clientèle et le marché, même si la relation n'est plus privilégiée comme dans le circuit direct
• Couverture géographique élargie</td><td>Bonne diffusion géographique</td></tr>
<tr><td colspan="2">• Utilisation de la compétence du distributeur
• Bénéfice de l'image du distributeur
• Focalisation du producteur sur son métier
• Pas de force de vente propre à déployer</td></tr>
<tr><td rowspan="2">Inconvénients</td><td>• Coût de rémunération des intermédiaires
• Moins bonne maîtrise de la politique commerciale (dépendance des distributeurs) ;
• Risque de conflits</td><td>• Perte de contact avec la clientèle finale et le marché
• Coûts de distribution très élevés (multiplication des intermédiaires)
• Risque de conflits entre les intermédiaires</td></tr>
<tr><td colspan="2">• Politique inadaptée dans une approche marketing one to one
• Les distributeurs connaissent moins bien les produits (expertise moins grande)
• Mise en concurrence entre les produits de différents offreurs</td></tr>
</table>

3 Les stratégies de distribution

Stratégie	Principe	Avantages	Limites
Distribution intensive Exemple : Coca-Cola	Distribution dans un maximum de points de vente	• Couverture géographique importante • Diffusion et notoriété rapides du produit • Hausse rapide des ventes	• Effort du distributeur limité car le produit est vendu par ses concurrents • Formation et stimulation des distributeurs nécessaires • Difficulté pour créer une image homogène du produit • Coût de distribution élevé (rémunération des distributeurs + force de vente)
Distribution sélective Exemple : les montres Ice Watch	Sélection des points de vente selon des critères d'image, de taille, d'accueil, de services proposés	• Contrôle qualitatif des points de vente : meilleure • Formation/information des distributeurs • Meilleure maîtrise de l'image des produits	Couverture limitée du marché
Distribution exclusive Exemple : le prêt-à-porter Zara	Distribution via son propre réseau ou recours à une seule catégorie de distributeurs qui référencent exclusivement son produit	• Renforcement de l'image de marque • Excellent contrôle de la commercialisation • Effectif de la force de vente limité, frais de transport et de logistique réduits	• Faible couverture du marché • Notoriété réduite

Producteurs et distributeurs

46

Historiquement, les relations producteurs-distributeurs relevaient d'une dépendance. Afin de répondre aux exigences actuelles, ces acteurs doivent aujourd'hui collaborer afin d'apporter une réponse optimale au consommateur (ROC).

1 Les relations de complémentarité entre producteurs et distributeurs

A. La réponse optimale au client (ROC)

▶ Elle se définit comme l'ensemble des initiatives conjointes industrie-commerce destinées à **mieux organiser l'ensemble de la chaîne de commercialisation et d'approvisionnement**, en rendant les systèmes d'échange plus efficients, moins coûteux et plus réactifs aux attentes des consommateurs.

▶ Deux outils sont utilisés pour développer la ROC :
– le ***category management*** : c'est une méthode d'optimisation des ventes d'une catégorie de produits menée en général conjointement par une enseigne et un ou plusieurs fabricants ;

Exemples : Cook n'merch, la solution merchandising du groupe SEB, qui réorganise, en France, le rayon en fonction du degré d'expertise du client en cuisine.

– l'**échange de données informatisées** (EDI) : ce système électronique de gestion et de télétransmission de l'information sans papier permet de rationaliser la gestion des flux, en améliorant notamment la logistique. Fiche 5

B. Les accords de coopération commerciale

L'accord de coopération est conclu entre un distributeur et un fournisseur. Le distributeur s'engage à délivrer au fournisseur un certain nombre de services spécifiques, destinés à favoriser la commercialisation des produits de celui-ci au moment de leur revente aux consommateurs.

Exemple : Convenir de l'implantation des produits dans les rayons ou mener des actions de nature à stimuler, au bénéfice du fournisseur, la revente de ses produits au consommateur via la publicité sur les lieux de vente, l'attribution de têtes de gondole ou d'emplacements privilégiés.

2 Une évolution du rapport de force entre producteurs et distributeurs

La digitalisation a modifié les missions des producteurs et distributeurs (convergence des métiers) et a entraîné l'arrivée de nouveaux acteurs sur le marché de la distribution. Ces bouleversements ont transformé le rapport de force entre offreurs et distributeurs.

A. Une entrée dans l'ère de la digitalisation

▶ Le manque de réactivité de certaines organisations pour s'adapter à l'ère de la digitalisation a décimé des pans entiers d'industrie.

Exemple : Apple, avec le streaming, a fait disparaître de nombreux disquaires.

▶ On assiste à une **désintermédiation** (l'intermédiaire disparaît) et à une **réintermédiation** (un nouvel intermédiaire vient s'insérer dans une chaîne de valeur).

➢ La désintermédiation

La désintermédiation est un phénomène économique et commercial qui se traduit par la **réduction** ou la **suppression des intermédiaires** dans un circuit de distribution.

Exemple : La vente en ligne de billets d'avion directement par les compagnies aériennes provoque un phénomène de désintermédiation au détriment des agences de voyages traditionnelles.

▶ Si le producteur opte pour une désintermédiation totale, il vend directement au consommateur : ce choix lui permet d'augmenter ses marges et/ou de baisser ses prix, de maîtriser sa politique de distribution et de renforcer son image.

▶ Aujourd'hui, les producteurs cherchent à toucher leur cible directement via Internet et, de plus en plus, via les mobiles. Ils varient les modes de commercialisation de leurs produits afin d'attirer le maximum de prospects. Ils adoptent une stratégie :
– **multicanal** : recours à plusieurs canaux (physiques/virtuels) de distribution en parallèle pour élargir le potentiel de clients et s'adapter à leurs attentes ;
– **omnicanal** : utilisation de tous les canaux de contact et de vente entre l'entreprise et le client ;
– **crosscanal** : fonctionnement des différents canaux ensemble (exemple : un prospect consulte le site booking.com ; il se rend en agence de voyages pour obtenir des informations ; il réserve finalement son hébergement sur le site de l'hôtel).

➢ La réintermédiation

▶ La réintermédiation est la création d'une nouvelle catégorie d'intermédiaires.

▶ Ainsi, la « plateformisation » s'est développée : face à la profusion quasi infinie de l'offre sur Internet, dans laquelle il est nécessaire de pouvoir s'orienter, les plateformes sont, aujourd'hui, le point de passage presque obligé d'activités ou de services. Par exemple, l'hébergement ou la musique ont basculé d'une relation directe ou parfois intermédiée par des acteurs traditionnels à une distribution indirecte via des plateformes de l'ère internet.

Exemple : Les GAFAM (Google, Apple, Facebook, Amazon et Microsoft) développent leurs propres plateformes et applications.

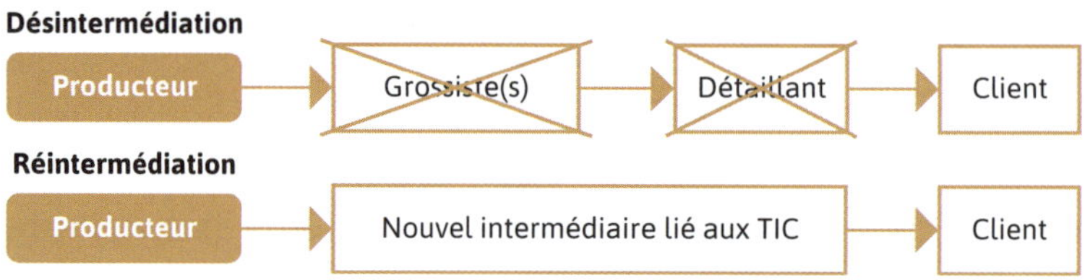

B. Une résistance des distributeurs et des consommateurs

▶ Face à ce phénomène de réintermédiation, certains acteurs de la distribution « réinventent », relookent la distribution classique.

Exemple : Les libraires réaménagent leurs boutiques, créent des événements. Les librairies indépendantes de plusieurs régions se sont rassemblées sur des portails en ligne pour permettre aux clients de trouver les livres de leur choix plus rapidement. Elles facilitent la géolocalisation des livres en indiquant la librairie indépendante la plus proche.

▶ De même, une partie des consommateurs choisit de s'écarter de ces modes de distribution (désintermédiée/réintermédiée) pour privilégier une distribution collaborative.

Les choix de distribution

47

Le parcours client se complexifie avec la multiplication des possibilités de distribution : achat en ligne (directement auprès du producteur, indirectement auprès de plateformes), achat en point de vente physique, achat en C2C…

1 Une remise en cause de la distribution par le consommateur

▶ Historiquement créée pour développer la consommation de masse et proposer des produits à des prix moins chers que le commerce traditionnel, les consommateurs ont pris conscience que la grande distribution adoptait parfois des pratiques abusives voire illégales (**Foucher connect/Exemples pratiques douteuses**).

▶ En outre, la course à la **taille critique** face à une mondialisation croissante oblige ce secteur à s'engager dans des **stratégies de concentration.**

▶ Face à ces géants et au développement de la distribution *online*, **le client modifie son parcours d'achat.**

> **Mot-clé**
> **Taille critique** : taille que cherche à atteindre une entreprise et qui constitue un palier au-delà duquel elle pense pouvoir améliorer sa compétitivité.

2 Un nouveau parcours client

▶ Le client actuel s'attend à trouver une véritable continuité entre point de vente physique et virtuel : il veut être reconnu en magasin et sur le net, il souhaite donner son avis sur Internet et il tient à partager son expérience de tous les points de contacts.

▶ Ainsi, à l'ère du multicanal, le consommateur recourt régulièrement à la **pratique du RoPo**. Les raisons de ce comportement sont multiples : besoin de vérifier l'objet de l'achat, refus de la livraison ou encore opposition à donner des informations personnelles sur les sites commerciaux.

▶ L'analyse du RoPo est essentielle pour les ***click and mortar***. En effet, il permet :
– de déterminer l'influence d'Internet et des publicités digitales sur le consommateur et ses habitudes et de mieux cibler les prochaines campagnes marketing ;
– d'éviter une cannibalisation entre réseau physique et e-commerce ;
– d'établir des passerelles entre ces deux univers pour qu'un vendeur en magasin s'appuie sur l'historique d'achat, voire de recherches Web d'un client, afin de lui proposer une offre en adéquation avec ses attentes.

> **Mot-clé**
> L'acronyme RoPo (*Research online, Purchase offline*) désigne un acte d'achat où le consommateur commence sa recherche sur Internet et effectue l'achat physiquement en magasin.

> **Mot-clé**
> – **Click and mortar** : se dit d'une entreprise traditionnelle, le plus souvent du secteur de la distribution, ayant ajouté des activités en ligne (*click*) à son modèle classique (*mortar*).

3 Une adaptation de la distribution

La distribution doit modifier sa stratégie et repenser son modèle afin de s'adapter au consommateur.

A. Une optimisation des canaux de distribution

▶ Certaines enseignes intègrent le Web dans le magasin : Ipad à la main, les vendeurs identifient le client, retrouvent ses achats précédents et proposent des offres personnalisées.

▶ L'offreur peut choisir entre trois types de stratégie :
– la **stratégie multicanal** : elle consiste à recourir à plusieurs canaux (physiques et/ou virtuels) de distribution en parallèle ;
– la **stratégie cross-canal** : elle permet aux différents canaux de distribution d'une entreprise (magasin physique, catalogue, site web, etc.) de fonctionner ensemble, en synergie, plutôt que de se concurrencer ;
– la **stratégie omnicanal** : tous les canaux de contact et de vente possibles entre l'entreprise et ses clients sont utilisés et mobilisés simultanément. Une stratégie omnicanal est une réponse aux consommateurs qui deviennent des omniconsommateurs.

À retenir

Pour faire la différence entre ces trois approches, on peut dire que :
– le multicanal cherche à multiplier les points de contact de vente avec le client ;
– le cross-canal vise à créer une complémentarité entre ces canaux (un site vitrine + un point de vente physique pour vendre les produits) ;
– l'omnicanal se concentre sur l'expérience globale du client à travers la complémentarité ;
– du digital et des points de vente (application à télécharger dès l'entrée dans le point de vente pour accéder à des informations produit, payer avec son smartphone).

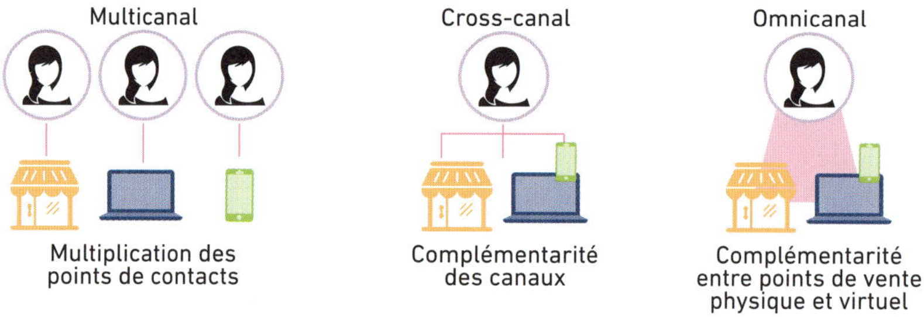

B. Une transformation des formats existants

▶ Les formats actuels de distribution cherchent à s'adapter aux nouvelles attentes des consommateurs :
– **création d'enseignes plus petites** en centre-ville (Carrefour City…) ;
– **développement des drive piéton** : modèle de drive urbain qui ne propose pas de places de stationnement pour le retrait des produits achetés. Un drive piéton peut être ou non directement adjacent à un point de vente classique.

▶ Par ailleurs, les enseignes veulent fournir à leurs clients une **expérience** et emploient différentes techniques comme la **théâtralisation du point de vente** ou encore le **design commercial**.

Les nouvelles formes de distribution

48

Face à la multiplication des possibilités de distribution, les acteurs du secteur doivent s'adapter et proposer des formes de distribution différenciantes et conformes aux attentes actuelles des clients.

1 Le circuit court

▶ Un circuit court est souvent considéré comme assurant de **meilleurs prix de vente** et/ou une **meilleure marge**.

▶ Les associations pour le **maintien d'une agriculture paysanne** (AMAP) sont destinées à favoriser l'agriculture paysanne et biologique qui a du mal à subsister face à l'agro-industrie. Le principe est de créer un lien direct entre paysans et consommateurs, qui s'engagent à acheter la production des premiers, à un prix équitable et en payant par avance.

▶ Une AMAP naît en général de la rencontre d'un groupe de consommateurs et de paysans (ou artisans transformateurs). Ils établissent un contrat dans lequel, ensemble, ils définissent la diversité et la quantité de denrées à produire pour la saison. Pendant cette période, et ce de manière périodique (une fois par semaine par exemple), le paysan met les produits frais à disposition des partenaires (en général, les fruits et légumes sont récoltés le matin même de la distribution).

▶ Contrairement à la grande distribution, les consommateurs en AMAP accordent moins d'importance à la standardisation des aliments. Tout ce qui est produit est consommé (alors que, dans d'autres cas, ce peut être jusqu'à 60 % de la récolte qui reste dans les champs).

À savoir

La France dispose d'une définition officielle pour les produits agricoles. Selon le ministère de l'Alimentation et de l'Agriculture, est considéré comme un circuit court « un mode de commercialisation des produits agricoles qui s'exerce soit par la vente directe du producteur au consommateur, soit par la vente indirecte, à condition qu'il n'y ait qu'un seul intermédiaire ».

#exemple

Les fermiers adoptent le libre service 24 h/24

foucherconnect.fr/24terstmg43

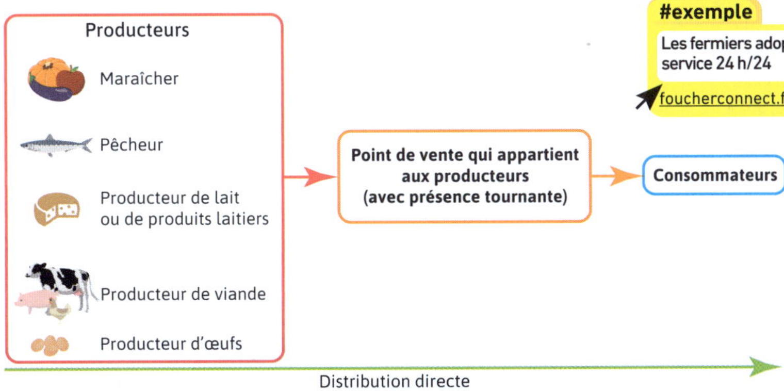

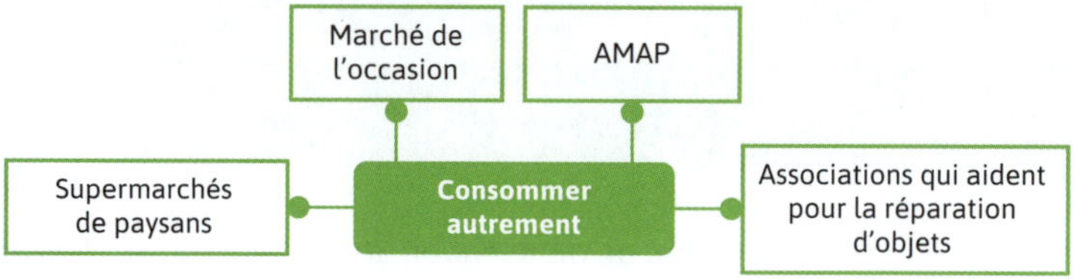

2 La distribution collaborative

▶ Elle consiste à créer un **nouveau canal de distribution** entre les distributeurs et les consommateurs finaux, basé sur le principe de l'**économie collaborative.**

▶ Utilisant le modèle C to C, les consommateurs prennent le rôle de distributeur en assurant la distribution des produits ou des services pour le compte d'autres utilisateurs.

▶ Deux exemples sont présentés ici : la livraison collaborative et le supermarché collaboratif.

Je veux me faire livrer

1. J'effectue une commande sur un site partenaire
2. Je crée une annonce avec mes informations de livraison
3. Un particulier est informé et vient me livrer directement chez moi

Faites-vous livrer !

Je veux livrer mon voisin

1. Je télécharge l'application disponible sur Android et IOS
2. Je crée mon compte
3. Je sélectionne une livraison autour de chez moi, récupère la commande au point de retrait, puis je livre mon voisin

Devenez Shopper !

Exemple 1 : Shopopop, la livraison collaborative

PROXIMITÉ
Pouvoir rendre service quand je le souhaite en fonction de mes déplacements (à pied, à vélo, en voiture, etc.)

LIBERTÉ
Pas besoin de statut d'auto-entrepreneur ni de contrat pour être livreur, je pratique l'économie

BÉNÉFICES
Je gagne 5 € minimum pour chaque livraison effectuée

TENDANCE
Shopopop, c'est le BlaBlaCar de la livraison en ville

Exemple 2 : les supermarchés collaboratifs

▶ Les premiers à s'être lancés dans cette aventure collaborative sont les fondateurs du supermarché Park Slope Food Coop, dans le quartier de Brooklyn à New York, en 1973.

▶ La Louve est le premier supermarché collaboratif à avoir ouvert ses portes en France, fin 2016, à Paris. Les membres doivent acheter des parts sociales et travailler quelques heures bénévolement dans le magasin pour pouvoir y effectuer leurs courses. Ce lieu propose des produits de qualité à moindre coût et constitue donc une **alternative à l'hyperconsommation.**

La digitalisation des unités commerciales

49

Afin de lutter contre une concentration croissante du secteur et de réagir au développement de la distribution collaborative, la grande distribution doit améliorer la chaîne de valeur. Il est impératif qu'elle mette l'accent sur la transformation numérique de son concept.

1 Des technologies toujours plus innovantes

▶ L'utilisation de **services digitaux**, notamment via l'application client, est multipliée afin de personnaliser « l'expérience » en magasin.

▶ Aujourd'hui, de nombreuses techniques sont déjà utilisées pour **améliorer l'expérience client**, pour **développer la connaissance des clients** par l'enseigne.

2 L'amélioration de l'expérience client

Pour atteindre cet objectif, les enseignes françaises développent de nouveaux services et concepts. Elles s'associent même parfois avec des géants américains.

#exemple
Les outils de la digitalisation
foucherconnect.fr/24terstmg44

A. Des innovations

Des sociétés multinationales proposent de nombreuses innovations de la plus simple à la plus complexe :
– le **paiement direct via une application** à télécharger (Monoprix, Casino) ;
– un **écran affichant parfois des promotions** à l'entrée du magasin, les produits du jour du stand fromager ou charcuterie ;
– un **QR Code à scanner**, qui, via un écran d'accueil, indique aux clients le plan du magasin et l'emplacement des produits recherchés ;
– une **étiquette qui s'allume lorsque le client passe à côté d'un produit** qu'il a préalablement ajouté à sa « wishlist » et un écran qui affiche la décomposition du prix du produit (matière première, transport, marge du magasin, etc.). Cette innovation a été développée par la multinationale canadienne CGI, spécialisée en technologie de l'information pour les enseignes voulant faire preuve de transparence et améliorer le confort client ;
– le **smartphygital** (smart pour « intelligent » + contraction de physique et digital). Ce concept est proposé par les commerces traditionnels et permet d'introduire dans les boutiques des activités numériques venues du cybercommerce et souhaitées par les clients : des services de haute qualité (meilleures informations sur les produits, wifi gratuit, systèmes de divertissement et d'information en magasin, promotions de prix plus fréquentes…).

B. Des partenariats avec les GAFAM

Certaines enseignes françaises s'associent à des géants américains :
– Carrefour et Google veulent proposer une nouvelle expérience d'achat aux clients : les utilisateurs français pourront effectuer leurs courses – dont les achats alimentaires – que ce

soit via l'enceinte connectée Google Home, ou via l'Assistant Google depuis leur téléphone portable, ou enfin sur le web via la nouvelle interface du site Google Shopping en France, et ainsi se faire livrer à domicile ou récupérer les marchandises en magasin ;
– le groupe Monoprix a scellé une alliance de ses magasins Monoprix avec Amazon. Certains des produits de l'enseigne française (Monoprix Gourmet ou Monoprix Bio) sont commercialisés sur la plateforme du géant américain et proposés à ses clients Amazon Prime Now, qui comprend une livraison en moins de deux heures à Paris et proche banlieue.

3 L'amélioration de la connaissance client

La technologie permet de **qualifier la base de données commerciale** et d'**affiner la proposition client** :
– une application permet aux vendeurs, directement sur leur tablette, d'avoir accès à un historique d'achat à partir d'un compte client. Ce dernier peut alors être approché avec des suggestions personnalisées, recommandées par une analyse automatique ;
– l'analyse faciale, possible grâce à un logiciel intelligent, détecte votre genre ainsi que votre tranche d'âge. Plus surprenant, l'humeur du client est même évaluée à travers un pourcentage (heureux, triste, surpris ou en colère).

ZOOM SUR… L'ANALYSE FACIALE

Au Japon, la chaîne de magasins Trial utilise des caméras intelligentes de Panasonic pour étudier les profils des clients. En fin de journée, la direction du magasin dispose de la répartition des visiteurs par tranches d'âge et par sexe. Des informations bien utiles aux campagnes marketing en direction des détenteurs de carte de fidélité ou de compte client.

En Chine, la reconnaissance faciale est utilisée pour sécuriser le paiement dans plusieurs supermarchés, y compris dans les enseignes Carrefour.

4 Les formats de distribution repensés

▶ Certaines enseignes envisagent une transformation totale de leur **concept de commerce de proximité** :
– une ouverture 24 heures/24 ;
– un espace de vie mixant lieu de travail, de restauration, d'achat de produits du quotidien ;
– un mur de spiritueux connecté ;
– des technologies au service de l'accueil d'une clientèle internationale (paiement par Alipay ou Wechat Pay pour la clientèle chinoise).

▶ D'autres développent le système de **supérettes autonomes** à l'instar d'Amazon : après avoir utilisé l'application mobile du groupe pour entrer dans le magasin, le client remplit son caddie comme dans n'importe quel supermarché, puis peut partir sans avoir à passer à la caisse. Ce concept emploie des capteurs combinés à de l'intelligence artificielle permettant aux ordinateurs de « voir » et d'apprendre. Ces technologies détectent automatiquement quand les produits sont pris ou remis dans les rayons, et en gardent la trace dans un panier virtuel facturé ensuite sur le compte Amazon du client.

Le choix du mode de communication

50

La communication commerciale d'une organisation a pour objectif de créer et de maintenir une relation avec ses clients. Elle doit être en cohérence avec les autres éléments du plan de marchéage et convaincre durablement sa cible. Cependant, la communication numérique, utilisée de manière croissante, bouleverse les stratégies de communication des organisations.

1 Comment procéder pour communiquer efficacement ?

Il convient de respecter plusieurs étapes.

A. Déterminer la cible et l'objectif

▶ La cible est constituée de l'ensemble des individus et des organisations vers lesquels l'organisation souhaite communiquer. Elle peut être :
– **interne** : les salariés ;
– **externe** : les clients potentiels et actuels, les leaders d'opinion, les partenaires (financiers, commerciaux), les journalistes.

▶ Les objectifs d'une communication peuvent être de :
– **faire connaître l'offre et l'organisation** afin de la positionner, d'informer les consommateurs potentiels et d'améliorer la notoriété ;
– **faire aimer** : créer une attirance et une préférence pour l'offre par rapport aux offres concurrentes ;
– **faire agir** : acheter l'offre ; jouer le rôle d'ambassadeur.

B. Préparer le message et établir le *mix communication*

▶ La conception du message dépend de la **cible choisie** et de l'**objectif**.

▶ La **méthode AIDA** est utilisée pour créer le message : attirer l'Attention, susciter l'Intérêt, puis le Désir, et enfin faire que la cible Agisse.

▶ Plusieurs moyens de communication sont utilisés de manière concomitante par l'organisation. Ils relèvent de la communication média ou hors média. La combinaison de ces moyens de communication s'appelle le mix communication.

C. Tester le message

Tester le message auprès d'un groupe d'individus permet de s'assurer qu'il atteint la cible et l'objectif fixé : attention, compréhension, mémorisation.

À savoir

La stratégie de communication dépend du budget alloué par l'organisation. Celle-ci peut utiliser différentes techniques pour le fixer :
- calcul du budget en dédiant un % de ses ventes ;
- alignement du budget à celui des concurrents ;
- adaptation du budget en fonction des ressources disponibles, parfois limitées.

D. Communiquer et évaluer l'efficacité

Il est difficile d'évaluer l'efficacité d'une campagne de communication. En effet, la corrélation entre les ventes et les moyens de communication mis en œuvre n'est pas évidente à mesurer. Toutefois, des enquêtes de notoriété et d'image peuvent être menées avant et après la campagne afin de s'assurer que celle-ci a apporté les effets voulus.

2 Quels moyens de communication choisir ?

▶ De nombreux moyens de communication sont à la disposition des organisations. Le choix judicieux des outils doit permettre de toucher efficacement la cible et ce, d'autant que la communication digitale et la multiplicité des supports ont transformé les plans de communication traditionnels.

▶ Pour effectuer un choix pertinent, l'organisation doit connaître parfaitement les habitudes de sa cible.

Exemple : Lorsque la cible est amatrice d'un sport comme le golf, il paraît inutile de faire de la publicité sur une chaîne de télévision nationale pour proposer des packages incluant la pratique du golf. En revanche, il est pertinent de publier un reportage dans un magazine spécialisé dans ce sport.

▶ Le modèle POEM (*Paid, Owned and Earned Media*) peut être utilisé pour proposer une combinaison optimale des moyens de communication. Il a pour objectif de catégoriser les différents types de présence possibles pour une marque. Ce classement permet ainsi aux marketeurs de visualiser simplement les options qui s'offrent à eux pour augmenter la visibilité de leur entreprise.

PAID MEDIA Visibilité achetée par l'entreprise	OWNED MEDIA Visibilité détenue par l'entreprise à travers ses propres supports	EARNED MEDIA Visibilité gratuite acquise dans les médias par l'entreprise grâce à son influence
• Publicité (presse, TV, radio) • Article sponsorisé sur blog ou média traditionnel • Poste sponsorisé • Référencement payant (Adworks, Ads...) • Sponsoring	• Site web • Réseaux sociaux • Blog d'entreprise • Plaquettes et catalogues • Emailing • Newsletter	• Relations presse • Relations influenceurs • Tribunes libres/avis d'experts • Mentions sur les réseaux sociaux • Recommandations et avis consommateurs • Conférences lors d'events externes

Le modèle POEM en quelques mots

▶ Les moyens de communication à disposition de l'organisation se structurent en communication média et communication hors média.

La communication média et hors média

51

Les moyens de communication à disposition de l'organisation se structurent en communication média et hors média.

1 La publicité dans les médias

▶ La publicité consiste à **acheter de l'espace dans un média** afin d'y diffuser un message. Les principaux sont : la **presse** - presse quotidienne nationale (PQN), presse quotidienne régionale (PQR), magazines, presse gratuite (20 Minutes) - la **radio**, la **télévision**, le **cinéma**, l'**affichage** dans les villes, sur les routes, dans les transports en commun, ou sur les véhicules de transport (bus, taxis) ; de plus en plus, les producteurs cherchent à dynamiser l'affichage comme Kit Kat qui propose un massage aux passants.

▶ Chacun de ces médias utilise des **supports de communication** (par exemple, France2 est un support du média TV).

2 La communication hors média

La communication hors média **désigne l'ensemble des actions de communication qui n'utilisent pas les médias « traditionnels »**.

A. Le marketing direct

Il consiste à communiquer directement avec chaque prospect ou client. Une base de données régulièrement mise à jour et qualifiée est indispensable. Parmi les moyens utilisés, les plus répandus sont :
– le **publipostage** (courrier postal ou mailing) : il consiste à envoyer un courrier personnalisé à une cible individualisée. Fortement consommateur de papier, avec des taux de retour de plus en plus faible, ce moyen est en perte de vitesse. Toutefois, bien menée, une campagne de mailing peut être efficace ;
– l'**emailing** : c'est un mailing envoyé par courriel. Les individus reçoivent de plus en plus de courriels non sollicités auxquels ils répondent de moins en moins. L'efficacité de cette technique diminue donc. Toutefois, l'envoi sollicité de newsletters ou d'offres hyper personnalisées reste efficace ;
– le **marketing téléphonique ou mobile.** Il regroupe les actions marketing réalisées en appels sortants à des fins de prise de rendez-vous, de qualification prospects, de création de trafic en points de vente ou de ventes et le traitement des appels entrants à des fins de support et de fidélisation.

B. Le mécénat et le sponsoring

▶ Le mécénat est un **soutien financier ou matériel apporté par une entreprise ou un particulier à une action ou une activité d'intérêt général** (culture, recherche, humanitaire, solidarité…). Le mécénat se distingue généralement du sponsoring par la nature des actions soutenues et par le fait qu'il n'y a normalement pas de contreparties contractuelles publicitaires au soutien du mécène.

Exemple : Bernard Arnault, patron de LVMH, verse 10 millions d'euros aux Restos du Cœur. En effet, face aux difficultés des Restos du Cœur à boucler leur budget, au risque de devoir réduire le nombre de repas distribués et de bénéficiaires, la solidarité s'est organisée. Celle de l'État d'abord, qui a annoncé une enveloppe de 15 millions d'euros pour l'association et un total de 156 millions d'euros en 2023 pour les associations consacrées à l'aide alimentaire, comme la Croix Rouge, les banques alimentaires ou encore le Secours populaire. Outre Bernard Arnault, d'autres patrons de la grande distribution ont manifesté leur soutien à l'association.

▶ **Le sponsoring est un soutien financier ou matériel apporté à un événement ou un individu par un partenaire annonceur en échange de différentes formes de visibilité** de nature publicitaire liées à l'événement ou l'individu. Outre cette contrepartie, le contrat de sponsoring peut prévoir la participation de l'individu sponsorisé à différents événements de l'entreprise (congrès, séminaires, inauguration de point de vente, lancement de produit…).

Exemple : Castore et Red Bull signent un méga contrat de plus de 200 M$ en mars 2024. Castore est le sponsor vestimentaire de Red Bull depuis 2023. Les deux parties annoncent déjà une prolongation. Il s'agirait du plus important contrat d'équipementiers textiles de l'histoire du sport automobile, à la fois pour sa durée et pour son montant. La collaboration comprend l'écurie de F1 et le programme dédié aux pilotes féminins de la Red Bull Academy.

C. La promotion des ventes

L'organisation offre un **avantage ponctuel** visant à stimuler les ventes soit sous la forme d'un bénéfice financier (prix spécial, quantité en plus, couponing, offre de remboursement) soit au travers de dotation (prime directe, différée, concours). Elle a deux objectifs : recruter de nouveaux acheteurs et fidéliser.

D. Les jeux concours

C'est une technique promotionnelle permettant d'animer la relation client ou prospect, de travailler l'image, de faire passer des messages et essentiellement de collecter des profils de participants.

E. Les relations publiques

Les techniques de relations publiques visent à entretenir et consolider les relations entre l'organisation et tous ses publics.

Cibles	Moyens
Interne	Le journal de l'organisation, les lettres d'information, les événements internes comme les arbres de Noël
Externe	Les communiqués et conférences de presse, les congrès, les road-shows, les lettres d'information, les événements tels que les soirées clients

F. Les salons et foires

Ils permettent à l'entreprise de se présenter et de présenter ses produits sur une période donnée et dans un lieu déterminé (exemple : le Mondial de l'auto à Paris).

Les nouveaux moyens de communication

52

Ces outils de communications plus modernes, moins classiques, sont considérés comme des moyens de communication « hors média » alternatifs.

1 La communication digitale

La communication via les ordinateurs, les tablettes et smartphones a pris une place prépondérante :
– le **site web de l'organisation** : l'internaute doit le trouver facilement grâce au référencement naturel et/ou payant. Le site doit être ergonomique, afin que l'internaute trouve facilement l'information cherchée. Il doit susciter l'envie et déclencher l'achat ;
– les **réseaux sociaux, blogs et forums** : l'objectif est de créer des liens avec ses publics, discuter en toute transparence ; récolter les avis des consommateurs se fait de plus en plus grâce aux réseaux sociaux, blogs et forums ;
– la **publicité média sur Internet**.

2 La « Guerilla marketing »

Ce concept consiste à mettre en place des actions marketing non conventionnelles, originales et innovantes. L'objectif est de se démarquer de la masse de publicités ambiante en frappant les esprits des consommateurs grâce à une démarche où l'art, le visuel et l'humour ont toute leur place. Il existe ainsi cinq grandes « familles de Guerilla marketing » :
– l'***ambush marketing*** : une marque profite d'un événement – comme les JO – pour mettre en avant ses produits, sans être partenaire officiel ou sponsor dudit événement. Il permet de bénéficier d'une exposition et d'un retentissement énormes à moindre coût ;
– le ***stealth marketing*** : il consiste pour une marque à communiquer sur un produit sans que le consommateur en ait réellement conscience et en évitant que l'origine du message publicitaire puisse être identifiée par les destinataires comme provenant de la marque concernée ou d'une agence (exemple : montre IWC) ;
– le ***viral marketing*** : son objectif est de faire en sorte que la majeure partie de la promotion du produit soit assurée par des consommateurs conquis et/ou satisfaits. Les destinataires du message assurent l'essentiel de sa diffusion finale, grâce à de nombreuses recommandations à des proches ou à des collègues ;
– l'***ambient marketing*** : les actions de communication se déroulent en dehors du domicile des individus ciblés et le plus souvent dans un espace public. En général très créatives, voire décalées, ces actions sollicitent parfois une interaction avec le public. Le but est clairement de surprendre la cible en communiquant dans un contexte auquel elle ne s'attendait pas ;
– le ***street marketing*** : il consiste à détourner les éléments des rues au profit d'une marque ou d'un produit. Il s'approche, dans de nombreux cas, d'une certaine forme d'art contemporain. Cette apposition de publicité en dehors des espaces autorisés attire de plus en plus d'annonceurs, en particulier dans la mode.

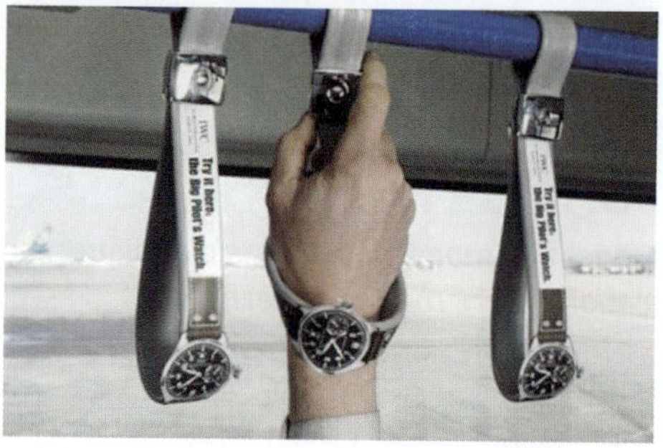

Concept de *stealth marketing* : la montre IWC

Concept d'*ambient marketing*

Concept de *street marketing* : Ikéa dans le métro de Tokyo

3 L'*undercover marketing*

C'est un ensemble de techniques de communication qui consiste à diffuser une information ou un message favorable à la marque ou à ses produits, sans que le message apparaisse comme venant de la marque ou de son agence. L'*undercover marketing* peut également être utilisé pour critiquer une marque ou le produit d'un concurrent (exemple : DHL piège ses concurrents en inscrivant sur les colis livrés un message à leur insu).

Les enjeux de la relation client 53

Pour s'imposer durablement sur un marché, l'organisation doit construire et améliorer la valeur perçue par le client. Elle doit donc conquérir mais surtout nouer une véritable relation avec ses clients, générer une forte satisfaction et favoriser la fidélisation.

1 Conquérir

▶ L'organisation parviendra à capturer des clients en effectuant une **proposition de valeur** associée à une **expérience de consommation.**

▶ La proposition de valeur englobe l'ensemble des bénéfices que l'entreprise se propose de fournir au client. Elle intègre la totalité de l'expérience résultant de l'acquisition et/ou de la consommation du produit.

▶ **Plus un client est satisfait du produit acheté, plus il a de chances de le racheter.** Le lien entre satisfaction et fidélité n'est pourtant pas évident, et ce, pour plusieurs raisons :
– le client recherche la variété ;
– le comportement du client n'est pas exclusivement rationnel car il est influencé par des attitudes émotionnelles entraînant le changement de marque ;
– le client est fortement sollicité par les concurrents.

▶ Il est donc essentiel d'**étudier les leviers de la fidélité** d'un client.

2 Fidéliser

▶ Les ressorts de fidélisation ont évolué. L'organisation doit donc comprendre et analyser les comportements d'achat des prospects et clients afin de créer avec eux une relation forte et durable.

▶ En effet, avec le développement des technologies numériques, les clients attendent non seulement que l'organisation les contacte, les satisfasse, les enchante mais aussi qu'elle les écoute et leur réponde.

▶ Un programme de fidélisation doit donc être pensé efficacement pour :
– transformer les petits clients en gros clients ;
– conserver les gros clients par des programmes suffisamment attractifs/avantageux ;
– reconquérir les clients.

▶ Pour ce faire, il est indispensable pour l'entreprise d'analyser la rentabilité des clients et leur *lifetime value* (la valeur à vie d'un client), c'est-à-dire la somme des profits réalisés grâce à ce client lors des achats qu'il effectuera auprès de l'entreprise tout au long de sa vie.

À savoir

Acquérir un nouveau client coûte cinq fois plus cher que satisfaire et fidéliser les clients actuels.
Il est très difficile de convaincre un client satisfait de changer de fournisseur.
En moyenne, une entreprise perd chaque année 10 % de ses clients. Un accroissement de 5 % de la fidélité des clients fait croître les profits de 25 % à 85 % selon les secteurs et les entreprises.

3 Les outils classiques pour fidéliser

▶ Les programmes d'accueil : donner un dossier de bienvenue, envoyer une lettre de remerciement pour le premier achat effectué.

▶ L'envoi de magazines : Danone envoie un guide annuel et un magazine trois fois par an aux foyers abonnés.

▶ Les clubs.

Exemple : Le Club Clarins permet d'accumuler des points, d'avoir accès à des offres privilégiées...

▶ Les coupons de réduction adressés par la marque ou l'enseigne.

Exemple : L'Occitane fait bénéficier ses clients de réduction grâce aux codes promo.

Un programme combine toujours plusieurs outils de fidélisation...

Récompense S'appuie sur le volume d'achat du client.				**Privilège** Crée un sentiment d'appartenance.			
Carte de fidélité Système de points ou d'euros cumulés	Couponing Bons d'achat selon l'historique du client	Publipostage Courrier personnalisé porteur d'une réduction ou d'un cadeau	Emailing Version électronique du publipostage	Ventes privées	Magazine pour les clients	Club clientèle	Newsletter

Les outils numériques pour fidéliser

54

Les organisations utilisent des outils pour récompenser et valoriser le client. Quelques exemples sont présentés dans cette fiche.

1 Des outils numériques pour enrichir la relation client et fidéliser

De nombreux outils numériques sont développés par les marques et les enseignes.

A. Les réseaux sociaux

L'utilisation des réseaux sociaux est majeure. Le ***community management*** organise la présence d'une marque ou d'une entreprise sur les réseaux sociaux et autres espaces communautaires. Les objectifs du *community management* sont :
– de **gérer la réputation ou l'e-réputation de la marque** ;
– de **promouvoir la marque**, ses offres et événements ;
– d'**instaurer un dialogue avec les clients et prospects** ;
– de **favoriser l'engagement social et le sentiment communautaire** ;
– d'**assurer un support sur les réseaux sociaux.**

B. La digitalisation du parcours client

Les technologies numériques, qui sont une autre manière de penser la distribution, sont développées dans la fiche 49. Elles contribuent à la fidélisation du client à l'enseigne.

C. Le marketing d'influence

▶ Il regroupe l'ensemble des pratiques visant à utiliser le **potentiel de recommandation des influenceurs digitaux** (blogueurs les plus reconnus, utilisateurs de réseaux sociaux les plus suivis sur Facebook, Instagram ou YouTube).

> **Info**
> L'enquête 2023 *Influencer Marketing Hub* a révélé que 90 % des spécialistes du marketing pensent que le marketing d'influence est efficace et 72 % qu'il fournit des clients de meilleure qualité.

▶ Ce marketing se développe fortement et est favorisé par la **croissance de l'audience des influenceurs** (phénomène de l'individu média), le **pouvoir de prescription/d'influence des individus** utilisés comme supports et la baisse d'audience de la presse et de la TV, notamment sur les cibles jeunes.

▶ Différentes techniques sont utilisées dans le cadre du **marketing d'influence** : communiqués à destination des blogueurs et autres e-influenceurs, posts de blogs sponsorisés, placement de produits, invitations à des événements, envoi d'échantillons, essais gratuits…

D. *Social selling*

Il désigne l'**ensemble des pratiques utilisant les réseaux sociaux professionnels** pour développer les ventes : pratiques individuelles de la part des commerciaux, mais également véritables stratégies d'entreprise mises en place par les acteurs du B2B. Il se résume principalement à utiliser le **réseau social LinkedIn** et à un degré moindre X (anciennement Twitter).

2 Un rejet de ces outils

A. Par les consommateurs

▶ Les professionnels notent l'émergence de **comportements de résistance** à l'égard des programmes de fidélisation pour différentes raisons :
– un **manque d'équité dans la relation** : le consommateur peut avoir le sentiment que les programmes de fidélité présentent un faible gain en regard des investissements consentis (exemples : cumul des points lent ; gamme d'avantages restreinte) ;
– un **rejet psychologique** : l'incitation à la consommation est trop marquée limitant sa liberté de choix ;
– une **crainte du non-respect de la législation** et que l'organisation soit trop intrusive.

▶ Ainsi, les consommateurs peuvent mettre en place des techniques limitant cette intrusion comme l'***ad-blocker*** ou logiciel anti-pub. Il s'agit d'un petit module incorporé au navigateur d'un internaute empêchant l'affichage des bandeaux publicitaires.

B. Par l'organisation

▶ L'organisation se méfie de ces outils car elle peut perdre le contrôle de la communication en raison du buzz qui peut devenir un ***bad buzz***.

▶ Le *bad buzz* est un **phénomène de « bouche-à-oreille » négatif** qui se déclenche généralement sur Internet avant de se prolonger éventuellement sur d'autres médias. Le phénomène prend le plus souvent naissance sur les réseaux sociaux. Le *bad buzz* peut être totalement subi ou provoqué par une action initiale ou maladresse de la marque.

3 La mesure d'efficacité de ces outils numériques

▶ Afin de mesurer l'efficacité de ces outils, des ***Key Performance Indicators*** **(KPI)** ou **indicateurs clés de performance (ICP)** sont utilisés. Les KPI suivants sont analysés pour :
– **mesurer l'engagement sur le site** : le nombre de visiteurs, la source de trafic. Cela permet d'identifier les sources de trafic réellement prolifiques et celles qui sont à améliorer. Le **taux de conversion** correspond au nombre de conversions réalisées sur le site divisé par le nombre de visites. Il est analysé en fonction des objectifs : vente, inscription, soumission d'un formulaire, téléchargement d'un document, abonnement à une newsletter… ;
– **évaluer la performance sur les réseaux sociaux** (Facebook, X, Instagram ou LinkedIn…) : les **abonnés** (nombre d'utilisateurs qui suivent le compte de l'organisation), la **portée** (taille du public potentiel d'un message donné), les **impressions**, l'**engagement** (disposition des consommateurs à interagir avec la marque via des likes, partages, commentaires et clics obtenus sur les posts). Le but est de déterminer les publications les plus performantes ;
– **suivre les campagnes emailing** : le **taux d'ouverture** (proportion d'emails ouverts), le **taux de clics**. Il permet d'évaluer si les contenus sont suffisamment intéressants pour inciter les lecteurs à consulter le site internet de la marque, le taux de désabonnement.

▶ En outre, le **coût par *lead*** (CPL) est un indicateur efficace : il représente le coût d'acquisition d'un client potentiel (*lead*) dans la publicité sur Internet. En effet, l'annonceur est facturé par rapport au nombre de contacts commerciaux qu'une campagne marketing va générer.

▶ L'ensemble de ces indicateurs peut être regroupé dans un tableau de bord.

? Quiz express

55

Vérifiez que vous avez bien retenu les points clés des **fiches 39 à 54**

1 Quels éléments caractérisent les nouveaux modèles de la consommation ?

a. ❑ L'économie de la fonctionnalité
b. ❑ L'économie standardisée
c. ❑ L'économie à la demande
d. ❑ L'économie normalisée

2 À quoi correspond un prix inférieur à la concurrence ?

a. ❑ Une politique marketing
b. ❑ Une politique de personnalisation
c. ❑ Une politique d'écrémage
d. ❑ Une politique de pénétration

3 À quelle stratégie de distribution correspond celle de Coca-Cola® ?

a. ❑ Distribution intensive
b. ❑ Distribution sélective
c. ❑ Distribution exclusive
d. ❑ Distribution personnalisée

4 Que veut dire « ROC » ?

a. ❑ Réponse optimisée pour le consommateur
b. ❑ Redistribution optimale au client
c. ❑ Réponse optimale au client
d. ❑ Redistribution optionnelle au client

5 À quel type d'approche correspond la multiplication des points de contacts ?

a. ❑ Stratégie omnicanal
b. ❑ Stratégie cross-canal
c. ❑ Stratégie multicanal
d. ❑ Stratégie intercanal

6 Que signifie « Amap » ?

a. ❑ Association pour le maintien d'une agriculture paysanne
b. ❑ Association ministérielle d'agronomie productive
c. ❑ Agrément pour le maintien d'une agriculture productive
d. ❑ Agrément ministériel d'agriculture paysanne

7 **En quoi consiste le RGPD en Europe ?**

a. ❑ La mise en valeur des produits européens

b. ❑ Le respect de la législation concernant la politique agricole commune

c. ❑ La réglementation concernant les droits de douane

d. ❑ Le respect de la vie privé et de la législation

8 **En quoi consiste le smartphygital ?**

a. ❑ Introduire dans les boutiques des activités numériques venues du cybercommerce

b. ❑ Mettre en évidence les produits connectés en magasin

c. ❑ Mettre en évidence les produits connectés sur Internet

d. ❑ Cumuler ventes physiques et ventes en ligne

9 **À quoi correspondent les lettres de la méthode « AIDA » ?**

a. ❑ Accélérer, innover, designer, accompagner

b. ❑ Accompagnement, intérêt, design, action

c. ❑ Améliorer, interagir, développer, accélérer

d. ❑ Attention, intérêt, désir, agir

10 **Comment fidéliser un client ?**

a. ❑ En lui envoyant des magazines

b. ❑ En développant un marketing d'influence

c. ❑ En évitant les réseaux sociaux

d. ❑ En digitalisant le parcours client

11 **Lesquels de ces KPI sont utilisés pour suivre les campagnes emailing ?**

a. ❑ Le taux d'ouverture

b. ❑ Le taux de conversion

c. ❑ La source de trafic

d. ❑ Le taux de clics

↗ CORRIGÉS p. 306

Vers le Bac 56

Entraînez-vous sur les notions de l'enseignement spécifique Mercatique

1 Cas pratique : Swatch

À partir des documents fournis à télécharger sur Foucher connect et du site internet Swatch, vous répondrez aux questions afin de traiter le cas. Cette situation d'analyse d'entreprise vous permet d'aborder les trois thèmes de votre programme d'enseignement de spécialité : la détermination de l'offre, la distribution de l'offre et la communication de l'offre.

1. Quelles sont les raisons derrière la création de la montre Swatch ?

2. S'agit-il d'une offre standardisée ou d'une offre personnalisée ? Et pourquoi un tel choix stratégique ?

3. Rendez-vous sur le site de Swatch. Quelles sont les cibles de la gamme Swatch ? Quelle stratégie de segmentation est utilisée ?

4. Rendez-vous sur la page du site Collections Swatch X You. Vous simulez la création de votre montre. Quelles en sont les grandes caractéristiques ? Vous pourrez vous aider de la vidéo, expliquant la démarche de création et le concept, présente sur le site Swatch.

5. Avez-vous vécu une expérience de consommation ? Expliquez en restant objectif et en utilisant les notions étudiées dans le chapitre 2.

6. Quelle est la valeur perçue par le consommateur en créant sa montre ?

7. Quelle est alors la stratégie marketing utilisée ? Ce choix est-il judicieux ?

2 Cas pratique : Polette

Extrait du site Polette

Le concept

Véritable rupture avec les opticiens traditionnels, Polette révolutionne le monde de l'optique en y apportant une réelle transparence. En se séparant de tous les intermédiaires entre le fabricant et le client, nous supprimons les marges excessives que prélèvent les grossistes et revendeurs. Produits dans nos laboratoires, tous nos verres correcteurs bénéficient du traitement UV400, anti-rayures et anti-reflets. Plus besoin de faire de concessions quand ce qui est nécessaire n'est plus une option.

Des showrooms révolutionnaires.

Essayez nos paires de lunettes de créateurs dans un de nos showrooms connectés ! Ici, tout se fait en ligne : pas de stock, pas de caisse, que des QR codes.

« Essayez, scannez, achetez ! » En France, les showrooms sont : Lille, Paris Toulouse, Nantes.

Essai à domicile !

Impossible de vous décider entre toutes nos créations ? L'essai virtuel ne vous convainc pas ? Alors l'essai à domicile est fait pour vous !

Étape 1 : Commandez les montures que vous souhaitez essayer et leurs verres « juste pour le style », et recevez-les directement chez vous.

Étape 2 : Contactez notre service client (alice@lusinealunettes.com) afin d'obtenir les documents de retour adéquats ainsi que l'adresse de notre centre de retour et renvoyez-y l'ensemble des montures essayées, sous 14 jours après réception du colis (attention, les frais de retour sont à votre charge).

Étape 3 : Obtenez un remboursement intégral ou un avoir et repassez commande avec la monture et les verres de votre choix ; dans la limite des stocks disponibles.

Étape 4 : D'ici 8 à 12 jours ouvrés, votre nouvelle paire de polette sera livrée. Comptez le délai de conception des verres correcteurs ou teintés, qui lui est de 2 à 6 jours ouvrés. Il n'y a plus qu'à en profiter !

Pour chaque proposition, quelle est la stratégie de distribution utilisée par chacun des acteurs ?

1. Le lunettier Polette.
2. Les sacs Longchamp disponibles sur leur site Internet, dans leurs boutiques physiques, aux Galeries Lafayette.
3. La marque Benefit de Sephora.
4. La pâte à tartiner Nutella.
5. Tip Toe, des chaises design vendues sur leur site Internet et chez Made In Design (site Internet et showroom Printemps).
6. Le shampooing l'Oréal.
7. Le robot culinaire Silvercrest, marque propriété de Lidl.

↗ CORRIGÉS p. 306

Les besoins de travail et le recrutement

57

Il est essentiel pour l'entreprise de trouver le candidat qui répond le mieux à ses besoins de travail et qui possède les compétences pour exercer les différentes missions qui lui sont confiées.

1 Les besoins de travail

L'expression du besoin émane du responsable de l'organisation ou du responsable de service. Il s'agit soit de la **création d'un poste**, soit d'une **vacance** pour remplacer un salarié qui a quitté l'entreprise, soit une **réponse à un surplus d'activité**. Le responsable définit les compétences et qualifications attendues afin que la prospection soit efficace.

2 Les compétences et le potentiel

▶ La compétence se résume à l'association des **savoirs** (ensemble des connaissances), des **savoir-faire** (pratiques acquises par l'expérience dans l'exercice d'un métier) et des **savoir- être** (attitudes et comportements attendus en entreprise).

▶ Le **potentiel** correspond aux dispositions personnelles du salarié, exploitées ou non, lui permettant d'évoluer vers de nouvelles responsabilités mobilisant de nouvelles compétences : potentiel de commandement, potentiel d'adaptation, etc.

3 La qualification

▶ Grâce à ses diplômes, sa formation, son expérience professionnelle et ses aptitudes personnelles, le salarié a les capacités pour exercer un métier ou occuper un poste déterminé. Cette qualification confère un gage :
– d'**employabilité** pour le salarié, qui peut ainsi postuler ;
– d'**efficacité** pour l'employeur, en décrivant avec précision les compétences attendues pour le poste à pourvoir.

▶ La qualification professionnelle, définie à la suite d'accords de branche et inscrite dans les conventions collectives, détermine la **classification des emplois**, le **niveau hiérarchique** et le **salaire attribué**. Elle permet une hiérarchisation salariale.

4 Le recrutement

Le processus de recrutement correspond à l'ensemble des actions aboutissant à l'embauche et à l'intégration du candidat retenu.

5 L'analyse du poste

A. L'élaboration du profil de poste

▶ Le responsable définit les attributions du poste à pourvoir au moyen de 2 documents :
– la **fiche d'attribution**, qui énumère avec précision les tâches d'un poste d'exécutant ;

Service : comptabilité **Nom du responsable** : Antoine Prévert	**Poste** : assistant comptable
Vous serez chargé de : l'accueil téléphonique, la rédaction des courriers pour les fournisseurs et le classement des dossiers.	

– la **fiche de fonction**, qui décrit de façon rédigée les missions d'un cadre ou d'un responsable en insistant sur les responsabilités et les résultats attendus.

▶ Grâce aux documents transmis, le responsable du recrutement élabore un profil de poste type qui énumère les compétences et les capacités requises pour le poste à pourvoir (formation, compétences professionnelles et aptitudes personnelles). Il permet de comparer les candidats et d'effectuer une sélection.

Service : commercial **Nom du responsable** : Amina Diouf	**Poste** : responsable commercial adjoint
En relation avec la responsable commerciale, l'adjoint est responsable des ventes. Il coordonne l'action de l'équipe de commerciaux en leur donnant des pistes pour atteindre les objectifs. Grâce à son dynamisme, il crée une ambiance de travail sérieuse et efficace. Il rend compte à la responsable commerciale grâce aux tableaux de bord de suivi des objectifs et des mesures à envisager afin de les atteindre.	

B. Le recrutement traditionnel

Le poste vacant peut être proposé :
– **en recrutement interne**, aux salariés de l'entreprise qui possèdent les compétences requises. L'annonce s'effectue par voie d'affichage interne ou sur l'intranet ;
– **en recrutement externe** : candidatures spontanées, annonces auprès de France Travail, par l'intermédiaire des agences d'intérim, d'un réseau professionnel ou relationnel…

Info
France Travail remplace Pôle Emploi depuis janvier 2024.

C. Le e-recrutement

▶ Grâce à la dématérialisation des documents, les candidats transmettent leur *curriculum vitae* (CV) par voie électronique (courriel, sites dédiés, etc.). De leur côté, les employeurs ont recours aux technologies numériques pour diffuser leurs offres d'emploi et s'adaptent aux nouveaux modes de communication, en privilégiant ceux que les candidats utilisent.

▶ Si ces technologies facilitent la tâche des candidats dans leur recherche d'emploi, elles compliquent le processus de recrutement au regard de la multitude de CV reçus.

6 La sélection des candidats

▶ Plusieurs phases de sélection peuvent être mises en place selon la taille de l'entreprise :
– présélection à partir des lettres de motivation et de l'analyse des CV ;
– convocation des candidats retenus à un entretien ;
– sélection approfondie grâce à des tests pour évaluer les compétences et aptitudes ;
– convocation éventuelle à un deuxième entretien ;
– prise de décision par le responsable du recrutement ou le responsable hiérarchique.

▶ À chaque étape du processus, les candidats doivent être tenus informés.

L'accueil et l'intégration 58

Lorsque le responsable a pris la décision d'embaucher, il rédige le contrat de travail que le salarié doit signer. Son accueil et son intégration au sein de l'organisation sont plus ou moins formalisés selon les entreprises.

1 La formalisation de l'embauche

▶ Un contrat de travail est un **document écrit** par lequel une personne (le **salarié**) s'engage à travailler pour le compte d'une autre personne (l'**employeur**) moyennant une **rémunération** (le salaire). Le contrat réunit 3 éléments : la prestation de travail, la rémunération et le lien de subordination.

▶ Dans l'attente de la signature du contrat de travail, le recruteur peut adresser au nouveau salarié une lettre d'embauche reprenant les termes du contrat de travail et dont l'objectif est de formaliser l'embauche.

2 L'accueil

Il est plus ou moins formalisé selon les entreprises. Le poste de travail doit être opérationnel, c'est-à-dire que le salarié doit disposer du matériel nécessaire pour exercer ses missions dans de bonnes conditions. Différents supports et moyens lui sont remis :
– **les documents** : le principal est le livret d'accueil. C'est un fascicule qui renseigne sur la vie de l'entreprise (plan, numéros de téléphone utiles, horaires, consignes de sécurité, etc.), mais également l'organigramme de structure, la fiche de poste, le manuel qualité, etc. ;
– **les moyens** : voiture de fonction ou de service, téléphone portable, ordinateur portable, tenues vestimentaires, équipements de protection individuelle (EPI), cartes de visite, catalogues, identifiants et mots de passe, etc.

Mots-clés
- **Accueil** : action et manière d'accueillir, de recevoir quelqu'un.
- **Intégration** : faire que quelqu'un ne soit plus étranger à une collectivité/avoir assimilé un savoir, des connaissances.

3 L'intégration

▶ C'est une étape importante et bien souvent sous-estimée. De nombreux dysfonctionnements résultent d'une mauvaise intégration. La période nécessaire pour que le salarié devienne autonome à son poste de travail varie selon les exigences du poste, car il doit acquérir de nouvelles connaissances et utiliser de nouveaux outils.

▶ Durant cette période, l'entreprise peut mettre en place un tutorat. Accompagné par un tuteur (ou référent), le salarié reçoit toutes les connaissances nécessaires pour s'adapter à la culture de l'entreprise et cerner ses exigences. Les échanges avec le tuteur doivent être réguliers pour faire le point sur les compétences acquises et communiquer sur les difficultés.

> **Info** Le processus *on boarding* regroupe toutes les pratiques consistant à accueillir, intégrer et fidéliser le nouveau salarié.

4 La relation de travail

Chaque entreprise est libre d'envisager les formes et le cadre du travail qui lui conviennent.

Le salariat	• Recrutement en CDI et CDD • Contrat de travail • Lien de subordination • Salaire de base versé mensuellement
Le travail indépendant	• Absence de lien de subordination • Autonomie dans l'organisation, le choix des clients et la tarification des prestations • Pas de salaire garanti
L'intérim	• Travail temporaire dans le cadre de missions. Le salarié est recruté et rémunéré par une entreprise spécialisée dans le travail intérimaire • Signature de 2 contrats : un contrat de mission entre l'agence d'intérim et le salarié, et un contrat de mise à disposition entre l'agence d'intérim et l'entreprise client
Le portage salarial	Contrat entre 3 parties : le salarié signe un contrat de travail avec une entreprise de portage salarial afin d'effectuer une prestation pour une entreprise cliente
Le bénévolat	Activité libre non rémunérée

L'évaluation du salarié

59

Le développement de l'entreprise dépend également des performances de ses salariés. L'évaluation du personnel est donc nécessaire, d'une part, pour vérifier si les objectifs sont atteints et, d'autre part, pour envisager les formations éventuelles nécessaires pour l'évolution de carrière. Mais l'entreprise peut-elle tout évaluer dans le travail ?

1 Les objectifs de l'évaluation

Elle est indispensable dans une entreprise. Elle répond à 2 objectifs : le souhait d'évolution des salariés et le besoin pour l'entreprise d'optimiser ses moyens humains.

Pour le salarié	Pour l'entreprise
• Réfléchir à l'évolution de sa carrière (évolution, mobilité géographique, etc.) • Faire le point sur son parcours professionnel • Exprimer ses besoins en formation	• Gérer ses emplois • Prévoir les formations nécessaires • Évaluer les forces et faiblesses de chaque salarié • Renforcer la communication

2 L'entretien professionnel

Cet entretien, qui doit avoir lieu tous les 2 ans, est formalisé. Il permet tant au salarié qu'à son employeur de s'exprimer sur différents points relatifs au poste de travail occupé, notamment sur ses perspectives d'évolution et ses besoins en formation.

À savoir

Tous les 6 ans, l'entretien s'assimile davantage à un état des lieux récapitulatif du parcours du salarié (article L. 6315-1 du Code du travail). Cet entretien permet de vérifier que le salarié a bénéficié : des entretiens professionnels, d'actions de formation lui permettant d'obtenir des certifications complémentaires, d'une progression salariale ou professionnelle.

3 L'entretien annuel d'évaluation

▶ Cet entretien annuel a pour finalité d'évaluer les aptitudes professionnelles du salarié. En aucun cas la vie privée ne doit être abordée. Une grille d'évaluation est au préalable renseignée afin de préparer l'entretien.

▶ L'entretien se déroule en 3 phases :
– bilan et analyse de l'année ;
– objectifs et projets futurs ;
– souhaits et besoins en formation.

▶ Un compte rendu écrit est remis au salarié puis au responsable des ressources humaines ainsi qu'au responsable du service. Le salarié n'est pas obligé de le signer.

▶ L'évaluation peut être décidée par l'employeur qui, s'il n'en a pas l'obligation, est en droit de la réaliser. En effet, aucune disposition du Code du travail ne l'oblige à organiser l'entretien (entretien d'activité). En revanche, s'il existe un accord collectif ou accord de branche, l'employeur est alors obligé de prévoir l'organisation de ces entretiens. Le salarié ne peut s'y soustraire, excepté s'il n'en a pas été informé au moins 2 semaines avant.

4 Les méthodes d'évaluation

▶ L'employeur ne peut pas tout évaluer. L'évaluation des salariés est encadrée par la loi.

▶ Afin de préparer les entretiens et recueillir les informations nécessaires, l'employeur s'appuie sur les fiches de poste, le référentiel de compétences et les grilles d'évaluation des années précédentes.

▶ Au préalable, le salarié peut autoévaluer les compétences qu'il a acquises. Il peut également être évalué par ses collaborateurs (évaluation à 360° ou feedback à 360°). Enfin, le salarié peut être mis en situation réelle afin d'évaluer ses compétences (*assessment center*).

5 Le bilan de compétences

S'il le souhaite, le salarié peut effectuer un bilan de compétences afin d'analyser ses compétences, aptitudes et motivations pour construire ou conforter son projet professionnel, ou envisager des formations.

À savoir

Il est réalisé par un prestataire extérieur certifié. Les salariés du secteur privé et les demandeurs d'emploi peuvent bénéficier d'un bilan de compétences.

La gestion des compétences et des talents

60

Si le recrutement permet de trouver le candidat adéquat, il est tout aussi important pour une entreprise de permettre à ses salariés de s'épanouir et de développer leur potentiel. Par ailleurs, l'entreprise doit sans cesse adapter les compétences de ses salariés aux nouvelles formes de travail. La gestion des compétences garantit-elle l'employabilité du salarié ?

1 La finalité de la gestion des emplois et des parcours professionnels (GEPP)

La GEPP permet d'accompagner le changement. Elle intervient à trois niveaux différents.

A. Au niveau de l'entreprise

▶ La GEPP a pour finalité d'**anticiper les besoins en ressources humaines**, c'est-à-dire :
- optimiser la procédure de recrutement et prévoir les besoins en personnel ;
- optimiser les dispositifs de formation et valoriser la qualification des salariés ;
- valoriser les compétences individuelles et/ou collectives ;
- accompagner des changements dans l'organisation du travail et de la production ;
- développer les mobilités professionnelles des salariés ;
- favoriser l'évolution professionnelle ;
- adapter les postes de travail aux évolutions technologiques et économiques ;
- améliorer la gestion des carrières.

▶ La mise en œuvre d'une GEPP est non seulement **obligatoire** depuis plusieurs années mais doit également être **renégociée tous les 3 ans.** Cette mesure concerne les entreprises françaises de plus de 300 salariés, ainsi que les entreprises communautaires qui possèdent au moins 150 salariés en France.

▶ Si elles souhaitent demeurer compétitives, les entreprises doivent en effet impliquer leurs salariés et permettre de **faire émerger le potentiel de chacun.** La gestion des talents s'effectue à différents niveaux. L'entreprise doit :
- **repérer en interne et en externe les salariés** susceptibles d'apporter de nouvelles compétences ;
- **attirer les individus** ;
- **fidéliser les salariés en poste** afin qu'ils s'impliquent et restent dans l'entreprise ;
- **valoriser les salariés déjà présents.**

Info — Le talent ne se concentre pas dans les échelons supérieurs. Il se retrouve à tous les niveaux de l'entreprise. Il est une force d'enrichissement pour tous.

B. Au niveau d'une branche professionnelle

Les branches professionnelles jouent un rôle important, car elles accompagnent et favorisent la mise en œuvre de la GEPP au sein des TPE / PME. En effet, elles :
– communiquent des informations sur les tendances d'évolution de l'environnement économique, démographique, technologique et règlementaire ;
– réalisent un diagnostic des besoins en compétence ;
– mettent en place un suivi des actions mises en œuvre.

C. Au niveau du territoire

La GEPP territoriale concerne un même territoire. Elle est utile pour :
– identifier les écarts entre les ressources disponibles et les besoins en ressources humaines ;
– anticiper les évolutions des emplois ;
– permettre aux salariés de bénéficier des formations nécessaires aux évolutions du marché de l'emploi.

2 La gestion de la diversité

▶ La diversité permet de lutter contre toutes les formes de discriminations.

▶ Il s'agit pour les entreprises de mettre en place un certain nombre de mesures pour employer et conserver des salariés issus de catégories sociales, nationalité, sexe, âge, etc. différents afin d'améliorer non seulement sa compétitivité et sa performance, mais également son image de marque et son attractivité.

▶ La gestion de la diversité s'évalue à deux niveaux :
– **le recrutement** : égalité d'accès à l'emploi (lutte contre les discriminations) ;
– **la gestion des carrières** : égalité et équité sur le lieu de travail (rémunération, promotion, avancement, mobilité, etc.).

Formation et mobilité

61

La formation professionnelle est un droit pour le salarié et une obligation pour l'employeur. La mobilité du personnel fait partie de la gestion de carrière.

1 La formation professionnelle

La formation est un **investissement nécessaire** pour adapter les compétences des salariés aux besoins des postes qu'ils occupent. Elle exige de la part des employeurs des **moyens importants**. La politique de formation doit être anticipée car elle représente un coût non négligeable.

A. Les enjeux de la formation

Pour le salarié	Pour l'entreprise
• Consolider l'existant (perfectionnement individuel, insertion professionnelle) • Faciliter les changements (changement de poste de travail, formation à de nouvelles procédures de travail) • Préparer l'avenir (s'adapter aux évolutions des métiers)	• Améliorer le climat de travail • Fidéliser et motiver les salariés • Anticiper les évolutions • Respecter le cadre légal • Pérenniser l'entreprise

B. Un droit pour le salarié

Tout salarié doit pouvoir bénéficier de formation, soit pour s'adapter aux évolutions de son poste de travail, soit pour acquérir de nouvelles compétences. Différentes possibilités de formation lui sont offertes :
– **le compte personnel de formation** (CPF) : il remplace le droit individuel à la formation (DIF). Le CPF est crédité en euros (15 euros par heure), dans la limite de 500 euros par an ;
– **le projet de transition professionnelle** (PTP) : il remplace le congé individuel de formation (CIF). Il s'agit d'un congé d'une durée variable pour suivre une formation qualifiante, évoluer ou se reconvertir. La formation peut n'avoir aucun lien avec l'activité exercée par le salarié ;
– **congé pour VAE** : la validation des acquis de l'expérience (VAE) permet d'obtenir une certification dans sa globalité ou partielle. Il peut s'agir d'un diplôme, d'un titre professionnel ou d'un certificat de qualification professionnelle.

Exemple : Un salarié qui a 6 ans d'ancienneté dans son entreprise bénéficie de 132 heures de formation, soit 132 × 15 = 1 980 €.

#vidéo
Le compte formation
foucherconnect.fr/24terstmg45

#info
Qu'est-ce que la VAE ?
foucherconnect.fr/24terstmg46

C. Une obligation pour l'employeur

▶ L'employeur doit permettre à ses salariés de se former. Si la demande de formation émane du salarié, l'employeur ne peut pas la refuser. Cette formation peut avoir lieu sur le temps de travail ou en dehors.

▶ L'employeur propose chaque année un **plan de développement des compétences.** C'est un document écrit qui rassemble l'ensemble des actions de formation qu'une entreprise décide d'engager pour développer les compétences de ses salariés. Il récapitule les formations proposées, les organismes prestataires et les coûts. Le plan de développement des compétences est élaboré après consultation des membres du Conseil social et économique (CSE).

▶ Certaines formations sont obligatoires, d'autres ne le sont pas.

D. Les modalités de mise en œuvre de la formation

Les formations peuvent avoir lieu en présentiel ou en distanciel (*e-learning*).

Mots-clé

Blended learning : dispositif qui permet les deux modes pour une même formation.
Soft skills : acquisition ou renforcement des compétences techniques ou comportementales.

2 La mobilité

La mobilité est le changement apporté aux conditions de réalisation d'un emploi (changement de catégorie professionnelle, mutation, détachement, reclassement). La mobilité du personnel fait partie de la gestion de carrière.

A. La mobilité interne

Au sein de l'entreprise, deux possibilités sont offertes aux salariés :
– le changement de fonction ou de poste qui implique de nouvelles responsabilités ;
– la mobilité géographique qui entraîne de fait un changement de lieu, ce qui peut être une contrainte par rapport à la vie personnelle du salarié.

B. La mobilité externe

Le salarié quitte son entreprise. Dans ce cas, il y a rupture du contrat de travail, soit à l'initiative du salarié, soit à celle de l'employeur.

C. Les enjeux de la mobilité

Pour le salarié	Pour l'entreprise
• Développer son employabilité • Élargir ses compétences • Accroître la motivation et l'épanouissement	• Optimiser les ressources humaines • Réduire le temps et le coût du recrutement • Permettre la fidélisation des salariés.

Les conditions de travail et la RSE

62

Une organisation qui veut rester performante et prospérer doit rassembler ses membres afin de combiner toutes les forces pour atteindre des objectifs. Cette mobilisation est inefficace si les salariés ne sont pas motivés. La recherche du mieux vivre au travail est-elle compatible avec les objectifs de performance ?

1 La motivation

▶ La motivation est le processus qui pousse les salariés à s'impliquer davantage, à agir et à persévérer afin d'atteindre des objectifs.

▶ La motivation au travail repose sur différents facteurs :
– les **facteurs internes (intrinsèques)** sont l'individu, ses désirs et aspirations, la reconnaissance, etc. ;
– les **facteurs externes** sont la rémunération, les conditions de travail, le cadre réglementaire, etc.

> **À savoir**
> L'organisation surveille les indicateurs de démotivation qui peuvent nuire à son fonctionnement afin de trouver des solutions : le taux d'absentéisme, le taux d'accidents du travail, les conflits sociaux, etc.

2 Les conditions de travail

A. Le cadre réglementaire

La gestion des ressources humaines ne s'improvise pas et s'inscrit dans une procédure qui respecte un cadre réglementaire.

➢ Le Code du travail

▶ Il rassemble les textes législatifs et réglementaires applicables au droit du travail. Sont abordés les points suivants :
– la protection des salariés (santé et sécurité au travail) ;
– les conditions de travail ;
– la formation professionnelle ;
– le contrat de travail, etc.

▶ La loi du 28 décembre 1910 institue le Code du travail pour régir l'organisation du travail et rassembler toutes les lois déjà en application.

➢ Les conventions collectives et les accords de branche

Il s'agit de textes réglementaires qui régissent le statut des salariés selon les spécificités de chaque métier. Les accords qui en découlent sont signés entre les organisations représentant les employeurs et celles représentant les salariés.

➢ Le règlement intérieur

Il s'agit d'un document émanant de l'employeur, après concertation avec les représentants du personnel, qui énumère les obligations des salariés dans le cadre de leurs fonctions, notamment concernant l'hygiène, la sécurité et la discipline.

> **À savoir**
> Le règlement intérieur est obligatoire dans les entreprises employant au moins 20 salariés.

B. L'aménagement du temps de travail

Grâce à l'aménagement du temps de travail, l'organisation peut adapter ses besoins en personnel à ses contraintes de travail, tout en respectant le cadre réglementaire établi.

> **À savoir**
> De nouvelles formes d'organisation du travail se mettent en place depuis quelques années : le télétravail, le *coworking*, le *flex office*...

➢ Les horaires fixes

Le Code du travail fixe à 35 heures par semaine la durée du temps de travail, soit 151,67 heures par mois ou 1 607 heures par an.

➢ Les horaires variables (horaires individualisés)

Tout en effectuant un temps de travail hebdomadaire identique et légal (35 heures), les salariés bénéficient de **plages horaires fixes**, durant lesquelles ils doivent être présents, et de **plages horaires variables**, au cours desquelles ils peuvent choisir leurs heures d'arrivée et de départ.

➢ L'annualisation du temps de travail

Lorsque l'activité de l'entreprise s'avère irrégulière d'une période à l'autre, l'employeur peut adapter le rythme de travail de ses salariés à celui de l'activité. Cette mesure évite ainsi le recours aux **heures supplémentaires**. L'annualisation consiste à répartir le temps de travail sur une période ne pouvant pas excéder 12 mois consécutifs. Cette modulation ne résulte pas d'une décision unilatérale de l'employeur, mais s'inscrit dans un cadre réglementaire et doit avoir obtenu l'accord des représentants du personnel.

➢ Le compte épargne temps (CET)

Grâce à cette disposition, qui résulte d'un accord d'entreprise ou de branche, le salarié peut alimenter son compte par des jours de congé ou des sommes d'argent afin de bénéficier ultérieurement de congés rémunérés (sans risquer de les perdre) ou d'une rémunération.

3 L'ergonomie du poste de travail

L'ergonomie a pour objectif d'améliorer le poste de travail et l'organisation du travail pour les adapter aux salariés. Elle concerne 3 domaines :
– l'**ergonomie physique** : posture de travail, mouvements répétitifs, disposition du poste de travail… ;
– l'**ergonomie cognitive** : stress, interaction individu/machine ;
– l'**ergonomie organisationnelle** : conditions de travail, travail coopératif, télétravail, etc.

4 La responsabilité sociale de l'entreprise

▶ Également appelé la **Responsabilité Sociétale de l'Entreprise**, il s'agit, par le biais de différentes lois, d'inciter les entreprises à tenir compte de leur environnement et de l'impact que leur activité peut avoir sur cet environnement. Depuis 2019, **toutes les entreprises sont concernées** indépendamment de leur taille.

▶ Les actions réalisées concernent trois domaines :
– le **domaine environnemental** : recyclage, réduction des émissions de gaz à effet de serre, etc.
– le **domaine social** : santé, bien-être, etc.
– le **domaine économique** : circuit court, investissement local, transparence auprès des clients, etc.

La santé et la sécurité au travail 63

L'organisation est directement responsable des conditions de travail qu'elle procure à ses salariés et qui influent sur leur motivation, leur performance et leur productivité. Les obligations en matière de santé et de sécurité au travail constituent-elles des atouts pour l'organisation ?

1 La santé et la sécurité au travail

▶ Évaluer les conditions de travail est important pour une entreprise, car cela permet aux salariés d'exercer leur activité en toute sérénité. Il s'agit soit des conditions :

– physiques liées à la pénibilité du travail, aux risques encourus, à l'environnement (bruit, chaleur, exposition à des substances dangereuses, etc.) ;
– organisationnelles liées à l'aménagement du temps de travail ;
– sociales liées aux relations dans le travail avec la hiérarchie et les autres salariés ;
– psychologiques du salarié et sa façon de réagir face à des situations données (stress, gestion des conflits, etc.).

▶ L'employeur et les salariés ont respectivement des devoirs et des obligations dans le domaine de la santé et de la sécurité au travail.

2 Les obligations de l'employeur

L'employeur doit veiller à la sécurité et à la protection de ses salariés en prenant les mesures nécessaires (éviter et évaluer les risques, prendre les mesures de protection et planifier la prévention et les actions de formation).

À savoir

L'employeur qui ne respecte pas ses obligations est tenu pour responsable des accidents du travail ou maladies professionnelles, et encourt des sanctions pénales (amende ou peine de prison).

3 Les obligations du salarié

Le salarié, quant à lui, doit respecter les instructions transmises par son employeur et qui figurent dans le règlement intérieur (si l'effectif de l'entreprise est d'au moins 20 salariés). Il doit également prendre soin de sa propre sécurité et de celle des salariés qui l'entourent. Par ailleurs, le salarié doit informer son employeur s'il remarque une situation qui comporte un danger à son encontre.

À savoir

Le salarié qui ne respecte pas les consignes est passible de sanctions disciplinaires pouvant conduire au licenciement pour faute grave. S'il est victime d'un accident du travail pour lequel il est jugé entièrement responsable, il peut perdre son indemnisation, en partie ou dans sa globalité.

4 Risques et souffrance au travail

A. Les accidents du travail

Un accident du travail est un accident survenu au salarié sur son lieu de travail lors de la réalisation d'une tâche et qui entraîne l'apparition d'une lésion, comme une fracture consécutive à une chute sur un sol glissant.

B. Les maladies professionnelles

Elles regroupent toutes les affections reconnues liées à l'exposition durable d'un salarié à un risque physique, chimique ou biologique durant son activité professionnelle : les troubles musculo-squelettiques (TMS), les cancers pulmonaires causés par l'amiante, etc.

C. Les risques psycho-sociaux

Il s'agit de l'ensemble des risques qui portent atteinte à l'intégrité physique (violences) ou à la santé mentale (stress, harcèlement, épuisement) du salarié.

5 Les indicateurs sociaux

Qu'ils s'expriment en nombre, en ratio, en taux ou sous forme d'échelle de valeur, ces indicateurs permettent d'effectuer une analyse de données chiffrées. Ils doivent être pertinents, justes et précis.

Exemple : Qualité du recrutement, coût moyen du recrutement, délai du recrutement, taux d'évolution de la masse salariale, des effectifs ou des rémunérations, etc.

Indicateurs	Objectif	Calcul
Taux d'absentéisme	Mesure l'importance de l'absentéisme des salariés	$\frac{\text{nbre d'heures d'absence}}{\text{nbre d'heures travaillées}} \times 100$
Taux de rotation du personnel	Également nommé *turn-over*, il mesure le rythme de changement du personnel au sein d'une organisation	$\frac{\text{nbre d'entrées} + \text{nbre de sorties}}{\text{nbre de salariés}} \times 100$
Ratios pour les accidents du travail ou les maladies professionnelles	• Évolution du nombre et de la fréquence des accidents du travail • Gravité des accidents du travail	• Taux d'évolution = $\frac{\text{nbre d'accidents du travail N} - \text{nbre d'accidents du travail N - 1}}{\text{nbre d'accidents du travail N - 1}} \times 100$ • Gravité = $\frac{\text{nbre de journées d'incapacité de travail}}{\text{nbre d'heures travaillées}} \times 1\,000$

L'individualisation de la rémunération

64

La rémunération versée au salarié, facteur de motivation, peut être une source de conflits entre les salariés. C'est également un coût pour l'entreprise. La finalité du choix de la politique salariale est de concilier la contrainte de coût et la satisfaction du personnel. La rémunération suffit-elle à valoriser l'individu au travail ?

1 La rémunération

➢ Le salaire de base

▶ Quel que soit le type de contrat, le salarié perçoit chaque mois une **rémunération en contrepartie du travail** qu'il effectue. Le salaire est fixé par l'employeur et respecte les obligations prévues par le Code du travail, les conventions collectives ou les accords de branche.

▶ Ce salaire de base est établi selon des grilles de rémunération qui tiennent compte des critères hiérarchiques liés au poste occupé et de la qualification requise.

Le salaire de base ne peut pas être inférieur au Smic, qui est réévalué tous les ans. Cette réévaluation tient compte des effets de l'inflation afin de garantir le maintien du pouvoir d'achat du salarié.

Sigle

Smic : salaire minimum interprofessionnel de croissance.

➢ Les heures supplémentaires ou complémentaires

Heures supplémentaires	Heures complémentaires
Il s'agit des heures effectuées au-delà du temps de travail légal. Ces heures ouvrent doit à une majoration du taux horaire (25 % pour les 8 premières heures et 50 % au-delà).	Dans le cas d'un salarié à temps partiel, la loi prévoit qu'il peut effectuer un certain nombre d'heures complémentaires sans dépasser 10 % du volume horaire hebdomadaire. Ces heures complémentaires ouvrent droit à une majoration.

➢ Les primes et les gratifications

Les primes sont considérées comme un complément de salaire versé pour motiver, encourager ou récompenser un salarié. Elles n'ont aucun caractère obligatoire.

Exemple : 13e mois, prime d'ancienneté, d'assiduité, de rendement, de pénibilité, etc.

➢ Les avantages en nature

Il s'agit de biens ou services fournis par l'employeur à un salarié en contrepartie d'une participation financière inférieure à la valeur réelle.

Exemple : Voiture de fonction, logement de fonction, ordinateur portable, etc. Les tickets restaurant ne sont pas assimilés à des avantages en nature.

➢ Le salaire brut

Le calcul du salaire brut correspond à la somme des différentes composantes de la paie, c'est-à-dire le salaire de base, les heures supplémentaires et/ou complémentaires, les primes, les avantages en nature. C'est le salaire brut qui sert de base au calcul des différentes **cotisations salariales** et **patronales.**

Exemple : Jean Charvet est chauffeur de car. Son salaire de base s'élève à 1 855 euros. Au cours du mois de septembre, il a effectué 2 heures supplémentaires (31 euros) et a perçu une prime de non- accident de 30 euros. Salaire brut = 1 855 + 31 + 30 = 1 916 euros.

➢ Le salaire net

Le salaire net correspond à la rémunération que perçoit le salarié toutes cotisations salariales déduites. **Salaire net = salaire brut – cotisations salariales**

➢ Le salaire imposable

Il s'agit du salaire permettant le calcul de l'impôt sur le revenu. **Salaire imposable = salaire net + CSG + CRDS non déductible + mutuelle part employeur**

> **Sigles**
> • **CSG** : contribution sociale généralisée.
> • **CRDS** : contribution au remboursement de la dette sociale.

➢ Le salaire net après prélèvement de l'impôt à la source

Chaque année, l'administration fiscale, après avoir pris connaissance de la déclaration de revenus du salarié, communique à l'employeur le taux d'imposition qui doit être appliqué.

Salaire net après impôt = salaire net – taux de prélèvement fiscal

2 L'épargne salariale

L'épargne salariale, mise en place dans certaines entreprises, consiste à verser aux salariés une somme calculée sur les résultats de l'entreprise (intéressement) ou sur les bénéfices réalisés (participation). Grâce à ce dispositif, les salariés sont associés financièrement au fonctionnement de l'entreprise.

A. L'intéressement

Selon les **résultats** et la **performance** de l'entreprise, le salarié peut percevoir une **prime** dont le montant est soit disponible immédiatement (sommes soumises aux contributions sociales et à l'impôt sur le revenu), soit placé sur un plan épargne salariale ou un compte épargne temps.

B. La participation

Une partie des bénéfices est redistribuée aux salariés. Ce dispositif est obligatoire pour les entreprises employant 50 salariés pendant 12 mois consécutifs ou non, durant les 3 dernières années. Le salarié peut demander : soit le **versement immédiat** des sommes qui sont dans ce cas soumises aux cotisations sociales soit le blocage pour 5 ans (8 ans dans certains cas). Il bénéficie alors de l'exonération sur l'impôt sur le revenu. Cependant, il est possible de demander dans certains cas un **déblocage anticipé des sommes**.

C. Le plan d'épargne salariale

Ce dispositif permet de proposer aux salariés la constitution d'une épargne non disponible immédiatement. Il existe deux possibilités :

– **plan d'épargne d'entreprise** (PEE) : c'est un mode d'épargne qui donne la possibilité aux salariés d'acheter des valeurs mobilières avec l'aide de l'entreprise. Les sommes sont bloquées durant 5 ans ;

– **plan d'épargne retraite** (PER) : il s'agit d'un produit d'épargne à long terme permettant d'obtenir un capital lors du départ à la retraite.

Les relations professionnelles 65

Afin de réaliser les différentes missions qui leur sont confiées, les salariés peuvent être amenés à travailler en groupe, malgré leurs intérêts parfois divergents. Au sein de ces groupes, les nombreuses interactions ainsi que les phénomènes d'influence qui s'instaurent engendrent bien souvent des conflits. Les tensions professionnelles peuvent-elles renforcer la cohésion ?

1 Les relations au sein de l'organisation

A. Le climat relationnel

L'ambiance au sein du groupe est un facteur prépondérant pour que le groupe soit performant. Le climat relationnel dépend de plusieurs facteurs.

B. Le style de leadership

Coordonnateur et régulateur des différents échanges au sein du groupe, c'est le **leader** qui influe directement sur le **climat relationnel.** On distingue plusieurs types de leadership :

Autoritaire	Le leader prend seul les décisions et les impose
Paternaliste	Les relations sont basées sur la confiance. Le leader, bien que très autoritaire, demeure proche des membres du groupe
Consultatif	Pour favoriser le travail d'équipe, le leader consulte les membres du groupe avant de prendre une décision
Participatif	Le leader encourage la discussion au sein du groupe et prend en compte toutes les idées et tous les points de vue. Les membres sont bien souvent associés à la prise de décision

C. Le type de relation

▶ Si, dans la grande majorité des cas, les relations qui s'exercent dans l'entreprise sont harmonieuses, dans d'autres cas, certaines attitudes peuvent être **sources de conflit** et générer un **mauvais climat relationnel** :
– **relations interpersonnelles** : la frustration, l'agressivité, la lutte pour le pouvoir ;
– **relations au sein du groupe** : le comportement néfaste de certains membres vis-à-vis des autres ;
– **relations entre les groupes** : la compétition.

▶ Pour favoriser un bon climat relationnel, différents moyens sont possibles :
– un **environnement serein** au sein duquel les membres ne perçoivent aucune menace ;
– des **conditions de travail** qui procurent un certain bien-être ;
– un **leader participatif** qui donne le sentiment que les membres sont considérés ;
– l'**adhésion des membres** à un objectif commun.

Rappel
- Communication interpersonnelle : entre 2 personnes.
- Communication de groupe : plusieurs personnes ciblées.
- Communication de masse : un nombre illimité de personnes.

2 La cohésion de groupe

A. Cohésion sociale et cohésion fonctionnelle

▶ La **cohésion** se caractérise par les liens très forts qui unissent les membres d'un groupe afin de rester **unis** et **solidaires** pour atteindre un **objectif commun.** Le niveau de cohésion dépend de l'intérêt de chacun des membres pour les activités du groupe, de leurs compétences et complémentarités, mais aussi du style de leadership.

▶ Deux composantes indépendantes l'une de l'autre caractérisent la **cohésion de groupe** : d'une part, quand les membres ont plaisir à se côtoyer (cohésion sociale) ; d'autre part, lorsqu'ils s'activent pour **atteindre un objectif commun** (cohésion opératoire ou fonctionnelle).

B. Les facteurs de cohésion

▶ Ils sont nombreux, mais le principal est l'adhésion des membres de groupe à un **objectif commun** et la **mutualisation de leurs compétences.**

▶ Les facteurs positifs sont divers :
– la taille du groupe (plus le groupe est petit, plus forte est la cohésion) ;
– l'homogénéité des membres (les membres ont les mêmes caractéristiques) ;
– le type de *leadership* (collaboratif) ;
– une bonne communication ;
– la stabilité (faible *turn-over*) ;
– la compétition entre les groupes ;
– la reconnaissance des membres, etc.

▶ Il existe également des facteurs négatifs, ne permettant pas une bonne cohésion : les nombreux désaccords, la compétition au sein même du groupe, la taille du groupe, le manque d'interactions et de communication, etc.

▶ On parle également d'esprit d'équipe pour désigner :
– un groupe de personnes unies par des activités et des intérêts communs (fine équipe) ;
– un ensemble de personnes travaillant sur une même tâche (équipe de collaborateurs).

L'absence de cohésion de groupe peut engendrer des difficultés de management, des problèmes de discipline et peu de motivation de la part des salariés. Tout ceci nuit au bon fonctionnement de l'entreprise.

Les conflits

66

Le développement des technologies numériques (Internet, réseaux sociaux) modifie les relations professionnelles. Cela représente un risque pour l'entreprise car des relations conflictuelles peuvent s'instaurer de façon incontrôlable.

1 La notion de conflit

▶ Le conflit se caractérise par une **opposition** de sentiments, d'opinions, d'intérêts.

▶ Il est **générateur de stress** au sein de l'entreprise, et trouve son origine, bien souvent, à partir d'un problème simple.

▶ Au sein d'un groupe, certains membres peuvent avoir des opinions ou des intérêts différents, qui génèrent un **malaise** qu'il convient de résoudre rapidement.

2 Les différents types de conflits

▶ Selon leur nature, on distingue les conflits :
– d'**intérêts** : les membres ont des intérêts divergents ;
– de **pouvoir** : compétition entre 2 salariés de même niveau hiérarchique pour conserver ou prendre le pouvoir ;
– d'**identité** : mauvaise définition et répartition des rôles de chacun ;
– d'**idéologie ou d'opinion** : les membres ne partagent ni les mêmes idées ni les mêmes modes de pensée.

▶ Il est également possible de recenser les **conflits affectifs et/ou psychologiques** (incompatibilité entre 2 personnes), et de comportement.

▶ On identifie aussi des conflits selon les parties en jeu :
– **conflit interpersonnel**, entre 2 personnes ;
– **conflit intragroupe**, au sein d'un groupe ;
– **conflit intergroupe**, entre plusieurs groupes.

À savoir

Un conflit peut être ouvert (déclaré) ou latent. Les prémices se caractérisent par des changements de comportement, des problèmes relationnels, une démotivation ou un absentéisme récurrent.

3 Les stratégies face aux conflits

Face à un conflit, les salariés adoptent des stratégies différentes (conscientes ou inconscientes) et dépendantes des émotions ressenties.

Fuite, évitement	Le conflit perdure et aucune solution n'est envisagée, soit car il est impossible de modifier la situation, soit car les risques de la confrontation sont plus importants que les bénéfices qui pourraient en découler.
Accommodation, acceptation	Dès que la situation nécessite de conserver une relation avec l'autre, il s'avère judicieux de céder et de privilégier la partie adverse.
Négociation et compromis	Dans ce cas, il s'agit de satisfaire un grand nombre sans trop renoncer à ses propres intérêts.
Collaboration, intégration	Stratégie du « gagnant-gagnant » : chaque partie y trouve son intérêt.
Compétition	Une solution est imposée de façon autoritaire.

4 Les modalités de résolution des conflits

▶ La **négociation** permet de renouer le dialogue pour aboutir à une solution qui convienne à tous (un consensus). Dans certains cas, le consensus ne peut pas être obtenu. Après ajustements et concessions réciproques, les parties n'aboutissent qu'à un compromis.

▶ La **médiation** recourt à l'intervention d'une personne extérieure au conflit, lorsque la négociation a échoué. Un médiateur aide à trouver une solution sans influencer les parties.

▶ L'**arbitrage** s'avère nécessaire lorsque la médiation a échoué. Face à une situation de blocage où le dialogue est impossible, l'intervention d'un arbitre (en général le responsable hiérarchique) est indispensable. L'arbitre prend une décision seul, après avoir écouté les parties concernées. C'est une décision arbitrale qui, en général, ne convient pas et ne résout pas totalement le conflit.

À retenir

Outre la méthode de résolution de conflits utilisées, 4 étapes sont nécessaires :
- identifier la source du conflit ;
- définir un plan d'action ;
- mettre en place des règles que devront respecter toutes les parties ;
- évaluer l'évolution de la situation, en réalisant, par exemple des points réguliers avec les différentes parties concernées.

Le dialogue social

67

Pour atteindre un bon niveau de performance, les responsables doivent procéder à différents ajustements afin que leurs salariés, aux intérêts parfois différents, exercent leurs missions dans un climat serein. À quelles conditions le dialogue social peut-il renforcer durablement la cohésion ?

1 Le climat social

▶ Il mesure (grâce à des indicateurs) le **degré de satisfaction des salariés** par rapport à leurs conditions de travail, le management mis en place, etc.

▶ Différents facteurs influent sur le climat social, qu'ils soient **externes** à l'entreprise (crise économique, chômage, etc.) ou **internes** (stress, conflits, grèves, etc.).

▶ Pour mesurer le climat social, l'outil le plus pertinent est le **baromètre social**. Il se présente sous la forme d'un questionnaire transmis aux salariés, afin de mesurer leur perception de la politique de formation professionnelle, de rémunération, la mesure du stress, la gestion des compétences et des carrières, la qualité du management, le degré de motivation…

Ne confondez pas baromètre social et bilan social. Le baromètre permet d'anticiper des dysfonctionnements ou conflits éventuels et de prendre les mesures nécessaires.

2 Le dialogue social

Indispensable, il améliore le climat social en **renforçant la cohésion** et, de fait, **augmente la performance et la compétitivité** de l'entreprise. Le dialogue social recouvre tous les éléments favorisant une communication pertinente entre les différentes composantes de l'entreprise (salariés, employeurs et partenaires). Il peut prendre une forme tripartite (gouvernement, chef d'entreprise et salariés) ou bipartite (chef d'entreprise et salariés).

A. La communication entre les salariés et la hiérarchie

Il s'agit en général d'une **communication informelle.** Les dysfonctionnements et conflits sont résolus grâce à des discussions spontanées en petits groupes. Le leadership collaboratif et les bonnes relations entre les salariés favorisent les échanges réguliers et les débats.

B. La communication entre les partenaires sociaux

▶ Avec les **partenaires sociaux** (représentants des salariés et des organisations patronales), la communication est formelle, puisqu'il s'agit d'échanges, de négociation ou plus simplement de consultation sur la politique économique et sociale menée par l'État.

▶ Au sein de l'entreprise, deux acteurs principaux interviennent :
– le **comité social et économique** (CSE), instance représentative du personnel, intermédiaire entre les salariés et les responsables de l'entreprise ;
– les **délégués syndicaux** chargés de défendre les droits des salariés lors des négociations avec les employeurs.

C. Les objectifs du dialogue social

Les objectifs sont différents selon qu'il s'agisse des employeurs ou des salariés.

Objectifs	Employeurs	Salariés
Conditions de travail	• Meilleure image de l'entreprise • Attractivité de l'offre d'emploi proposée	• Amélioration des conditions de travail • Climat social plus serein
Performance	• Pérennité de l'entreprise • Augmentation de la rentabilité	• Pérennité de l'entreprise • Sécurité de l'emploi • Motivation et implication des salariés
Adaptabilité	Meilleure réactivité face aux besoins	Meilleure gestion des compétences et des carrières
Reconnaissance	Bon climat social	• Meilleure cohésion • Politique de formation et de rémunération répondant aux attentes des salariés

3 Le bilan social

▶ Il s'agit d'un **document rendu obligatoire** par une loi du 12 juillet 1977 rassemblant toutes les données sociales chiffrées de l'entreprise. Rédigé par l'employeur, il doit être présenté chaque année pour avis aux membres du CSE de l'entreprise. Dès sa validation, il est diffusé aux salariés qui en font la demande et à l'inspecteur du travail.

▶ Le bilan social regroupe les informations suivantes en 6 grandes catégories :
– les **emplois et la structure du personnel** (effectif, départs et arrivées, taux d'absentéisme, promotions, pyramide des âges, répartition par services, âges, etc.) ;
– les **rémunérations et les charges afférentes** ;
– les **conditions de travail** (volume horaire, aménagements du temps de travail, nature des emplois, règles ergonomiques, etc.) ;
– les **conditions d'hygiène et de sécurité** (accidents de travail, maladies professionnelles) ;
– la **politique de formation** (types et conditions de la formation professionnelle continue) ;
– les **relations professionnelles** avec les représentants du personnel.

4 La base de données économiques et sociales

Obligatoire dans les entreprises de plus de 50 salariés, cette base de données regroupe toutes les informations relatives aux orientations économiques et sociales de l'entreprise :
– les **informations quantitatives de l'entreprise** (CA, résultats, informations comptables…) ;
– le **niveau d'endettement de l'entreprise** ;
– les **informations concernant les actionnaires** ;
– les **informations sur l'investissement social** (évolution des effectifs, nombre de personnes handicapées, formation professionnelle, etc.) ;
– les **informations concernant l'investissement matériel** de l'entreprise ;
– les **rémunérations** ;
– les **activités sociales et culturelles**.

La communication au service de la performance

68

La communication est indispensable au sein d'une organisation car elle permet non seulement de transmettre des informations mais également de véhiculer une image positive. Nombreux sont les conflits internes dont l'origine est une mauvaise, voire une absence de communication. La communication participe-t- elle à la cohésion et à la performance de l'organisation ?

1 La communication interne

La communication interne se dissocie parfois difficilement de la communication externe car les responsables ont tendance à considérer leurs salariés comme de réels partenaires.

Exemple : Dans le domaine des actions de préservation de l'environnement, les messages s'adressent tant aux clients qu'aux salariés.

A. Les objectifs de la communication interne

Si la finalité première de la communication reste un **moyen d'échanges** permettant l'**interaction** avec les salariés, les objectifs sont de plusieurs ordres :
– aider à la diffusion de l'information et la coordination entre les différents services, de manière formelle ou informelle ;
– améliorer et faciliter le dialogue social en évitant les conflits ;
– aider à la prise de décisions, grâce aux différents outils mis en place (rapports, statistiques, études, etc.) ;
– fidéliser les salariés ;
– créer un environnement de travail performant ;
– véhiculer la culture d'entreprise.

B. Les outils de la communication

➢ La communication écrite

Il s'agit d'une **communication multidirectionnelle**, descendante (note de service), ascendante (note de synthèse) ou transversale (journal d'entreprise, note d'information) et qui utilise des supports différents.

Exemple de communication interne	Exemple de communication externe
• Accueil d'un nouveau salarié • Annonce d'événements • Négociation avec les représentants du personnel • Reporting social pour la direction	• Communication avec le public • Annonces d'emploi • Diffusion de messages à destination des candidats

➢ La communication orale

Bien que directe, la communication orale demeure volatile. Aucune trace du message ne peut être conservée. Il s'agit d'une **communication informelle** (dans un couloir) ou formelle (réunions, entretiens, etc.).

2 Les nouveaux canaux de communication

Avec le développement des TIC, la transmission des informations s'est accélérée. Le recours aux outils modernes permet des **échanges synchrones** (en temps réel) et asynchrones (en temps différé). Les canaux d'information sont multiples et peuvent parfois générer une surcharge d'informations que les salariés ont du mal à gérer.

A. Les réseaux sociaux d'entreprise

▶ Il s'agit d'un système de communication interne accessible à tous les salariés. Les objectifs sont nombreux : partage de fichiers, messagerie instantanée, gestion de projet, création de groupes de travail, etc.

▶ Toutefois, la mise en place de réseaux sociaux d'entreprise doit suivre une **réglementation précise**. Les informations personnelles des salariés ne peuvent pas être divulguées, et les représentants du CSE doivent donner leur accord avant leur mise en place.

B. L'intranet

Il permet, à partir d'un réseau local, l'accès aux services d'Internet, afin de **communiquer en interne**. Les entreprises profitent de la technologie d'internet sans recourir aux connections publiques. Les principales utilisations sont la messagerie électronique, les agendas partagés, la gestion de projet, etc.

C. Les outils collaboratifs

Les outils informatiques permettent une accessibilité facilitée aux informations, et la communication en est plus efficace et plus rapide. Les processus de travail sont modifiés et intègrent le travail collaboratif comme une nouvelle composante. Outre le matériel informatique (ordinateur, numériseur, imprimante et serveur), différents outils sont nécessaires pour la mise en place de travail collaboratif :
– la **plateforme collaborative** : espace virtuel créé sur mesure et selon les besoins des membres, permettant la conduite d'un projet avec mise à disposition de tous les outils nécessaires ;
– le ***groupware*** : il s'agit de logiciels informatiques permettant le travail de groupe. Pour des raisons de sécurité, ils peuvent être ouverts ou fermés.

Info
Le *groupware* se nomme également collecticiel ou plus rarement synergiciel.

3 La marque employeur

Il s'agit de l'ensemble des actions permettant de donner une **image de l'entreprise** cohérente avec son identité et sa culture afin d'attirer et de fidéliser les salariés. La marque employeur peut donc être considérée comme un levier de performance car elle intervient sur deux aspects principaux de l'entreprise : sa communication et la gestion de ses ressources humaines.

#info
Qu'est-ce que la marque employeur ?
foucherconnect.fr/24terstmg47

Quiz express 69

Vérifiez que vous avez bien retenu les points clés des **fiches 57 à 68**

1 Quels critères sont définis pour évaluer les besoins en travail ?

a. ❑ Le potentiel
b. ❑ Les compétences
c. ❑ L'âge du candidat
d. ❑ La qualification

2 Quels outils sont utilisés pour évaluer le travail des salariés ?

a. ❑ L'entretien professionnel
b. ❑ Le bilan d'emploi
c. ❑ L'entretien annuel d'évaluation
d. ❑ Le bilan de compétences

3 À quel intervalle doit avoir lieu l'entretien professionnel ?

a. ❑ Tous les ans
b. ❑ Tous les 2 ans
c. ❑ Tous les 3 ans
d. ❑ Tous les 4 ans

4 Que signifie « VAE » ?

a. ❑ Validation des acquis de l'expérience
b. ❑ Valeur ajoutée externe
c. ❑ Valeur actuelle employée
d. ❑ Validation alternative de l'expérience

5 Quels éléments légaux déterminent le cadre de travail ?

a. ❑ Le contrat de travail
b. ❑ Le Code du travail
c. ❑ Les conventions collectives
d. ❑ Le règlement intérieur

6 Quels sont les risques au travail ?

a. ❑ Les conflits
b. ❑ Les maladies professionnelles
c. ❑ Les accidents du travail
d. ❑ Les RPS

7 **Comment calculer le salaire imposable ?**

a. ❑ Salaire brut - cotisations salariales
b. ❑ Salaire net + CSG + CRDS non déductible
c. ❑ Salaire net - taux de prélèvement fiscal
d. ❑ Salaire net + taux de prélèvement fiscal

8 **À quoi correspond un logement de fonction ?**

a. ❑ Un avantage en nature
b. ❑ Une prime
c. ❑ Une gratification
d. ❑ Une partie du salaire de base

9 **Le leader consulte les membres du groupe avant de prendre une décision. Est-ce :**

a. ❑ le style autoritaire de leadership ?
b. ❑ le style consultatif de leadership ?
c. ❑ le style paternaliste de leadership ?
d. ❑ le style participatif de leadership ?

10 **Quel est le meilleur outil pour mesurer le climat social ?**

a. ❑ Le baromètre social
b. ❑ L'enquête sociale
c. ❑ Le bilan social
d. ❑ Le dialogue social

11 **Qu'est-ce que le CSE dans une entreprise ?**

a. ❑ Le comité salarial et environnemental
b. ❑ Le comité social et environnemental
c. ❑ Le comité salarial et économique
d. ❑ Le comité social et économique

12 **Quels sont les nouveaux canaux de communication en entreprise ?**

a. ❑ Les réseaux sociaux d'entreprise
b. ❑ L'affichage à l'accueil
c. ❑ L'Intranet
d. ❑ Les outils collaboratifs

↗ CORRIGÉS p. 307

Vers le Bac 70

Entraînez-vous sur les notions de l'enseignement spécifique Ressources humaines et communication

1 Le cas Maguro Sushi : les compétences au service de l'organisation

Lors de la réunion avec Clémence Villard, représentante du personnel, et Edwige Roman, manager, Tao Grison a annoncé sa décision de recruter du personnel supplémentaire. Il souhaite ainsi répondre plus efficacement à la demande des clients de plus en plus nombreux, mais aussi améliorer le bien-être au travail du personnel des restaurants.

Tao Grison échange avec Edwige Roman à propos du futur recrutement de trois cuisiniers et d'un manager pour la seconder (document 1).

Il lui demande d'ailleurs de rédiger l'offre d'emploi pour le poste de manager de restaurant et s'interroge sur les modalités de diffusion de celle-ci (documents). Il lui précise que le titulaire du poste devra attester d'une certification dans le domaine de l'hygiène et la sécurité alimentaire. Il déplore qu'aucun membre de son personnel ne possède cette attestation.

#docs
Documents Maguro Sushi 1
foucherconnect.fr/24terstmg92

À l'aide de vos connaissances et des documents 1 à 3 :

1. Quel est l'intérêt de recruter une ou un manager pour le restaurant Maguro Sushi ?

2. Quelles sont les qualifications et compétences attendues pour ce poste ?

3. Quelle est la modalité de recrutement envisagée par Tao Grison ?

4. De quelles manières peut-on rechercher des candidats ?

5. Quelles sont les actions à envisager pour intégrer au plus vite ce nouveau personnel ?

2 Le cas de Maguro Sushi : des facteurs de motivation et de satisfaction

La différenciation de l'activité a conduit Maguro Sushi à adopter une nouvelle carte : plats « vegan », sans gluten, brochettes de poisson et de viande biologiques. L'engouement réel pour cette cuisine a généré une augmentation importante de la clientèle créant une surcharge de travail pour les équipes. Le personnel en cuisine et au service est obligé d'effectuer des heures supplémentaires et de travailler dans la précipitation. La manager subit également cette cadence de travail.

Malgré un personnel fidèle et impliqué, de plus en plus de stress et de surmenage se font ressentir. Ce constat est confirmé par les indicateurs sociaux (document 1) et le baromètre social (document 2) établi à partir d'une enquête sur le bien-être au travail dans l'entreprise. Soucieux de résoudre ces difficultés, Tao Grison a organisé une réunion avec le manager et la représentante du personnel (document 3).

#docs
Documents Maguro Sushi 2
foucherconnect.fr/24terstmg93

À l'aide de vos connaissances et des documents 1 à 3 :

1. Quels sont les risques professionnels chez Maguro Sushi ?

2. La situation des ressources humaines de Maguro Sushi évolue-t-elle ?

3. Quelles en sont les conséquences pour les membres du personnel ?

4. Comment Maguro Sushi pourrait-il améliorer les conditions de travail ?

3 Le cas de Maguro Sushi : la recherche de cohésion

Franck Dubois, manager nouvellement recruté, rencontre des difficultés liées à l'organisation de Maguro Sushi. La gestion administrative des restaurants pose problème. Il ne parvient pas à gérer les stocks de produits, à affecter les salariés en fonction des besoins et à établir correctement des plannings de travail du personnel.

La communication est de plus en plus difficile. La coordination entre Franck Dubois et Edwige Roman, manager, n'est pas satisfaisante. Ils ne parviennent pas à échanger suffisamment. Par ailleurs, la coopération au sein des restaurants est inefficace : le temps entre la prise de commande et le service en salle est beaucoup trop long. Franck Dubois évoque ces dysfonctionnements avec Tao Grison et Edwige Roman.

Tao Grison propose de réfléchir à la mise en place d'outils informatiques et décide de réunir à cette fin les équipes (document 1).

Au cours de cette réunion, il aborde les critiques négatives sur les restaurants postées par les internautes sur le réseau « La Cuillère » (site internet français de réservation de restaurants en ligne recensant les avis et notes des clients), comme c'est le cas pour le restaurant de Versailles (document 2). Il s'inquiète vraiment de cette situation et craint que cela nuise à la réputation de Maguro Sushi (document 3).

#docs
Documents Maguro Sushi 3
foucherconnect.fr/24terstmg94

À l'aide de vos connaissances et des documents :

1. Quelle est la forme et la source du conflit opposant Franck Dubois, Clémence Villard, Sami Rida et Lylia Alesia ?

2. Quels sont les comportements d'Edwige Roman et de Franck Dubois lors de la réunion ?

3. Comment les acteurs pourraient-ils dépasser ce conflit ?

↗ CORRIGÉS p. 307

Le système d'information

71

Grâce à la vitesse avec laquelle circule l'information, la productivité de l'entreprise s'est améliorée. L'information est une composante importante de son activité. Encore faut-il qu'elle réponde à ses besoins, qu'elle soit utilisée à bon escient et bien structurée. Comment l'organisation se structure-t-elle pour gérer l'information ?

1 Le fonctionnement du système d'information

Depuis l'informatisation et l'automatisation des processus, **le système d'information est présent dans tous les secteurs de l'entreprise.** Il regroupe un ensemble d'éléments humains, matériels et logiciels, qui participent à la collecte, au traitement, au stockage et à la diffusion de l'information. L'efficacité du système d'information conditionne la performance de l'entreprise dès que les informations sont gérées efficacement.

> **À savoir**
> Il existe aujourd'hui des systèmes d'information par métier. Ainsi, le système d'information ressources humaines gère toutes les informations relatives au salarié (la paye, la gestion des carrières, les formations, etc.).

A. L'information

▶ L'information est une donnée utile qui permet de **prendre des décisions dans de meilleures conditions.** Elle est collectée, traitée, stockée, et elle produit elle-même des informations diffusées aux salariés, aux clients ou aux partenaires de l'entreprise.

▶ Elle est classée selon sa catégorie : la **source** (interne ou externe), la **nature** (qualitative ou quantitative), le **domaine concerné** (économique, juridique, comptable, etc.), le **sens de circulation** (ascendant, descendant, transversal).

▶ Afin d'être utilisée à bon escient, l'information doit être :
– **pertinente** : une information inutile ou non disponible fait perdre du temps et ralentit le traitement ;
– **fiable** : une information inexacte crée des dysfonctionnements qui génèrent des coûts pour l'entreprise et ternissent son image de marque ;
– **actuelle** : elle doit être mise à jour ;
– **précise et objective** : une information insuffisante ne permet pas un travail de qualité.

B. Les méthodes de collecte de l'information

Deux méthodes sont possibles :
– la **méthode *pull*** : le salarié part à la recherche des informations et supprime celles dont il n'a pas besoin. C'est une méthode chronophage qui demande un investissement important ;
– la **méthode *push*** : à l'inverse, les informations arrivent directement sur les adresses courriels des intéressés. Ce processus automatisé génère un gain de temps et permet une régularité dans la mise à jour des informations. Il est toutefois nécessaire de sélectionner les informations pertinentes par rapport à la thématique traitée.

C. Les flux d'information

▶ Un flux d'information est l'échange d'informations entre deux ou plusieurs acteurs. L'émetteur émet un flux en direction d'un destinataire.

▶ Les flux d'information peuvent être : **réflexifs** (le destinataire répond à l'émetteur), **successifs** ou **simultanés**, **périodiques** ou **permanents**, **conditionnels** (dépendant d'une condition).

▶ Les échanges d'information sont souvent formalisés dans un **diagramme de flux.**

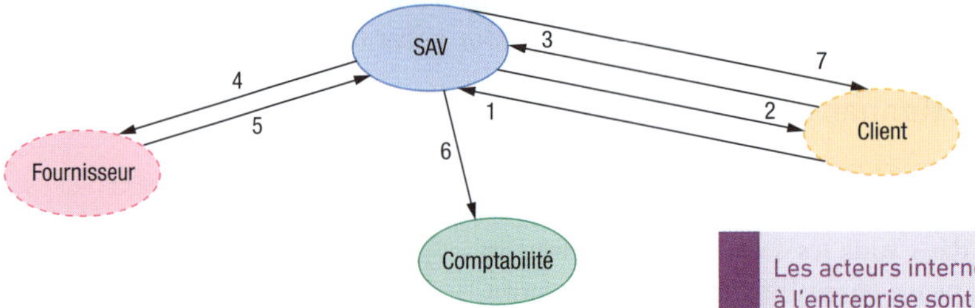

Légende

1 : le client apporte son matériel au service après-vente (SAV).
2 : le technicien fait signer le formulaire de prise en charge du matériel.
3 : le client rend le document signé.
4 : le technicien transmet la commande des pièces au fournisseur.
5 : les pièces sont livrées avec la facture par le fournisseur.
6 : le technicien transmet la facture au service comptabilité.
7 : le technicien fait signer le bon de réparation au client.

À savoir

Les acteurs internes à l'entreprise sont représentés par un cercle à trait continu ; les acteurs externes par un cercle en pointillé. Les flèches symbolisent les échanges d'informations entre les acteurs.

2 Les processus

Les différentes tâches d'une activité administrative sont regroupées dans un processus et aboutissent à un résultat.

▶ Les processus peuvent être :
– de **réalisation (opérationnel)** pour permettre le fonctionnement de l'entreprise (conception, fabrication, vente, etc.) ;
– de **support** (**ressources**) pour assurer le fonctionnement des autres processus grâce aux ressources mises à disposition ;
– de **pilotage** (**décisionnel**) pour diriger, piloter les autres processus.

▶ La modélisation du processus permet de comprendre le fonctionnement de l'entreprise, de cerner les acteurs intervenant dans ce processus et de définir les différentes tâches qui doivent être réalisées. En cas de dysfonctionnements (trop d'acteurs, documents inappropriés, trop d'allers-retours, redondance des informations, etc.), des améliorations sont apportées au processus existant.

#doc
Un diagramme événements-résultats
foucherconnect.fr/24terstmg48

▶ Le **diagramme événements-résultats** représente les échanges d'informations de manière plus précise que le diagramme de flux car il met en évidence les tâches réalisées par les différents intervenants. Outre les acteurs internes et externes (représentés en colonne), les événements déclencheurs (représentés par des cercles) permettent la réalisation de la tâche et aboutissent à un résultat : les **événements-résultats** (représentés par des cercles).

Le système informatique

72

Le système informatique forme un sous-ensemble du système d'information. Il permet de stocker toutes les informations nécessaires. Constitué du matériel informatique, des ressources humaines et des bases de données, le système informatique produit des flux d'informations nécessaires non seulement au fonctionnement de l'organisation mais surtout à la prise de décision.

1 Le matériel

Afin de réaliser les différentes missions qui lui sont confiées, les salariés doivent recourir aux **technologies de l'information et de la communication** (TIC) afin d'accéder aux informations et de les partager. Le poste de travail est donc doté d'une **unité centrale** (ordinateur fixe ou portable) connectée au réseau, reliée à un ou plusieurs **serveurs** et **périphériques** (imprimante, numériseur, etc.). Cette configuration permet le **travail collaboratif**.

2 Les réseaux informatiques

▶ Grâce aux réseaux, les processus de travail sont modifiés. Les échanges sont simplifiés, l'accessibilité aux informations accrue, la communication facilitée.

▶ Différents types de réseaux sont installés selon la finalité, permettant une communication plus ou moins étendue :
– le **réseau personnel ou PAN** (*Personnel Area Network*) relie les ordinateurs entre eux sur quelques mètres ;
– le **réseau local ou LAN** (*Local Area Network*), utilisé au niveau de l'entreprise (< 1 km) ;
– le **réseau** MAN (*Métropolitain Area Network*), pour un espace géographique plus important, au niveau d'une ville par exemple (< 100 km) ;
– le **réseau étendu ou WAN** (*Wide Area Network*) au niveau national (> 100 km). Internet représente le grand réseau WAN.

> **Rappel**
> Grâce au *cloud computing*, les données sont externalisées sur des serveurs distants, permettant l'accès aux données depuis un poste équipé d'un accès internet.

3 Les applications et progiciels de gestion intégrées (PGI)

▶ Outre la suite bureautique classique, les ordinateurs sont équipés de **PGI** (en anglais, *Enterprise Ressource Planning* – ERP) qui gèrent l'ensemble des activités de l'organisation (gestion des ressources humaines, comptable, commerciale, etc.).

▶ Les informations stockées dans une base de données unique sont transmises, grâce à différents modules, aux utilisateurs concernés. Le recours aux PGI assure la cohérence des informations, facilite leur transmission et optimise leur traitement.

4 L'apport du numérique

A. Le développement des technologies de l'information et de la communication (TIC)

▶ La généralisation des TIC a considérablement **modifié l'organisation du travail**, augmenté la quantité d'informations et le nombre d'échanges, entraîné le développement des postes de travail et leur architecture (nombre de serveurs, de périphériques, etc.) et permis l'émergence de nouveaux outils (réseaux sociaux, messageries, blogs, etc.).

▶ Cette adaptation à cette forme de travail différente a suscité de la part des entreprises des **investissements en matériel** qui ont généré des coûts supplémentaires.

▶ Pour s'inscrire dans une démarche écoresponsable, l'entreprise doit sensibiliser ses salariés et veiller à **réduire son impact sur l'environnement** (augmentation de la durée de vie de ses installations informatiques, réduction des consommables, etc.).

B. Les documents numériques

➢ Le document

Un document est un support d'informations structuré et vecteur d'un message. Un document papier reste le support le plus couramment utilisé. Cependant, de plus en plus de documents circulent sous un format numérique, plus facile à transmettre.

➢ La numérisation

Afin de dématérialiser le document, la numérisation est nécessaire. Elle consiste à transformer un document papier en document électronique. Pour réaliser cette numérisation, l'entreprise doit disposer d'un numériseur (scanner) et des logiciels appropriés.

➢ La gestion électronique de documents

Elle regroupe l'ensemble des moyens matériels et logiciels permettant de gérer le cycle de vie des documents sous forme électronique.

La sécurité des réseaux et des échanges

73

Avec le développement des technologies de l'information et les évolutions numériques, il est primordial que les entreprises sécurisent leurs réseaux afin d'en optimiser le fonctionnement et de préserver l'intégrité, la confidentialité, la traçabilité et la disponibilité des données. Les évolutions numériques sont-elles exemptes de risques ?

1 Les dangers

▶ Un réseau **mal sécurisé**, voire pas sécurisé du tout, peut engendrer la **destruction des informations**, de manière intentionnelle ou non, ou le vol d'informations. Tous ces dangers peuvent compromettre la survie de l'entreprise ou nuire à son image de marque.

▶ Les dangers sont nombreux et peuvent revêtir plusieurs formes :

Les virus	Ce sont des programmes malveillants installés sur les ordinateurs ou qui se propagent grâce à Internet. Ils nuisent au fonctionnement de l'ordinateur et se répandent aux autres postes.
Le piratageou *hacking*	Un hacker cherche à outrepasser les protections matérielles ou logicielles afin de pénétrer dans le système d'information de l'entreprise.
L'hameçonnage ou *phishing*	Des utilisateurs mal intentionnés récupèrent des codes d'accès ou des informations bancaires, en invitant les utilisateurs à cliquer sur des liens frauduleux.
Les logiciels espions ou *spywares*	Ils collectent des informations personnelles et les transmettent sans en avoir l'autorisation. Ils portent également le nom de « mouchards ».
Les pourriels ou spam	Le nombre important de courriels indésirables peut non seulement rapidement encombrer la messagerie, mais également générer des problèmes de sécurité.

2 Les précautions

A. Matérielles

▶ Les **droits d'accès** : chaque utilisateur, dès qu'il en a l'autorisation, peut accéder à sa session au moyen de son identifiant et de son mot de passe. Ainsi, il est identifiable par le réseau.

> **À savoir**
> Les droits d'accès aux fichiers partagés sont gérés en fonction des besoins de chacun des utilisateurs (lecture, modification, suppression).

▶ La mise en place d'**ondulateurs** : ils protègent les ordinateurs des aléas électriques. Ils prennent le relais en cas de défaillance du système électrique, évitant ainsi les dégâts occasionnés lors de coupures électriques. Indispensables au niveau des serveurs, ils assurent la protection des données.

▶ Le système de **sauvegarde des données** : afin d'éviter la perte de données lors d'une panne, cette technologie propose la sauvegarde sur plusieurs disques simultanément.

B. Logicielles

▶ Un **pare-feu** ou *firewall*, logiciel intermédiaire entre le réseau local et le réseau externe, agit comme un filtre. Il autorise ou refuse la connexion.

▶ Un **antivirus** analyse tous les fichiers afin de détecter la présence éventuelle d'un virus. Les fichiers infectés sont mis en quarantaine pour être détruits.

▶ Les **logiciels anti-espions** protègent contre les logiciels espions. La mise à jour régulière des logiciels est indispensable.

> **Rappel** La meilleure protection consiste à fermer sa session lorsque l'on quitte son poste de travail, à changer régulièrement son mot de passe et à ne pas le communiquer.

3 La sécurité des échanges

Les échanges mis en place peuvent être interceptés par des tierces personnes. Pour éviter que ces données ne soient « piratées », différents moyens sont utilisés.

A. Le cryptage des données

Grâce à un algorithme de cryptage, les données compréhensibles du message (texte) sont transformées en un texte chiffré incompréhensible.

B. La signature électronique

Non seulement elle certifie l'authenticité de l'expéditeur, mais elle permet également, en tant que preuve juridique, de vérifier que le message a bien été envoyé par l'expéditeur (non-répudiation). L'expéditeur ne peut donc pas nier les faits.

C. Le hachage

L'ordinateur réalise une empreinte numérique (ou signature) du mot de passe et le stocke sur un serveur de données. Quand l'utilisateur saisit son mot de passe, l'ordinateur vérifie que l'empreinte est identique à celle qu'il a enregistrée précédemment.

D. La protection des données

▶ Toutes les informations collectées via Internet composent l'**identité virtuelle** nommée **identité numérique.** Chaque internaute en possède une, qui regroupe ses **données privées et personnelles.** Il lui appartient de sélectionner celles qu'il souhaite dévoiler ou non. En revanche, les données personnelles, collectées au moyen de formulaires sur les sites internet, font l'objet de traitements dans le respect des règlementations en vigueur.

▶ Pour protéger les données personnelles et éviter les atteintes à la vie privée, la loi informatique et liberté a été adoptée le 6 janvier 1978 et modifiée le 6 août 2004. La **Commission nationale de l'informatique et des libertés** (CNIL) est chargée de faire respecter cette loi. Elle informe et protège les utilisateurs des outils informatiques, contrôle et sanctionne ceux qui ne respectent pas la confidentialité des données.

▶ Le **règlement général de protection des données** (RGPD), promulgué au sein de l'Union européenne en 2018, vise à renforcer et à harmoniser les mesures de protections des données des individus au niveau national et également dans tous les pays membres.

L'identité numérique est en constante évolution. Elle s'enrichit sans cesse d'informations au gré des navigations sur Internet.

La gestion du système d'information

74

La mise en place d'un système d'information de qualité a non seulement généré de nouvelles méthodes de travail mais aussi une nouvelle façon de collaborer. En constante évolution afin de répondre aux besoins de l'entreprise, la gestion du système d'information nécessite des prises de décision et des choix stratégiques. Comment la fonction SI accompagne-t-elle les choix de l'organisation ?

1 Le système d'information

L'importance grandissante du système d'information au sein des entreprises et ses évolutions constantes ont conduit à l'émergence de nouveaux métiers regroupés en 7 familles :
– **pilotage, organisation et gestion des évolutions du système d'information** : cohérence organisationnelle et fonctionnelle du système d'information ;
– **management de projet** : pilotage, suivi et coordination des projets ;
– **cycle de vie des applications** : conception, développement et réalisation technique des projets ;
– **mise à disposition et maintenance en condition opérationnelle des infrastructures** : conception, développement et exploitation des infrastructures ;
– **support et assistance aux utilisateurs** : assistance et accompagnement des utilisateurs ;
– **support méthode, qualité et sécurité** : définition, mise en place, contrôle et suivi des normes et référentiels ;
– **management opérationnel** : ensemble des métiers permettant la prise de décision.

2 La gestion du système d'information

A. La veille technologique

▶ La veille technologique est nécessaire et primordiale pour l'entreprise. Également nommée veille technique ou scientifique, elle permet de s'informer sur les nouvelles techniques mises au point et leurs évolutions afin de se positionner face à la concurrence.

▶ Rechercher l'information peut demander beaucoup de temps. Différentes méthodes sont mises en place (alertes Google, flux RSS, abonnement à des lettres d'information, etc.).

B. L'infogérance ou externalisation du système d'information

▶ Du fait de l'émergence puis du développement des **progiciels de gestion intégrés** (PGI), les entreprises ont dû s'adapter afin de réduire les coûts et d'optimiser les performances du système d'information.

▶ Face à l'absence de salariés compétents dans le domaine, ou pour réduire le coût de formation à ces nouveaux outils de travail, les entreprises ont confié tout ou partie de leur système d'information à un prestataire externe.

▶ Cette externalisation intervient à 3 niveaux différents :
– *Tierce Maintenance Applicative* (TMA) : il s'agit de confier la maintenance du parc informatique à un prestataire ;
– *Application Service Provider* (ASP) : une entreprise propose des services informatiques ou des logiciels spécifiques ;
– *Business Process Outsourcing* (BPO) : il s'agit dans ce cas d'externaliser un processus métier (fonction achat, ressources humaines, comptabilité, etc.).

▶ Si l'externalisation peut se révéler un atout pour l'entreprise, elle possède un certain nombre de limites qu'il ne faut pas négliger : le coût de la prestation, le peu, voire l'absence, de contrôle, la perte de savoir-faire, etc.

3 Le suivi de la performance du système d'information

▶ Le système d'information mis en place dans l'entreprise doit sans cesse être évalué afin de s'assurer de sa **performance**. Cette évaluation est réalisée avec des **tableaux de bord.**

▶ Un tableau de bord est un outil de pilotage. Des indicateurs synthétisés dans un même document facilitent l'analyse de données chiffrées pour suivre l'atteinte des objectifs et adapter la prise de décision.

À savoir – Un indicateur s'exprime en nombre, ratio, taux, ou sous forme d'échelle de valeur.

▶ L'objectif principal d'un tableau de bord est de **comparer des données et de calculer des écarts de réalisation.**

Le fonctionnement du projet de système d'information

75

Le système d'information évolue grâce aux améliorations techniques menées dans le cadre de projets prenant en compte les facteurs humains, organisationnels et financiers. Le projet de système d'information est-il une réponse au besoin d'évolution de l'organisation ?

1 Le projet

A. Les acteurs

Un projet est piloté par un chef de projet et implique différents acteurs :
– la **maîtrise d'ouvrage** (MOA) : client du projet qui fixe les objectifs, le budget et les délais ;
– la **maîtrise d'œuvre** (MOE) : fournisseur du projet qui propose les solutions, la réalisation et les tests ;
– le **chef de projet** qui pilote le projet et assume les responsabilités.

B. Le cycle de vie du projet

Afin d'aboutir à un résultat, le projet doit respecter un certain nombre d'étapes. À chaque phase, les dysfonctionnements ou erreurs éventuels sont détectés, permettant d'apporter les modifications nécessaires : expression du besoin, étude de la faisabilité, choix de la solution, conception générale et détaillée, pilotage du projet, atteinte des objectifs, contrôle.

2 L'organisation et la planification du projet

Une démarche de projet nécessite de maîtriser tous les éléments durant la réalisation.

➢ Les jalons

Le jalon est un repère destiné à déterminer la fin d'une étape afin de pouvoir en débuter une autre. La validation du jalon est réalisée par les différents acteurs concernés et intervenant sur le projet, et ce à la demande du chef de projet.

➢ Les délais

Pour organiser des événements ou planifier des activités, tout en respectant des contraintes temporelles, il est nécessaire de s'appuyer sur des **outils d'ordonnancement** et de **planification.** Ils aident à coordonner les tâches, à définir les délais, à programmer les moyens humains, matériels et financiers et surtout à contrôler l'avancement de la réalisation.

Mots-clés

- **Planifier** consiste à recourir à un calendrier pour placer les tâches dans un ordre déterminé.
- **Ordonnancer** consiste à organiser les tâches en respectant l'ordre d'exécution et les contraintes temporelles.

➢ Les outils de suivi du projet

Pour planifier les activités tout en respectant les contraintes temporelles, des outils d'ordonnancement et de planification permettent de coordonner les tâches, de définir les délais, de programmer les moyens humains, matériels et financiers et, surtout, de contrôler l'avancement de la réalisation.

Liste de contrôle	• Outil de gestion du temps et de planification. • Énumère les tâches à réaliser, les dates prévues et réelles de réalisation, le calcul des écarts entre les 2 dates et la personne en charge de la tâche.
Planning	• Moyen le plus simple pour visualiser les tâches d'un projet et en contrôler le déroulement. • Le temps est toujours représenté en abscisse (horizontal), les autres données en ordonnée (vertical).
Réseau PERT	• Schéma tracé manuellement qui permet de visualiser l'enchaînement des tâches, leur durée, les tâches pour lesquelles on dispose d'une marge de temps, celles pour lesquelles tout retard est impossible, et la durée totale de réalisation du projet. • Toutes les tâches aboutissent à un résultat (l'inauguration d'un local, une journée portes ouvertes, la parution d'un nouveau journal, etc.).
Diagramme de Gantt	• Représentation graphique réalisée à l'aide du logiciel de gestion de projet GanttProject. • Chaque tâche est représentée par une barre de longueur proportionnelle à sa durée.

Le chef de projet veille au respect des délais fixés afin de rattraper les retards éventuels.

3 La qualité

▶ La qualité vise la satisfaction de la clientèle et de ses besoins.

▶ Le **système de management de la qualité** (SMQ) regroupe l'ensemble des actions réalisées par l'entreprise pour respecter ses objectifs en matière de qualité. Il s'agit de l'ensemble des procédures (processus, modes opératoires, etc.), des outils de vérification (indicateurs, tableaux de bord, audit, etc.) et de l'analyse réalisée.

▶ Les acteurs de l'entreprise sont donc tous concernés : les cadres et les responsables qui décident des processus qualité ; les employés qui doivent appliquer les procédures mises en place et respecter les objectifs fixés. Le non-respect des engagements qualité peut avoir des conséquences dramatiques pour l'entreprise (mauvaise image de marque, perte de clients générant une baisse du chiffre d'affaires, etc.).

Le chef de projet veille au respect des délais fixés afin de rattraper les retards éventuels, au respect de la qualité en répondant aux exigences convenues dans le cahier des charges et au respect des budgets.

4 Les coûts du projet

Ils sont une composante importante que l'entreprise doit maîtriser pour opérer des choix et prendre des décisions (recours à la sous-traitance, externalisation, automatisation des processus ou de certaines tâches, etc.). Dans toute démarche, la finalité est de générer des gains pour couvrir les coûts de mise en place et d'exploitation. Les coûts sont regroupés dans 2 grandes catégories : les **coûts d'investissement** (matériel informatique, coûts d'étude, de test, de développement, etc.) et les **coûts de fonctionnement** (charges directes et indirectes liées au fonctionnement).

À retenir

Le groupe projet est constitué d'individus différents et complémentaires. Il est donc nécessaire de créer une dynamique de groupe permettant la réalisation du projet tout en respectant les objectifs de coûts, de délais et de qualité. Il est important de faciliter la collaboration, de susciter la motivation et de responsabiliser les membres.

Les bases de données

76

Les bases de données qui forment le système informatique sont conçues et exploitées afin de permettre la production et l'exploitation des informations. Comment l'entreprise peut-elle produire de l'information à partir de données ?

1 Les bases de données

Le **système de gestion de bases de données relationnelles** (SGBRD) permet la gestion de base de données. Chaque utilisateur accède, en fonction de ses besoins, aux différentes données centralisées et structurées grâce à un logiciel spécialisé, Microsoft Access entre autres. L'interrogation de la base de données au moyen des requêtes, rédigées dans un langage spécifique – SQL (*Structured Query Language*) – permet d'obtenir des informations ciblées.

A. Le modèle relationnel

▶ Une base de données est constituée d'un **ensemble de tables.** Chaque table comporte des **champs.** L'un de ces champs permet d'identifier sans ambiguïté les différents champs de la table. C'est la **clé primaire.**

▶ Les tables sont reliées entre elles grâce à une **clé étrangère.** Elle fait référence à la clé primaire de l'une des tables et est en tous points identique à la clé primaire. Seules les valeurs renseignées pour la clé primaire ne sont pas autorisées pour la clé étrangère : c'est la **contrainte d'intégrité référentielle** (CIF).

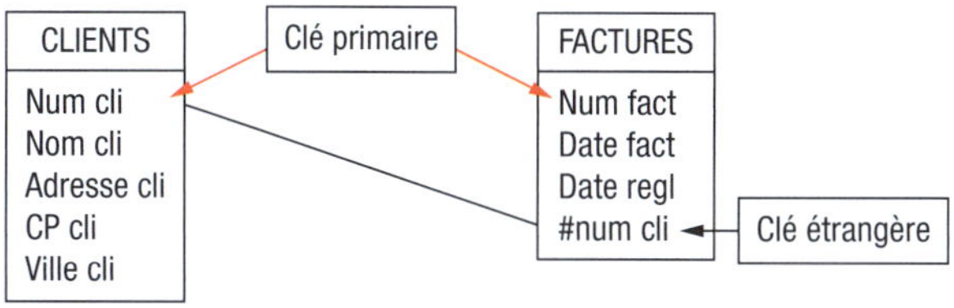

À savoir

La clé primaire ne doit pas comporter de doublon ni de valeur nulle. Le choix d'un numéro comme identifiant permet d'éviter les doublons.

B. L'exploitation de la base de données

Le **langage SQL** (*Structured Query Language*) permet d'interroger une base de données afin d'extraire des informations. La manipulation est une requête qui porte sur une ou plusieurs tables et permet d'obtenir une nouvelle table avec les informations demandées.

➢ Les requêtes d'interrogation de données : SELECT

Exemple : On souhaite obtenir la liste des factures du client Durand.

```
SELECT : CLIENT,nom cli ; FACTURE, num fact ;
FROM : CLIENT ; FACTURE ;
WHERE : CLIENT, num cli = FACTURE, num cli ;
AND : num cli = "Durand"
```

➢ Les requêtes de modification

Exemple : Suppression du client 138 Monsieur Durand.
DELETE FROM : CLIENTS
WHERE : num cli 138

➢ Les requêtes de définition de données

Exemple : Les instructions QL correspondent aux 2 tables précédentes.

```
CREATE TABLE Clients
(
Num cli NUMBER (6)
Nom cli CHAR (25) not null
Adresse cli CHAR (50)
CP cli CHAR (50)
CP cli CHAR (5)
Ville cli CHAR (25)
PRIMARY KEY (num cli)
)
```

```
CREATE TABLE FACTURES
(
Num fact NUMBER (6)
Date fact DATE
Date regl DATE
PRIMARY KEY (num fact)
FOREIGN KEY (num cli) REFERENCES
Clients (num cli)
)
```

➢ Les requêtes de contrôle de l'accès aux données

Exemple :
GRANT SELECT ON Client TO Christine
GRANT (privilege) ON (nom de la table) TO (nom utilisateur)
(Accorde à Christine d'accéder à la table clients et effectuer des ordres SELECT)

➢ Les requêtes de calcul et de regroupement

Des opérateurs mathématiques sont utilisés pour effectuer des requêtes avec calcul.

Exemple :
À partir de l'exemple précédent, on cherche à comptabiliser le nombre de clients. SELECT : COUNT (num_cli)
FROM : CLIENT

2 Les lacs de données - nouvelle base de stockage

▶ Face à la multitude d'informations recueillies et stockées, les entreprises doivent s'adapter afin de gérer toutes ces données aux formats différents.

▶ Les **lacs de données** (*data lakes*) permettent donc le stockage sans limite de quantité et sans réelle organisation de données :
– semi-structurées au format CSV, XML, etc. ;
– structurées au format courriel, doc, pdf, etc.

▶ Ces lacs de données sont liés au **big data**, c'est-à-dire à la gestion d'un nombre important de données qu'aucune base de données classique ne peut gérer. Les données sont stockées de 2 façons, soit physiquement sur un data center, soit sur le cloud.

▶ Ces nouvelles formes de stockage de données permettent de réduire les coûts de stockage mais également le temps passé à la recherche des informations. En revanche, se pose bien évidemment la question de la sécurisation des données.

L'automatisation

77

Grâce à la mise en place d'un système informatique pertinent et opérationnel, les différentes étapes du traitement des informations sont automatisées. Les données, traduites selon des règles de gestion déterminées, permettent ainsi de maîtriser l'information et gérer les différents dysfonctionnements que peut rencontrer l'entreprise. Or, la résolution de tous les problèmes de gestion est-elle réellement automatisable ?

1 Le traitement informatique

A. Les objets d'un traitement informatique

▶ Pour maîtriser l'information, les données sont traduites selon des règles de gestion déterminées.

▶ Un **algorithme** est une **suite d'opérations ou d'instructions** qui permet d'aboutir à un résultat dès que le traitement a été réalisé correctement, c'est-à-dire que les instructions ont été comprises par la personne chargée de l'exécution de ce traitement.

➢ Les constantes et les variables

Pour créer un algorithme, il faut avant tout définir les variables et les constantes :
– les constantes sont des valeurs non modifiables ;
– les variables sont des informations que l'on peut modifier et qui sont stockées dans la zone mémoire de l'ordinateur. Le nom de la variable est composé de lettres et de chiffres (en commençant toujours par une lettre). Ce nom ne peut comporter ni signe de ponctuation ni espace. La longueur du nom dépend du langage utilisé. La variable se caractérise par son type (texte, numérique, alphanumérique, boléen, etc.).

➢ L'affectation de la variable

Il s'agit d'attribuer les valeurs aux variables. Cette instruction est représentée « identificateur prend valeur ».

Exemple :

Variables
A, B, C : entiers
Début d'algorithme
A prend la valeur 8
B prend la valeur A
C prend la valeur A + B + 4
Fin d'algorithme

Réponse
A et B = 8 chacun
C = 20 (8 + 8 + 4)

➢ Les instructions d'entrée/lecture et de sortie/écriture

▶ Les instructions transmises à la machine lui permettent d'exécuter les opérations lors de la saisie sur le clavier (entrée/lecture) ou lors de la restitution du résultat (sortie/écriture).

▶ Pour la saisie : « saisir identificateur / lire identificateur » ; pour l'affichage des résultats : « afficher identificateur ».

Exemple :
Variables
a, b, c : entiers
Début d'algorithme
Saisir (« donner la variable a »)
Lire (a)
Saisir (« donner la variable b »)
Lire (b)
C prend la valeur a + b + 4
Afficher (c)
Fin d'algorithme

2 La logique d'un traitement informatique

A. Les structures alternatives

▶ Aussi nommées structures conditionnelles, elles nécessitent de recourir à une condition et n'offrent que 2 possibilités de réponse : oui/non ou vrai/faux. Il s'agit du **type boléen.**

▶ La syntaxe de l'algorithme est la suivante : **Si** condition **Alors** traitement 1 **Sinon** traitement 2 **FinSi**

▶ Pour exprimer ces conditions, on utilise les **opérateurs de comparaison** suivants : égal à (=) ; différent de (≠) ; plus petit que (<) ; plus grand que (>) ; plus petit ou égal à (< =) ; plus grand ou égal à (> =).

B. Les structures répétitives

▶ Lorsque la même tâche est répétée plusieurs fois, il s'agit alors de structures répétitives appelées également itératives ou boucles. Deux types de boucles existent.

▶ Si le nombre de répétitions est déterminé : **Pour….. allant de…… à,** la syntaxe est :

Pour compteur ← valeur initiale **à** valeur finale [par Pas valeur du pas]

Instructions – Compteur suivant

▶ Si le nombre de répétitions est inconnu : **tant que………Instruction…..Fin tant que**, le programme s'exécute tant qu'il n'a pas rencontré la ligne **Fin tant que.**

3 L'interface de programmation applicative (API)

Il s'agit de solutions informatiques qui permettent aux applications de communiquer entre elles pour échanger des données. Il peut s'agir d'applications, de programmations ou d'interfaces (API). Le système fonctionne grâce à des requêtes (interrogations). Ainsi, l'API permet d'interroger une application afin qu'elle fournisse les informations attendues.

Exemple : Pour réserver des billets de train ou d'avion, il est possible d'obtenir des informations grâce aux API fournies par les transporteurs.

4 L'intelligence artificielle

▶ De nouvelles techniques permettent aux machines d'imiter l'intelligence humaine.

▶ Grâce à l'intelligence artificielle, le système est capable d'apprendre et de réaliser les tâches effectuées par un être humain (chatbots, algorithmes, rédaction automatique).

Standardisation et circulation des informations

78

La vie d'une entreprise est liée aux échanges qu'elle entretient avec son environnement. Face à un nombre croissant de documents de toutes sortes, l'entreprise doit mettre en place une organisation qui lui permette d'être efficace dans la gestion des informations. La mise en place d'une structure précise et des langages standardisés est nécessaire. La standardisation favorise-elle la circulation des informations ?

1 Les documents numériques

Un document est un support d'informations structuré et vecteur d'un message. Un document papier reste le support le plus couramment utilisé. Cependant, de plus en plus de documents circulent sous un format numérique, plus facile à transmettre.

A. La numérisation

Afin de dématérialiser le document, la numérisation est nécessaire. Elle consiste à transformer un document papier en document électronique. Pour réaliser cette numérisation, l'entreprise doit disposer d'un numériseur (scanner) et des logiciels appropriés.

B. La gestion électronique de documents

▶ Elle regroupe l'ensemble des moyens matériels et logiciels permettant de gérer le cycle de vie des documents sous forme électronique. Ce nouveau processus permet non seulement de gagner en rapidité et en compétitivité mais surtout de partager l'information à bon escient et aux personnes directement concernées. La mise en place du *workflow* modifie le système d'information de l'entreprise car l'ensemble des tâches est informatisé.

▶ Les différents documents sont classés sur des supports électroniques qui offrent de grandes capacités de stockage (CD, DVD, clé USB, etc.), voire sur un serveur de sauvegarde ou le *cloud computing*.

2 Le contenu documentaire

A. Le langage documentaire

Afin de permettre les échanges compréhensibles de données entre plusieurs machines, il faut recourir au langage XML (*eXtensible Markup Language*). C'est un langage structuré et universel.

À savoir

Il existe 3 types de langage :
- de programmation (création de programme) ;
- de requête (interrogation de bases de données) ;
- de description (description et structure des données).

▶ C'est un langage de balisage composé de 2 types de balises :
– les **balises par paires ouvrantes et fermantes**, qui encadrent le contenu de la balise ;
– les **balises uniques**, qui sont des balises par paires sans contenu.

▶ Ces balises contiennent parfois des **attributs**, qui sont des informations complémentaires sur le contenu de la balise. Enfin, il est possible de rajouter des commentaires.

Exemple : < ?XML version = « 1.0 » ?>
<Bac> ← Balise ouvrante
<bac techno>
<nom>bac STMG </nom>
</bac techno>
< bac pro>
<nom> bac pro Agora </nom>
<nom> bac pro Commerce </nom>
</bac pro>
</Bac> ← Balise fermante

B. La structure du contenu documentaire

Pour faciliter la recherche des informations, les données contenues dans les documents doivent être hiérarchisées. La recherche s'effectue selon différents procédés :
– le **moteur de recherche** : service facilitant la recherche d'informations grâce à des mots-clés ;
– le **portail** : site web permettant d'accéder gratuitement ou non à différents services ;
– les **favoris** : également appelés marque-page ou signet, ils permettent de mémoriser l'information ;
– la **syndication** : procédure informatique facilitant, via les flux RSS, l'accès à des actualités et autres informations publiées par d'autres internautes ;
– la **curation** : sélection d'informations les plus intéressantes se rapportant aux thématiques préférées des internautes.

Les besoins de collaboration 79

La mondialisation des échanges et la mise en place de réseaux plus ou moins importants permettent des échanges d'informations de plus en plus rapides. L'apparition, puis le développement des technologies de l'information et de la communication (TIC) ont été un enjeu important pour les entreprises. Les modes de communication ont considérablement changé et les entreprises ont dû s'adapter à ces nouveaux modes. Comment les technologies réseaux répondent-elles aux besoins de collaboration ?

1 Les réseaux informatiques

Un réseau permet le partage des ressources matérielles, des applications et des documents. Selon sa configuration, le réseau est :

– **poste à poste** : c'est un réseau local qui ne concerne qu'une dizaine de postes. Chaque ordinateur est à la fois client et serveur ;

– un **réseau client/serveur** : le client est le consommateur de données. Le serveur (fournisseur) met à disposition les informations. Ces réseaux gèrent et exécutent différents services pour les ordinateurs clients.

2 L'architecture des réseaux

Pour fonctionner, le réseau nécessite du matériel et des équipements d'interconnexion.

A. Le matériel

Outre les ordinateurs et les logiciels requis, la mise en réseau engendre l'installation de différents équipements.

➢ La carte réseau Ethernet filaire

C'est l'interface entre l'**ordinateur** et le **câble réseau**. D'une part, elle traduit les informations émises par l'ordinateur pour les envoyer vers les autres ordinateurs via le câble réseau. D'autre part, les données émises par le câble sont traduites en octets afin que l'ordinateur les comprenne. La plupart des cartes réseau sont des cartes Ethernet qui utilisent des paires torsadées comme câbles de communication. Ces paires, composées de 8 fils de cuivre, disposent à leur extrémité de prises RJ45. C'est pourquoi elles se nomment également câbles RJ45. Pour augmenter la capacité et la vitesse de communication, la fibre optique remplace les autres câbles de transmission de données. Les cartes réseau possèdent une adresse unique (adresse Media Access Control – MAC) leur permettant d'être reconnues par les autres machines.

➢ Le WIFI (*Wireless network*)

Il fonctionne sur le même principe que l'Ethernet filaire. La carte réseau est installée dans l'ordinateur ou peut être incluse dans la carte mère (élément constitutif de l'ordinateur permettant le fonctionnement de tous les éléments).

➢ Le serveur

Cet ordinateur central met ses ressources à disposition des autres ordinateurs du réseau (clients) auxquels il est relié. Le rôle de ce serveur est multiple.

Serveur d'applications	Il héberge les logiciels nécessaires et permet leur utilisation en totalité ou en partie
Serveur de fichiers	Il centralise les fichiers des utilisateurs ainsi que les répertoires partagés
Serveur de base de données	Les informations sauvegardées sur des bases de données sont stockées sur le serveur
Serveur d'impression	Chaque ordinateur client peut envoyer ses impressions sur l'une des imprimantes du réseau. Le serveur centralise les demandes et régule les impressions
Serveur de sauvegarde	C'est un serveur important car il sauvegarde une copie de toutes les données de l'entreprise
Serveur de messagerie	Il permet le recours aux messageries
Serveur Web	Il assure l'hébergement des sites web. Il est relié à Internet

B. Les équipements d'interconnexion

▶ Le **commutateur** (*switch*) assure la transmission de l'information vers le port concerné. Les autres ports restent libres pour recevoir d'autres informations simultanément. Il permet la régulation du trafic sur le réseau.

▶ Le **concentrateur** (*hub*) permet la connexion de plusieurs ordinateurs entre eux en diffusant les signaux sur l'ensemble des ports. Il possède autant de ports qu'il peut connecter d'ordinateurs (4, 8, 16 ou 32). Il tend à disparaître au profit du commutateur.

▶ Le **routeur** assure la transmission des informations entre plusieurs réseaux (réseau local et Internet), en sélectionnant le « chemin » à suivre en utilisant les adresses IP.

▶ Grâce au **modem**, la communication entre plusieurs ordinateurs s'effectue par l'intermédiaire d'une ou plusieurs lignes téléphoniques.

Info
Le modem et le routeur sont bien souvent associés pour n'en faire qu'un seul : le modem/routeur.

3 La topologie des réseaux

Dans un réseau, l'ensemble des ordinateurs sont reliés entre eux de manière différente selon l'architecture souhaitée :
– la **topologie en bus** (chaque ordinateur est relié en série à un câble commun, le bus) ;
– la **topologie en étoile** (les ordinateurs sont reliés grâce à un câble RJ45 à un concentrateur (hub) ou un commutateur (switch) qui assure l'échange d'informations) ;
– la **topologie en anneau** : les ordinateurs sont reliés en boucle et communiquent chacun leur tour, grâce au répartiteur qui gère les temps d'action de chacun ;
– la **topologie maillée** : les ordinateurs communiquent en utilisant différents chemins.

#info
La topologie des réseaux
foucherconnect.fr/24terstmg49

Adresse IP et Internet

80

Pour permettre la communication au sein du réseau, chaque ordinateur hôte doit être identifié au moyen d'une adresse unique : le protocole IP (**Internet Protocol*****).***

1 L'adressage IP

A. La composition d'une adresse IP

Cette adresse est formée de 4 séries (32 bits – 4 octets) de nombres entiers (de 0 à 255), séparées par des points.

Exemple : xxx.xxx.xxx.xxx

Les 2 séries de chiffres de gauche représentent le réseau (ID réseau), celles de droite représentent les ordinateurs du réseau (ID hôte). Dans cette configuration comprenant 2 réseaux différents, les adresses IP sont les suivantes :

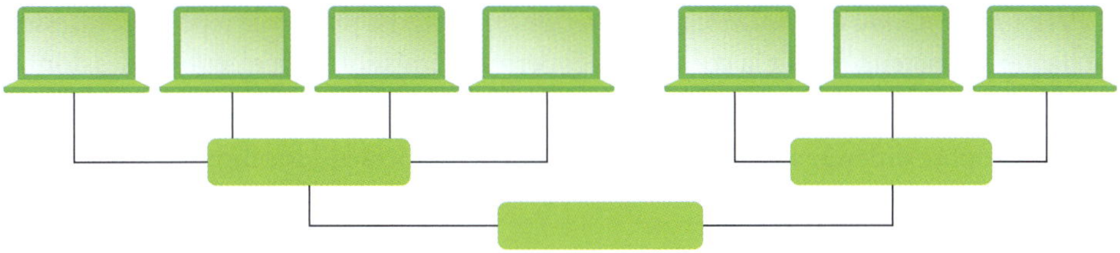

Pour les ordinateurs de gauche :

196.28.12
196.28.12.2
196.28.12.3
196.28.12.4
Le réseau est nommé 196.28.

Pour les ordinateurs de droite :

178.21.77.1
178.21.77.2
178.21.77.3
Le réseau est nommé 178.21.

B. Le masque de sous-réseau

C'est une série de 4 octets permettant d'identifier le réseau associé à une adresse IP. Ces 2 adresses sont complémentaires. Dans un masque de sous-réseau, il est impossible d'avoir des octets supérieurs à 255, ce qui signifie que l'on peut avoir jusqu'à 254 adresses IP.

C. L'attribution de l'adresse IP

Deux méthodes sont utilisées pour configurer les ordinateurs et leur fournir une adresse IP :
– la **configuration manuelle (statique)** : l'administrateur définit lui-même l'adresse IP et le masque de sous-réseau dans les propriétés de l'ordinateur ;
– la **configuration automatique (dynamique)** : dès la première connexion de l'ordinateur au réseau, la recherche s'effectue automatiquement.

D. L'adresse passerelle

L'adresse passerelle est indispensable dès que le réseau a une connexion vers l'extérieur. Par exemple, dans une entreprise, le plan d'adressage des différents appareils est le suivant :

Poste	Adresse réseau	Masque de sous-réseau	Adresse passerelle
Poste 1	192.168.0.10	255.255.255.0	192.168.0.254
Poste 2	192.168.0.11	255.255.255.0	192.168.0.254
Imprimante	192.168.1.10	255.255.255.0	192.168.0.254

Les 2 séries de chiffres à gauche représentent le réseau ; ceux de droite les postes hôtes.

Les mêmes séries de chiffres pour tous les matériels.

Les mêmes séries de chiffres pour tous les matériels.
Les 2 séries de gauche pour le réseau, et à droite 0.254, pour laisser de la place disponible en cas d'ajout de matériel.

2 Internet (INTErconnected NETworks)

➢ Un réseau mondial

▶ La transmission de ces informations s'effectue grâce aux technologies du net. Le préfixe renseigne sur le public concerné : **inter** pour le grand public, **extra** pour un public restreint et **intra** limité aux salariés d'une entreprise. C'est un réseau mondial d'échanges d'informations formant la toile d'araignée mondiale (TAM) ou *World Wide Web* (www).

▶ L'échange des données s'effectue grâce à l'utilisation d'un **protocole de communication TCP/IP** (*Transmission Control Protocol / Internet Protocol*). Le protocole repère les adresses IP de chaque ordinateur, établit la connexion et permet l'émission et la réception des données.

➢ Les services d'Internet

Internet propose différents services, grâce à d'autres protocoles de communication.

Protocoles	Finalités
Internet Relay Chat (IRC)	Forum de discussions
Hyper Text Transfert Protocol (http)	Visualisation des pages web et transfert de fichiers en format HTML
Hyper Text Transfert Protocol Sécurisé (https)	Protocole de transfert sécurisé
File Transfert Protocol (FTP)	Transfert de fichiers de toutes sortes
Simple Mail Transfert Protocol (SMTP)	Envoi des courriers électroniques
Post Office Protocol (POP)	Réception des courriers électroniques

➢ Le nom de domaine – DSN (Domain Name System)

Pour faciliter le repérage dans Internet, les utilisateurs s'octroient un nom de domaine, c'est-à-dire une adresse plus explicite que la seule adresse IP. Il est constitué : d'un préfixe (www pour le Web), du nom et d'une extension TLD (*Top Level Domain*).

➢ Le fournisseur d'accès à Internet (FAI)

Pour utiliser Internet, l'abonnement auprès d'un fournisseur d'accès est indispensable. La communication entre 2 ordinateurs distants s'effectue grâce au protocole PPP (*Point to Point Protocol*). Le FAI est l'intermédiaire.

➢ L'URL (Uniform Resource Locator)

Il s'agit d'un ensemble de caractères permettant d'identifier une ressource sur Internet. L'URL est composée de 3 parties : le nom du protocole (http, tfp, etc.), le nom du domaine et le chemin d'accès à la ressource.

Quiz express 81

Vérifiez que vous avez bien retenu les points clés des **fiches 71 à 80**

1 Quel type de graphique formalise les échanges d'informations ?

a. ❑ Le diagramme en cercles
b. ❑ Le diagramme en flèches
c. ❑ Le diagramme de flux
d. ❑ Le diagramme événements-résultats

2 Quel réseau est utilisé au niveau de l'entreprise ?

a. ❑ Le réseau PAN
b. ❑ Le réseau MAN
c. ❑ Le réseau WAN
d. ❑ Le réseau LAN

3 À quoi sert un firewall ?

a. ❑ À analyser tous les fichiers afin de détecter la présence éventuelle d'un virus
b. ❑ À protéger contre les logiciels espions
c. ❑ À sauvegarder les fichiers
d. ❑ À agir comme un filtre, et autoriser ou refuser la connexion

4 Confier la maintenance du parc informatique à un prestataire est nommé :

a. ❑ Tierce Maintenance Applicative (TMA)
b. ❑ Application Service Provider
c. ❑ Business Process Outsourcing (BPO)
d. ❑ Enterprise Resource Planning (ERP)

5 Que signifie « SMQ » ?

a. ❑ Symbole majeur de qualité
b. ❑ Système de management de la qualité
c. ❑ Système de management de la quantité
d. ❑ Systématisation managériale de la quantité

6 Comment s'exprime un indicateur ?

a. ❑ En nombre
b. ❑ En ratio
c. ❑ En codes
d. ❑ En échelle de valeur

7 **À quel type de requête correspond « SELECT » ?**

a. ❑ Requêtes d'interrogation de données
b. ❑ Requêtes de modification
c. ❑ Requêtes de définition de données
d. ❑ Requêtes de suppression de données

8 **En quoi consiste un système boléen ?**

a. ❑ Une seule réponse possible
b. ❑ Une quantité de réponses possibles
c. ❑ Deux possibilités de réponse
d. ❑ Aucune réponse possible

9 **Que signifie un « SQL » ?**

a. ❑ Symbole de qualité linguistique
b. ❑ Structure de qualité limitée
c. ❑ Système de qualité linguistique
d. ❑ Structured Query Language

10 **Qu'est-ce qu'un concentrateur ?**

a. ❑ Un outil permettant de transmettre des informations
b. ❑ Un nouveau réseau informatique
c. ❑ Un outil permettant de concentrer un nombre important de données
d. ❑ Un outil permettant de connecter plusieurs ordinateurs entre eux

11 **Une URL :**

a. ❑ est un chemin d'accès unique à une ressource
b. ❑ est un ensemble de caractères permettant d'identifier une ressource sur Internet
c. ❑ peut renvoyer à deux pages Web différentes
d. ❑ débute obligatoirement par « http »

12 **Un serveur :**

a. ❑ peut héberger des logiciels
b. ❑ permet d'utiliser une messagerie professionnelle
c. ❑ peut comporter une base de données
d. ❑ peut être un outil de sauvegarde de toutes les données d'une entreprise

↗ CORRIGÉS p. 309

Vers le Bac 82

Entraînez-vous sur les notions de l'enseignement spécifique Systèmes d'information de gestion

1 Le cas de Numest

L'organisation du service numérisation ne permet plus de répondre aux demandes dans des délais satisfaisants. En effet, Mme Jendoubi perd beaucoup de temps à réorganiser le planning des techniciens au détriment d'autres tâches. Les raisons de ce travail de réorganisation ont des sources diverses : certains techniciens sont disponibles plus vite que prévu alors que d'autres prennent du retard, la charge de travail du technicien qui réalise la finalisation est très irrégulière.

Pour ce dernier, elle souhaiterait qu'il puisse participer au travail de numérisation quand il est disponible ou bien qu'il soit assisté si nécessaire.

C'est pourquoi la modification du processus décrit dans le document 1 est à l'étude, avec la mise en place d'une nouvelle application. Cette application, un module de progiciel de gestion intégré nommé ADEL, sera fournie par l'entreprise de services du numérique (ESN) TCMU (document 2).

#docs
Documents Numest
foucherconnect.fr/24terstmg50

À l'aide de vos connaissances et des documents 1 et 2 :

1. Que deviennent les activités « numérisation » et « finalisation » du document 1 après la mise en place du module PGI ADEL ?

2. Quelles sont les conséquences de cette mise en place, pour l'entreprise Numest, ses salariés et ses clients ?

2 Le cas de KissKissBankBank : planification et coût salarial d'un système de suivi de projet

Les responsables de KissKissBankBank pilotent, depuis toujours, leur activité à partir de statistiques réalisées avec un tableur. Après 6 années d'existence, ils souhaitent mettre en place un véritable système de suivi de projets. Pour ce faire, les responsables cherchent à savoir s'il est préférable de faire appel à l'équipe interne de développement ou de faire réaliser un développement spécifique par une entreprise de services du numérique (ESN).

Après réalisation du cahier des charges, KissKissBankBank a sollicité une ESN qui a finalement envoyé un devis pour la réalisation de ce système de suivi de projets d'un montant de 18 000 €. Parallèlement, l'équipe de développement de KissKissBankBank a réalisé une planification des tâches nécessaires pour mener à bien le projet, dans le cas où il serait réalisé en interne. Dans la planification du document 1, la formation des utilisateurs au nouveau système de suivi de projets a été omise. Elle doit pourtant durer 2 jours consécutifs et être assurée par Julie Delrieu qui, étant en déplacement professionnel, ne sera plus disponible à partir du 22e jour au matin. Cette formation devra se faire, dans l'entreprise, sur le système de suivi de projets développé.

#docs
Documents KissKissBankBank
foucherconnect.fr/24terstmg51

À l'aide de vos connaissances et des documents 1 et 2 :

1. Au vu de ce planning de projet, quels seraient les jours au plus tôt et au plus tard auxquels la formation pourra débuter ? Justifiez.

2. En tenant compte de la formation, quel est le coût salarial de réalisation du projet en interne ?

3. Finalement, seul un des designers sera affecté à ce projet tel que planifié dans le document 1. Quelles incidences cette absence aura sur le projet (document 1) ?

3 Le cas de KissKissBankBank : financement des projets

Le site www.kisskissbankbank.com repose actuellement sur une base de données qui recense l'ensemble des membres inscrits et les projets gérés (documents 1 et 2).

Un KissBanker, Cetin Yuksel, souhaite, après mûre réflexion, augmenter sa part de financement dans le projet « Un toit bio en ville ». Or, lorsqu'il essaye d'augmenter sa contribution en réalisant un nouveau paiement (par carte bancaire ou virement), un message d'erreur s'affiche lui indiquant qu'il a déjà fait cette opération.

#docs
Documents site KissKissBankBank
foucherconnect.fr/24terstmg52

À l'aide de vos connaissances et des documents :

1. Pour quelle raison Cetin Yuksel ne peut-il pas réaliser cette opération ? Selon vous, quelle modification du schéma relationnel permettrait de résoudre ce problème ?

2. Camille Pons (identifiant 23) est porteuse de différents projets, mais celui qui lui tient le plus à cœur est « Un toit bio en ville » et sa période de collecte arrive à terme dans un mois. Ce projet consiste à végétaliser le toit d'un immeuble et à y installer des ruches pour améliorer l'environnement du quartier. Les KissBankers se sont montrés très intéressés par ce projet, lui permettant d'atteindre, à ce jour, 115 % de financement.

Camille Pons souhaiterait connaître la liste des KissBankers (nom, prénom) qui ont investi dans ce projet avec, pour chacun, le montant proposé. Par ailleurs, elle souhaite connaître le total des sommes recueillies pour chacun de ses projets et ainsi pouvoir évaluer les chances de les développer.

3. Quelles sont les requêtes qui permettent de répondre à Camille Pons ?

↗ CORRIGÉS p. 309

Épreuve d'enseignement de spécialité – Management, sciences de gestion et numérique

.../20
4 h
Coeff. 16

Pour vous préparer à l'épreuve écrite de Management, sciences de gestion et numérique dans les conditions du Bac, voici un sujet d'annales corrigées. L'épreuve proposée est notée sur 20, dure 4 heures et est coefficient 16.
Si le texte du sujet, de ses questions ou de ses documents vous conduit à formuler une ou plusieurs hypothèses, il vous est demandé de la (ou les) mentionner explicitement dans votre copie.

Liste des dossiers (barème indicatif sur 100 points)

Dossier 1 : l'entreprise Puyricard et son environnement (35 points)
Dossier 2 : le développement de l'entreprise Puyricard (35 points)
Dossier 3 : la transformation numérique de l'entreprise Puyricard (30 points)

Liste des documents à exploiter :

Document 1 : Pourquoi on risque de manquer de chocolat en 2050 ?
Document 2 : Les chiffres du marché français du chocolat en 2021
Document 3 : La chocolaterie de Puyricard fait rimer innovation et patrimoine
Document 4 : Puyricard, une entreprise confrontée à son marché
Document 5 : Puyricard, savoir-faire et artisanat
Document 6 : La politique de responsabilité sociétale de l'entreprise (RSE) Puyricard
Document 7 : La performance commerciale de Puyricard sur le marché du chocolat
Document 8 : Bilan fonctionnel 2021 de l'entreprise Puyricard
Document 9 : Données financières de l'entreprise Puyricard
Document 10 : La performance sociale de Puyricard
Document 11 : Une place du numérique à réinventer chez Puyricard

Puyricard

La chocolaterie Puyricard est une entreprise familiale née en 1967. Le couple fondateur, Marie-Anne et Jan-Guy Roelandts, d'origine belge, sont alors les seuls à disposer du savoir-faire pour fabriquer du chocolat. À l'époque, l'accent est déjà mis sur des fournisseurs de qualité et une présentation soignée des ballotins. Leurs chocolats deviennent un cadeau de luxe que les diplomates aiment offrir à leurs invités étrangers. À leur retour en France, ils décident de créer leur chocolaterie et choisissent le village de Puyricard. La qualité de leurs produits est unanimement reconnue et lui permet de rayonner dans le monde de la mode et de la culture avec des créations pour Louis Vuitton et le festival de Cannes. En 1995, c'est leur fils, Tanguy, maître artisan chocolatier, qui reprend les rênes de la chocolaterie afin de perpétuer la tradition familiale et le savoir-faire artisanal de Puyricard.

La chocolaterie, leader sur le marché du chocolat artisanal de qualité, fabrique et commercialise des chocolats fins, des tablettes de chocolat, des calissons et des confiseries.

Forte de son expérience, elle réussit à allier l'artisanat à la créativité tout en s'inspirant de processus industriels pour améliorer son développement. Très attentive à la qualité de sa relation avec la clientèle, elle est constamment en recherche d'amélioration en matière d'organisation, de règles d'hygiène et de démarche qualité.

La chocolaterie de Puyricard possède, en plus de son siège social, un réseau bien établi : 22 boutiques, dont seize en région Provence Côte d'Azur, quatre à Paris, une à Montpellier et une à Toulouse. Elle compte un effectif de 67 personnes.

Puyricard crée des chocolats d'exception et reste fidèle à sa tradition en n'utilisant que des produits frais pour leur fabrication. Tous les produits chimiques de substitution, tous les arômes de synthèse sont exclus de la fabrication. Contrairement à certains de ses concurrents, Tanguy Roelandts refuse d'avoir recours à la congélation pour préserver la qualité de sa production.

Depuis 2022, une nouvelle histoire s'écrit pour la chocolaterie Puyricard. Tanguy a décidé, après 27 ans passés à la direction de l'entreprise, de laisser la main à sa fille Solène. Auparavant directrice générale, elle avait déjà pris en charge la création de la nouvelle identité visuelle pour la marque et créé un service export. Tournée vers l'avenir, elle souhaite dynamiser la croissance de l'entreprise.

Dans ce contexte, l'entreprise Puyricard s'interroge :

Comment se développer tout en maintenant sa qualité et son image d'excellence artisanale ?

Afin d'analyser cette situation, il vous est demandé d'étudier les dossiers suivants :

Dossier 1 : l'entreprise Puyricard et son environnement

Dossier 2 : le développement de l'entreprise Puyricard

Dossier 3 : la transformation numérique de l'entreprise Puyricard

1 Dossier 1 : l'entreprise Puyricard et son environnement

Documents à exploiter :

Document 1 : Pourquoi on risque de manquer de chocolat en 2050 ?

Document 2 : Les chiffres du marché français du chocolat en 2021

Document 3 : La chocolaterie de Puyricard fait rimer innovation et patrimoine

Document 4 : Puyricard, une entreprise confrontée à son marché

Document 5 : Puyricard, savoir-faire et artisanat

Soucieuse de la qualité de ses produits, l'entreprise Puyricard souhaite poursuivre sa croissance sur le marché du chocolat. Elle cherche à pérenniser son activité tout en maintenant ses valeurs et son image d'excellence artisanale. Très engagée au service de sa performance, elle se questionne sur la poursuite de son développement.

À partir de vos connaissances et des documents, il vous est demandé de traiter le questionnement suivant.

1.1. Présenter des éléments du diagnostic externe de l'entreprise Puyricard.

1.2. Identifier les compétences distinctives et justifier leur intérêt pour Puyricard.

1.3. Caractériser l'approche marketing de Puyricard.

1.4. Relever les options stratégiques mises en œuvre par l'entreprise et montrer leur pertinence.

2 Dossier 2 : le développement de l'entreprise Puyricard

Documents à exploiter :

Document 6 : La politique de responsabilité sociétale de l'entreprise (RSE) Puyricard

Document 7 : La performance commerciale de Puyricard sur le marché du chocolat

Document 8 : Bilan fonctionnel 2021 de l'entreprise Puyricard

Document 9 : Données financières de l'entreprise Puyricard

Document 10 : La performance sociale de Puyricard

Une nouvelle histoire s'écrit pour la chocolaterie de Puyricard. En effet, Tanguy Roelandts vient de prendre sa retraite. Aujourd'hui, c'est Solène, sa fille, qui dirige l'entreprise. Directrice générale de la chocolaterie Puyricard depuis 2017, Solène Roelandts en est désormais la présidente. Son ambition est de faire évoluer sa gamme de produits, de poursuivre le développement du réseau de magasins en France et d'étendre la présence de l'entreprise à l'international. D'ailleurs, une nouvelle implantation devrait voir le jour en Corée du Sud et l'ouverture d'une boutique à Antibes (Alpes-Maritimes) est programmée pour la fin de l'année 2022.

À partir de vos connaissances et des documents, il vous est demandé de traiter le questionnement suivant.

2.1. Analyser l'évolution de la performance commerciale de l'entreprise Puyricard à l'aide de calculs pertinents.

2.2. Calculer le fonds de roulement net global (FRNG), le besoin en fonds de roulement (BFR) et la trésorerie nette (TN) en 2021 puis commenter l'équilibre financier de l'entreprise Puyricard.

2.3. Présenter le choix de financement réalisé par l'entreprise Puyricard pour se développer.

2.4. En une quinzaine de lignes minimums, à partir de vos connaissances et d'exemples d'organisations dont celui de l'entreprise Puyricard, montrer l'apport de la responsabilité sociétale des entreprises (RSE) à la performance commerciale et au développement de l'entreprise.

3 Dossier 3 : la transformation numérique de l'entreprise Puyricard

Documents à exploiter :

Document 11 : Une place du numérique à réinventer chez Puyricard

L'entreprise Puyricard est consciente de l'intérêt que pourrait représenter le numérique en l'intégrant dans sa réorientation stratégique. Elle s'interroge sur les répercussions de cette transition pour ses ressources humaines et la nécessité d'accompagner cette transformation.

À partir de vos connaissances et des documents, il vous est demandé de traiter le questionnement suivant.

3.1. Identifier les enjeux de la transformation numérique pour l'entreprise Puyricard.

3.2. Proposer des outils numériques à mettre en place pour améliorer l'efficacité de l'entreprise.

3.3. Montrer que l'entreprise Puyricard doit mettre en œuvre une politique de gestion prévisionnelle des emplois et des compétences (GPEC) pour accompagner sa transition numérique.

Dossier documentaire

Document 1 : Pourquoi on risque de manquer de chocolat en 2050 ?

Plus de chocolat d'ici 2050 ? Le scénario d'une crise majeure serait en tout cas hautement plausible, à en croire plusieurs articles récents. La pénurie serait causée par un double effet : d'un côté l'accroissement de la demande mondiale, et de l'autre, l'assèchement de l'offre de cacao.

Commençons par examiner la demande. Le marché mondial du chocolat connaît actuellement une expansion spectaculaire et pourrait même doubler en valeur d'ici 2025 par rapport à 2015. Actuellement, 50 % de la production mondiale est consommée en Europe occidentale et en Amérique du Nord. Sur ces marchés développés, le chocolat est bien sûr apprécié pour ses qualités gustatives, mais aussi pour ses bienfaits perçus sur la santé, tels que les effets anti-âges, les effets antioxydants, le soulagement du stress, ou encore la régulation de la pression artérielle, etc.

Nouveaux marchés du chocolat

Si l'Europe et l'Amérique du Nord continuent à tirer la demande, les immenses marchés intérieurs de la Chine et de l'Inde ouvrent d'importantes perspectives de développement. L'essor de la classe moyenne et l'évolution des goûts des consommateurs ont aiguisé les appétits…

L'Inde est actuellement l'un des marchés du chocolat dont la croissance est la plus rapide. En 2016, plus de 228 000 tonnes ont été consommées, soit une augmentation de 50 % par rapport à 2011. N'oublions pas non plus que les millions de Chinois riches tendent à acheter en ligne des spécialités étrangères de haute qualité, parmi lesquelles, bien évidemment, le chocolat. Les consommateurs de ces marchés perçoivent le chocolat comme un symbole de richesse, ce qui stimule la demande de marques haut de gamme.

Le tableau est moins rose du côté de l'offre, où les producteurs de cacao, eux, vont mal. Ils souffrent d'abord des maladies et des insectes qui ravagent les cacaoyers. Ces nuisances entraînent des pertes annuelles de 30 % à 40 % de l'ensemble de la production mondiale. En juin 2018, la Côte d'Ivoire a annoncé qu'elle allait devoir détruire une plantation de cacao de 100 000 hectares contaminée par le virus de la pousse de cacao pour empêcher sa propagation. Il faudra au moins cinq ans avant que la zone ne puisse être replantée à nouveau.

Un contexte difficile, auquel il faut ajouter la fluctuation des prix, qui encourage à passer à des alternatives potentiellement plus rentables et plus faciles à produire… L'Indonésie, troisième producteur mondial de cacao, a connu une baisse de sa production de cacao depuis 2010. Le mauvais temps et le vieillissement des cacaoyers ont poussé certains agriculteurs à transférer leur activité vers des cultures telles que le maïs, le caoutchouc ou l'huile de palme. (…)

Face aux risques de pénurie, les initiatives de développement durable se multiplient : Mars a consacré un milliard de dollars à la création de cacaoyers plus résistants à la chaleur. Mondelez International veut également que son cacao soit durable : en avril 2018, sa marque Milka a rejoint Cocoa Life, un programme lancé en 2012 visant à autonomiser les producteurs de cacao.

Bien que ces initiatives constituent un grand pas en avant, les principaux acteurs de la chaîne d'approvisionnement reconnaissent qu'elles ne sont pas suffisantes pour sortir les producteurs de cacao de la pauvreté – l'un des problèmes majeurs auxquels ils sont confrontés.

■ Source : Jovana Stanisljevic, Grenoble École de Management (GEM) - The Conversation - Publié le 15 septembre 2018

Document 2 : Les chiffres du marché français du chocolat en 2021

VENTES À L'EXPORT CHOCOLAT EN PRODUITS FINIS
1 012 MILLIONS €
243 793 tonnes
Source : Douanes Françaises

LA FRANCE EXPORTE ENVIRON
70%
DE SA PRODUCTION
(en volume)
Source : PRODCOM 2020 et Douanes Françaises

LES ENTREPRISES (EN NOMBRE D'ENTREPRISES)

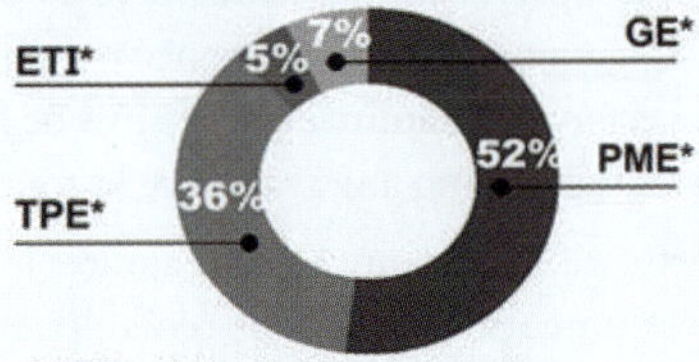

* TPE : Très Petites Entreprises,
PME : Petites et moyennes Entreprises,
ETI : Entreprises de taille intermédiaire,
GE : Grande Entreprise
Source : L'Alliance 7

■ Source : syndicat du chocolat

Document 3 : La chocolaterie de Puyricard fait rimer innovation et patrimoine

À l'approche de Pâques, l'activité de la chocolaterie de Puyricard augmente fortement. Si la période n'atteint pas l'intensité de Noël, elle reste clef dans l'année. À côté des traditionnels lapins et cloches, la maison propose cette fois-ci des œufs semblant tout droit sortis de la Voie lactée. Pour chaque sujet, poser les paillettes d'or ou d'argent, les tamponner avec une éponge imprégnée de chocolat et donner l'effet de voûte céleste souhaité aura nécessité un travail artisanal de précision de vingt minutes. Et, en amont, un vrai temps de recherche.

Quant aux bonbons au chocolat, pour lesquels la marque propose une centaine de variétés, ils nécessitent une logistique pointue. En effet, contrairement à d'autres acteurs, la maison se refuse à pratiquer la congélation, jugeant qu'elle empêche les saveurs de s'exprimer pleinement. Il y a donc, comme toute l'année, un processus à activer pour fabriquer les chocolats en flux tendus et les livrer toutes les semaines aux boutiques.

Le classique, valeur sûre

La maison a été la première société agroalimentaire à obtenir le label d'entreprise du patrimoine vivant…[1] (EPV). « Nos clients sont extrêmement fidèles et transmettent leur goût à leurs enfants. Ils réclament des nouveautés mais les classiques nous font vivre », remarque Tanguy Roelandts. Parmi les derniers lancements, on compte le Riad, une confiserie à base de dattes qui prend la forme d'un calisson.

La maison Puyricard compte désormais 22 boutiques, dont trois en franchise, surtout dans le Sud-Est, sa région d'origine. La dernière en date a été ouverte à la fin de l'année dernière à Nice, au centre commercial Cap 3 000. Mais l'entreprise dispose aussi de quatre points de vente parisiens. Elle compte bien s'étendre à d'autres villes en élargissant le cercle depuis son site de production, pourquoi pas à Bordeaux ou Lyon. Elle envisage également de développer davantage ses exportations à l'international (Japon, Chine, États-Unis et Singapour).

■ Source : Clotilde Briard, Les Echos

1. Label mis en place pour distinguer des entreprises françaises aux savoir-faire artisanaux et industriels d'excellence et éviter la disparition de talents économiques et culturels d'exception

Document 4 : Puyricard, une entreprise confrontée à son marché

Sans jamais céder aux sirènes de l'automatisation, la chocolaterie Puyricard a su rester depuis 1967 une entreprise artisanale riche de savoir-faire, de créativité et animée d'une passion incontestable pour le travail de qualité et le choix de matières premières d'excellence. En 2013, Tanguy Roelandts a repris la pâtisserie aixoise de luxe Riederer et ses 22 salariés pour constituer un pôle de confiserie, biscuiterie qui a déjà ses entrées aux Galeries Lafayette de Berlin où il est reconnu comme chocolatier à la française.

Forte d'un réseau de 22 boutiques réparties entre sa Provence natale, Montpellier, Toulouse et Paris, la chocolaterie Puyricard démontre chaque jour l'étendue de sa passion pour le « chocolat fait main » et les émotions qu'il procure.

En période de fête, les clients cherchent toujours à se faire plaisir. Noël représente 42 % de l'activité et Pâques 17 %. Les collections suivent les saisons et chaque année de nouvelles créations enrichissent la palette des saveurs et le nombre de modèles de sujets en chocolat. Si le chocolat est la marque de fabrique de Puyricard, la maison propose aussi des glaces et des sorbets pour dynamiser les ventes à la belle saison. Puyricard organise depuis peu des ateliers autour du chocolat pour les grands et les petits ainsi que des visites de l'entreprise.

Ce sont ces choix qui lui permettent de rester forte face à l'intensité et la diversité de la concurrence. On peut citer des groupes de taille internationale avec des sites de production en France (Cémoi, Ferrero, Lindt, Mars, Nestlé, etc.). Mais c'est surtout la cinquantaine de PME (Cluizel, Valrhona, Pralus, etc.) qui représente une concurrence directe ainsi que les petites entreprises avec de nombreux artisans indépendants. On peut y ajouter les fabricants avec des magasins de proximité tels que Jeff de Bruges, Léonidas, etc.

Aujourd'hui, les offreurs de chocolats hauts de gamme doivent fortement se démarquer en renouvelant leurs produits et en animant leur point de vente (dégustation, ateliers autour du chocolat, etc.). Le développement de leur chiffre d'affaires en dehors des périodes de Noël et de Pâques (50 % du chiffre d'affaires des professionnels du secteur sont réalisés pendant ces deux périodes) reste un enjeu majeur.

Enfin la digitalisation du commerce (click and collect, livraisons, communication sur les réseaux sociaux, etc.) est à intégrer par les professionnels du secteur.

■ Source : les auteurs

Document 5 : Puyricard, savoir-faire et artisanat

« Chaque chocolat est soumis au regard, au toucher et à la perception de l'homme. Aucune machine, si perfectionnée soit-elle, ne procurerait la qualité des chocolats Puyricard. »

Toute l'année, ce sont vingt maîtres chocolatiers et artisans qui œuvrent dans nos ateliers de Puyricard. C'est un métier de haut savoir-faire où il faut maîtriser les techniques du moulage, de l'enrobage et de la fabrication des pralinés, ganaches, ou caramels. Les recettes sont établies et inscrites dans une charte qualité. Les employés, artisans chocolatiers sont garants du respect de celle-ci et contrôlent les matières premières utilisées. La « charte Puyricard » est très exigeante. Nous travaillons exclusivement avec des produits naturels et frais, dont la sélection peut prendre beaucoup de temps et parfois retarder le développement d'un nouveau produit. Ce sont des produits fragiles, extrêmement vulnérables à toutes sortes de variations (température, mode de conservation…). Nous n'utilisons pas de conservateurs et ne congelons jamais nos chocolats, afin de ne pas en altérer le goût.

Grâce à cette expertise, l'entreprise a la capacité d'innover sur des séries limitées, des créations de chocolats, calissons, guimauves ou biscuits, produits recherchés par les consommateurs notamment au moment des fêtes. Les salariés vont parfois jusqu'à réaliser des sculptures, voire même créer des robes en chocolat, pour le défilé du Salon du chocolat notamment.

Nous produisons nos chocolats au moment où nos boutiques les commandent, pour en assurer la plus grande fraîcheur, éviter le gaspillage et s'adapter à vos préférences du moment. Cette philosophie se retrouve dans nos boutiques : chaque ballotin de chocolat étant composé individuellement selon les envies du client et emballé aux couleurs de la saison.

■ Source : Puyricard.fr

Document 6 : La politique de responsabilité sociétale de l'entreprise (RSE) Puyricard

Puyricard et écoresponsabilité

Nous avons intégré une démarche environnementale responsable dans nos procédés de fabrication.

Le coût des matières premières et notre volonté de proposer des produits d'une grande fraîcheur a inscrit dans notre ADN depuis toujours l'importance d'éviter le gaspillage.

Notre entreprise est installée dans un parc arboré, « La Plantation », économe en énergie, où l'on retraite les eaux usées et où l'on trie les déchets depuis fort longtemps. En 2020, la chocolaterie a accueilli dans ce parc une douzaine de ruches grâce à l'Association de Défense de l'Abeille en Provence (A.D.A.P). Les abeilles pourront y butiner en toute tranquillité les griottiers plantés au moment de l'installation des ateliers de fabrication dans ce petit coin de paradis par Marie-Anne et Jan Guy Roelandts, fondateurs de la chocolaterie.

Cacao, éthique, commerce équitable et développement durable

La chocolaterie Puyricard a toujours privilégié les relations économiques durables, notamment vis-à-vis des pays producteurs de fèves de cacao. Elle soutient la plupart de ses fournisseurs depuis des décennies, qui sont en grande partie des entreprises familiales et des artisans.

Chaque année, Tanguy Roelandts part à la rencontre des producteurs pour mieux comprendre leurs problématiques. Il est convaincu de l'importance « éthique » de garantir de bonnes conditions de travail et de vie aux producteurs. Tanguy a engagé la chocolaterie dans un ambitieux programme : le Club des chocolatiers engagés pour accompagner les cultivateurs et ainsi garantir la qualité des fèves.

Initié en 2017 par la Confédération des Chocolatiers Confiseurs de France, ce club veut réunir producteurs, professionnels et clients autour d'une même démarche, d'un même engagement. C'est un véritable partenariat de long terme qui allie commerce équitable et développement durable, pour valoriser le cacao camerounais et en faire un produit d'excellence pour les artisans chocolatiers comme pour leurs clients.

Égalité femmes/hommes à la chocolaterie

Depuis le 1er mars 2022, la chocolaterie de Puyricard publie son index de l'égalité professionnelle femmes-hommes. D'une valeur de 96 sur 100, cet index confirme son implication pour cette égalité.

■ Source : Puyricard.fr

Document 7 : La performance commerciale de Puyricard sur le marché du chocolat

Éléments	2021	2020	2019
Chiffres d'affaires du marché du chocolat (milliards €)	3,323	3,329	3,035
Chiffres d'affaire de l'entreprise Pyricard (€)	12 069 121	9 259 825	9 188 425

■ Source : d'après les auteurs et Puyricard

Document 8 : Bilan fonctionnel 2021 de l'entreprise Puyricard

ACTIF		PASSIF	
Emplois stables	7 495 112	Ressources stables	5 640 515
Actif circulant (*)	1 211 966	Passif circulant (**)	3 459 200
Trésorerie de l'actif	392 637	Trésorerie du passif	0
Total Général	9 099 715	Total général	9 099 715

(*) peu de stocks, les produits vendus sont des produits frais.

Peu de créances clients.

(**) délai de paiement aux fournisseurs : 90 jours.

■ Source : données issues du rapport d'activité 2021

Document 9 : Données financières de l'entreprise Puyricard

Données	28/02/2022	31/12/2021	31/12/2020
Capital social	4 468 900	2 968 900	2 968 900
Résultat de l'exercice	Non communiqué	813 979	- 9 612

■ Source : infogreffe.fr

Document 10 : La performance sociale de Puyricard

Liste des actions menées par Puyricard pour améliorer sa performance sociale et limiter son turnover, aujourd'hui à 2 % :

- Formation des cadres pour bien manager leurs équipes (manager en responsabilités).
- Mise en place d'un climat de liberté d'expression, un vendeur peut parler à la direction générale s'il en ressent le besoin.
- Performance d'entreprise tournée vers la qualité du produit/qualité du service : tous les membres de l'entreprise œuvrent dans ce sens.
- Recrutement qui se tourne vers un équilibre des sexes, des âges, etc. une recherche de mixité.
- Recherche maximum d'équité de traitement entre les personnes.
- Mise en place d'une journée team-building par an avec l'ensemble des collaborateurs de l'entreprise tous les services confondus.
- Invitation à des journées découvertes d'entreprises partenaires (fournisseurs).
- Formations métiers proposées aux salariés.
- Promotion interne.
- Une certaine liberté de proposer ses idées.

■ Source : d'après un entretien avec Solène Roelandts, présidente de Puyricard

Document 11 : Une place du numérique à réinventer chez Puyricard

Des constats

Des investissements importants il y a quelques années (portail multimarques, iPad en boutiques) et des résultats qui ne sont pas toujours à la hauteur des investissements (ex : site non rentable, page Facebook boutiques avec nombre d'abonnés très limité).

<u>La place du e-commerce est relativement faible :</u> des ventes faibles (5 % du CA), une base de données clients insuffisamment mise à jour, l'e-commerce vu comme un concurrent par les boutiques.

Des besoins

<u>Des outils doivent s'adapter :</u> de nouveaux logiciels qui permettent d'intégrer le e-commerce, moyens de fidélisation de la clientèle, assurer une visibilité à l'international.

<u>La culture du numérique :</u> pas assez présente dans l'entreprise, manque de compétences d'une partie des salariés.

La transformation numérique devra tenir compte de l'ensemble des problématiques des personnels de l'entreprise afin d'éviter qu'elle ne devienne un projet purement technique qui sera rejeté. De plus, les professionnels du secteur ne peuvent plus considérer le numérique comme une option mais plutôt comme une dimension indispensable au développement des ventes et à l'amélioration de l'expérience client.

■ Source : d'après un entretien avec Solène Roelandts, présidente de Puyricard

↗ CORRIGÉS p. 311

Quel est le rôle du contrat ? 83

Le contrat est une convention par laquelle une ou plusieurs personnes s'obligent envers une ou plusieurs autres, à donner, à faire ou à ne pas faire quelque chose. Il est la principale source d'obligations en droit français. La partie au contrat qui s'engage à faire quelque chose est le débiteur d'une obligation qu'il doit au créancier, l'autre partie du contrat.

1 La formation du contrat

A. L'échange de consentement

▶ Le contrat est formé dès l'**échange des consentements**, c'est-à-dire lorsque la **volonté libre et éclairée des parties** qui l'ont conclu s'est exprimée. Il peut y avoir une ou plusieurs parties qui concluent un contrat. Les parties sont des professionnels, des consommateurs ou non.

▶ Quand le contrat concerne un professionnel et un consommateur, on parle de **contrat de consommation.** Le consommateur est défini par une directive européenne comme « toute personne qui agit pour réaliser un acte d'achat ou de vente hors du cadre de sa profession ».

▶ Dans le contrat de consommation, la relation est déséquilibrée car le professionnel dispose d'informations supplémentaires face au particulier, qui est dit « profane ». Le droit cherche à rééquilibrer ce type de relation contractuelle en protégeant le consommateur.

À savoir

Le contrat a une importance croissante, notamment dans la vie économique, sous la forme du contrat de consommation. Cela amène le législateur à améliorer la protection du consommateur, en particulier lorsque la relation contractuelle est dématérialisée au travers des réseaux informatiques et de télécommunication. Les obligations des cybervendeurs sont renforcées.

B. Les conditions de validité

Depuis la réforme du droit des contrats de 2016 (art. 1128. du Code civil), pour qu'une convention soit valable, il faut respecter trois conditions :

– **les parties doivent avoir la volonté de conclure un contrat** et leur volonté doit être libre et éclairée. Elle ne doit subir aucun **vice du consentement.** Pour que le consentement soit éclairé, les cocontractants ont une **obligation d'information et de conseil** les uns envers les autres. On dit que le contrat doit être exécuté **de bonne foi.** Si l'une des personnes a connaissance d'une information qui affecte le consentement des autres parties, elle doit les en informer ;

Les vices du consentement sont la contrainte physique et morale, la tromperie (appelé dol) et l'erreur (en particulier sur la nature de l'objet du contrat).

– **les parties doivent être des personnes juridiques capables.** Cette condition permet de protéger les mineurs et les majeurs incapables d'éventuels abus car ils ne sont pas suffisamment sains d'esprit. Le contrat doit avoir un contenu licite, l'objet doit être certain, conforme aux bonnes mœurs et à l'ordre moral. Il ne doit pas nuire à l'intérêt général ;

– **le contrat fait naître des obligations réciproques entre les parties.** Elles sont définies dans les clauses du contrat. Elles doivent obligatoirement s'exécuter pour que les parties respectent leurs engagements. **Les clauses d'un contrat ont force de loi** pour ceux qui l'ont conclu. Le contenu du contrat ne peut pas être modifié unilatéralement, sans l'accord de toutes les parties. On est libre de donner ou non son consentement mais, une fois que cela est fait, le contrat a une **force obligatoire** pour les parties qui l'ont donné.

À savoir

Si le contrat ne s'est pas valablement formé pour une raison ou une autre et que l'intérêt général n'est pas respecté, alors il est réputé nul comme s'il n'avait jamais existé. On parle de nullité absolue du contrat. En revanche, si le contrat s'est légalement formé, qu'il ne nuit pas à l'intérêt général, mais qu'il y a un vice du consentement au détriment de l'intérêt particulier d'une partie qu'il convient de protéger, alors la nullité du contrat est relative. Dans ce cas, le contrat existe mais les parties sont libérées d'une partie ou de toutes leurs obligations.

2 Les obligations du contrat et le droit de rétractation

▶ Les obligations du contrat n'engagent que ceux qui l'ont conclu. Elles ne s'appliquent pas aux tiers (personnes extérieures au contrat).

▶ Les parties disposent cependant d'un **droit de repentir ou de rétractation**. Il permet aux consommateurs de se rétracter, donc de changer d'avis et de renoncer à une offre :
– si l'achat est effectué à distance (par Internet, téléachat ou démarchage téléphonique), le consommateur dispose d'un délai minimum de 14 jours. Il s'exerce dès la formation du contrat pour les services (souscription d'un abonnement téléphonique par exemple) ;
– en ce qui concerne les marchandises, le délai commence à la réception des objets livrés.

▶ Le consommateur qui se rétracte doit en informer le vendeur par écrit. Le consommateur doit réexpédier les marchandises dans les 14 jours après sa demande de rétractation.

▶ Le professionnel doit rembourser la totalité des sommes versées par le consommateur.

▶ Le contrat peut s'accompagner d'une obligation de moyen ou de résultat. Dans le premier cas, le débiteur de l'obligation ne garantit pas le résultat mais il doit tout mettre en œuvre pour l'obtenir. Dans le deuxième cas, c'est le résultat – peu importent les moyens engagés – qui doit être atteint.

Exemple : Un médecin a une obligation de moyen et non de résultat envers son patient. Il ne peut pas garantir la guérison. En revanche, un transporteur de voyageur a une obligation de résultat. Le passager doit être acheminé de son point de départ à son point d'arrivée, peu importe le moyen utilisé ou le délai sauf si celui-ci est précisé dans le contrat.

Un contrat doit :

- impliquer des **parties capables de contracter**
- être **libre de tout vice de consentement** : dol, erreur, violence

Sinon, **nullité relative**

- avoir un **contenu** (objet et cause) **licite et possible**
- respecter la **forme légale**, s'il en existe une

Sinon, **nullité absolue**

L'exécution du contrat

84

La liberté contractuelle donne une grande souplesse aux engagements qui s'adaptent aux volontés des parties. Ainsi, le vendeur est tenu de livrer la chose vendue et l'acheteur d'en payer le prix. Mais, en fonction des clauses du contrat, le prix peut par exemple être exigé dès la formation du contrat ou à la livraison des marchandises.

1 Les sanctions en cas d'inexécution des obligations du contrat

▶ **L'inexécution d'une obligation est sanctionnée.** Le fautif peut être contraint à **exécuter son obligation** ou à **verser des dommages et intérêts**. La réparation du préjudice qui en résulte peut se faire en nature ou par équivalent.

▶ Pour contraindre le débiteur d'une obligation, il est souvent nécessaire de recourir à une **mise en demeure** qui n'est pas une simple lettre de relance. La mise en demeure doit préciser les identités des parties au contrat en indiquant qui est le débiteur de l'obligation. Elle rappelle l'objet du litige, et la demande de mise en demeure du créancier doit être clairement intitulée, formulée par écrit et rappeler la clause qui la justifie.

#vidéo
Qu'est-ce qu'une mise en demeure ?
foucherconnect.fr/24terstmg53

▶ La **nullité du contrat** peut être prononcée par un juge si l'une des trois conditions de validité de la formation d'une convention n'est pas respectée. Les effets sont rétroactifs car les parties doivent être remises dans l'état où elles étaient avant la formation du contrat.

Exemple : S'il s'agit d'une vente de bien, celui-ci doit être restitué au propriétaire initial et les sommes versées rendues. Si cela n'est pas possible, la restitution prend la forme d'une indemnisation du montant de la valeur du bien.

▶ La **résolution du contrat** intervient quand le contrat est valablement formé mais que les obligations n'ont pas été exécutées par l'une des parties fautives. Le juge peut libérer la partie qui a subi un préjudice engendré par le contrat. Par conséquent, si la résolution du contrat de vente d'une marchandise est prononcée par un juge, l'acheteur ne sera pas tenu de payer le prix d'une marchandise non livrée.

▶ L'**exécution forcée des obligations** peut également être prononcée par le juge lorsque cela est possible, sinon il décide la résolution du contrat.

À savoir

Un contrat peut comporter une clause dite pénale. Cette clause prévoit les sanctions que les parties encourent si elles ne respectent pas leurs obligations. Il s'agit bien souvent d'une indemnité versée à la partie lésée ou d'une majoration du prix de la prestation. Pour éviter les abus, le juge a le pouvoir de modérer le contenu de la clause pénale.

2 La résiliation du contrat

La résiliation met fin aux effets d'un contrat, donc aux obligations qui en découlent. Elle n'a pas d'effet rétroactif, contrairement à la résolution du contrat. La résiliation peut intervenir aux termes d'un contrat de prestation de service qui arrive à l'échéance ou d'un commun accord des parties qui mettent fin à leur relation contractuelle, ou encore elle peut être prononcée par le juge.

3 Les clauses abusives

Les **clauses abusives** sont des clauses qui introduisent un **déséquilibre dans les obligations**, et qui sont défavorables au consommateur. Leur liste est annuellement mise à jour par la Commission des clauses abusives sous la tutelle du ministre chargé de la Consommation. Les clauses abusives sont réputées nulles et non écrites, comme si elles n'avaient jamais existé.

#vidéo
Les clauses abusives
foucherconnect.fr/24terstmg54

Exemple : Dans les conditions générales du contrat qui lie l'entreprise Facebook.inc avec ses utilisateurs en France, la clause qui limitait, en cas de litige, les tribunaux compétents aux tribunaux de Santa Barbara aux États-Unis est une clause abusive. Elle est réputée nulle par une décision du TGI de Paris du 5 mars 2015 car la distance et le montant des frais à engager sont de nature à décourager toute action en justice des consommateurs qui demanderaient réparation d'un préjudice.

3 possibilités pour faire respecter un contrat

Mise en demeure
Le créancier exige l'exécution des obligations du débiteur.

Exécution forcée
Décidée par le juge
- Astreinte
- Exécution en nature (saisie)
- Exécution par équivalent (dommages et intérêts)

Application des clauses particulières
- Clause résolutoire
- Clause pénale
Etc.

Qu'est-ce qu'être responsable ? 85

En droit, la responsabilité est l'obligation faite aux individus de réparer les atteintes physiques ou au patrimoine causées volontairement ou non aux autres. Pour obtenir réparation de ces atteintes appelées « dommages », la victime doit démontrer la réalité du préjudice et un lien entre la cause et le préjudice. Le droit évolue vers une meilleure indemnisation des victimes, notamment par une prise en charge par les assurances.

1 Le dommage réparable

A. La responsabilité civile

Pour pouvoir engager la responsabilité civile, il faut d'abord prouver l'existence d'un dommage qui peut être corporel, matériel (patrimonial), moral (extrapatrimonial) ou économique (perte de revenu, de gain ou de bénéfice). Pour que le dommage soit réparable, 4 conditions doivent être réunies :

– le **dommage doit être certain**, peu importe qu'il soit futur ou qu'il résulte d'une perte de chance. Un préjudice éventuel ne peut pas être indemnisé ;

– le **dommage doit être direct**, c'est-à-dire qu'il est le résultat des faits reprochés à l'auteur du dommage ;

– le **dommage doit être personnel.** On ne peut pas demander réparation pour les dommages subis par une autre personne que soi (sauf si on agit en tant que représentant légal d'une personne incapable au regard du droit) ;

– le **dommage doit être légitime.** Il ne doit pas être contraire aux bonnes mœurs et à l'opinion publique.

Il n'est pas possible de se prévaloir du vol d'un objet qui avait été préalablement volé même si la victime présumée n'était pas au courant du vol initial.

B. La responsabilité pénale

La responsabilité pénale est engagée dès lors qu'une règle de droit pénalement sanctionnée a été transgressée, même si personne n'a subi de préjudice. L'intérêt général prime.

Exemple : Une personne atteinte du Covid qui ne respecte pas les consignes d'isolement ou de port du masque met potentiellement les autres en danger par son comportement. Elle peut éventuellement être tenue responsable d'avoir exposé d'autres personnes à une contamination.

Responsabilité

Être responsable : être dans l'obligation d'assumer les conséquences de ses actes

Responsabilité pénale
→ Finalité : la sanction de l'auteur d'une infraction

Responsabilité civile
→ Finalité : la réparation d'un dommage causé

ZOOM SUR... LE PRÉJUDICE ÉCOLOGIQUE

Le droit reconnaît depuis la loi sur la biodiversité de 2016 l'existence d'un préjudice écologique que l'auteur est tenu de réparer. On distingue :

- le préjudice écologique pur qui résulte d'une dégradation du milieu naturel. Il s'agit d'un préjudice subi collectivement ;

- le préjudice écologique dérivé qui est un préjudice patrimonial ou extrapatrimonial que subit une personne du fait d'une atteinte à l'environnement. Le dommage qui en résulte pour être indemnisable doit être certain, direct, personnel et licite.

La charte de l'environnement de 2004 a une valeur constitutionnelle. Elle est intégrée à la Constitution. Les droits et libertés inscrits dans la charte sont des principes constitutionnels opposables au juge. Ils peuvent justifier au cas par cas une restriction à d'autres libertés constitutionnelles comme la liberté d'entreprendre.

2 La réparation

▶ Par principe, **la réparation du préjudice doit être intégrale.** Ainsi, lorsque c'est possible, les parties doivent retrouver une situation antérieure au dommage comme s'il n'avait jamais existé :
– pour les **dommages matériels**, la réparation prend donc si possible la forme d'une **remise en état.** Le juge peut également exiger l'exécution d'une obligation contractuelle ;
– dans les autres cas, la réparation est **financière.** Le montant de la réparation est fixé par le juge. Il tient compte du caractère permanent ou temporaire du dommage et de sa nature.

▶ Le **mécanisme de l'assurance** permet une mutualisation des risques et un transfert de la charge financière de l'indemnisation du dommage de l'individu assuré à l'assurance. En effet, les personnes assurées cotisent et les sommes récoltées sont reversées à la victime bénéficiaire de l'indemnisation. Ainsi, ce n'est pas le responsable des dommages qui supporte directement le coût de l'indemnisation, mais l'ensemble des assurés qui ont cotisé.

▶ Le droit distingue les victimes directes qui subissent le préjudice des victimes indirectes qui sont les proches. Les deux peuvent obtenir réparation d'un dommage.

✋ Dans le cas particulier des accidents de la route, l'indemnisation est intégralement prise en charge par les assurances. Elles sont obligatoires (articles L. 324-1 et R. 233-3 du Code de la route).

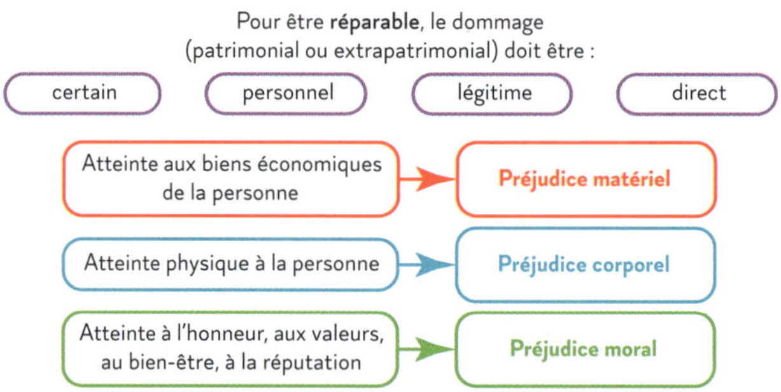

Les différents régimes de responsabilité

86

La mise en œuvre de la responsabilité civile repose sur trois éléments : l'existence d'un préjudice indemnisable, l'existence d'un fait générateur de causalité et un lien de causalité entre le préjudice et la faute.

1 Les régimes spéciaux

Si la cause du préjudice est un préjudice écologique, un accident du travail, un accident de la circulation ou un produit défectueux, le **mécanisme d'indemnisation est spécifique à chacun de ces cas.**

Exemple : Dans le cadre du travail, une indemnisation qui compense la perte de revenus est versée par l'employeur ou la Sécurité sociale.
Dans le cas de produits défectueux, le vendeur a l'obligation de réparer les dommages sauf s'il est en mesure de prouver que le produit ne l'était pas avant la vente.

2 La responsabilité contractuelle

La responsabilité contractuelle est engagée quand la faute à l'origine du dommage est la non-exécution d'une obligation contractuelle. Les règles spécifiques prévues dans le contrat s'appliqueront pour indemniser la victime s'il existe une clause pénale, une clause d'exonération ou de limitation de la responsabilité en cas de mauvais usage de la chose vendue par exemple. Le juge peut également étendre les obligations des parties pour permettre une indemnisation des victimes.

Exemple : Le vendeur d'un service ou d'un produit a une obligation de sécurité envers ses clients. Pour mettre en œuvre la responsabilité civile, il faudra s'interroger pour savoir si le débiteur de l'obligation a une obligation de moyen ou de résultat et quelle est la nature de l'obligation qui n'a pas été satisfaite.

Responsabilité contractuelle si présence d'un contrat (quelle que soit sa forme)

Inexécution d'une obligation
- de moyens
- de résultat

\+ Dommage, donc préjudice corporel, matériel ou moral

\+ Lien de causalité

3 La responsabilité extracontractuelle

Selon l'article 1241 du Code civil, l'auteur du dommage est responsable pour les faits qu'il a commis, pour ceux commis par les personnes dont il est responsable (mineurs, élèves, salariés, apprentis) et par les choses dont il a la garde (véhicule, objets divers, animal). Cela permet à la victime de rechercher la responsabilité à l'origine de son dommage pour demander réparation de son préjudice.

Depuis 2016, le droit reconnaît une responsabilité des propriétaires du fait de la ruine d'un bâtiment. C'est une extension de la responsabilité du fait des choses selon laquelle le propriétaire d'un bâtiment est responsable des dommages causés par sa ruine, un défaut d'entretien ou une malfaçon.

4 Les moyens d'exonération

Le responsable peut partiellement ou totalement s'exonérer de sa responsabilité (c'est-à-dire être jugé en partie ou non responsable) dans les cas suivants :
– la **cause étrangère** : dans ce cas, il faut prouver qu'un événement qui ne dépend pas de l'auteur du dommage (qui lui est étranger) a rendu le dommage possible ; c'est-à-dire qu'il n'y a pas de lien direct entre le fait générateur et le dommage. Sans cet événement, il n'y aurait pas eu de dommage ;
– la **force majeure** : dans ce cas, il faut prouver qu'un événement exceptionnel par son intensité, irrésistible (on ne peut pas s'y opposer, l'empêcher) qui échappe à tout contrôle et qui est imprévisible, est à l'origine du dommage ;
– le **fait ou la faute d'un tiers** : dans ce cas, il faut prouver qu'une autre personne que soi-même a causé partiellement ou totalement le dommage subi par la victime. Dans le premier cas, l'exonération de la responsabilité de l'auteur présumé des dommages peut être partielle ; dans le second, elle est totale ;
– le **fait ou la faute de la victime** : dans ce cas, il faut prouver que la victime a commis une faute lourde qui contribue à son dommage.

Info
Une catastrophe naturelle est un cas d'exonération totale de la responsabilité de l'auteur du dommage.

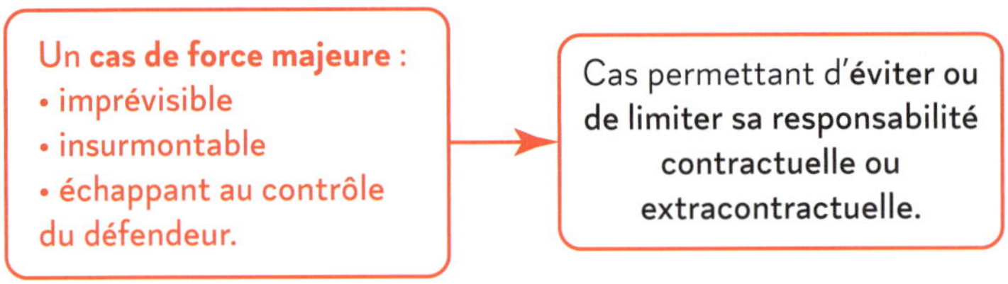

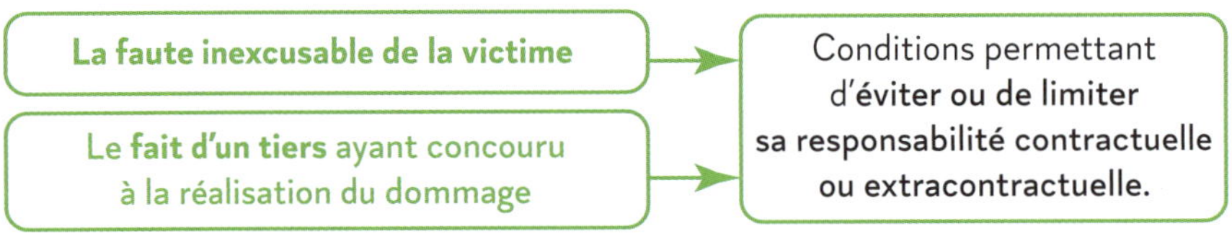

Comment le droit encadre-t-il le travail salarié ?

87

Le travail peut être réalisé de façon indépendante ou sous la responsabilité d'un employeur. Dans le second cas, la personne qui exécute le travail est liée à son employeur par un contrat de travail qui précise les obligations respectives des parties. La relation de travail est par nature asymétrique puisque le salarié est subordonné à son employeur. Le droit du travail encadre l'exercice du pouvoir de direction de l'employeur dans le but de protéger le salarié.

1 Le contrat de travail

C'est une convention entre l'employeur et le salarié, librement négociée entre les parties. À ce titre, le contrat doit respecter tous les critères de validité de droit commun d'une convention. Fiche 83

A. Le lien de subordination

▶ Le lien de subordination se traduit par la **situation de dépendance du salarié** vis-à-vis de l'employeur puisque le salarié doit obéir aux instructions de sa hiérarchie. Ainsi, il abandonne à l'employeur, qui organise son travail, une partie de sa **liberté**. En contrepartie, l'employeur doit assurer sa **sécurité au travail**. C'est le lien de subordination qui fonde le **contrat de travail**. Il permet de distinguer les différentes situations de travail.

Il ne faut pas confondre le travail effectué par un salarié subordonné dans le cadre d'un contrat de travail avec un contrat d'entreprise entre un client et son fournisseur entre lesquels il n'y a pas de lien de subordination.

▶ Concrètement, dès que l'on prouve qu'il y a une prestation réelle de travail, que l'organisation de ce travail est subordonnée à un donneur d'ordre et que les ressources financières perçues dépendent exclusivement de ce dernier, alors on peut présumer l'existence d'un **lien de subordination** donc d'un **contrat de travail**. En cas de litige, le juge, une fois que le lien de subordination est établi, requalifiera la relation de travail en CDI.

Un contrat de travail entre employeur et salarié →	• Une prestation de travail • Une rémunération • Un lien de subordination
Un contrat de prestation de service (d'entreprise) entre client et prestataire →	• Une prestation • Une rémunération • Une indépendance

B. Les droits du salarié

▶ L'ordre public social accorde un ensemble de droits minimaux aux salariés en matière de rémunération, de durée du travail, d'hygiène, de sécurité et de congés. Il rend obligatoire la négociation périodique des conditions d'emploi par secteur d'activité ou profession au niveau national ou à défaut dans les entreprises entre les représentants des salariés et des employeurs. La négociation est menée par les organisations syndicales. Le droit négocié qui en résulte donne des droits supplémentaires aux salariés.

> **À savoir**
> Les conventions collectives ne peuvent pas être moins favorables aux salariés que le socle minimum créé par la législation du travail. Ainsi, les jours de congé pour événements familiaux sont de 1 à 4 jours au minimum mais les conventions collectives accordent souvent des jours supplémentaires.

▶ Pour mieux faire valoir ses droits, la loi travail instaure pour chaque salarié un **compte personnel d'activité** qui regroupe les informations sur ses droits acquis au cours de sa carrière en matière de formation, chômage et pénibilité de l'emploi.

2 L'autorité et les pouvoirs de l'employeur

➢ Le pouvoir de direction

Le pouvoir de direction de l'employeur est reconnu par la **jurisprudence**. L'exercice de son pouvoir de direction doit se faire dans l'**intérêt de l'entreprise**. À ce titre, l'employeur a la possibilité de modifier unilatéralement certaines conditions d'emploi sans que cela remette en cause le contrat de travail en lui-même. Ainsi, il peut fixer des **objectifs** à ses salariés, les évaluer, imposer des horaires de travail et modifier les tâches si elles sont en rapport avec leurs qualifications.

➢ Le pouvoir réglementaire

Il correspond au pouvoir de l'employeur d'édicter des règles pour préciser les modalités de l'activité dans l'entreprise. Ces règles sont écrites dans les notes de service et surtout dans le **règlement intérieur de l'entreprise** (article L. 4122-1 du Code du travail). Ce document est obligatoire dans la plupart des organisations de plus de 20 salariés (article L. 122-33 du Code du travail). On y trouve en particulier :
– les **consignes d'hygiène et de sécurité**, précisant si nécessaire les modalités d'utilisation de l'outillage et des machines (articles L. 233-3 à L. 233-5 du Code du travail) ;
– la **nature et l'échelle des sanctions**, avec leur durée ;
– les **modalités de défense du salarié** en cas de contestation des sanctions avec à défaut les références de la convention collective applicable ;
– un **rappel contre l'abus d'autorité** en matière sexuelle réprimé par la loi.

➢ Le pouvoir disciplinaire

C'est le prolongement du **pouvoir réglementaire de l'employeur** en vertu duquel il a le droit de **sanctionner** un salarié qui enfreint les règles qu'il a fixées (article L. 122-40 du Code du travail). Les sanctions encourues sont très diverses : avertissement écrit, blâme, mise à pied, mutation, rétrogradation, blocage de l'avancement et licenciement. Cependant, les amendes ou autres sanctions pécuniaires sont strictement interdites (article L. 1331-2 du Code du travail). Avant de procéder à un licenciement, l'employeur doit avertir le salarié et respecter la hiérarchie des sanctions, sauf s'il s'agit d'une faute grave ou lourde.

Pouvoirs de l'employeur

Pouvoir de direction ➢ Pouvoir réglementaire ➢ Pouvoir disciplinaire

Les différents types de contrats de travail

88

***Le CDI est le contrat de droit commun.** Bien qu'il existe des contrats à durée déterminée (CDD) pour permettre à l'employeur d'adapter de façon plus flexible le volume d'emploi aux variations de son activité, le CDI est la norme car il permet d'assurer la stabilité des ressources du salarié pour satisfaire ses besoins.*

1 Le contrat à durée indéterminée (CDI)

A. Les caractéristiques du contrat de travail

▶ La forme du contrat de travail est libre. L'écrit n'est donc pas une obligation mais, si le contrat est écrit, il doit être rédigé en français. Le contrat précise le lieu d'exercice du travail, les missions, les tâches, les horaires, la rémunération et les conventions collectives négociées entre représentants des employeurs et des salariés applicables. Le contrat indique les modalités de la période d'essai s'il y en a une, et la durée du préavis pour quitter l'emploi en fonction de l'ancienneté du salarié.

▶ Comme pour toute convention, **les parties du contrat s'obligent l'une envers l'autre** :
– les **principales obligations de l'employeur** sont de fournir un travail au salarié et une rémunération, de respecter ses libertés individuelles et collectives, de le former pour l'adapter à son emploi et assurer sa sécurité au travail ;
– les **principales obligations du salarié** sont d'exécuter le travail confié, de se soumettre aux consignes de la hiérarchie, de respecter le règlement et de faire preuve de loyauté de façon à ne pas nuire aux intérêts à long terme de son employeur.

B. Les clauses particulières

L'employeur peut introduire dans le contrat des **clauses particulières** pour adapter le contrat à ses **contraintes économiques.** On trouve notamment des clauses de confidentialité, de mobilité, de non-concurrence, de télétravail et de formation (remboursement sous conditions des frais de formation financée par l'employeur). Ces clauses ne doivent pas être **abusives.** Elles sont limitées dans le temps et dans l'espace. Dans le cas contraire, elles sont réputées **nulles.** Les clauses particulières que l'employeur introduit dans le contrat de travail ne doivent pas créer un **déséquilibre entre la vie professionnelle et la vie personnelle** du salarié.

Le contrat à durée indéterminée (CDI) et sa variante

Contrat de droit commun : **CDI**	Contrat dérogatoire : **CDI de chantier**
Contrat sans détermination de durée	• Contrat conclu **pour la durée du chantier ou de l'opération** • Contrat qui se termine à la fin du chantier ou de l'opération

2 Les autres formes de contrat de travail

Les contrats précaires ont tous une durée limitée dans le temps. Il en existe de nombreuses formes. Leur but est d'accroitre la flexibilité du travail en simplifiant pour le salarié l'accès à l'emploi, et pour l'employeur l'adaptation de l'effectif de son entreprise aux variations de l'activité. En contrepartie de cette flexibilité accrue, la législation renforce les obligations de sécurité et d'information de l'employeur vis-à-vis de ses salariés (article L.233-1 du Code du travail).

A. Le contrat à durée déterminée (CDD)

▶ C'est un contrat de travail pour lequel la date de fin est précisée dès sa conclusion. Le droit du travail limite les cas de recours à ce type de contrat pour ne pas remettre en cause la stabilité du travail subordonné dont la durée indéterminée reste la norme.

▶ Les 3 motifs légaux de recours à un CDD sont :
– l'accroissement temporaire de l'activité ;
– les emplois à caractère saisonnier par leur nature (comme les travaux agricoles) ;
– le remplacement d'un salarié absent ou passé provisoirement à temps partiel ;

▶ **Tout contrat non conforme avec le cadre légal est requalifié en contrat à durée indéterminée.**

B. Le contrat saisonnier

▶ C'est un contrat adapté aux **activités de nature saisonnière.** Il ne faut pas le confondre avec le CDD. Il n'y a pas de limite de reconduction de saison en saison. Une entreprise temporairement ouverte pour une saison comme un restaurant ou une boutique ne peut cependant pas prétendre conclure des contrats de travail saisonniers pour la durée de son activité. La durée de la saison est comprise entre 1 et 8 mois.

▶ Le salarié n'a pas droit à la prime de précarité de fin de contrat des CDD mais il perçoit une **indemnité de congés payés** de 10 % de la rémunération acquise et peut prétendre à une prime d'ancienneté. Ce contrat ne peut pas faire l'objet d'une rupture conventionnelle.

C. Le contrat de travail temporaire (CTT ou contrat de travail intérimaire)

▶ C'est une forme particulière de contrat dans laquelle le salarié appelé intérimaire est employé par une agence d'intérim pour laquelle il exécute sa mission dans les locaux d'une entreprise.

▶ L'agence d'intérim assume toutes les responsabilités qui reviennent à un employeur.

▶ Le salarié intérimaire doit respecter les horaires et le règlement de la société qui l'accueille pour la durée de sa mission. Cette dernière est par nature forcément limitée dans le temps. Cela accroit la précarité de la situation du travailleur intérimaire par rapport aux autres types de contrats. À ce titre, il perçoit une **prime de précarité**.

La rupture du contrat de travail 89

La rupture du contrat de travail intervient soit à l'initiative du salarié, soit à l'initiative de l'employeur. Ces différentes situations impliquent des procédures différentes.

1 La démission

▶ Tout salarié a le droit de mettre fin à son contrat de travail comme il le souhaite. Pour éviter de s'exposer à des sanctions, le salarié doit néanmoins respecter les **délais de préavis** prévus par la loi (articles L. 1237-1, L. 122-6, 134-11 du Code du travail) ou précisés dans la **convention collective** applicable ou encore dans le **contrat de travail.**

▶ La loi n'exige pas de forme particulière pour démissionner mais il est préférable de disposer d'une preuve écrite en cas de litige. Le salarié démissionnaire perçoit une indemnité de préavis si l'employeur le dispense de préavis et l'ensemble des rémunérations différées non encore perçues (primes diverses). Il n'a pas droit aux allocations-chômage. Cependant, après 4 mois sans emploi, il peut faire une demande auprès de France Travail pour bénéficier de l'**allocation de retour à l'emploi** (ARE).

#info
Réforme de l'assurance chômage en 2024
foucherconnect.fr/24terstmg55

2 La rupture conventionnelle

▶ C'est une convention entre le salarié et son employeur selon laquelle ils décident d'un **commun accord** de mettre **fin au contrat de travail** qui les lie (articles L 1237-11 à L. 1237-16 du Code du travail). La convention de rupture précise la date de fin du contrat et le montant des indemnités qui doivent être au moins égales au montant de l'indemnité de licenciement. L'accord entre les parties doit être édité en deux exemplaires et remis à chacun.

▶ Le contenu de la convention est établi entre les parties au cours d'un **entretien préalable** pendant lequel le salarié peut se faire assister d'une personne choisie parmi une liste de personnes (liste consultable auprès de l'inspection du travail, dans chaque mairie, ou parmi les représentants du personnel ou encore un des salariés).

✋ La convention doit obligatoirement être homologuée pour être valable à l'issue d'un délai de rétractation par le directeur régional des entreprises, de la concurrence, de la consommation, du travail et de l'emploi (arrêté du 8 février 2012, JO).

La démission	La rupture conventionnelle
• Claire • Non équivoque • Écrite ou orale • Définitive	= Accord de volonté amiable entre employeur et salarié • Signée par les deux parties • Homologuée par la Direction régionale de l'emploi • Individuelle ou collective

3 Le licenciement

A. Le licenciement individuel

▶ Le **licenciement individuel pour faute** est à l'initiative de l'employeur. La procédure est très encadrée par la loi pour éviter les abus. Le motif doit être réel et sérieux. Il peut être contesté devant la juridiction spéciale du conseil des prud'hommes. L'employeur ne peut donc pas licencier, c'est-à-dire mettre fin au contrat de travail d'un salarié, sans respecter des conditions de fond sur la réalité de la cause et de forme sur la procédure.

▶ Le **licenciement individuel sans faute** est reconnu par la jurisprudence lorsqu'un salarié, par son caractère, est à l'origine de relations conflictuelles incompatibles avec la poursuite d'une activité normale de l'entreprise, qu'il fait preuve d'incapacité à réaliser les tâches qui lui sont confiées en raison d'une longue maladie ou de son incompétence malgré les efforts de formation entrepris.

▶ Le **licenciement économique individuel** n'est possible que si l'adaptation du poste du salarié ou son reclassement n'est pas envisageable malgré un effort de formation. Les offres de formation et de reclassement doivent être communiquées par écrit au salarié. La suite de la procédure est la procédure normale de licenciement individuel.

▶ La procédure de licenciement individuel suit le principe dit « du contradictoire » car le salarié a le droit d'exposer ses arguments pour s'expliquer au cours d'un entretien préalable au licenciement. **Une lettre doit lui être adressée pour lui signifier la cause du licenciement**, ce qui facilite les éventuels recours devant le **conseil des prud'hommes**. Il bénéficie d'un délai de préavis avant que son licenciement soit effectif, pendant lequel il dispose de temps pour rechercher un nouvel emploi. Le salarié perçoit des indemnités de licenciement, compensatrices de préavis et de congés payés. L'ensemble des sommes versées sont répertoriées dans un document appelé **solde de tout compte** qui lui est transmis.

▶ Les indemnités sont dues y compris s'il s'agit d'un licenciement pour faute à la condition qu'elle soit simple (par exemple une erreur dans l'exécution du travail).

À savoir

Si la faute est grave (indiscipline, abandon de poste, absences, vols, etc.) ou lourde (violences, intention de nuire, divulgation d'informations confidentielles, etc.), alors le salarié perd ses droits aux versements d'indemnités de licenciement et il peut être condamné à verser des dommages et intérêts à son employeur.

B. Le licenciement collectif

La procédure de licenciement collectif est globalement la même que pour un licenciement individuel. Cependant, les délégués du personnel, le **comité social et économique** (CSE) de l'entreprise ainsi que l'inspection du travail doivent obligatoirement être consultés avant la prise de décision. Des actions de **reconversion** et de **reclassement** doivent être proposées aux salariés pour faciliter leurs changements d'emploi ou de fonction.

La justification d'un licenciement économique s'apprécie avec des critères précisés par la loi travail. En fonction de la taille de l'entreprise, il faut un certain nombre de trimestres de baisse des commandes ou du chiffre d'affaires. Si ces critères sont réunis, la contestation du motif de licenciement par un salarié est difficile.

Les libertés individuelles et collectives

90

Les contraintes et restrictions aux libertés individuelles et collectives doivent être strictement justifiées par l'activité. Il y a cependant des exceptions.

1 Les libertés individuelles des salariés

▶ La **liberté d'expression du salarié**, comme toutes les autres libertés individuelles, sont reconnues sur le lieu de travail. Le salarié a cependant une **obligation de loyauté** qui lui interdit par exemple de dénigrer son employeur, les services ou les produits de l'organisation qui l'emploie, sur les réseaux sociaux. La loi encadre cette liberté d'expression.

▶ La **discrimination** sous toutes ses formes est interdite que ce soit à l'embauche, dans l'application du pouvoir disciplinaire ou en matière de licenciement.

▶ Le salarié a droit au **respect de sa vie privée**, même dans l'exercice de son activité salariée sur son lieu de travail. Si ses dossiers et documents sont identifiés clairement comme personnels, l'employeur ne peut pas les consulter :

– le salarié doit être averti de l'utilisation d'outils de surveillance mis en place par l'employeur ;

– les fichiers contenant des données personnelles individuelles des salariés font l'objet d'une déclaration auprès de la **Commission nationale de l'informatique et des libertés (Cnil)**. Ils ne sont autorisés que si la nature de l'activité de l'entreprise les justifie. Le salarié dispose de droits d'information, d'accès, de rectification et d'opposition à ces données.

▶ Les salariés ont un droit à la **déconnexion** (loi travail). L'objectif est de protéger le temps de repos hors horaire de travail. Le salarié n'est pas tenu de répondre aux sollicitations à distance de son employeur quel que soit l'outil de communication utilisé.

À savoir

D'après la jurisprudence, l'usage du téléphone personnel pendant le temps de travail relève de la vie privée au travail. Il ne peut donc pas être un motif de licenciement sauf si l'usage est contraire aux droits des autres salariés, à ceux de l'employeur ou que cela a une incidence sur la sécurité au travail ou la productivité en raison d'un usage excessif. Dans ces deux derniers cas, le salarié doit avoir été préalablement averti avant d'envisager un licenciement. Les restrictions apportées par l'employeur aux libertés individuelles du salarié dans le règlement intérieur doivent être strictement justifiées par la nature des tâches à accomplir.

2 Les libertés collectives

A. L'adhésion à un syndicat

▶ L'adhésion à un syndicat est libre. Un syndicat a pour vocation de **défendre les intérêts** de ses adhérents. L'employeur ne peut pas s'opposer à l'action syndicale. Il doit organiser les moyens matériels de cette action dans son entreprise. L'action syndicale est conduite par les **délégués syndicaux** qui, selon le cas, créent une section syndicale dans les locaux de l'entreprise.

▶ Les délégués syndicaux siègent au **comité social et économique de l'entreprise** (CSE). Comme les délégués du personnel, ils bénéficient d'une protection contre le licenciement dont la cause doit être approuvée par l'inspection du travail. Mais, contrairement aux délégués du personnel, ils n'exercent pas de droit de vote ; ils ont un rôle consultatif. Au niveau national, les syndicats représentatifs négocient tous les ans avec les organisations patronales les conditions d'emploi dans un secteur ou une branche d'activité. Cette négociation peut conduire à la conclusion d'une convention.

B. Le droit de grève

▶ Une grève est un **arrêt collectif et concerté du travail** pour des motifs professionnels. Pour le salarié, la grève suspend le contrat de travail et le versement des salaires. Pour l'employeur, la cessation d'activité a un coût économique contraire à l'intérêt social de l'entreprise.

▶ Le droit de grève est un **droit fondamental inscrit dans la Constitution**. Il est accordé seulement aux salariés. Mais ce droit est encadré. La grève ne doit pas faire obstacle au droit au travail des salariés non-grévistes. Elle doit être limitée dans le temps, avoir des motifs d'ordre professionnel, ne pas causer de troubles anormaux à l'ordre public ni manifester la volonté de nuire aux intérêts à long terme de l'entreprise.

À savoir

Il ne faut pas confondre le droit de manifester, qui découle du droit d'expression, et le droit de grève accordé aux seuls salariés. Ainsi, les lycéens et étudiants disposent d'un droit de manifester mais pas d'un droit de grève. Les grèves étudiantes et lycéennes sont une tolérance des institutions et de la société qui est souvent justifiée par l'apprentissage du débat démocratique. Elles sont assimilées au droit de protester ou de manifester et ne doivent en aucun cas troubler l'ordre public.

▶ La responsabilité pénale des salariés grévistes peut être engagée devant un tribunal correctionnel s'ils commettent des infractions à la loi comme porter atteinte à l'intégrité et à la sécurité des personnes ou s'ils ne respectent pas le droit de propriété.

▶ La responsabilité civile des grévistes et des responsables syndicaux peut également être engagée devant le tribunal d'instance s'ils causent des préjudices.

C. Les délégués du personnel

Les délégués du personnel représentent tous les salariés de l'organisation qui les emploie, qu'ils soient syndiques ou non. Ils négocient les conditions d'emploi auprès de la direction en présentant des réclamations individuelles ou collectives. Ils sont élus parmi les salariés et siègent au CSE pendant 4 ans où ils exercent un droit de vote.

D. Le comité social et économique (CSE)

Il est **obligatoire dans les entreprises de plus de 11 salariés**. Il se compose des représentants du personnel, de l'employeur. Dans les grandes entreprises de plus de 300 personnes, un médecin du travail est aussi présent. Les missions du CSE dépendent de la taille de l'entreprise mais il est compétent pour représenter les revendications des salariés, négocier les conditions d'emploi, se prononcer sur les questions d'hygiène et de sécurité. Il dispose également d'un droit d'alerte sur l'organisation du travail dans l'entreprise. Dans les grandes entreprises, de plus de 300 salariés, il est en plus informé des décisions de gestion. Il prend part aux décisions relatives à la formation et à l'introduction de nouvelles technologies.

Comment entreprendre ? 91

L'activité économique des entreprises s'exerce dans un cadre juridique selon le principe général de la liberté du commerce et de l'industrie. Pour exercer sa liberté d'entreprendre, l'entrepreneur doit choisir un statut juridique. Son choix dépend de l'étendue des risques qu'il accepte de supporter et de sa volonté de partager ou non le pouvoir de décision. L'évolution du droit tend à rendre la création d'entreprise moins risquée et plus simple.

1 Les différents statuts de l'entreprise

La société est la forme juridique d'entreprise la plus répandue, mais des choix éthiques différents peuvent amener l'entrepreneur à choisir un statut de forme coopérative. Il peut aussi mener son activité en partenariat à la condition de nouer des relations loyales qui ne faussent pas les règles de la libre concurrence sur les marchés.

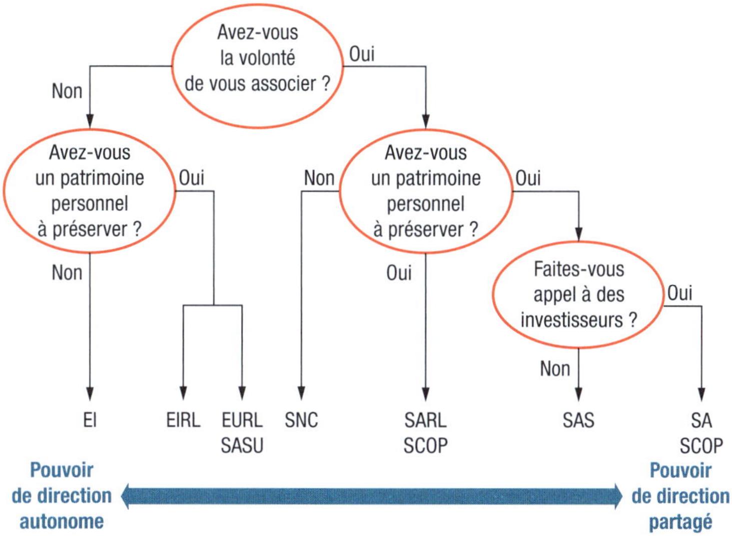

2 Les caractéristiques des différents statuts

A. L'entreprise individuelle (EI)

C'est un statut d'entreprise dans lequel le patrimoine de l'entreprise est confondu avec celui de l'entrepreneur. C'est le principe de l'unicité du patrimoine. L'entrepreneur décide seul que la décision soit stratégique ou opérationnelle. Il assume l'entière responsabilité des conséquences de ses décisions vis-à-vis des tiers. Sa responsabilité est illimitée sur son patrimoine personnel.

B. Le statut de micro-entrepreneur (ou auto-entrepreneur)

▶ Le statut de micro-entrepreneur (ou auto-entrepreneur) permet à une personne de créer une entreprise en faisant une simple déclaration au centre de formalités des entreprises (CFE). L'avantage principal est la possibilité de cumuler des revenus salariaux avec ceux issus de l'entreprise et donc de disposer d'un cadre légal d'encaissement pour des activités lucratives à condition de ne pas dépasser certains seuils.

Exemple : Les seuils suivants sont calculés au prorata du nombre de jours d'activité : 176 200 € (CA) HT pour la vente de marchandises (70 000 € de CA HT par an pour la location meublée) ou de 72 500 € (CA) HT pour les prestations de services.

▶ Les micro-entrepreneurs sont soumis au régime fiscal de la micro-entreprise. Ils doivent désormais être immatriculés au **registre du commerce et des sociétés** (RCS) et/ ou au **répertoire des métiers** (RM) en fonction de la nature de leur activité.

C. L'entreprise unipersonnelle à responsabilité limitée (EIRL)

C'est une EI comme la micro-entreprise mais qui a l'avantage de protéger le patrimoine personnel de l'entrepreneur de ses créanciers (loi n° 2010-658 du 15 juin 2010, applicable depuis le 1er janvier 2011). L'entrepreneur individuel (EI), comme le micro-entrepreneur, peut, sur déclaration, affecter une partie de son patrimoine à son activité économique. Il est appelé patrimoine d'affectation. Tous ses créanciers doivent être informés de l'existence d'un patrimoine affecté. En cas de liquidation judiciaire, ils ne peuvent saisir que le patrimoine d'affectation.

D. L'entreprise unipersonnelle à responsabilité limitée (EURL)

Ce n'est pas une entreprise individuelle. C'est une société dans laquelle l'entrepreneur est l'associé unique. Elle est dotée d'une **personnalité morale distincte** de la personnalité physique de l'entrepreneur. Le formalisme de ce type d'entreprise est plus grand que celui d'une EI. **La rédaction de statuts est obligatoire.** L'entrepreneur garde l'intégralité du pouvoir de décision tout en préservant son patrimoine personnel. Sa responsabilité est limitée à son apport dans la société. Cela est un grand avantage car les dettes de la société ne sont pas celles de l'entrepreneur.

Remarque

Si la responsabilité du gérant d'une EURL est limitée à ses apports, il faut penser dans la gestion courante à préserver la séparation des patrimoines de la personne physique de l'entrepreneur et de la personne morale de l'EURL. Les partenaires financiers comme les banques exigent des garanties réelles sur les biens personnels de l'entrepreneur en contrepartie des emprunts accordés à la société. Ainsi, ils introduisent un lien juridique entre deux patrimoines que la loi sépare.

La société commerciale

92

Pour entreprendre, les associés peuvent décider de créer une nouvelle personne juridique morale, qui devient alors une société commerciale.

1 Les associés

▶ Les associés sont des personnes qui ont conclu un **contrat de société.** Ils partagent des **intérêts communs** et sont **solidaires** face aux dettes. Cela explique que les décisions sont forcément partagées entre les associés qui en assument la responsabilité proportionnellement à leurs engagements.

▶ Les apports des associés, en numéraire, nature ou industrie, constituent le **capital social.** En contrepartie, proportionnellement à leurs apports, ils deviennent **propriétaires de parts sociales** qui sont une division du capital social.

▶ Le contrat de société repose sur l'*affectio societatis*. Cette locution latine fait référence à la volonté de s'associer pour contribuer sur un pied d'égalité à l'objectif commun partagé par les associés. Il est plus ou moins fort selon le type de statut choisi. L'*affectio societatis* est inexistant dans une EURL mais très présent dans une SARL ou une SA.

▶ Dans les sociétés, le **pouvoir de décision est généralement partagé entre les associés et les mandataires sociaux** qui ont le pouvoir d'agir au nom de la société. Ils siègent dans des assemblées ou dans des organes de direction. Les dirigeants d'entreprise, en tant que directeurs généraux ou gérants, détiennent le pouvoir de gestion tandis que les administrateurs désignés par les associés détiennent un pouvoir de contrôle de la gestion. Ils prennent part aux décisions stratégiques ou exceptionnelles.

Le contrat de société →
- Les apports des associés.
- Les fonctions de chacun.
- La volonté de s'associer sur un pied d'égalité.

Les apports →
- En nature : immeuble, marchandises…
- En numéraire : argent.
- En industrie : connaissances et compétences.

2 Les statuts

A. Les sociétés de personnes

Dans les sociétés de personnes, la qualité des associés est importante. Ils ont le statut de commerçant. La **société en nom collectif** (SNC) est une forme de société de personnes répandue. Les décisions des associés sont prises en assemblée suivant la règle de l'unanimité. Les parts sociales détenues par les associés ne peuvent pas être librement cédées. Il faut l'accord unanime des autres associés. Ils sont collectivement et indéfiniment solidaires des dettes sur leurs patrimoines personnels.

B. Les sociétés de capitaux

▶ Dans ces sociétés, la qualité des associés est moins importante que les capitaux qu'ils apportent pour développer l'activité économique de l'entreprise. Les 3 principales formes de sociétés de capitaux sont : la **société à responsabilité limitée** (SARL), la **société anonyme** (SA) et les **sociétés par actions simplifiées** (SAS).

▶ Les décisions se prennent à la majorité dans des assemblées d'associés. Le pouvoir de chaque associé dépend de son droit de vote. Ces droits sont proportionnels aux parts sociales qu'ils détiennent en contrepartie de leurs apports. Les parts sociales détenues par les associés peuvent être librement achetées ou vendues. Mais, dans les SARL, la vente des parts à un nouvel associé qui entrerait dans la société doit suivre une procédure d'agrément. Dans les SA, les associés sont appelés des actionnaires. La responsabilité des associés face aux dettes éventuelles de la société est limitée à leurs apports.

Les associés	La direction générale	Les cadres
Ils fixent des objectifs en AGO et en AGE.	Elle décline les objectifs en décisions stratégiques.	Ils déclinent les décisions stratégiques en décisions opérationnelles.

C. Les sociétés coopératives

▶ Les sociétés coopératives ont des principes éthiques différents. Leur but est de mieux répartir le pouvoir et les fruits de l'activité économique entre les salariés qui sont copropriétaires de l'outil de production. Il en existe de plusieurs types. La forme principale est la **société coopérative de production** (SCOP).

▶ Les SA et SARL peuvent être créées en SCOP. Les salariés qui ont plus d'un an d'ancienneté peuvent devenir des associés après un vote en assemblée générale. Ils sont appelés « coopérateurs ». Des personnes morales ou des personnes non salariées peuvent également être associées dans une SCOP mais elles ne peuvent pas détenir plus de 35 % du capital.

▶ Le partage des bénéfices suit des règles strictes.

D. Le respect de la concurrence

▶ Le droit européen condamne l'abus de la liberté de concurrence. La jurisprudence en France reconnait l'abus de la liberté de concurrence dès lors qu'il y a un trouble commercial causé à un partenaire (ou trouble anormal de concurrence). La responsabilité civile du fautif qui commet un trouble anormal de concurrence est engagée dès lors qu'il y a un lien entre le préjudice et le fait dommageable. Peu importe que le trouble anormal de concurrence soit volontaire ou non. Fiche 85

▶ La concurrence déloyale consiste à **s'approprier le travail d'autrui** : on parle de **parasitisme économique.** L'action en concurrence déloyale sanctionne une pratique anticoncurrentielle contraire à l'éthique commerciale. Il est interdit de détourner déloyalement une clientèle, de dénigrer sans fondement les concurrents, de débaucher les salariés des concurrents et de ne pas respecter les règles de la propriété intellectuelle et industrielle.

Les partenariats contractuels 93

Le choix de la forme du partenariat dépend principalement de considérations économiques. Une activité peut être soit organisée par l'entreprise, soit achetée à un prestataire. Si les coûts d'organisation d'une activité sont supérieurs aux coûts de transaction, alors le partenariat prend la forme d'un contrat d'entreprise qui n'est pas un contrat de travail car il n'a pas de lien de subordination.

1 Les différentes formes de partenariat

A. La franchise

Le franchisé paie une franchise contre le droit d'usage de la marque au propriétaire de la marque appelé le franchiseur. Les contrats de franchise s'accompagnent souvent de clauses de service, d'assistance du franchiseur au franchisé sur la gestion du point de vente ou des approvisionnements, ce qui renforce la collaboration.

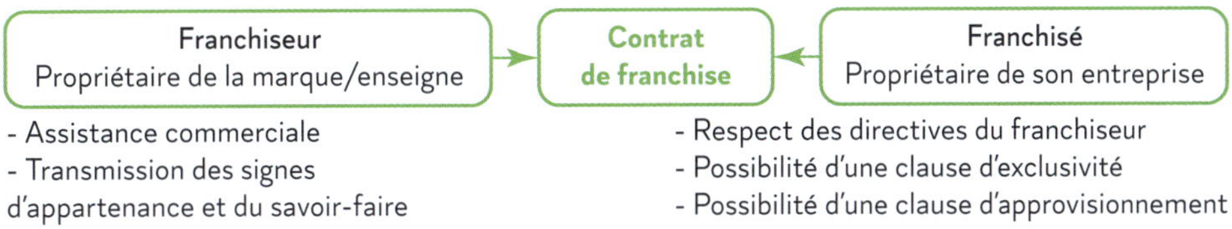

B. La sous-traitance

Un contrat de sous-traitance consiste à confier contre rémunération une activité à un sous-traitant.

C. Le groupement d'intérêt économique (GIE)

Les entreprises partenaires peuvent aussi constituer un GIE. Le but de cette structure est le développement de l'activité de ses membres sans qu'il y ait d'obligation de réaliser des bénéfices. Cette structure a la particularité d'être dotée de la personnalité morale alors qu'il ne s'agit pas d'une société. Elle dure le temps nécessaire à la réalisation des objectifs économiques fixés. Les entreprises qui la composent restent indépendantes. Le GIE est représenté par un ou plusieurs administrateurs. Les décisions sont collectives. Les membres sont solidairement responsables des dettes.

Exemple : Des petites entreprises peuvent constituer un GIE pour répondre ensemble à un appel d'offres sur un chantier pour lequel aucune d'elles n'a seule les compétences ou la capacité de le mener à bien.

2 Le respect de la concurrence

▶ On parle d'**abus de position dominante** quand une entreprise est en mesure de faire obstacle au libre jeu de la concurrence sur un marché par la position dominante qu'elle y a acquise. C'est l'abus qui est sanctionné et non la position dominante en elle-même.

Exemple : Si une entreprise empêche l'installation ou l'intégration de produits concurrents pour inciter les clients à utiliser leur produit comme c'était le cas des logiciels Microsoft Média Player et Internet Explorer, alors elle abuse de sa position dominante. Après plusieurs condamnations, cette société a scindé son offre pour laisser la place à des concurrents sur ce marché.

▶ Les **ententes** qui ne modifient pas la structure de la concurrence sur les marchés sont autorisées. La répartition des ressources et des marchés entre acteurs d'un marché sous la forme d'une entente établie en dehors des règles transparentes de la libre concurrence est interdite.

#info
Les ententes commerciales
foucherconnect.fr/24terstmg56

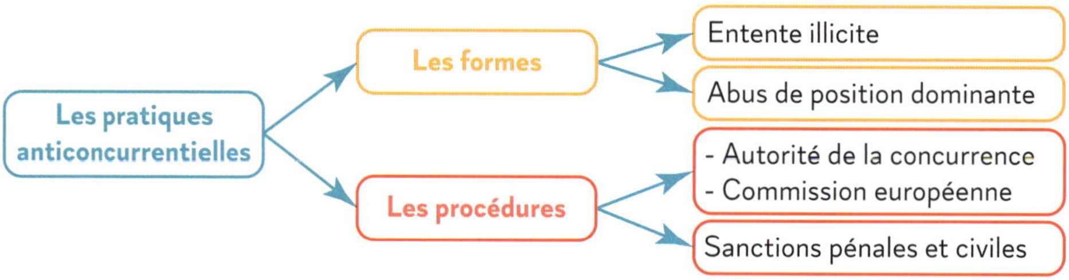

Quiz express

94

Vérifiez que vous avez bien retenu les points clés des **fiches 83 à 93**

1 La validité d'un contrat impose systématiquement :

a. ❑ la signature des parties présentes
b. ❑ l'établissement d'un accord écrit
c. ❑ la validité des consentements échangés

2 La population active offre des emplois et demande du travail.

a. ❑ Vrai
b. ❑ Faux

3 Les responsabilités civile contractuelle et extra-contractuelle peuvent coexister.

a. ❑ Vrai
b. ❑ Faux

4 Deux entreprises concurrentes peuvent coopérer par :

a. ❑ un partenariat contractuel
b. ❑ une alliance contractuelle
c. ❑ un partenariat avec création d'une structure commune

5 La logique entrepreneuriale a été théorisée par :

a. ❑ J. Schumpeter
b. ❑ J.-B. Say
c. ❑ H. Fayol

6 Le droit de la concurrence sanctionne :

a. ❑ les coopérations entre entreprises concurrentes
b. ❑ la position dominante d'une entreprise
c. ❑ les ententes entre entreprises
d. ❑ les abus de position dominante d'une entreprise

7 Madame Y n'est pas d'accord avec Monsieur X, le commerçant. Elle pense qu'il y a une erreur sur le prix soldé. Est-ce un litige ?

a. ❑ Oui
b. ❑ Non

8 **La force majeure est un élément constitutif de la responsabilité.**

a. ❑ Vrai

b. ❑ Faux

9 **Le droit d'auteur génère des droits moraux comme :**

a. ❑ le droit de reproduction

b. ❑ le droit à la paternité

c. ❑ le droit de retrait.

d. ❑ le droit de représentation

10 **Monsieur X est artisan menuisier. Est-il tenu de réparer, après un an d'usage, le pied décollé d'une table qu'il avait livrée à un client ?**

a. ❑ Oui

b. ❑ Non

11 **En tant que professionnel, comme le stipule la loi, vous êtes responsable de la sécurité du produit ou du service que vous commercialisez. Monsieur X est artisan menuisier, il doit s'assurer que la table vendue est stable.**

a. ❑ Oui

b. ❑ Non

12 **La capacité d'exercice des droits est accordée à toutes les personnes juridiques.**

a. ❑ Oui

b. ❑ Non

13 **Quand le droit d'un individu n'est pas respecté, une procédure devant un tribunal civil permet d'obtenir réparation.**

a. ❑ Oui

b. ❑ Non

14 **Je peux revendre le sac que l'on m'a donné gratuitement.**

a. ❑ Oui

b. ❑ Non

15 **L'entrepreneur et l'entreprise unipersonnelle à responsabilité limitée ne forment pas qu'une seule entité juridique.**

a. ❑ Vrai

b. ❑ Faux

↗ CORRIGÉS p. 311

Vers le Bac 95

Entraînez-vous sur les notions de Droit.

1 Situation juridique : Quel est le rôle du contrat ?

M. X a acheté par correspondance sur un site internet un livre à Mme Y, commerçante. La livraison s'effectue suite au paiement de M. X. Il décide d'exercer son droit de rétractation dans les 14 jours qui suivent la livraison. Il informe Mme Y par écrit et il demande le remboursement du livre ainsi que des frais de livraison. Mme Y refuse au motif qu'il s'agit d'une vente ferme car, en cochant le formulaire de commande en ligne, M. X a reconnu abandonner librement son droit à rétractation.

Consultez l'article L 221-18 du Code de la consommation disponible en flashant ce QR Code :

#article de loi
Article L221-18
Code de la consommation
foucherconnect.fr/24terstmg57

1. **Quels sont les parties et les faits ?**
2. **Quel est le problème de droit soulevé par cette situation ?**
3. **Quelle solution juridique pourriez-vous apporter à ce problème ?**

2 Situation juridique : Qu'est-ce qu'être responsable ?

Monsieur X, artisan, laisse échapper son marteau de ses mains. Le marteau tombe sur le carrelage et casse un carreau dans la buanderie de la maison de Monsieur Y.

Article 1240 modifie par ordonnance n° 2016-131 du 10 février 2016 - art. 2 :
« Tout fait quelconque de l'homme, qui cause à autrui un dommage, oblige celui par la faute duquel il est arrivé à le réparer ».

Article 1241 modifie par ordonnance n° 2016-131 du 10 février 2016 - art. 2 :
« Chacun est responsable du dommage qu'il a causé non seulement par son fait, mais encore par sa négligence ou par son imprudence ».

Article 1242 modifie par ordonnance n° 2016-131 du 10 février 2016 - art. 2 :
« On est responsable non seulement du dommage que l'on cause par son propre fait, mais encore de celui qui est cause par le fait des personnes dont on doit répondre, ou des choses que l'on a sous sa garde. [...] ».

Article 1243 modifie par ordonnance n° 2016-131 du 10 février 2016 - art. 2 : « Le propriétaire d'un animal, ou celui qui s'en sert, pendant qu'il est à son usage est responsable du dommage que l'animal a causé, soit que l'animal fut sous sa garde, soit qu'il fut égaré ou échappé ».

Article 1244 modifie par ordonnance n° 2016-131 du 10 février 2016 - art. 2 : « Le propriétaire d'un bâtiment est responsable du dommage causé par sa ruine, lorsqu'elle est arrivée par une suite du défaut d'entretien ou par le vice de sa construction ».

Article 1245 modifie par ordonnance n° 2016-131 du 10 février 2016 - art. 2 : « Le producteur est responsable du dommage cause par un défaut de son produit, qu'il soit ou non lie par un contrat avec la victime ».

1. **Quels sont les faits ?**
2. **Quelles sont les règles de droit citées ci-dessus qui ne s'appliquent pas à la situation ?**
3. **Quelle est la conséquence du fait dommageable ?**

3 Débat juridique

La réponse aux deux problèmes suivants doit être argumentée sur la base de ce que la législation préconise dans les documents présents dans le QR code suivant :

#docs
La législation
foucherconnect.fr/24terstmg58

1. **Problème 1 : Un employeur peut-il licencier un salarié en raison de sa tenue vestimentaire ?**
2. **Problème 2 : Un employeur peut imposer à un salarié de télétravailler alors que le contrat de travail ne le précise pas ? Quel est le problème de droit soulevé par cette situation ?**

4 Comment entreprendre ?

Mme Y vit dans un village à proximité de Paris. Elle vend à ses amies des produits cosmétiques (crèmes, shampoings, savons etc.) à base de produits naturels qu'elle récolte et transforme elle-même à l'aide de produits locaux sous un label biologique. Elle souhaite aménager une dépendance de la maison familiale pour y installer un laboratoire de cosmétique et un espace de vente. Elle envisage à cette occasion de créer, tout en restant indépendante, une entreprise de fabrication et de commercialisation de ses produits. Elle espère réaliser un chiffre d'affaires proche de 60 000 euros en 2021.

Quel statut juridique d'entreprise proposeriez-vous à Madame Y ?

↗ CORRIGÉS p. 311

Comment l'État peut-il intervenir dans l'économie ?

96

Deux conceptions du rôle de l'État s'opposent. Pour les libéraux, l'État doit laisser les individus ajuster spontanément leurs actions sur les marchés tandis que, pour les interventionnistes, l'État doit intervenir pour garantir l'intérêt collectif. Le but principal de la politique économique est de créer des conditions favorables à la croissance et au développement économiques des territoires. L'État peut agir sur les marchés soit sur la demande, soit sur l'offre, soit sur les conditions de la concurrence.

1 L'état gendarme

▶ Il correspond à la vision du rôle de l'État associée au **libéralisme économique**. Selon cette doctrine, lorsque les individus recherchent la satisfaction de leurs intérêts égoïstes, ils optimisent l'utilisation de leurs ressources économiques car chacun cherche à tirer le profit maximal de son activité. Ainsi, la somme des intérêts individuels conduit au bien-être collectif puisqu'il n'y a pas de gaspillage et que les comportements les plus performants sont sélectionnés.

▶ De ce fait, l'équilibre des marchés est pour les libéraux un **optimum économique et social** car **toutes les offres et toutes les demandes sont satisfaites.** Il n'est pas possible d'améliorer la situation d'une personne sans détériorer celle d'une autre. Toute intervention de l'État introduirait un déséquilibre sur le marché. Par conséquent, **l'État doit limiter son action aux fonctions dites « régaliennes »**, c'est-à-dire assurer la défense des biens et des personnes (gendarmerie, police, justice) en veillant au respect des règles de la concurrence.

2 L'état-providence

A. Un point de vue moral sur l'activité économique

Il y a un point de vue moral sur l'activité économique suivant lequel **les plus forts doivent assistance aux plus faibles** afin que chacun soit garanti contre les risques de vieillesse, de maladie et de perte de moyens de subsistance. En assurant une **redistribution équitable des richesses**, l'État maintient la **cohésion** et la **paix sociale**. C'est donc à l'État de prendre en charge l'**intérêt général**. En étendant son action, il participe à la **répartition des richesses** et à la **stabilisation de l'activité économique**. Ses domaines d'intervention sont nombreux et multiformes.

Allocation	Stabilisation	Redistribution
L'État produit des biens et des services non marchands qui ne sont pas fournis par le marché, comme la construction de routes et le déploiement de la 5G.	L'État intervient pour maintenir l'économie à un niveau satisfaisant (emploi, inflation, croissance, commerce extérieur).	L'État agit sur la répartition des revenus pour lutter contre les inégalités et assurer une plus grande justice sociale. L'État prélève alors des impôts et des cotisations aux agents économiques et les redistribuent à ceux qui en ont besoin.

B. Une présence renforcée dans l'économie

▶ En période de croissance économique faible, de chômage de masse, et alors que la population connait un vieillissement relatif, les besoins d'assistance et d'aides sociales augmentent.

▶ L'État finance ses dépenses soit par l'**impôt**, soit par l'**emprunt**. L'ensemble des prélèvements sur les richesses créées pendant un an correspond à ce qu'on appelle les **prélèvements obligatoires** (PO). Plus les dépenses publiques augmentent, plus le poids des prélèvements obligatoires est important.

À savoir

En 2022, le taux de prélèvement obligatoire est de 45,2 % du PIB. Il est un des plus élevés dans l'UE, juste derrière celui du Danemark qui lui est supérieur d'environ 3 points.

▶ La hausse des PO est à l'origine d'une critique de la place de l'État qui se traduit par la volonté de faire diminuer régulièrement les dépenses publiques. La stratégie de modernisation de la fonction publique, basée sur une refonte de ses processus autour des nouvelles technologies de télécommunication, est pensée de façon à faire diminuer les coûts de production du service public.

#graphique

Poids des prélèvements obligatoires en 2022

foucherconnect.fr/24terstmg59

▶ Ainsi, le rôle de l'État se transforme, il devient plus accompagnateur de l'investissement privé que réellement interventionniste et investisseur. Une des conséquences est le désengagement progressif de l'État des activités de production et l'ouverture à la concurrence des marchés des entreprises publiques.

#graphique

Taux de croissance des dépenses publiques

foucherconnect.fr/24terstmg60

▶ La récente crise sanitaire de 2020 liée à la pandémie du coronavirus fait apparaitre la nécessité de l'investissement de l'État pour assurer des services essentiels à sa population ou le maintien d'activités stratégiques dont l'absence fragilise l'ensemble de l'économie.

▶ La guerre d'invasion de la Russie de Vladimir Poutine contre l'Ukraine le 24 février 2022 et le retour de possibles confrontations militaires entre les États en Europe et dans le monde renforcent la nécessite de préserver les secteurs stratégiques pour l'autonomie et la défense de nos sociétés. Après une période où une vision libérale s'imposait dans les choix politiques, il est possible que l'État redevienne à l'avenir plus interventionniste. Les dépenses publiques ont à nouveau augmenté de 4 % en 2021 mais légèrement moins en 2022 (+3,5 %) à cause de l'arrêt du financement des aides d'urgence à l'économie pendant la crise du Covid et les périodes de confinement. Les dépenses militaires en 2024 sont amenées à augmenter.

C. L'origine des déficits publics

La contrainte qui pèse fortement sur l'investissement public est celle des déficits publics et de la dette publique. Quand les dépenses sont supérieures aux recettes, alors il y a un déficit budgétaire (le contraire constitue un excédent budgétaire).

Solde budgétaire (équilibre, excédent ou perte) = Recettes fiscales – Dépenses publiques

Lorsque les ressources fiscales sont insuffisantes, l'État est contraint d'emprunter auprès d'investisseurs institutionnels et privés pour financer ses dépenses. Le déficit public alimente la dette publique. En 2022, la dette publique en France s'est établie à 111,16 % du PIB.

Les défaillances des marchés et les défaillances de l'État

97

L'État est un acteur de la régulation de marchés défaillants sur lesquels la concurrence est imparfaite en raison des asymétries d'information, des externalités de marché et d'une structure parfois monopolistique. Cela justifie son intervention en matière économique.

1 Les défaillances des marchés et l'action de l'État

A. Les asymétries d'information

▶ Elles faussent les mécanismes du marché en **l'empêchant d'atteindre l'équilibre optimal** qu'il aurait si les acteurs avaient une information parfaite.

▶ Les prix ne peuvent plus y jouer leur **rôle de signal** pour ajuster les comportements des acteurs car ces dernières anticipent d'éventuelles **dépréciations de l'offre** en affichant par exemple des prix plus élevés qu'ils ne devraient l'être. Les acheteurs peuvent aussi se rationner ou reporter leur demande sur d'autres marchés.

▶ Pour tenter de limiter les effets pervers de ces comportements et des biais d'information, l'État peut agir en réglementant un système de **prime** ou de **décote** qui oblige les acteurs du marché à révéler leurs véritables qualités. La réglementation impose que les primes soient proportionnelles à la valeur économique des risques couverts.

> **Mot-clé**
> **Asymétrie d'information :** situation où l'une des parties (l'offreur ou le demandeur) dispose d'informations que l'autre partie ignore.

Exemple : Les assurances automobiles des jeunes conducteurs sont très chères et l'assurance tous risques est plus coûteuse que l'assurance au tiers. Si une personne cache une information en vertu de laquelle l'offre est construite, il peut être sanctionné par le Code des assurances.

B. La transparence des informations sur les marchés

▶ Les **labels** sont un bon moyen de garantir une information sincère sur les qualités des offres aux consommateurs. En effet, les producteurs doivent respecter un cahier des charges précis afin d'obtenir le « label rouge » ou encore les mentions « bio », « gîtes de France », etc.

▶ La qualité de l'information peut aussi être améliorée par des autorités administratives publiques comme l'**Autorité des marchés financiers (AMF)** qui veille à la transparence de l'information sur les offres destinées aux investisseurs. Elle a le pouvoir de réglementer, de contrôler et de sanctionner les activités sur les marchés financiers.

C. Les externalités des marchés

▶ Sur les marchés, il existe des **externalités positives** mais aussi **négatives.** Une externalité est une conséquence de l'activité économique qui conduit à un gain ou à une perte pour un autre agent économique. Comme il n'y a pas de transaction sur un marché entre l'acteur qui est à l'origine des conséquences et celui qui les subit, alors le marché ne peut pas leur attribuer une valeur sous forme de prix.

Exemple : Une boutique de l'enseigne Promod profitera de la fréquentation supplémentaire générée par l'installation dans son voisinage d'une boutique de l'enseigne Zara. Elle bénéficiera ainsi d'une externalité positive. Une activité polluante générera au contraire des externalités négatives car elle dégrade le bien-être des salariés des entreprises voisines.

▶ L'État peut intervenir en organisant un marché de droits artificiels qui prend en compte les coûts cachés des externalités. La loi de l'offre et de la demande limite les conséquences négatives autour d'une valeur d'équilibre.

Exemple : Création d'un marché carbone où les entreprises vertueuses peuvent vendre à celles qui le sont moins des droits à polluer, ce qui augmente d'autant leurs coûts de production.

D. Les autres défaillances des marchés

Les biens collectifs (biens publics) échappent à la logique de marché. Il n'y a pas de rivalité entre les consommateurs de ces biens. En général, seul l'État peut contraindre les usagers à financer le bien collectif par le mécanisme de l'impôt. Il est alors difficile de savoir quel bien collectif public produire pour quel besoin et en quelle quantité car les usagers potentiels ont souvent tendance à minimiser leurs besoins réels, de peur de supporter un alourdissement de la fiscalité. L'éclairage public ou les jardins publics sont des biens collectifs, non rivaux et non exclusifs.

La structure d'un marché en situation de monopole ne permet pas une allocation optimale des ressources car les prix sont fixés par le monopoleur et non par la loi de l'offre et de la demande.

2 Les défaillances de l'État sur les marchés

▶ L'État peut aussi être défaillant sur les marchés en perturbant leur fonctionnement. Son rôle de régulateur pour les économistes libéraux ne conduit pas forcément à une allocation optimale des ressources. Selon eux, l'État a une action inefficace en matière économique sur les marchés :

– les décisions de l'État sont prises par des individus animés par leurs propres intérêts. Ainsi, elles ne conduisent pas à une allocation optimale des ressources ;

– les décisions publiques sont assises sur un pouvoir qui s'exerce dans un espace géographique administratif limité alors que l'espace d'action stratégique de certaines entreprises, dites transnationales, ne connait pas de réelle frontière. Cela limite la pertinence des décisions publiques ;

– les acteurs sur les marchés sont rationnels. Ils anticipent les conséquences des décisions publiques en ajustant leur comportement. Ils rendent ainsi l'action publique inefficace.

▶ Le remède aux biais provoqués par l'État sur les mécanismes d'allocation des ressources sur les marchés serait alors un contrôle étroit de l'exercice du pouvoir par des contrepouvoirs, une obligation d'harmonisation et de coordination des décisions au niveau supranational et une intervention la plus faible possible.

Info

Un décideur public peut être tenté d'accepter les gratifications offertes par des lobbyistes contre l'intérêt général, être pris dans des conflits d'intérêts en octroyant des marchés publics ou encore avoir des objectifs carriéristes indépendants de la recherche de l'intérêt général. Il peut aussi faire dépendre des décisions d'un calendrier électoral pour se faire réélire.

Les politiques économiques de l'État

98

L'activité économique est soumise à des variations cycliques. L'objectif des politiques économiques est de corriger les déséquilibres économiques afin de garantir la croissance et le développement durable.

1 Les phases du cycle économique

▶ L'**expansion** est une hausse de l'activité économique pendant une période. Elle est marquée notamment par une progression du PIB.

▶ La **récession** est une diminution du taux de croissance de l'économie pendant une période limitée. Techniquement, il est admis qu'une récession est la succession de deux trimestres de diminution du PIB.

▶ La **dépression** est une diminution du PIB pendant une longue période. La dépression suit une récession. C'est une situation heureusement rare mais redoutée car ses effets sur l'emploi sont durables et il est difficile d'en prévoir les modalités de sortie.

#info
Zoom sur le phénomène de récession
foucherconnect.fr/24terstmg61

2 Les politiques économiques de l'État

A. Les objectifs des politiques économiques

▶ Les objectifs de la politique économique consistent principalement à maintenir « les grands équilibres », c'est-à-dire : **assurer une croissance économique forte et durable** mesurée par l'accroissement annuel du PIB, **maintenir la stabilité des prix** appréciée par l'évolution du taux d'inflation, **diminuer le chômage** évalué par l'évolution du taux de chômage et **maintenir l'équilibre commercial extérieur** quantifié par le solde des transactions courantes ou le taux de couverture.

▶ L'État peut mener des politiques économiques dites « contracycliques » pour lisser les à-coups de l'activité économique en soutenant ou en freinant l'activité au moment opportun (politiques conjoncturelle, budgétaire et monétaire).

Exemple : Pendant la crise du coronavirus, le gouvernement a mis en place en 2020 un plan de soutien aux entreprises sous la forme de report de charges à payer, de financement du chômage partiel et de garanties bancaires qui s'élève à 100 milliards d'euros. Le plan de relance est maintenu mais il est réorienté vers des objectifs structurels en faveur de la transition écologique jusqu'en 2030. Il est en partie financé par l'Union européenne (UE).

B. Les politiques conjoncturelles

▶ **La politique de la demande** est une politique qui consiste à soutenir la demande sur le marché des biens et services. L'idée est que la demande crée l'offre en réponse, et donc la **croissance.** Elle se traduit par un ensemble de **décisions favorables à la consommation.** L'État peut également augmenter ses dépenses budgétaires, ce qui accroit la demande auprès du secteur privé. On distingue deux types de dépenses : les dépenses de fonctionnement et les dépenses d'investissements.

▶ **La politique de l'offre** est une politique qui consiste à soutenir l'offre sur le marché des biens et services. C'est une politique favorable à la production, suivant l'idée que c'est l'offre qui crée la demande. Lorsque les entreprises produisent, elles redistribuent des richesses, créant ainsi la demande (et de nouvelles demandes). Finalement, il ne s'agit pas de distribuer du pouvoir d'achat aux ménages mais de permettre une baisse des coûts de production pour rendre les entreprises compétitives. Il faut donc baisser la fiscalité qui pèse sur les entreprises et alléger leurs charges. Le partage de la valeur ajoutée doit être favorable aux investissements en assurant une bonne rémunération des fonds investis.

À savoir

La politique économique décidée par Emmanuel Macron en France est clairement une politique de la relance par l'offre favorable aux investissements orientés vers la transition écologique. Cette relance est coordonnée au niveau européen depuis 2021 avec des politiques similaires dans 12 États de l'Union européenne. Pour la France, il s'agit d'un plan appelé « France relance » de 100 milliards d'euros dont 40 milliards de financements européens étalés de 2021 à 2022. La loi de finance a prolongé pour 2023 le plan de relance.

▶ La **politique de stabilisation** (ou de rigueur) est le contraire d'une politique de relance. Elle se justifie en particulier quand il s'agit de faire diminuer la demande pour faire par exemple baisser le niveau général des prix.

▶ La **politique de la concurrence** est une politique européenne mise en œuvre par les États de l'Union européenne pour mettre en place une libre concurrence sur le marché unique européen. Le but de la concurrence est d'assurer une allocation optimale des ressources par les mécanismes de marché et de stabiliser les prix à un niveau le plus bas possible au bénéfice des consommateurs européens. Pour cela, la politique de la concurrence lutte contre la formation de situations de monopole, les ententes illégales et les abus de positions dominantes.

C. Le rôle de l'État dans l'économie de la connaissance

▶ L'économie de la connaissance et la politique de recherche et d'innovation sont potentiellement les **éléments-clés de la croissance de demain**. Les modèles de croissance sont aujourd'hui basés sur l'exploitation des ressources naturelles et leur échange. Or, les ressources naturelles surexploitées sont épuisables, tandis que leurs échanges reviennent soit à s'en démunir, soit à les diviser. Le partage des connaissances n'entraine au contraire pas de division de la ressource mais une multiplication des ressources disponibles à l'infini. Ainsi, de nouveaux modèles de croissance basés sur les connaissances émergent. C'est ce qu'on appelle l'économie de la connaissance. L'État peut jouer un rôle important en finançant la recherche fondamentale et l'éducation. En 2021, la France consacrait 2,21 % de son PIB à la recherche et développement. L'État peut avoir une politique fiscale favorable aux PME innovantes (dispositif du suramortissement ou crédit impôt recherche (CIR) ou encore le crédit impôt innovation (CII)). L'objectif est d'atteindre 3 % du PIB dans les prochaines années.

Les politiques économiques de l'Europe

99

Dans une économie mondialisée, la contrainte extérieure pèse sur les libertés d'action de l'État. Pour qu'une relance de l'activité par des dépenses budgétaires soit efficace, il faut une action concertée des partenaires économiques.

1 La coordination de la politique économique en Europe

▶ Le **pacte de stabilité de croissance** (PSC) **européen** adopté en 1997 (traité d'Amsterdam) est un instrument de coordination budgétaire. Si les projections de déficits publics d'un État dépassent les objectifs annoncés, les ministres des Finances (conseil Ecofin) adressent des recommandations pour redresser les finances publiques. **Si le déficit public de l'année dépasse 3 % du PIB**, alors en plus des recommandations qui tiennent compte du contexte économique de cet État, la BCE est chargée de faire appliquer des **sanctions** sous forme d'amende.

> **Remarque**
> Les récentes crises du Covid et l'augmentation du coût de l'énergie en raison de la crise en Ukraine ont poussé les États européens à relâcher la contrainte budgétaire de la règle d'or, c'est-à-dire de ne pas dépasser 3 % du PIB. La réduction des déficits reste cependant un objectif.

▶ Le **traité sur la stabilité, la coordination et la gouvernance** (TSCG) est entré en vigueur le 1er janvier 2013. Il engage les États à voter des budgets équilibrés ou en excédent en contrepartie de la solidarité financière des autres membres (c'est ce qu'on appelle la « règle d'or » du pacte de stabilité). Dans l'UE, en moyenne, les déficits publics ont légèrement baissé entre 2015 et 2020.

▶ Dorénavant, chaque État de l'UE est libre de choisir sa trajectoire budgétaire (nouveau pacte adopté par la commission européenne le 26 avril 2023). La coordination des politiques économiques est maintenue puisque **l'UE soutient les politiques de relances actuelles** dans tous les États membres de l'UE.

2 La politique monétaire de la zone euro

▶ La politique monétaire est **l'ensemble des actions de la banque centrale sur la monnaie** pour **réguler l'activité économique**. Dans l'Union européenne, la politique monétaire des pays qui font partie de la zone euro est menée par la **Banque centrale européenne** (BCE). La BCE est indépendante du pouvoir politique des États. Sa mission principale est de **maintenir le pouvoir d'achat de l'euro** et donc de garantir la **stabilité des prix**. Pour cela, elle fait varier la quantité de monnaie disponible dans l'économie (masse monétaire) pour qu'elle corresponde aux besoins de paiement et de financement des agents économiques.

▶ Quatre instruments animent la politique monétaire :
– les **réserves obligatoires** qui imposent aux banques commerciales d'accorder des crédits à leurs clients proportionnellement à leurs réserves (fonds propres dont disposent les banques). Si le montant des réserves rapporte au montant des crédits dépasse le taux de

réserve obligatoire, les banques doivent acheter de la monnaie auprès de la banque centrale (ou alors elles doivent diminuer les crédits accordés). Si les banques diminuent les crédits accordés, cela ralentit l'activité économique ;
– les **taux directeurs** appliqués aux banques commerciales qui se financent auprès de la banque centrale influencent le coût du crédit. Les banques commerciales reportent ce cout sur leurs clients car elles leur appliquent des taux d'intérêt d'emprunt supérieurs aux taux directeurs. Les taux directeurs déterminent donc le coût des crédits qu'elles offrent ;

Remarque

La BCE est confrontée à la hausse de l'inflation provoquée par la hausse du coût de l'énergie. Or, son objectif est le maintien de la stabilité des prix. Elle conduit depuis 2022 une politique prudente de hausse progressive des taux directeurs avec le risque de ralentir la croissance. Le taux directeur fixe sur opération principale de refinancement est de 3,5 % au 22 mars 2023 contre 0 % en septembre 2019.

– la **politique d' « Open-Market »** consiste à placer sur le marché interbancaire (marché financier réservé aux banques) des titres émis par les États (bons du Trésor). La vente de ces titres entraine une diminution de la masse monétaire disponible pour effectuer des paiements ou pour financer les investissements des agents privés ;
– la **politique de « *quantitative easing* »** (QE) de la BCE mise en place de 2015 à 2018 est une politique de rachat des dettes publiques détenues par les banques commerciales. Cela permet d'injecter de la monnaie dans l'économie européenne car les banques peuvent décider d'offrir sous forme de crédits à leurs clients les sommes reçues de la BCE, en contrepartie des créances publiques.

La pandémie du coronavirus a fragilisé l'ensemble de l'économie en menaçant de faillite de nombreuses entreprises tandis que les gouvernements augmentent fortement leurs dépenses publiques. La BCE a mis en place un plan d'urgence « *pandemic emergency purchase programme* » (PEPP) qui a consisté en un plan de rachats des dettes pour 1 000 milliards d'euros.

▶ La politique monétaire de la zone euro s'applique à des pays dont les situations économiques sont très différentes. Cette diversité est liée aux élargissements de l'Union européenne après 2004. La récente crise de la dette grecque 2009-2010 est le révélateur de cette diversité.

▶ En Europe, il est possible de distinguer 4 familles de modèles économiques, du modèle nordique des pays scandinaves (très interventionniste) au modèle anglo-saxon (très libéral).

Dans l'Union européenne cohabitent des pays qui font partie de la zone euro (17 pays dont la France), d'autres qui n'en font pas partie (9 dont la Pologne et la Suède), des pays très endettés, d'autres peu, des pays industriels comme l'Allemagne et d'autres qui le sont moins. Les besoins en financement de ces économies sont très différents. Ce qui rend la définition d'une politique monétaire unique difficile et une coordination des politiques monétaires des banques centrales de l'UE nécessaire.

Les politiques sociales

100

L'État-providence protège les individus contre les risques sociaux et œuvre pour lutter contre les inégalités socio-économiques. Il met en œuvre des politiques sociales qui permettent une redistribution horizontale et une redistribution verticale des richesses. La première permet de prendre en charge les risques sociaux comme la maladie, l'invalidité, le chômage, la précarité/exclusion, la vieillesse ; la seconde permet de réduire les inégalités, notamment de revenu.

1 La protection sociale

La protection sociale s'appuie sur des mécanismes qui suivent soit une **logique d'assurance**, soit une **logique d'assistance**. Les mécanismes d'assurance et d'assistance permettent de couvrir les **risques sociaux** tandis que la **politique fiscale** permet une **redistribution verticale des revenus** pour **réduire les inégalités**. Pour ses bénéficiaires, la protection sociale prend la forme de versement d'**aides financières** (prestations pécuniaires) ou de **services sociaux** (prestations non pécuniaires).

L'efficacité de la protection sociale fait aujourd'hui débat en raison des difficultés rencontrées pour atteindre ses objectifs et de son coût financé soit par les cotisations sociales, soit par l'impôt, qui peut prendre la forme de prélèvements progressifs.

2 Les inégalités socio-économiques

Elles font référence à un idéal dans lequel les besoins primaires de la population seraient satisfaits et les individus éprouveraient un bien-être tant matériel que moral. Elles se définissent de façon relative par rapport aux écarts de situation observés, jugés justes ou non. Ces inégalités se perçoivent principalement au travers des **inégalités de revenu** mais aussi par rapport aux **inégalités d'accès au logement**, aux **soins**, à l'**éducation** et au **marché du travail**.

A. Les inégalités de revenus

▶ Elles conditionnent la majeure partie des inégalités car, si les revenus sont insuffisants, il est difficile de satisfaire les besoins primaires.

En 2021, selon l'Insee et l'Observatoire des inégalités, les 10 % des salariés les moins bien rémunérés touchent moins de 1 366 € nets par mois tandis que les 10 % les mieux rémunérés perçoivent plus de 4 010 €, soit un écart de 2 600 € par mois. Ainsi, les 10 % les mieux payés gagnent trois fois plus que les 10 % les moins bien payés. Au sommet de l'échelle, les salaires s'envolent. Le 1 % le mieux rémunéré perçoit un salaire d'au moins 9 600 € net mensuels, soit l'équivalent de 7 mois de salaire des 10 % les moins bien payés.

▶ Il y a un **fort tassement de l'échelle des rémunérations vers le bas**, ce qui donne notamment à la classe moyenne un sentiment de déclassement. Si on prend en compte les revenus du patrimoine, ces écarts sont encore plus importants car 10 % des plus fortunés détiennent 50 % du patrimoine national. Lorsqu'une personne subit une ou plusieurs privations sans pouvoir garantir un maintien de sa situation actuelle, alors sa situation est précaire.

Il ne faut pas confondre précarité et pauvreté, même si ces deux notions sont liées. Une personne en situation précaire n'est pas forcément pauvre, tandis qu'une personne pauvre est forcément dans une situation précaire.

ZOOM SUR... LA SITUATION DE PAUVRETÉ

Les personnes en situation de pauvreté n'arrivent pas ou à peine à satisfaire leurs besoins primaires. Le seuil de pauvreté est le revenu à partir duquel un ménage est jugé comme pauvre. Il est atteint quand le revenu disponible du ménage ne dépasse pas 60 à 50 % du niveau revenu médian de la population qui est de 2 012 € en 2021. Un pauvre dispose donc de 1 207,2 € nets au seuil de 60 % en 2021. 50 % de la population dispose de moins du revenu médian et 50 % de la population vit avec au moins le revenu médian. Le revenu disponible médian et la pauvreté s'apprécient en fonction de la composition du ménage. D'après une étude publiée en 2019, 22,2 % de la population métropolitaine est pauvre avant redistribution des revenus par l'impôt.

B. Les inégalités scolaires

Elles sont préoccupantes car, dans nos sociétés modernes où les systèmes techniques sont complexes, **le niveau d'études conditionne le niveau de diplôme et l'accès au marché du travail.** Alors que l'école est gratuite, le système éducatif ne parvient pas à réduire significativement les inégalités sociales puisqu'il y a 3 fois plus d'enfants d'ouvriers et d'employés à l'école que d'enfants de cadres supérieurs alors que cette proportion s'inverse au niveau bac +5. Or, le taux de chômage des jeunes diplômés en 2020 est de 5,3 % quand il est de 33,8 % pour les jeunes sans diplômes. Le taux de chômage est en baisse depuis 2016 mais la conjoncture actuelle ne permet pas de savoir si cette tendance se poursuivra.

C. Les inégalités de logement

Elles sont également liées aux **écarts de revenus** mais aussi à une **pénurie relative de logement** par rapport à la croissance de la population. Les dépenses de logement représentent 39 % du budget des 10 % des ménages aux revenus les plus faibles contre 15 % pour les 10 % les plus riches. L'accession à la propriété stagne depuis 2008. Elle dépend des capacités d'emprunt des ménages qui sont confrontés à une hausse des prix sur le marché.

D. Les inégalités en santé

▶ Malgré une prise en charge financière des soins des plus démunis par la **Couverture Maladie Universelle** (CMU), les coûts d'accès aux soins restent encore trop élevés pour certains ménages. En France, en 2019, 25 % de la population déclare se priver de soins en raison de leurs coûts.

▶ Progressivement se met en place une médecine à 2 vitesses en raison de tarifications bien au-delà des barèmes règlementés par certains médecins sous la forme de dépassement d'honoraires. De plus, en fonction du lieu d'habitation, l'offre de soins est plus ou moins dense. Elle est plus faible dans les zones rurales éloignées du littoral. Certaines pathologies liées notamment à l'obésité ou à la pénibilité physique de l'emploi affectent plus de personnes en fonction de l'origine sociale.

La redistribution des richesses

101

Pour réduire les inégalités, l'État redistribue les richesses verticalement et horizontalement. Les impôts prélevés sur les revenus les plus élevés sont transférés sous la forme d'allocations aux ménages bénéficiaires.

1 L'assurance

▶ Dans la logique d'assurance sociale, les risques de perte de revenus en cas de chômage, d'accident, de maladie ou liés à la vieillesse sont pris en charge financièrement. Pour les financer, les cotisations sont prélevées sur les revenus de ceux qui cotisent et sont reversées aux bénéficiaires qui ont cotisé. Le fonctionnement est comparable à celui d'une assurance privée.

▶ Les cotisations sociales prélevées sur les revenus du travail représentent 54,2 % des ressources du régime général de la Sécurité sociale. Cependant, la part financée par l'impôt augmente. Les assurances privées financent de façon complémentaire la protection sociale en remboursant aux assures les coûts qui excèdent les plafonds de remboursement des barèmes légaux (assurances complémentaires santé, ou complémentaires retraites).

Mémo

- La redistribution horizontale permet de couvrir tous les risques sociaux comme la maladie, la vieillesse et la perte d'emploi.
- La redistribution verticale consiste à réduire, grâce à la fiscalité, les inégalités de revenus.

2 L'assistance

▶ Dans la logique d'assistance, les ménages les plus fragiles perçoivent sous conditions de ressources et d'éligibilité une aide financière ou matérielle de la collectivité sans qu'il y ait de leur part une contrepartie.

▶ Les principales allocations sont le revenu de solidarité active (RSA), l'allocation de solidarité spécifique (ASS) accordée aux chômeurs en fin de droits et l'allocation aux adultes handicapés (AAH).

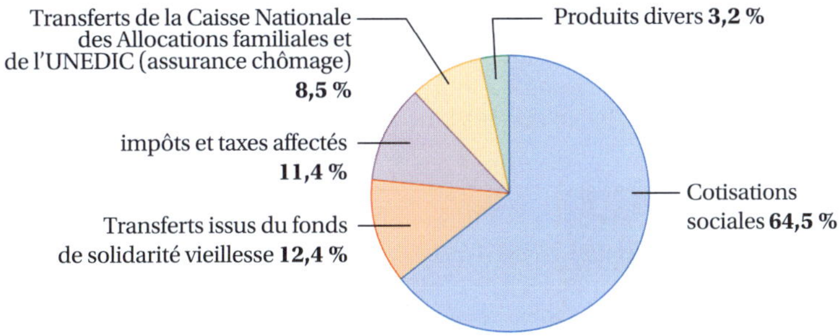

▶ Les ménages les plus fragiles bénéficient aussi de services sociaux gratuits, de soins, d'aide pour l'hébergement, etc. En 2017, 7 millions de personnes étaient bénéficiaires des minima sociaux en France (hors Mayotte) pour un montant de 26,5 milliards d'euros soit 1,2 % du PIB. Même si de fortes inégalités de revenus subsistent, le mécanisme de l'impôt sur le revenu permet de réduire de 8,2 points le taux de pauvreté en France métropolitaine.

▶ L'impôt sur le revenu (IR) est progressif en France. Plus les revenus sont élevés, plus le contribuable est prélevé. Le mécanisme s'appuie sur un barème de taux d'imposition qui s'applique par tranches de revenus.

▶ Un impôt est proportionnel si un taux unique fixe s'applique à une base fiscale qui peut varier. Si la base fiscale s'élève, on applique un taux identique d'imposition.

À savoir

Une réforme de l'impôt sur le revenu a été mise en place le 1er janvier 2019 avec le prélèvement à la source. Pour comprendre le mécanisme, consultez le lien ci-dessous.

▶ **L'impôt sur les sociétés** (IS) est basé sur ce principe mais une réforme est en cours afin de l'alléger.

#info

Le principe de calcul des impôts sur le revenu

foucherconnect.fr/24terstmg65

3 Le rôle redistributif de l'impôt

▶ L'impôt sur le revenu est **fortement redistributif** puisqu'il permet de **réduire les inégalités de revenus** entre les plus riches et les plus pauvres d'un facteur quatre.

	Revenu moyen des 10 % les plus modestes en euros	Revenu moyen des 10 % les plus aisés en euros	Rapport interdécile
Avant impôts et prestations sociales	281	5 939	21,1
Après impôts et prestations sociales	821	4 666	5,7

France métropolitaine, revenus mensuels pour une personne seule. Source : Insee – Données 2015 – © Observatoire des inégalités

▶ Tous les prélèvements fiscaux ne contribuent pas à la réduction des inégalités. Il existe des **taxes indirectes** comme la **taxe sur la valeur ajoutée** (TVA) qui est un prélèvement proportionnel au montant de revenus consommés par les ménages. Quel que soit le niveau de revenu du ménage, dès qu'il fait une dépense de consommation, il paie en plus la TVA.

La TVA ne contribue donc pas à réduire les inégalités de revenus. Au contraire, si on rapporte l'effort fiscal pour les prélèvements indirects au revenu, les ménages les plus modestes supportent un poids plus lourd que les plus aisés. Or, cette taxe est la principale ressource du budget de l'État.

#vidéo

Le détail du prélèvement à la source

foucherconnect.fr/24terstmg63

#info

L'impôt sur les sociétés

foucherconnect.fr/24terstmg64

Activité et chômage

102

Les causes du chômage sont nombreuses. Il peut être provoqué par une insuffisance de la demande globale ou par des coûts de main-d'œuvre trop importants.

1 Le chômage et ses différentes notions

▶ D'après le **Bureau international du travail** (BIT), le chômage désigne la situation de l'ensemble des personnes de 15 ans et plus qui n'ont pas d'emploi et en recherchent un.

▶ En France, pour connaître le nombre de chômeurs, on retient 2 sources chiffrées principales : d'une part, les **statistiques mensuelles du ministère du Travail**, élaborées à partir des fichiers de demandeurs d'emploi enregistrés par France Travail, et, d'autre part, l'**enquête Emploi de l'Insee**, qui mesure le chômage au sens du BIT. La deuxième mesure est utilisée pour réaliser des comparaisons internationales.

A. Le chômage dit « frictionnel » (ou naturel)

C'est la part du taux de chômage qui dépend du **temps de recherche d'un emploi** sur le marché du travail. Ce temps est plus ou moins long en fonction du type d'emploi recherché. Le chômage frictionnel existe même en situation de plein-emploi lorsque toutes les offres de travail sont satisfaites car il y a toujours des personnes qui changent d'employeur.

B. Le chômage conjoncturel

Il résulte d'une baisse de l'activité économique qui conduit à une **diminution de la demande de travail des employeurs.** Lorsque l'activité reprend, le taux de chômage diminue. Compte tenu des anticipations des entrepreneurs, on observe au niveau macroéconomique un décalage entre l'évolution de la production mesurée par le **produit intérieur brut** (**PIB**) et l'**évolution du taux de chômage.** S'il n'y a pas de reprise de l'activité, le chômage conjoncturel peut durer et avoir des conséquences structurelles comme une inadaptation des salariés aux emplois futurs car, pendant la période de chômage, ils se déqualifient.

C. Le chômage structurel

C'est une **inadaptation durable des qualifications de la main-d'œuvre** par rapport à la demande de travail des employeurs.

D. Le chômage de sous-emploi

Il est lié au **progrès technologique.** Les entrepreneurs réalisent des investissements de modernisation qui accroissent la **productivité du travail** et diminuent le **besoin en main-d'œuvre non qualifiée.** Le niveau de qualification demandé sur le marché du travail s'élève avec la complexité technique, ce qui exclut les demandeurs d'emploi les moins qualifiés.

Structurellement, il faut de plus en plus de croissance pour créer un même volume d'emploi et donc diminuer le taux de chômage. Ainsi, des équilibres de sous-emploi se forment sur le marché du travail où toutes les demandes de travail sont satisfaites mais pas les offres de travail.

2 Taux de chômage et taux d'emploi

A. Le chômage volontaire et involontaire

Le chômage peut être volontaire ou involontaire car chaque individu dispose d'un temps limité qu'il arbitre entre travail et loisirs en fonction de ses intérêts, de ses opportunités et de ses revenus disponibles.

B. Le taux de chômage

Le taux de chômage est un **indicateur qui mesure l'évolution du chômage**. C'est le rapport exprimé en pourcentage entre le nombre de chômeurs et la population active.

Taux de chômage = nombre de demandeurs d'emploi/population active

Globalement, le taux de chômage a diminué depuis 2015 mais il reste haut pour les plus jeunes qui ont des difficultés à s'insérer sur le marché de l'emploi.

C. Le taux d'emploi

Il se définit comme le rapport entre le nombre de personnes qui ont un emploi et le nombre de personnes de la population totale étudiée. On peut calculer un taux d'emploi par sexe ou par tranches d'âge. Au niveau national, le taux d'emploi est la part de la population active qui a un emploi.

Taux d'emploi = nombre de personnes qui ont un emploi/population active

▶ Le taux d'emploi en France augmente régulièrement. En 2023, il est de 68,6 % pour l'ensemble de la population active.

Le **taux d'activité** est calculé en rapportant le nombre d'actifs (actifs occupés et chômeurs) à l'ensemble de la population correspondante.

Le **taux d'emploi** est calculé en rapportant le nombre d'individus ayant un emploi à l'ensemble de la population correspondante.

Le **taux de chômage** est calculé en rapportant le nombre de chômeurs à l'ensemble de la population active (actifs occupés + chômeurs).

Quelques chiffres au 1er trimestre 2023 au sens du BIT (Bureau international du Travail)

Taux d'activité (en % de l'ensemble de la tranche d'âge)	73,9
Taux d'emploi chez les 15-64 ans (en % de l'ensemble de la tranche d'âge)	68,6
Taux de chômage (en %)	7,1

▶ La remontée du taux d'activité de la tranche d'âge 65 à 69 ans est très importante depuis 1993 en raison des modifications des conditions d'accès à la retraite.

À savoir

La loi sur la réforme globale des retraites a été promulguée le 14 avril 2023. Elle a été publiée au *Journal officiel* du 15 avril 2023. L'âge légal de départ à la retraite est de 64 ans au 1er septembre 2023 et l'âge de départ à la retraite à taux plein, sans décote, est de 67 ans pour 43 ans de cotisation.

La demande de travail et l'offre d'emploi

103

La demande de travail émane des entreprises et dépend de différents facteurs. L'offre d'emploi correspond à la demande de travail exprimée par l'employeur.

1 La demande de travail

▶ Elle dépend essentiellement de 4 facteurs : la **demande pour le produit**, l'**efficacité du travail** (la productivité) qui permet de répondre à la demande avec la même quantité de facteurs, la **substituabilité entre le travail et le capital** et le **coût du travail**.

▶ L'étude de la demande de travail s'intéresse à l'impact d'une variation de ces facteurs sur le volume de travail, c'est-à-dire sur l'**offre d'emploi**.

▶ La **demande de travail** d'un employeur est la **quantité de travail qu'il souhaite acquérir** sur le marché du travail pour réaliser sa production de biens ou services. Cette demande est le résultat des choix de production du dirigeant et de sa perception de la demande future. Cette demande est appelée **demande effective anticipée**. Pour réaliser une quantité produite donnée, le dirigeant peut choisir de combiner les facteurs travail et capital en proportion plus ou moins grandes. Si la combinaison productive comporte moins de travail et qu'elle est donc plus intensive en capital, alors, grâce aux machines, la productivité du travail est plus grande. De ce fait, on dit que le **facteur capital** se substitue au **facteur travail**.

▶ La demande de travail dans un pays résulte de l'anticipation des quantités à produire par l'ensemble des producteurs en tenant compte des coûts des facteurs de production et du niveau de la technologie employée. Un coût du travail élevé est réputé décourager la demande de travail alors qu'un coût du travail faible aurait les effets inverses. **La demande de travail est donc décroissante en fonction du coût du travail.**

2 L'offre d'emploi et l'offre de travail

▶ L'offre d'emploi correspond à la demande de travail exprimée par l'employeur. Quand un employeur souhaite qu'une fonction soit assurée dans l'organisation, il formule une **offre d'emploi** pour un ensemble de missions, de tâches, d'objectifs à atteindre et qui nécessite un certain niveau d'expérience ou de qualification.

Les notions d'offres d'emploi et de demande de travail sont liées mais ne doivent pas être confondues.

▶ L'offre de travail d'une personne correspond à sa **force de travail** qu'elle propose à un employeur. L'offre de travail s'apprécie en **quantité** mesurée par le **temps de travail** et en **qualité** sur la base des **qualifications** attestées par les diplômes et l'expérience acquise. Le choix d'offrir ou non sa force de travail, et donc d'accepter ou de refuser une offre d'emploi aux conditions proposées par un employeur, est une décision individuelle. La rémunération est librement négociée.

▶ L'offre de travail dans un pays est constituée de **toutes les offres de travail individuelles** proposées sur une période donnée. Toutes les personnes en âge de travailler qui recherchent un emploi et celles qui ont un emploi constituent donc l'offre de travail. Par conséquent, cette offre correspond à la force de travail de la population active. En 2021, elle est de 30,1 millions de personnes : 27,7 millions ont un emploi et 2,4 millions sont au chômage.

À retenir

Quand l'offre de travail rencontre la demande de travail, c'est-à-dire que la demande d'emploi rencontre l'offre d'emploi, un contrat de travail est formé.

▶ L'organisation sociale et la législation influencent directement l'offre de travail dans un pays et cela d'un point de vue qualitatif et quantitatif :
– la **qualité du travail** résulte de la qualité du système éducatif et de l'investissement de ceux qui apprennent ;
– la **quantité de travail** disponible dépend de la démographie et de la législation. Si la population augmente, la population active s'accroit mécaniquement.

▶ Si l'âge légal du travail est abaissé et qu'on retarde l'âge de départ à la retraite, alors on **augmente le taux d'activité** de cette population. La population active et le taux d'activité influencent l'offre d'emploi.

▶ L'offre de travail est croissante en fonction de la **rémunération** car, plus elle est élevée, plus le désir d'obtenir un emploi est fort.

Mot-clé

La population active est l'ensemble des personnes légalement en âge de travailler qui disposent d'un emploi ou qui sont à la recherche d'un emploi.

▶ La demande d'emploi correspond aux **offres de travail** adressées aux employeurs par ceux qui recherchent un travail.

À savoir

Il ne faut donc pas confondre l'offre de travail et la demande de travail même si ces deux notions sont liées. Lorsqu'une personne fait une demande d'emploi, elle adresse une lettre de motivation pour dire qu'elle souhaite offrir son travail à un employeur en réponse à l'offre d'emploi qu'il a faite.

▶ **L'équilibre sur le marché du travail est atteint quand l'offre et la demande de travail sont égales.** Quand la demande de travail est inférieure à l'offre de travail, il y a un équilibre de sous-emploi. La différence entre la demande et l'offre de travail correspond au nombre d'offres de travail insatisfaites donc au nombre de demandeurs d'emploi au chômage.

▶ Quand la demande de travail est supérieure à l'offre de travail, alors toutes les offres de travail sont satisfaites, il n'y a pas de demandeur d'emploi donc de chômeur. C'est donc une **situation de plein-emploi**. En revanche, il y a des demandes de travail insatisfaites. Les demandeurs de travail doivent alors pour compenser le manque de salariés, soit faire venir de la main-d'œuvre immigrée, soit substituer du facteur capital au facteur travail pour faire augmenter la productivité du travail, soit réduire le niveau de production.

Les politiques de l'emploi

104

Pour lutter contre le chômage, deux types de politiques de l'emploi sont mises en œuvre : les politiques actives de l'emploi et les politiques passives de lutte contre le chômage.

1 La politique active de lutte contre le chômage

▶ Elle désigne **toutes les actions de l'État pour améliorer le fonctionnement du marché du travail.** Les services sociaux agissent directement auprès du chômeur en proposant des **dispositifs de formation** pour augmenter son **employabilité**, en l'accompagnant dans ses démarches de recherche d'emploi. L'État, par son action règlementaire, incite les employeurs à augmenter le nombre d'emplois offerts en créant par exemple des contrats de travail aidés destinés à une partie défavorisée de la population.

▶ L'État modifie l'offre de travail en qualité et en quantité car il peut **influencer la productivité du travail** avec une éducation nationale et un système de formation professionnelle de qualité. Il peut faire varier la taille de la population active donc l'offre de travail en modifiant l'âge légal du travail et les conditions d'accès à la retraite.

▶ L'État peut aussi agir sur la demande de travail grâce à une **politique de relance** (voir fiche 83) qui a pour effet d'augmenter la demande sur le marché des biens et services. La hausse de la consommation provoquée par des allègements fiscaux, ou la progression des revenus des fonctionnaires, ou encore la hausse des dépenses publiques d'investissement, a un effet positif sur la demande auprès des entreprises, donc sur la demande de travail et sur l'emploi. La contrainte qui pèse sur cette politique est **institutionnelle** (règle d'or budgétaire de l'UE) et **financière** (déficit public, politique de la BCE).

▶ L'État peut aussi agir sur le **coût du travail** grâce à la **politique fiscale** ou la **législation du travail.** Les employeurs n'ont pas le droit de rémunérer les salariés en dessous du salaire minimum interprofessionnel de croissance (Smic). L'État agit ainsi directement sur le **coût de l'emploi non qualifié.**

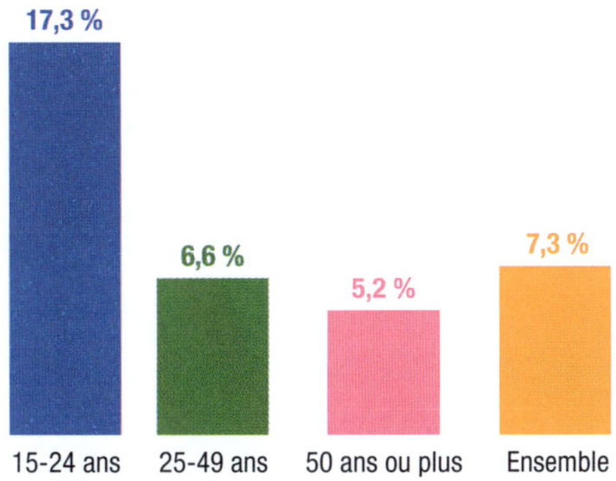

Taux de chômage par âge en 2022

À savoir

D'une manière générale, si les charges salariales et patronales augmentent et que la productivité du travail n'augmente pas, alors la demande de travail a tendance à diminuer. Ainsi, l'État peut modifier directement l'équilibre du marché du travail. La politique active agit surtout sur le chômage structurel.

2 La politique passive de lutte contre le chômage

Elle désigne l'ensemble des mesures qui ont pour objectif de **limiter l'impact économique** de la perte d'emploi ou quand l'État cherche à repartir le travail en modifiant la taille de la population active. L'assurance chômage a pour but d'empêcher celui qui recherche un emploi de tomber dans la **précarité** en assurant une stabilité temporaire de ses revenus. L'allongement des études, l'avancement de l'âge de la retraite et la diminution du temps légal de travail hebdomadaire sont des mesures qui réduisent la population active et donc le nombre de chômeurs pour une offre d'emploi donnée. La politique passive a des effets sur le **chômage conjoncturel**.

1 - Durcissement des règles d'indemnisation des chômeurs (réforme de l'assurance chômage)	**2** - Création de France Travail, guichet unique permettant de mieux accompagner les personnes en rupture avec le marché du travail	**3** - Mesures de bonus malus pour inciter les employeurs à avoir moins recours aux contrats précaires

Quelques mesures de politiques de l'emploi en France

Les transformations du commerce mondial

105

La mondialisation de l'économie s'est accompagnée d'une diversification de la nature et de l'origine géographique des échanges. Cependant, cette extension des échanges à l'échelle de la planète n'est pas uniforme. De grandes zones de libre-échange se constituent tandis que des pays en sont écartés.

1 Les échanges de marchandises

▶ Malgré une forte diminution en 2008 et 2020, **les échanges de marchandises sont croissants à l'échelle de la planète.** Ils suivent une évolution deux fois plus rapide que le PIB mondial.

▶ Cela s'explique par la diminution des coûts de transport sur de nombreuses années malgré une hausse récente du coût de l'énergie, par le déploiement de réseaux physiques et virtuels de communication à l'échelle de la planète.

▶ Les échanges de marchandises restent cependant très soutenus même si on observe depuis la guerre en Ukraine une recomposition des flux d'échanges entre partenaires commerciaux. Ils sont toujours très polarisés autour de l'Amérique du Nord, l'Europe et l'Asie.

2 La chaîne de valeur mondiale

▶ Tous les pays ne participent pas à la même hauteur à la mondialisation. On assiste à la mise en place d'une **division internationale de travail** où certaines régions du monde fournissent les matières premières pour produire des biens conçus dans d'autres régions du monde. Un phénomène nouveau est observé : les entreprises chinoises s'internationalisent avec des filiales étrangères, comme l'on fait plus tôt les entreprises occidentales à la fin des années 1970.

▶ Aujourd'hui, **les firmes transnationales ont internationalisé leurs processus de production.** Elles ont optimisé leurs coûts en produisant des composants du produit final là où elles en tirent avantage. On parle d'**internationalisation de la chaîne de valeur.** Ainsi, les spécialisations ne se font plus tant sur l'échange de marchandises mais sur les produits semi-finis qui s'échangent entre filiales. Une large part des échanges de produits semi-finis échappe ainsi au comptage statistique des flux de marchandises. La valeur ajoutée est captée par certains pays qui conservent encore une **avance technologique** sur d'autres.

#info
Qu'est-ce qu'une chaîne de valeur mondiale ?
foucherconnect.fr/24terstmg66

▶ La guerre de la Russie contre l'Ukraine et les difficultés d'approvisionnement liées à la pandémie de Covid en Chine poussent les pays industrialisés à repenser leurs politiques industrielles pour avoir plus d'autonomie stratégique. Ainsi, certaines activités sont relocalisées tandis que d'autres sont reconstruites sur le sol national grâce à des investissements publics ou privés.

▶ Parallèlement à cette évolution, les entreprises ont externalisé leurs services et il y a une **forte augmentation des flux d'échanges de services** auprès des entreprises. Cette croissance s'accompagne d'une augmentation des flux d'échanges numériques.

#info
Incidence de la transformation numérique sur les échanges.
foucherconnect.fr/24terstmg67

3 Les flux commerciaux

▶ Les flux commerciaux entre les pays du Sud en voie de développement sont relativement stables depuis 2012 (environ 52 %). Le reste de leurs échanges s'effectue avec les pays industriels développés (48 % de leur commerce). De ce fait, ce groupe de pays a vu son commerce de marchandises se contracter plus fortement que la moyenne mondiale pendant la pandémie en 2020 (– 12 % PMA contre +9 % Monde). Ils représentent en tout 44 % du **commerce mondial.**

À savoir
En 2020, c'est le secteur du textile qui génère la plus forte croissance de flux de produits manufactures. Alors que sur 12 ans, entre 2008 et 2020, c'est le secteur pharmaceutique qui s'est le plus internationalise au rythme d'environ 4,2 % par an. La chaine de valeur des entreprises pharmaceutiques est devenue internationale pour maintenir les marges en faisant baisser les coûts de production des produits suite à la généralisation des médicaments génériques sur les marchés européens. La sécurité des approvisionnements des détaillants repose alors sur l'existence de stocks de sécurité intermédiaires.

▶ Le commerce mondial reste globalement dominé par les anciens pays industriels mais de nouvelles puissances industrielles contestent leur rang. Ainsi, **la Chine est devenue le premier exportateur mondial de marchandises. Les États-Unis sont le premier importateur.**

▶ Les 10 premiers représentent 50 % du commerce mondial. La France est la 5e puissance commerciale.

▶ En 2022, la balance des transactions courantes de la France est globalement déficitaire car le solde de la balance des invisibles est excédentaire mais il ne compense pas le déficit de la balance commerciale.

4 Les investissements directs étrangers

▶ L'internationalisation des chaines de valeurs par les **firmes multinationales** (FMN) ou **transnationales** (FTN) s'accompagne aussi de **flux d'investissement** à l'échelle de la planète pour constituer des réseaux de filiales dans les pays qui sont attractifs, soit en raison de la taille de leur marché intérieur, soit en raison de la qualification élevée de sa main d'œuvre, soit en raison des faibles coûts de production liés à des ressources abondantes ou à une main-d'œuvre peu chère. Actuellement, la France est en Europe l'un des pays les plus attractifs pour les **investissements directs étrangers** (IDE).

▶ Les **IDE** ont des effets contrastés sur les économies nationales. Ils augmentent la sensibilité et la dépendance de l'économie des pays qui les reçoivent aux variations de la conjoncture internationale. Cela exacerbe les rivalités nationales, ce qui est source de tensions géopolitiques entre nations rivales, comme c'est actuellement le cas entre les États-Unis, dont la balance commerciale est largement déficitaire et la Chine. Lorsque les flux entrants sont croissants, les possibilités de financement des investissements augmentent mais, lorsque le mouvement est contraire, cela a un effet négatif sur le PIB et sur l'emploi.

Des politiques commerciales divergentes

106

Malgré une ouverture importante de certaines économies, des mesures protectionnistes se maintiennent ou se développent. Des conflits d'intérêts apparaissent alors, menaçant la prospérité mondiale et le dynamisme du commerce international. Le règlement de ces différends est l'un des rôles de l'Organisation mondiale du commerce (OMC).

1 Le libre-échange

▶ Il consiste à échanger entre des agents économiques de nationalités différentes sans barrière d'aucune sorte. Cette façon de commercer sans entrave est perçue comme étant à l'origine de la **mondialisation des échanges**. Théoriquement, le libre-échange est propice à l'augmentation du commerce et à l'accroissement des richesses matérielles. L'idée est qu'un pays optimise l'utilisation de ses ressources pour **satisfaire les besoins de sa population** s'il se spécialise dans les activités pour lesquelles il détient un avantage comparatif par rapport à ses partenaires.

▶ Ainsi, globalement, ses coûts de production et les prix de vente baissent au profit de l'ensemble des consommateurs pendant que chaque partenaire s'enrichit en évitant de gaspiller des ressources.

Info

Pour les défenseurs du libre-échange, la mondialisation est positive car elle contribue à l'accroissement des richesses au niveau mondial comme le suggère l'évolution parallèle du PIB mondial et du commerce mondial. Ainsi, il permettrait de réduire les inégalités entre les pays.

2 Le protectionnisme

▶ Le protectionnisme est un **mouvement contraire au libre-échange**. L'objectif est de **limiter les importations** pour **protéger le marché intérieur** des entreprises nationales.

▶ Il est souvent justifié par la nécessité de **protéger les industries naissantes** car elles demandent des investissements initiaux élevés alors que les marchés sont trop étroits pour assurer une rémunération suffisante des capitaux investis. Il est également évoqué pour **protéger les emplois nationaux face aux entreprises des pays émergents** qui supportent des coûts salariaux moins élevés dans des pays où la protection sociale est faible. Le protectionnisme vise aussi à **protéger de la concurrence mondiale** des activités jugées stratégiques.

▶ Pour limiter la concurrence étrangère sur son marché intérieur, l'État protectionniste met des **barrières à l'échange** comme des taxes douanières, des normes techniques contraignantes, des quotas d'importation ou des pratiques discriminantes qui empêchent l'accès aux marchés publics. Ces pratiques conduisent à des conflits entre entreprises et États de nationalités différentes qui nécessitent l'intervention d'organismes internationaux de régulation pour les résoudre et éviter les tensions géopolitiques.

Info

Pour les pays favorables aux mesures protectionnistes, il s'agit de lutter contre les effets négatifs de la mondialisation comme la désindustrialisation qui se traduit par la chute des emplois industriels dans les anciens pays industrialisés, et aussi de pousser les États qui pratiquent le *dumping social* à réduire les inégalités de richesse entre leurs citoyens.

3 La régionalisation des échanges

▶ Certaines zones sont plus ouvertes que d'autres sur le reste du monde. On parle de **régionalisation des échanges** car les échanges intra-zones des grands pôles d'échanges constituent une part importante du commerce. Des traités lient les États d'une même région pour organiser le commerce entre États voisins.

▶ On distingue trois principales organisations :
– l'**Association de libre-échange de l'Amérique du Nord** (**ALENA**) créée en 1994 regroupe 3 pays : les États-Unis, le Canada et le Mexique. Son but est de libéraliser les échanges entre ces 3 pays et de veiller à la loyauté des pratiques commerciales. Les États-Unis ont obtenu une renégociation des conditions d'échange plus favorables aux intérêts de leurs partenaires ;
– l'**Association des nations d'Asie du Sud-Est** (**ASEAN**) a été créée en 1967. Elle regroupe aujourd'hui 10 pays d'Asie du Sud-Est. L'ASEAN est un lieu de dialogue dans une zone économique en forte croissance mais encore faiblement intégrée ou les tensions géopolitiques sont très fortes et potentiellement conflictuelles entre la Chine, l'Inde, la Corée, le Japon et leurs voisins ;
– l'**Union européenne** (**UE**) est l'exemple le plus abouti d'intégration régionale malgré le Brexit en 2020. Ce vaste marché de 27 pays d'Europe occidentale est organisé suivant des règles libérales à l'intérieur de son espace où l'harmonisation des normes est forte, mais il est protectionniste à l'extérieur de ses frontières car ses normes constituent des barrières non tarifaires pour les produits étrangers.

Info

Un accord controversé de libre-échange, le CETA, a été négocié entre l'UE et le Canada en 2017. Concrètement, il supprime entre ces pays les droits de douane. En France, il est applicable depuis le 23 juillet 2019 après un vote de l'Assemblée.

4 L'OMC, pour gérer les différends entre États

▶ L'**Organisation mondiale du commerce** (**OMC**) a succédé en 1995 à la conférence internationale du GATT car un lieu d'arbitrage des conflits commerciaux internationaux était nécessaire. Au 29 juillet 2016, cette organisation internationale compte 164 pays adhérents qui représentent plus de 97 % du commerce international. Son siège est situé à Genève en Suisse. L'OMC est représentée par sa directrice générale, Ngozi Okonjo-Iweala, de nationalité nigériane, nommée en mars 2021. Son but est de libéraliser les échanges en appliquant 2 principes : la **non-discrimination** et la **concurrence loyale**.

▶ Les missions de l'OMC sont d'administrer les accords commerciaux signés à l'OMC, d'organiser des négociations commerciales, de régler les différends commerciaux, d'assister les pays en voie de développement dans les processus de négociation. L'OMC est avant tout un espace de négociation qui permet également de régler entre les parties des différends qui sont éventuellement sanctionnés.

▶ Depuis 1995, l'Organe de règlement des différends de l'OMC joue un rôle essentiel dans la résolution des conflits commerciaux : un nombre croissant de différends portent sur le non-respect des règles de la propriété industrielle et sur des pratiques anticoncurrentielles protectionnistes discriminantes envers les produits étrangers.

#info

Pour en savoir plus sur les différends commerciaux

foucherconnect.fr/24terstmg68

Les sources d'une croissance économique soutenable

107

La croissance mondiale a permis de réduire les inégalités de richesses entre les pays même si elles persistent dans chacun d'eux, mais le changement climatique remet en question la poursuite de ce modèle basé sur l'exploitation de ressources fossiles. Une adaptation coordonnée au niveau international vers une transition écologique et un développement durable apparaît comme une solution pour le futur.

1 Le progrès technique et l'accroissement de la productivité globale des facteurs

▶ Pour limiter l'impact de la croissance sur notre environnement, il apparaît que les **progrès technologiques** sont nécessaires car ils induisent une **hausse de la productivité**. Pour un niveau de production donné, la hausse de la productivité entraîne une baisse de la consommation de facteurs de production.

▶ La **productivité matières** est le **PIB par unité de matières consommées** (DMC *Domestic Material Consumption*). Lorsqu'elle s'accroit, cela signifie que la création de richesses est plus que proportionnelle à la consommation de ressources matérielles. Cet indicateur permet de suivre la **transition écologique de l'économie** et de faire des comparaisons internationales.

▶ C'est aussi un moyen pour l'État de **fixer des objectifs économiques**. La loi du 17 août 2015 relative à la transition énergétique pour la croissance verte fixe comme objectif pour la France une augmentation de 30 % de la productivité des ressources entre 2010 et 2030.

2 L'origine des progrès techniques

La croissance comporte en elle-même les facteurs de la **croissance future** sous la forme de progrès techniques. Ces derniers sont rendus possibles grâce à l'investissement.

A. Les progrès techniques favorisés par les investissements

▶ Ces investissements sont matériels sous la forme de **machines** (formation brute de capital fixe - FBCF). Sous la pression de la concurrence, les machines sont sans cesse améliorées et optimisées pour en **augmenter l'efficacité** et ainsi obtenir des avantages en matière de coûts et d'avancées technologiques. Depuis 2015, la part de la FBCF dans le PIB en France est croissante. L'investissement privé progresse à nouveau fortement depuis 2020 alors que l'investissement public stagne, voire régresse. En 2021, la part de la FBCF dans le PIB est de 20,4 %.

▶ Ces investissements sont immatériels notamment dans la **recherche et développement (R&D)**. Ces investissements permettent de générer des rentes sous forme de droits d'exploitation, de proposer de nouveaux produits sur le marché et d'optimiser les processus de décision et de production grâce aux réseaux d'information.

En 2020, la France consacre 2,30 % de son PIB à la R&D et se place au 8e rang des pays de l'Union européenne pour cet effort. Outre les secteurs de la construction aéronautique et spatiale, l'informatique, l'électronique et l'optique, il y a un effort particulier de financement dans les technologies favorables à la transition écologique.

▶ Ces investissements sont humains dans la formation et l'éducation pour **améliorer le stock de connaissances** et rendre les **progrès techniques et l'optimisation des processus possibles.** En 2019, une réforme profonde de la formation professionnelle a été entamée en France autour du droit individuel des salariés à la formation et de ses modes de financement proportionnel à la masse salariale des organisations qui les emploient. La formation est une obligation de l'employeur. Ces dépenses s'ajoutent aux dépenses publiques de la formation initiale prises en charge par l'Éducation nationale.

ZOOM SUR...LES IMPRIMANTES 3D

Les imprimantes 3D sont des machines capables de créer des objets à partir de dessins en additionnant de la matière. Cela est rendu possible par les progrès réalisés entre autres dans la conception assistée par ordinateur, les progrès sur la synthèse des matériaux. Cela a des implications dans d'autres d'activités comme le secteur médical (fabrication de visières de protection, de pièces de respirateur, de prothèses), la maintenance industrielle, la mécanique, la production d'objets de consommation en micro série, l'industrie agroalimentaire, le secteur du bâtiment... :
– dans le domaine médical : fabrication d'une main bionique ;
– dans le domaine de la construction : impression d'une maison en 3D ;
– dans le domaine automobile : une start-up créée par des jeunes propose l'impression 3D de pièces automobiles pour les voitures anciennes.

#vidéo Fabrication d'une main bionique
foucherconnect.fr/24terstmg69

#vidéo Impression d'une maison en 3D
foucherconnect.fr/24terstmg70

#vidéo Impression en 3D de pièces automobiles pour les voitures anciennes
foucherconnect.fr/24terstmg71

B. La croissance boostée par l'innovation

▶ La croissance génère des **externalités positives** qui poussent à l'**innovation** et qui engendre à nouveau de la croissance. Dans un secteur d'activité, les progrès génèrent parfois des effets dans d'autres secteurs, sans que les activités soient directement liées.

▶ Le système financier permet de focaliser les **flux d'investissement** vers les activités en principe favorables à la croissance car il valorise les investissements des activités qui rencontrent une demande (ce n'est pas toujours le cas lorsque l'investissement est purement spéculatif ou improductif). La **rentabilité des investissements** est un facteur qui stimule les investisseurs.

Les limites de la croissance économique 108

La croissance engendre des externalités négatives et contribue à dégrader l'environnement avec l'utilisation de ressources naturelles non renouvelables ou des rejets polluants.

1 L'épuisement des ressources naturelles

▶ Il faut distinguer les **ressources naturelles renouvelables** des **ressources non renouvelables.** Les premières, au cours d'une durée plus ou moins longue, peuvent se reconstituer naturellement. C'est le cas pour tous les constituants de la biomasse comme les forêts, les réserves halieutiques (poissons et crustacés issus de la mer) et les êtres vivants. Les secondes ne se reconstituent pas ou sur un temps si long qu'on les considère comme non renouvelables.

Le jour du dépassement, c'est le jour de l'année où l'humanité a consommé l'ensemble des ressources que la planète peut régénérer en un an.

Si toute l'humanité vivait comme la population française, il faudrait 2,9 Terres pour subvenir à ses besoins.

Le jour du dépassement

▶ L'**épuisement** des ressources renouvelables survient **si la consommation est plus rapide que le cycle de renouvellement**, comme c'est le cas pour la pêche.

▶ Pour les ressources non renouvelables, la durée de consommation dépend de l'intensité de l'exploitation et du stock de réserves disponibles.

▶ Aujourd'hui, qu'elles soient renouvelables ou non, de nombreuses études montrent qu'il y a une **surexploitation des ressources naturelles**. Même si les progrès technologiques permettent des économies de ressources, ils ne compensent pas l'accroissement des besoins de la population mondiale.

2 Le réchauffement climatique

▶ Le réchauffement climatique est une **menace sur la croissance économique** et le **développement à long terme.** Il compromet d'abord l'alimentation humaine. Il perturbe le métabolisme des végétaux, la géographie et le cycle des récoltes. On constate aussi une diminution de la biodiversité. Une hausse de 2,5 °C entrainerait la disparition de 30 % des espèces, alors qu'on s'attend à une hausse des températures de plus de 4,8 °C à l'horizon 2100 si rien ne change. Or, 35 % de la nourriture dépend des insectes pollinisateurs comme les abeilles dont la disparition serait une catastrophe écologique et économique.

▶ Le réchauffement climatique est aussi une menace sur les infrastructures économiques. D'après les prévisions du **Groupe d'experts intergouvernemental sur l'évolution du climat** (GIEC), une hausse de 43 cm du niveau des mers est attendue autour de 2100 avec, par exemple, l'inondation d'une ville comme Tokyo au Japon.

Info Le niveau de la mer a augmenté de 17 cm au cours du XXe siècle. Or, 60 % de la population mondiale réside à moins de 60 km des rivages.

3 Le développement durable et une nouvelle approche de l'économie

A. La croissance verte

▶ Le développement durable désigne **l'augmentation du bien-être matériel et moral** sans diminution des chances de développement des générations futures. Pour le mettre en œuvre, la croissance doit prendre en compte les défis sociaux, écologiques et économiques de demain.

▶ La **croissance verte** est un concept développé par **l'Organisation de coopération et de développement économiques** (OCDE). Selon cette organisation, il est possible grâce aux progrès technologiques :
– d'**améliorer la productivité** pour réduire les déchets et la consommation d'énergie ;
– de **trouver de nouveaux marchés basés sur des technologies plus écologiques** (on parle de technologie verte) qui seront de nouveaux relais de croissance et des moteurs des échanges ;
– de **promouvoir des politiques environnementales** qui consistent à créer un cadre légal à long terme et un régime de droit de propriété spécifique, à assainir les finances publiques pour rassurer les investisseurs qui miseront sur les technologies plus respectueuses de l'environnement.

#doc
Taxes environnementales, dépenses dans le domaine environnemental, bouquet énergétique et intensité carbone
foucherconnect.fr/24terstmg72

▶ Dans l'UE, cela se traduit par la mise en place d'**indicateurs**, d'une politique fiscale favorable à l'environnement et des dépenses publiques en faveur d'une transition écologique et énergétique. En France, un cadre légal a été mis en place en 2015 avec la **loi relative à la transition écologique** pour une **croissance verte.**

#doc
Les engagements pour une croissance verte
foucherconnect.fr/24terstmg73

B. L'économie circulaire

C'est un modèle économique qui prend en compte le recyclage des déchets et l'économie de ressources tout au long du processus de production jusqu'à la consommation, dès la conception de produit. On parle d'écoconception des produits, de production durable et de consommation durable. C'est un des éléments clés de la transition écologique.

C. L'économie collaborative (ou de partage)

C'est un modèle d'activité économique fondée sur l'échange et le partage autour d'une plateforme numérique qui met en relation les acteurs qui ont une demande et ceux qui sont capables d'y répondre seuls ou à plusieurs. Les échanges sont monétaires ou non.

D. L'économie sociale et solidaire (ESS)

C'est un secteur d'activité qui se distingue par la finalité des organisations de droit public ou privé qui la composent. Elles mettent l'accent sur l'utilité sociale des services rendus sous la forme de missions d'intérêt collectif, d'insertion sociale, professionnelle et d'échanges. Les acteurs de l'ESS appartiennent au secteur non marchand (associations, fondations, etc.) et marchand (mutuelles, coopératives, SCOP). Tous les secteurs sont concernés.

Aujourd'hui, l'ESS a un poids économique croissant (≈ 10,5 % de l'emploi salarié et 10 % du PIB).

La réduction de la pauvreté et le rôle de l'éducation

109

Les inégalités de répartition des richesses sont très importantes dans le monde. La croissance mondiale a réduit les écarts entre les pays mais pas à l'intérieur des pays.

1 Les inégalités dans le monde

Les inégalités de revenus entre un petit pourcentage des individus et le reste de l'humanité sont très importantes. D'après le rapport 2021 du *World Inequality Lab*, 10 % des plus riches détiennent 76 % de la richesse mondiale, tandis qu'à l'inverse, les 50 % les plus pauvres n'en possèdent que 2 %.

A. La pauvreté

À savoir

L'indice de Gini est un indicateur très utilisé pour mesurer les écarts de revenus. Plus l'indice est élevé, plus le pays est inégalitaire.

La pauvreté absolue et la pauvreté relative font référence à deux façons de mesurer la pauvreté :

– la **pauvreté absolue** est une mesure par rapport à une norme définie comme le revenu nécessaire pour satisfaire des besoins de base. À partir du nombre de personnes qui ne parviennent pas à satisfaire ces besoins, on calcule un taux de pauvreté. La Banque mondiale évalue la pauvreté absolue par région et par catégorie de pays en parité de pouvoir d'achat. 9,1 % de la population mondiale vivait avec moins de 2,15 dollars par jour en 2022 ;

– la **pauvreté relative** est une mesure par rapport à un seuil relatif au pays. En France, comme dans la plupart des pays européens, on mesure la pauvreté de façon relative. Une personne est statistiquement pauvre à partir d'un revenu supérieur ou égal à 60 % du revenu médian.

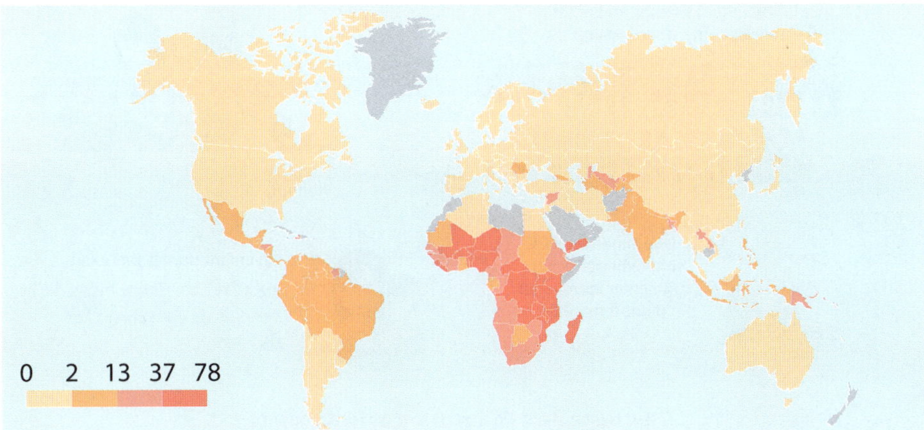

Pauvreté absolue dans le monde : pourcentage de la population vivant avec moins de 1,90 dollar par jour

Taux de pauvreté en France en 2022 : **14,3 %.**

14,5 % des femmes sont en situation de pauvreté (contre **13,3 %** des hommes).

17,9 % des 18-29 ans sont sous le seuil de pauvreté (contre 11,4 % pour les 50-64 ans).

36 % des familles monoparentales vivent sous le seuil de pauvreté.

83 % des familles monoparentales sont des femmes seules avec enfants.

10 % des Français éprouvent des difficultés pour se chauffer.

La pauvreté relative en France

B. L'éducation et la formation

▶ L'éducation et la formation apparaissent comme des **clés du développement** et comme vecteur de réduction des inégalités. Quelle que soit l'origine géographique de la population qui en bénéficie, elle accroit le capital humain et le stock de connaissances essentiel aux progrès techniques.

▶ Grâce à l'éducation, les progrès technologiques ne sont plus l'exclusivité des pays développés, même si ces derniers conservent une avance technologique importante.

2 L'éducation comme moteur du développement économique

Investir dans l'éducation et la formation est un moyen de réduire la pauvreté. Une étude montre que la généralisation des cycles primaires et du premier niveau du secondaire pourrait réduire la pauvreté de moitié dans le monde. Plusieurs études prouvent que le rendement financier d'une année supplémentaire d'étude pour une personne en matière d'espérance de revenus supplémentaires est de 6 % à 10 %, ce qui est bien supérieur aux taux moyens de rentabilité actuelle d'un placement financier (autour de 2 % à 4 % par an).

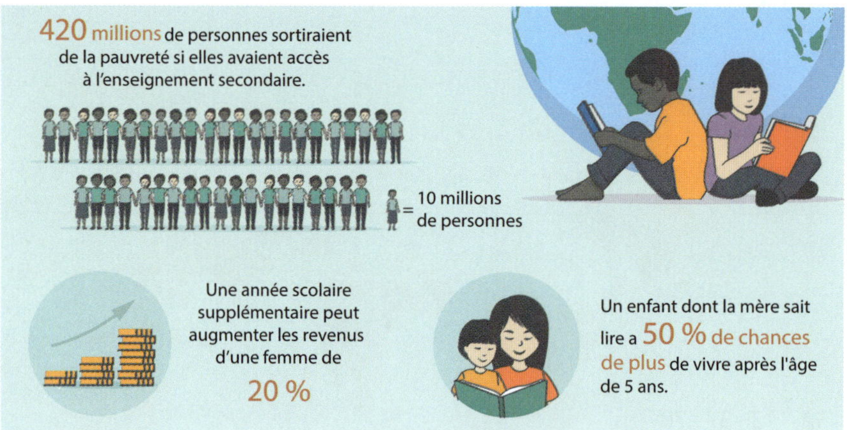

Quel lien entre l'éducation et la pauvreté ?

Quiz express 110

Vérifiez que vous avez bien retenu les points clés des **fiches 96 à 109**

1 Le rôle de l'État dit « d'allocation des ressources » consiste principalement à :

a. ❑ redistribuer les revenus

b. ❑ contrôler une production marchande

c. ❑ réaliser une production non marchande

2 La politique monétaire est une politique :

a. ❑ conjoncturelle

b. ❑ structurelle

c. ❑ dont le principal instrument est le taux d'intérêt directeur

d. ❑ décidée et mise en œuvre par la Banque de France

3 Le risque principal lié à une création monétaire excessive dans l'économie est :

a. ❑ la hausse du chômage

b. ❑ l'accélération de l'inflation

c. ❑ la hausse de l'économie souterraine

4 Le contrôle de la masse monétaire en circulation dans l'économie se fait grâce :

a. ❑ à l'État qui fixe le taux d'intérêt des banques

b. ❑ à la Banque centrale européenne par le biais des taux directeurs

c. ❑ aux établissements de crédit qui décident d'augmenter ou de baisser leurs taux d'intérêt

5 On parle d'« État gendarme » pour désigner le fait que :

a. ❑ l'État doit remplir trois rôles : allocation des ressources, redistribution et régulation conjoncturelle

b. ❑ l'État doit intervenir dans l'activité économique, notamment pour garantir le plein emploi

c. ❑ le rôle de l'État se limite à des fonctions régaliennes (police, justice, armée)

6 **La croissance économique désigne :**

a. ❑ l'augmentation de la production de biens et de services sur une longue période

b. ❑ l'augmentation de la richesse créée par un pays sur une courte période

c. ❑ l'augmentation du développement d'un pays

7 **Font partie des inégalités socio-économiques :**

a. ❑ les inégalités de revenus

b. ❑ les inégalités scolaires

c. ❑ les inégalités de logement

d. ❑ les inégalités paritaires

8 **Les politiques passives de l'emploi visent à :**

a. ❑ créer de l'activité

b. ❑ réduire la population active

c. ❑ indemniser les personnes sans emploi

9 **Le chômage :**

a. ❑ est un déséquilibre du marché du travail

b. ❑ apparaît lorsque la demande d'emplois des travailleurs (offre de travail) est supérieure aux offres d'emplois des entreprises (demande de travail).

c. ❑ un indicateur de référence pour l'analyse des évolutions du marché du travail

10 **L'augmentation des crédits est-elle favorable à la croissance ?**

a. ❑ Oui

b. ❑ Non

11 **Est-ce que l'endettement fort de l'État lui fait courir le risque de faillite ?**

a. ❑ Oui

b. ❑ Non

12 **Quand la valeur absolue de l'élasticité est supérieure à 1, cela signifie qu'on s'approche de l'équilibre du marché.**

a. ❑ Oui

b. ❑ Non

13 **La réglementation permet-elle de lutter contre les situations de non-concurrence ?**

a. ❑ Oui

b. ❑ Non

↗ CORRIGÉS p. 313

Vers le Bac 111

Entraînez-vous sur les notions d'Économie.

1 S'entraîner au débat sur l'intervention de l'État dans l'économie

L'État devait-il s'endetter et intervenir dans l'économie pour lutter contre la pandémie de covid-19 ?

Entrainez-vous, à partir de vos connaissances personnelles et des éléments donnés dans ce thème.

Conseil : il n'y a pas de réponse juste ou fausse, vous devez choisir un point de vue et le défendre par une argumentation logique qui s'appuie sur des mécanismes économiques et des données.

2 S'entraîner au débat sur l'emploi et le chômage

Faut-il faire baisser les charges salariales et supprimer le smic qui affectent le coût du travail pour faire baisser le taux de chômage ?

Entrainez-vous, à débattre sur cette question en identifiant les arguments pour et les arguments contre.

Méthode : Un argument se construit généralement sur le modèle suivant : une idée principale, ses justifications et une illustration.

Il est rare en économie qu'il n'y ait qu'une seule réponse qui représente une vérité admise par tous. On peut souvent dire l'un et son contraire mais pas n'importe comment. Cela donne un espace de liberté pour construire votre propre interprétation des données. Il n'y a pas de vérité établie. Pour autant, cela ne signifie pas que vous devez être approximatif. Les raisonnements sont logiques et rigoureux. Les barèmes attachent donc plus d'attention à votre démarche pour arriver à vos conclusions qu'aux conclusions en elles-mêmes. Les débats et controverses sont fréquents en économie. Consultez ce débat sur la place de l'État-providence et notre système fiscal :

#méthode

Débat sur le coût de l'État-providence

foucherconnect.fr/24terstmg74

3 S'entraîner au débat sur l'organisation du commerce international

Pensez-vous que l'accord de libre-échange entre l'UE et le Canada, le CETA, est favorable à l'économie Française ?

Vous exposerez les arguments en faveur de cet accord et les arguments contre.

Méthode : Un argument se construit généralement sur le modèle suivant : une idée principale, ses justifications et une illustration. N'oubliez pas que les barèmes attachent plus d'attention à votre démarche pour arriver à vos conclusions qu'aux conclusions en elles-mêmes.

Pour un exemple de débat et des informations complémentaires, consultez les liens suivants :

#doc Les échanges bilatéraux de biens entre la France et le Canada
foucherconnect.fr/24terstmg75

#doc Positionnement contre l'accord de libre-échange
foucherconnect.fr/24terstmg76

#doc Qu'est-ce que le CETA ?
foucherconnect.fr/24terstmg77

4 S'entraîner au débat sur la croissance économique et le développement durable

La croissance verte permet-elle de répondre au défi posé à l'humanité par le réchauffement climatique ?

Rédigez des arguments pour défendre votre point de vue et confrontez vos arguments à ceux des experts.

#info Transition énergétique : le mirage de la croissance
foucherconnect.fr/24terstmg78

↗ CORRIGÉS p. 313

Épreuve de Droit et Économie

.../20
4 h
Coeff. 16

Pour vous préparer à l'épreuve écrite de Droit et Économie dans les conditions du Bac, voici un sujet type. L'épreuve proposée est notée sur 20, dure 4 heures et est coefficient 16. Ce sujet est composé de deux parties indépendantes qu'il est possible de traiter dans l'ordre de votre choix. Il vous est demandé d'indiquer la partie traitée. Le candidat traite les deux parties en suivant les consignes contenues dans le sujet.

1 Partie 1 : Partie juridique (10 points)

À l'aide de vos connaissances et des ressources documentaires jointes en annexe, analysez la situation juridique ci-dessous et répondez aux questions posées.

La société Fraîche Fontaine commercialise des fontaines à eau auprès des entreprises et des administrations publiques. Elle est représentée légalement par sa dirigeante, Fabienne GARNIER. Il y a 5 ans, Louise GENEREUX a été embauchée à temps complet (35 heures hebdomadaires) au service commercial : elle est en charge des relations clients/fournisseurs, et effectue des déplacements fréquents avec le véhicule professionnel mis à sa disposition.

Louise GENEREUX est par ailleurs présidente d'une association d'aide qui gère une épicerie solidaire.

Après plusieurs années de croissance rapide, l'activité de la société Fraîche Fontaine connaît un ralentissement lié à la crise sanitaire. Le développement du télétravail s'est traduit par une baisse des ventes de fontaines à eau aux entreprises.

Depuis plusieurs mois, Fabienne GARNIER a constaté une baisse des ventes sur le secteur de Louise GENEREUX. Après investigations, elle constate que Louise GENEREUX consacre plus d'un jour par semaine de son temps de travail pour réaliser les tâches administratives de l'association en utilisant le matériel de l'entreprise (ordinateur, logiciels de gestion, ligne téléphonique et connexion Internet).

Par ailleurs Louise GENEREUX fait usage du véhicule professionnel mis à sa disposition pour faire des approvisionnements ponctuels de l'épicerie.

Le licenciement de Louise GENEREUX est envisagé par Fabienne GARNIER. Cette dernière vous consulte.

1. Résumez les faits en utilisant des qualifications juridiques.

2. Développez l'argumentation juridique pouvant justifier le licenciement de Louise GENEREUX.

3. Présentez les arguments juridiques que Louise GENEREUX pourrait opposer à son employeur.

4. Le contrat de travail est avant tout un contrat auquel s'appliquent les principes généraux du droit des contrats. Ainsi, le contrat de travail, comme tout contrat légalement formé, contraint les parties à exécuter leurs obligations de bonne foi, principe illustré notamment par l'obligation de loyauté du salarié. Pourquoi la bonne foi est-elle exigée en droit des contrats ?

Annexe 1 - Extraits du Code civil

Article 1103

Les contrats légalement formés tiennent lieu de loi à ceux qui les ont faits.

Article 1104

Les contrats doivent être négociés, formés et exécutés de bonne foi.

Article 1112

L'initiative, le déroulement et la rupture des négociations précontractuelles sont libres. Ils doivent impérativement satisfaire aux exigences de la bonne foi.

■ Source : Extraits du Code civil

Annexe 2 - Extraits du Code du travail

Article L. 1121- 1

Nul ne peut apporter aux droits des personnes et aux libertés individuelles et collectives de restrictions qui ne seraient pas justifiées par la nature de la tâche à accomplir ni proportionnées au but recherché.

Article L. 1222- 1

Le contrat de travail est exécuté de bonne foi.

Article L. 1232- 1

Tout licenciement pour motif personnel est motivé dans les conditions définies par le présent chapitre. Il est justifié par une cause réelle et sérieuse.

Article L 1233- 2

Tout licenciement pour motif économique est motivé dans les conditions définies par le présent chapitre. Il est justifié par une cause réelle et sérieuse.

Article L. 1233- 3

Constitue un licenciement pour motif économique le licenciement effectué par un employeur pour un ou plusieurs motifs non inhérents à la personne du salarié résultant d'une suppression ou transformation d'emploi ou d'une modification, refusée par le salarié, d'un élément essentiel du contrat de travail [...]

Article L. 1235- 3

Si le licenciement d'un salarié survient pour une cause qui n'est pas réelle et sérieuse, le juge peut proposer la réintégration du salarié dans l'entreprise, avec maintien de ses avantages acquis.

Si l'une ou l'autre des parties refuse cette réintégration, le juge octroie au salarié une indemnité à la charge de l'employeur, dont le montant est compris entre les montants minimaux et maximaux fixés [par la loi].

■ Source : Extraits du Code du travail

Annexe 3 - Arrêt de la Cour de cassation du 8 décembre 2021

Selon l'arrêt attaqué (Paris, 11 mars 2020), Mme [P] a été engagée le 1er mars 2004 par la société Delsey en qualité de responsable coordination groupe, statut cadre dirigeant. Elle a ensuite été nommée responsable du développement des ressources humaines du groupe Delsey. […] Licenciée pour faute grave le 18 mars 2015, elle a saisi la juridiction prud'homale pour contester cette rupture et obtenir paiement de diverses sommes à ce titre.

[…] Ayant relevé que l'employeur n'avait eu la connaissance exacte de la nature, de la réalité et de l'ampleur des irrégularités relatives aux remboursements de frais professionnels reprochées à la salariée qu'à l'occasion de l'enquête réalisée lors de la demande de remboursement, en janvier 2015, d'une facture d'hôtel pour un séjour non professionnel de l'intéressée à [Localité masquée], révélant une pratique répétitive depuis septembre 2014, la cour d'appel a exactement décidé que la poursuite disciplinaire engagée en février 2015 n'était pas prescrite. Ayant ensuite constaté qu'il n'était pas établi que l'employeur avait toléré ces demandes injustifiées de remboursements de frais et que la salariée, cadre dirigeant, avait en outre manqué à son obligation de loyauté en effectuant, à l'insu de son employeur, pendant les horaires de travail et avec le matériel informatique mis à sa disposition, des travaux d'assistance personnelle du président du conseil de surveillance, dans le cadre d'activités réalisées par celui-ci pour des sociétés tierces, la cour, sans être tenue de s'expliquer spécialement sur chacune des pièces produites ni d'entrer dans le détail de l'argumentation des parties, a pu retenir que l'ensemble de ces faits rendait impossible son maintien dans l'entreprise. Le moyen n'est donc pas fondé.

PAR CES MOTIFS, la Cour :

REJETTE le pourvoi.

■ Source : Arrêt de la Cour de cassation du 8 décembre 2021

Annexe 4 - La « bonne foi » et la loyauté dans le contrat de travail

La « bonne foi » est la croyance qu'a une personne de se trouver dans une situation conforme au droit, et la conscience d'agir sans léser les droits d'autrui. C'est une notion fréquemment utilisée dans notre législation pour atténuer les rigueurs de l'application de règles positives. Les contrats doivent être négociés, formés et exécutés de bonne foi. Cette disposition est d'ordre public. De même, l'initiative, le déroulement et la rupture des négociations précontractuelles sont libres. Ils doivent impérativement satisfaire aux exigences de la bonne foi.

■ Source : https://www.dictionnaire-juridique.com/definition/bonne-foi.php (consulté le 05/12/2022)

2 Partie 2 : Partie Économie (10 points)

À partir de vos connaissances et de la documentation fournie en annexe, répondez aux questions suivantes.

1. Décrivez l'évolution des échanges de biens de la France avec l'extérieur.

2. Caractérisez la concentration des marchés internationaux des métaux.

3. Expliquez les conséquences de la rareté attendue des métaux sur le déficit commercial français.

4. Déterminez l'influence des multinationales françaises sur le déficit commercial de la France.

5. Rédigez une argumentation qui vous permette de répondre à la question suivante : « La rareté est-elle la seule cause du déficit commercial français ? »

Annexe 1 – Évolution du solde commercial français des échanges de biens

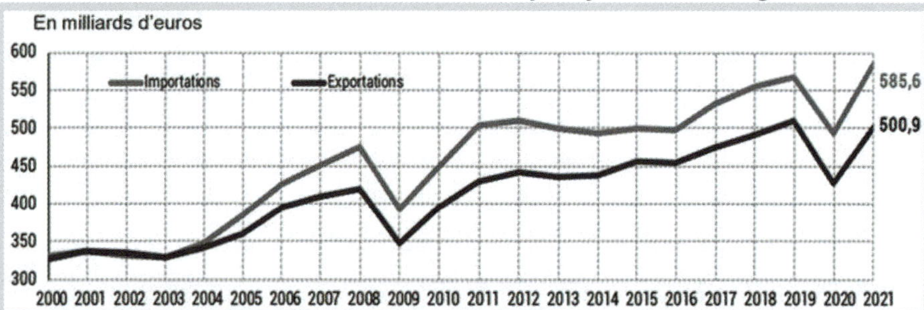

■ Source : Le chiffre du commerce extérieur 2021. Douane.gouv.fr

Annexe 2 – Le volet export du plan France relance

Le volet export du plan « France Relance » a ciblé particulièrement le retour des PME et des ETI sur les marchés étrangers […] afin d'accompagner la reprise des exportations dans un contexte international encore incertain et plus concurrentiel, ces dispositifs ont été complétés par l'insertion d'un volet export dans le plan « France Relance » présenté le 3 septembre 2020, initialement prévu à hauteur de 247 millions d'euros (M€), et ciblant particulièrement le retour des PME et des ETI sur les marchés étrangers. Ce volet « export » du plan France Relance comprend principalement les mesures suivantes […] : Le versement de « chèques relance export » visant à réduire de moitié le coût des opérations collectives ou individuelles de projection à l'international assurées par la Team France Export […]. À la fin de l'année 2021, 8 227 chèques relance export avaient été attribués, pour un montant d'aides s'élevant à 14,2 m€. Depuis septembre 2021, ce dispositif permet également de financer des formations courtes à l'export au profit de dirigeants de PME et d'ETI exportatrices (« chèque relance formation »). En outre, depuis novembre 2021, un « chèque relance traduction » permet de prendre en charge 50 % des coûts de prestations de traduction (dans la limite d'un plafond de 800 €) de supports de communication, site internet, catalogues dans la langue des pays prospectés. […]

Ces dispositifs, qui devaient prendre fin à la fin de l'année 2021, ont été prolongés jusqu'au 30 juin 2022 lors du Conseil Stratégique de l'Export du 1er septembre 2021 afin de prendre en compte la persistance des incertitudes en matière de déplacements et d'évènements internationaux.

■ Source : Rapport du commerce extérieur de la France 2022, Direction générale du trésor, février 2022.

Annexe 3 – Analyse des exportations selon la taille des entreprises en 2021

En %	Grandes entreprises > 5 000 salariés	Entreprises de taille intermédiaire 250 – 4 999 salariés	PME et micro-entreprises – de 249 salariés	Total
Nombre d'entreprises exportatrices	0,5 %	4 %	95 %	100 %[1]
Part dans les exportations totales	52 %	35 %	13 %	100 %

1. La somme des colonnes est égale à 99,5 %, arrondie à 100 %

■ Source : Les opérateurs du commerce extérieur, DGDDI (direction générale des douanes et droits indirects), 12 avril 2022

Annexe 4 – La contribution des multinationales françaises au commerce extérieur français

Les entreprises multinationales françaises contribuent positivement au solde commercial des biens, contrairement aux multinationales étrangères ou aux entreprises francofrançaises. C'est pourtant le tassement de leur excédent, de près de 2 points de PIB entre 2000 et 2018, qui explique la détérioration du solde commercial français depuis deux décennies. [...] Le déficit commercial de la France vient d'atteindre en mars 2022 la barre symbolique des 100 milliards d'euros en cumul sur douze mois glissants (3,7 % du PIB). Si ce résultat reflète des facteurs conjoncturels liés notamment à la crise sanitaire – hausse des importations de produits de santé et faiblesse du secteur aéronautique – et, plus récemment, à l'envolée de la facture énergétique liée aux tensions, puis à la guerre en Ukraine, il traduit surtout la détérioration structurelle du solde commercial français depuis deux décennies. [...] L'économie française se démarque également par l'importance de ses multinationales et de leurs investissements à l'étranger, où elles emploient plus de 6 millions de salariés, nettement plus que leurs homologues allemandes, italiennes ou espagnoles. [...]

La dégradation des performances commerciales des multinationales françaises est l'une des composantes majeures de l'évolution observée depuis deux décennies : un déficit commercial qui se creuse, tandis que la balance courante reste quasiment équilibrée, reflet d'une spécialisation faisant la part belle aux services et aux investissements à l'étranger, au détriment de l'activité industrielle sur le sol français. [...] L'activité à l'étranger des multinationales [françaises] correspond à une délocalisation de production de biens finaux auparavant réalisée en France, cela pèse sur les exportations et peut gonfler les importations à destination des consommateurs français. […] Les multinationales françaises ont significativement contribué à la dégradation du solde commercial de la France. Le défi de la réindustrialisation de la France ne relève donc pas tant d'un rééquilibrage macroéconomique du solde courant que d'une réorientation des choix d'internationalisation de ses entreprises. À commencer par ses multinationales.

■ Source : D'après La lettre du CEPII (centre d'études prospectives et d'informations internationales), mai 2022

Annexe 5 – Autre proposition

Les entreprises multinationales françaises contribuent positivement au solde commercial des biens, contrairement aux multinationales étrangères ou aux entreprises francofrançaises. C'est pourtant le tassement de leur excédent, de près de 2 points de PIB entre 2000 et 2018, qui explique la détérioration du solde commercial français depuis deux décennies. […] Le déficit commercial de la France vient d'atteindre en mars 2022 la barre symbolique des 100 milliards d'euros en cumul sur douze mois glissants (3,7 % du PIB). Si ce résultat reflète des facteurs conjoncturels liés notamment à la crise sanitaire – hausse des importations de produits de santé et faiblesse du secteur aéronautique – et, plus récemment, à l'envolée de la facture énergétique liée aux tensions, puis à la guerre en Ukraine, il traduit surtout la détérioration structurelle du solde commercial français depuis deux décennies. […] L'économie française se démarque également par l'importance de ses multinationales et de leurs investissements à l'étranger, où elles emploient plus de 6 millions de salariés, nettement plus que leurs homologues allemandes, italiennes ou espagnoles. […]

La dégradation des performances commerciales des multinationales françaises est l'une des composantes majeures de l'évolution observée depuis deux décennies : un déficit commercial qui se creuse, tandis que la balance courante reste quasiment équilibrée, reflet d'une spécialisation faisant la part belle aux services et aux investissements à l'étranger, au détriment de l'activité industrielle sur le sol français. […] L'activité à l'étranger des multinationales [françaises] correspond à une délocalisation de production de biens finaux auparavant réalisée en France, cela pèse sur les exportations et peut gonfler les importations à destination des consommateurs français. […] Les multinationales françaises ont significativement contribué à la dégradation du solde commercial de la France. Le défi de la réindustrialisation de la France ne relève donc pas tant d'un rééquilibrage macroéconomique du solde courant que d'une réorientation des choix d'internationalisation de ses entreprises. À commencer par ses multinationales.

■ Source : D'après La lettre du CEPII (centre d'études prospectives et d'informations internationales), mai 2022

↗ CORRIGÉS p. 317

La justice : délimiter la notion 112

La justice est une notion recouvrant plusieurs concepts qui sont liés les uns aux autres, sans jamais se confondre. Ainsi, s'interroger sur la justice, c'est penser un principe à la fois philosophique, juridique, politique et moral.

1 Les trois aspects de la justice

La justice est souvent représentée sous les traits d'une femme tenant une balance et ayant parfois les yeux bandés. Cette représentation indique que la justice est censée être affaire d'équilibre, de mesure et d'impartialité. Mais ce terme recouvre en fait trois aspects différents :

– **la justice comme idéal** : c'est ce que l'on cherche à définir lorsque l'on s'interroge sur **ce qui est juste ou injuste.** On se demande alors si le juste et l'injuste peuvent être définis universellement ;

Exemple : Est-ce qu'il y a un idéal commun de justice pour tous les êtres humains, malgré les lois différentes selon les États et les cultures ?

– **la justice comme norme** : le juste comme idéal est ensuite censé s'incarner dans ce qu'on appelle les lois positives ; la justice devient alors une norme, **le droit** ;

Exemple : C'est le droit tel qu'il existe dans chaque État, auquel on doit pouvoir se référer en cas de litiges entre particuliers (droit privé) ou en cas d'infractions manifestes envers la norme sociale et juridique en vigueur (droit public).

– **la justice comme institution** : c'est **le pouvoir** chargé de faire respecter les lois et de juger selon elles les litiges et les infractions commises.

Exemple : Les tribunaux et cours de justice. On l'appelle parfois la Justice (avec un J majuscule).

2 La difficulté à définir le juste

Comme idéal, nous voudrions que la justice soit universelle. Mais nous sommes forcés de constater que ce qui est considéré juste dans un pays ne l'est pas nécessairement dans un autre.

> **Citation**
> « Plaisante justice qu'une rivière borne ! Vérité en-deçà des Pyrénées, erreur au-delà »
> Blaise Pascal, *Pensées*

A. Distinguer légal et légitime

▶ Poser la question de la justice de la loi peut paraître paradoxal : en effet, la loi est censée dire le juste dans un État donné. Il ne s'agit donc pas de se demander si la loi est **légale** (elle l'est toujours par définition), mais si elle est **légitime.**

> **Repères**
> **Légal/Légitime**
> • Est **légal** ce qui est conforme aux lois positives, c'est-à-dire au droit tel qu'il existe.
> • Est **légitime** ce qui est conforme, non plus à la loi positive, mais à l'équité, à la morale, à la raison, c'est-à-dire à la justice en tant qu'idéal, en tant que valeur.

▶ Cette distinction met en évidence **deux visions de la loi** :
– une vision « **conventionnaliste** » : la loi est le résultat d'une **convention**, d'un accord entre les parties destiné à régler la vie sociale et à éviter le désordre ;

Exemple : Le Code de la route.

– une vision « **jusnaturaliste** » : la loi telle qu'elle existe, c'est-à-dire positive, devrait se rapprocher le plus possible d'une loi dite « naturelle », et donc exprimer **un idéal de justice.**

Exemple : On peut critiquer une loi au nom des droits de l'Homme que l'on considère alors comme universels.

C'est en ce sens qu'on peut **questionner la légitimité de la loi**, c'est-à-dire sa conformité à un idéal de justice qu'il s'agit alors de définir.

Focus

Légitimité de la loi
L'enjeu derrière cette question est celui de la **liberté politique** : celle-ci fait surtout sens dans le cadre d'une vision « jusnaturaliste », car sinon l'obéissance à la loi apparaît principalement comme une contrainte résultant de l'expression dans la loi d'un rapport de force. C'est ce que soutient Karl Marx (1818-1883), notamment dans sa *Critique du droit politique hégélien* et dans *L'Idéologie allemande* : le droit est la fixation dans la loi de l'intérêt de la classe dominante.

B. Norme et idéal en conflit : doit-on toujours obéir à la loi ?

▶ Déterminer ce que l'on peut, ou ce que l'on a le droit de faire, face à une loi que l'on considère comme injuste dépend de la conception que l'on a de la loi. **La distinction entre légal et légitime oriente ainsi notre attitude** dans le conflit possible entre idéal et normes de justice.

▶ Ainsi, **pour Platon** (428 av. J.-C.–348 av. J.-C.), **la distinction entre légal et légitime ne tient pas** : un citoyen n'est pas en mesure de juger les lois car il leur doit sa vie et son éducation. Dans le *Criton*, il met en scène Socrate qui, injustement condamné par les lois de la cité, se voit proposer par son disciple Criton son aide pour s'évader. Socrate refuse parce qu'il considère que le danger qu'il y a à remettre en cause les lois est bien pire que la mort.

▶ À l'inverse, **Rawls** explique, dans *Théorie de la justice*, que la désobéissance civile, à condition qu'elle soit non violente et qu'elle ne soit pas le reflet d'intérêts privés, **se fait au nom du principe de justice qui sous-tend les lois en question.** Ainsi, la désobéissance civile « exprime la désobéissance dans le cadre de la fidélité à la loi, bien qu'elle se situe à sa limite extérieure ».

À RETENIR

La justice comme norme	Légal ≠ Légitime
→ L'absence effective de norme universelle de justice est à déplorer (B. Pascal, *Pensées*) → Le droit fixe l'intérêt de la classe dominante (K. Marx, *L'Idéologie allemande*)	→ La norme l'emporte sur l'idéal de justice (Platon, *Le Criton*) → L'idéal de justice peut faire évoluer la loi (J. Rawls, *Théorie de la justice*)

La justice : la recherche d'un équilibre

113

Le motif de la balance est l'un des plus anciens symboles représentant la justice. En effet, interroger ce qui est juste, c'est d'abord prendre la mesure d'une situation et en rechercher l'équilibre.

1 Le modèle de la balance

Dans l'*Éthique à Nicomaque*, **Aristote** (384 av. J.-C.–322 av. J.-C.) propose de définir le juste par l'égal : **agir avec justice, ce serait traiter chacun avec égalité** (incarnée par la balance de la justice) sur le modèle de la justesse en mathématiques. Mais on peut avoir deux conceptions différentes de ce que l'égalité veut dire.

A. L'égalité arithmétique

On parle de « **justice commutative** » : **à chacun la même chose.** La justice commutative préside aux échanges (un bien doit être égal au bien avec lequel on l'échange pour que l'échange soit considéré comme juste), mais aussi, dans les sociétés démocratiques, à ce que l'on appelle l'**isonomie** (l'égalité des citoyens devant la loi).

Pourtant, est-il juste de donner la même chose à tous ? À celui qui en a besoin comme à celui qui n'en a pas besoin ? En effet, si les citoyens sont égaux devant la loi, ils ne sont pourtant pas identiques, mais différents (l'égalité de droit n'est pas une égalité de fait).

B. L'égalité proportionnelle

On parle de « **justice distributive** » : **à chacun ce qui convient.** Le problème est alors de savoir ce que « ce qui convient » veut dire : doit-on donner à chacun selon son mérite ou selon ses besoins ? Est-il juste de traiter de manière inégale des êtres censés être égaux, ou doit-on traiter de manière égale des gens pourtant inégaux ?

Repères

Identité/Égalité/Différence
- L'**identité** est le caractère de ce qui est semblable à soi. Sont identiques deux choses **parfaitement semblables.**
- L'**égalité** est le caractère de ce qui est **de même valeur**, sans être pour autant nécessairement identique.
- La **différence** est le caractère qui **distingue** une chose d'une autre.

Cette conception est aussi appelée égalité géométrique.

2 L'égalité et l'équité

Cette distinction entre justice commutative et justice distributive se retrouve dans la différence faite entre **l'égalité et l'équité.** Traiter deux personnes de manière équitable, c'est les traiter de façon inégale, mais au nom de l'égalité.

Pour comprendre la différence entre l'égalité et l'équité, nous pouvons prendre l'exemple du partage d'un plat. Partager ce plat selon la stricte égalité, c'est donner à chacun une part exactement identique. Le partager de manière équitable, c'est attribuer à chacun une part selon sa faim et ses besoins.

A. Le principe d'équité dans la loi : une approche morale

▶ De nombreuses lois sont aujourd'hui en vigueur selon un principe d'équité, plutôt que de stricte égalité.

Exemple : C'est sur le principe d'équité que se fonde l'octroi du congé maternité ; si les parents sont égaux, ils ne sont pas exactement identiques face à la grossesse et à l'accouchement.

▶ Le principe d'équité peut même amener un État à **corriger les inégalités** selon le principe de la justice **non plus simplement distributive, mais redistributive**. Ainsi, **John Rawls** (1921–2002) dans *Théorie de la justice*, considère qu'une société juste doit donner plus à ceux qui ont moins, et corriger les inégalités de naissance et de condition pour assurer l'égalité des chances.

Rawls montre que le principe d'égalité des droits n'a plus aucun sens lorsqu'une société est si inégalitaire que les plus défavorisés ont des droits fondamentaux garantis par la loi qui ne sont pas effectifs en réalité (c'est-à-dire qu'ils ne peuvent pas exercer ces droits dans les faits).

B. La justice redistributive

▶ Pour fonder une société sur le principe de justice, Rawls propose une **expérience de pensée** qu'il appelle « le voile d'ignorance ». Rawls explique que, sous cette condition, **un consensus pourrait être trouvé sur ce que serait une société juste**, selon les deux principes suivants :

Focus

Le voile d'ignorance
Chacun des contractants (des signataires) du nouveau contrat social est placé sous un « voile d'ignorance », c'est-à-dire qu'il ignore ce que sera sa position sociale future dans la société pour qu'il puisse juger **selon ce qui lui parait être juste, et non pas selon son seul intérêt** puisqu'il l'ignore.

1. **Le principe de liberté** : on doit garantir un **accès égal au plus grand nombre de libertés de base** (liberté d'expression, droit de vote et d'éligibilité, etc.).

2. **Le principe de différence** : les **inégalités sociales et économiques sont acceptables si et seulement si :**
– le principe d'**égalité des chances** est respecté (tout le monde peut accéder en principe à toutes les positions) ;
– un **système de compensation** permet de rétablir l'équilibre pour les plus défavorisés.

#vidéo
Le voile d'ignorance
foucherconnect.fr/24terstmg79

À RETENIR

Définir le juste par l'égal
→ Il faut différencier justice commutative et justice distributive (Aristote, *Éthique à Nicomaque*)

Le principe de justice dans la loi
→ L'égalité des chances doit être garantie par un système de redistribution (J. Rawls, *Théorie de la justice*)

L'art : entre imitation et invention

114

Le terme d'art désigne à la fois l'activité productrice consistant à fabriquer les objets, la technique utilisée (l'art de la peinture se distingue de l'art de la sculpture), l'œuvre en elle-même et sa valeur artistique.

1 Art et technique : la maîtrise d'un savoir-faire

S'il est difficile de définir avec précision le terme d'art, c'est d'abord parce que son sens a évolué historiquement. L'étymologie du mot (du latin *ars*, *artis*, « habileté, métier, connaissance technique ») indique que la distinction entre art, savoir et métier est récente.

A. L'artisan et l'artiste

▶ Les Grecs de l'Antiquité définissaient l'art par la **technique** : le terme de technique vient du grec *technê* (« art » ou « habileté ») et désigne **un savoir-faire**, c'est-à-dire la capacité à mettre en œuvre des **règles vraies et connues dans le but d'obtenir le résultat souhaité.**

Il y avait ainsi un art de la guerre et l'astronomie était qualifiée d'art libéral.

▶ Il semble que la première fonction de l'art serait d'**imiter la réalité**, de rendre présent ce qui est absent, de re-présenter (au sens de présenter à nouveau) ce qu'on ne peut voir à l'instant. En ce sens, on peut dire que **l'art sauve le réel**, c'est-à-dire qu'il permet de sauvegarder ce qui disparaîtrait ou ne serait pas présent sans lui.

Exemple : La peinture funéraire permet de garder en mémoire le visage du défunt.

▶ Mais **Platon** (428 av. J.-C.–348 av. J.-C.) critique cette idée que l'art imiterait la réalité. Dans la *République*, il compare ainsi l'artiste et l'artisan : si l'artisan fabrique un lit et que l'artiste en représente un en peinture, les deux créent un lit, mais le lit que peint l'artiste n'est qu'une **copie de l'apparence** du lit, et non pas une véritable imitation de la réalité.

B. La naissance des Beaux-Arts

▶ Jusqu'à la Renaissance, on ne distingue pas véritablement l'artiste de l'artisan. Pour **Platon**, l'artiste est donc un piètre imitateur, car il ne sait produire que l'image des choses. Il y a pour lui une forme de **mensonge de l'art** qui semble imiter la réalité mais qui ne produit que l'illusion de cette réalité : **l'art nous détournerait alors du réel.**

▶ Au XVIIIe siècle apparaît **la notion de Beaux-Arts** : l'art est désormais considéré à part, **parce qu'il ne vise pas l'utilité, mais le beau**, tandis que le domaine de la technique à proprement parler se définit par sa fin utilitaire.

▶ À partir de cette distinction, **le statut de l'artiste change.** La signature des œuvres par leur auteur se généralise et ce qui fait la valeur d'un artiste, et donc de l'œuvre d'art, n'est plus uniquement le degré de maîtrise technique employée, mais **le don, le talent** de créer une œuvre qui soit à la fois originale et susceptible de servir de modèle.

▶ Cette idée se retrouve dans le **concept de génie** que définit ainsi **Emmanuel Kant** (1724-1804) : « le talent naturel qui donne ses règles à l'art ». Le génie de l'artiste est un don de la nature qui lui permet de créer une œuvre obéissant à des règles qu'il ne peut expliquer.

2 La spécificité artistique

A. L'imitation n'est pas une finalité

▶ Chaque œuvre d'art obéit donc à des règles, mais les appliquer ne permet pas nécessairement de fabriquer un chef-d'œuvre. C'est en cela que l'art diffère de la technique : **il n'y a pas de « mode d'emploi » déterminé à l'avance qui permettrait de garantir le caractère artistique d'une œuvre** et donc de créer des chefs-d'œuvre à la chaîne.

▶ Dans l'*Esthétique*, **Friedrich Hegel** (1770-1831) explique que **l'art ne doit pas avoir pour but d'imiter la nature**, car il s'agirait d'une activité inutile (la nature crée déjà ses propres objets) et présomptueuse (« l'art est limité dans ses moyens d'expression et ne peut produire que des illusions partielles »). De plus, « l'imitation ne peut produire que des chefs-d'œuvre de la technique, jamais des œuvres d'art » : **reproduire de la manière la plus exacte possible un objet naturel ne serait qu'une prouesse technique, et non une qualité artistique.**

B. L'art invente et révèle le réel

▶ L'art peut attirer notre regard sur des détails ou des aspects du réel que nous ne voyons pas ou plus, par désintérêt ou par habitude. **Au lieu de nous détourner du réel, l'art est en fait une révélation, un dévoilement du réel.**

Focus

L'écrivain **Oscar Wilde** (1854-1900) affirme dans *Le Déclin du mensonge* que « sans doute y eut-il à Londres des brouillards depuis des siècles. C'est infiniment probable, mais personne ne les voyait, de sorte que nous n'en savions rien. Ils n'eurent pas d'existence tant que l'art ne les eut pas inventés ». Ainsi, en attirant le regard sur le brouillard de Londres, les peintres anglais l'ont en quelque sorte inventé, **ont créé du réel en le révélant.**

▶ Pour **Henri Bergson** (1859-1941), nous avons un rapport à la réalité appauvri : nous collons des étiquettes sur les choses dans une relation essentiellement utilitaire à elles. **Les artistes nous permettent alors de véritablement voir ce que nous avions déjà perçu** : grâce à l'art, nous nous arrêtons pour regarder vraiment l'objet représenté, sans être dans ce rapport purement pratique à lui.

À RETENIR

La question de l'imitation	La spécificité artistique
→ Il y a un mensonge de l'art (Platon, *République*) → Le but de l'art n'est pas d'imiter, car il ne s'agirait alors que d'une prouesse technique (F. Hegel, *Esthétique*)	→ L'artiste crée une œuvre originale, obéissant à des règles indémontrables (E. Kant, *Critique de la faculté de juger*) → L'art révèle la réalité libérée du regard utilitaire que nous portons sur elle (H. Bergson, *Le Rire*)

L'art : la valeur en question 115

La difficulté à définir la notion d'art entraîne nécessairement des questionnements sur la spécificité des œuvres (tout objet peut-il être une œuvre d'art ?) et sur les limites du champ artistique (le jeu vidéo peut-il être considéré comme une forme d'art ?).

1 Interroger l'usage de l'art

A. L'art doit être désintéressé

▶ L'œuvre d'art est un objet sensible, c'est-à-dire qu'il s'adresse à nos sens, mais contrairement aux autres objets, nous ne l'utilisons pas. C'est pour cela que **Kant** explique dans la *Critique de la faculté de juger* que **le plaisir esthétique** (qui vient de la contemplation d'une œuvre d'art) **est un plaisir désintéressé** : ce n'est pas la consommation ou l'utilisation de l'œuvre d'art qui nous procure du plaisir dans l'expérience esthétique.

▶ **L'art se définit donc par sa fin, qui est non utilitaire.** En fait, la plupart des œuvres d'art avaient une utilité au moment de leur création, mais **c'est une fois que cette utilité s'est estompée** que l'on peut véritablement dire que l'œuvre est une œuvre d'art.

Exemple : *Le Tympan du Jugement Dernier* de l'abbatiale de Conques avait pour but de susciter chez l'observateur la peur de l'Enfer, afin qu'il conforme sa vie aux préceptes de l'Église.

#œuvre
Le Tympan du Jugement dernier de l'abbatiale de Conques
foucherconnect.fr/24terstmg80

B. L'absence de valeur intrinsèque

Cela signifie donc qu'en droit, **tout peut être une œuvre d'art**. Ce qui définit une œuvre d'art, c'est d'abord **le rapport respectueux, mis à distance, désintéressé que j'entretiens avec elle, et non une valeur objective, propre à l'œuvre elle-même**. C'est d'ailleurs ce que veut signifier **Marcel Duchamp** (1887-1968) quand il cherche à exposer en 1917 à New York son œuvre *Fontaine*, qui n'est autre qu'un urinoir renversé, c'est-à-dire l'objet le plus banal et trivial qui soit. Si cet urinoir peut devenir une œuvre d'art, alors tout objet traité comme œuvre d'art peut l'être.

2 Juger le beau

A. La distinction entre l'agréable et le beau

▶ **Kant**, dans la *Critique de la faculté de juger*, explique qu'il faut distinguer le **beau** (par exemple, « *La Joconde* est belle »), de **l'agréable** (par exemple, « ce vin est très bon »). Ces deux phrases constituent un **jugement**, qui consiste à qualifier un **sujet** (« *La Joconde* » ou « ce vin ») au moyen d'un **prédicat** (« belle » ou « très bon »). De plus, ces jugements sont

Repères

Objectif/Subjectif
- Est **objectif** ce qui se rapporte à l'objet de la connaissance. Un jugement objectif ne dépend pas du sujet qui l'énonce et est donc nécessairement **universel**.
- Est **subjectif** ce qui se rapporte au sujet de la connaissance. Un jugement subjectif devrait donc toujours dépendre du sujet qui l'énonce et être **particulier**.

tous les deux **subjectifs** : même dans le cas de *La Joconde*, la beauté n'est pas une propriété de l'objet que nous jugeons beau (si on dissèque ce tableau, on ne trouvera jamais une propriété chimique qui serait la beauté), ce n'est donc pas un jugement objectif.

▶ Néanmoins, si nous acceptons très bien que le jugement du caractère agréable d'un objet soit particulier (« les goûts et les couleurs ne se discutent pas »), pour le beau, nous jugeons comme si tout le monde devait être d'accord avec nous. Le **jugement esthétique** chez Kant est donc à la fois **subjectif et universel**, dans le sens où il est universalisable : on sait que notre jugement ne va pas être partagé par tous, mais nous jugeons comme si c'était le cas.

B. La spécificité du jugement esthétique

▶ Une même œuvre peut donc faire l'objet d'un **jugement esthétique** (sur le beau) et d'un **jugement sur son caractère agréable.**

Exemple : On utilise *Le Printemps* d'Antonio Vivaldi comme musique d'attente pour son caractère agréable, mais si on l'écoute pour lui-même, celui-ci fait l'objet d'un jugement esthétique.

▶ Par ailleurs, une œuvre que l'on juge belle peut être en même temps assez **désagréable.**

Exemple : Le poème « Une Charogne » de **Charles Baudelaire** (1821-1867) convoque des images de putréfaction et de corps mort.

▶ **Le jugement esthétique déborde ainsi la satisfaction du seul plaisir sensible : il fait aussi appel à notre raison** par le rapport désintéressé que nous tissons avec l'œuvre, détaché de toute fonction. C'est en ce sens qu'**il s'affranchit du domaine du particulier pour s'approcher de l'universel.**

Repères

Universel/Particulier
• Est **universel** ce qui vaut en tout temps et en tout lieu, c'est-à-dire ce qui ne souffre aucune exception.
• Est **particulier** ce qui appartient en propre à un individu ou à un groupe restreint d'individus.

À RETENIR

Une fin non-utilitaire
→ Le plaisir esthétique est un plaisir désintéressé (E. Kant, *Critique de la faculté de juger*)
→ Tout peut être une œuvre d'art (M. Duchamp, *Fontaine* (œuvre))

Le jugement esthétique (Kant)
→ Il faut distinguer l'agréable et le beau
→ Le jugement esthétique est désintéressé, subjectif et universel

La liberté : acquis, conquête ou illusion ?

116

La liberté peut se définir en premier lieu comme l'absence de contraintes extérieures : est libre celui qui n'est pas esclave, qui n'est pas enchaîné. Cependant, cette définition négative ne permet pas de distinguer ce qui ferait la spécificité de la liberté humaine.

1 Qu'appelle-t-on être libre ?

A. De la liberté d'agir au libre arbitre

▶ Une définition simple et intuitive de la notion de liberté est l'**absence de contraintes.** Toutefois la contrainte n'est pas nécessairement extérieure : en effet, si l'on peut physiquement faire ce que l'on veut, mais que l'on est incapable de **déterminer sa volonté**, on peut considérer que l'on est pas libre.

Repères

Contrainte/Obligation

• La **contrainte** est ce qui nous force à faire quelque chose, c'est donc de l'ordre du fait.

• L'**obligation** est d'ordre moral ou politique : je ne dois pas faire quelque chose parce que la loi, morale ou politique, me l'interdit.

▶ Une définition plus satisfaisante de la liberté humaine serait alors de la définir **comme libre arbitre** : le libre arbitre, c'est **la faculté qu'a la volonté de se déterminer**, de choisir, de se décider pour un choix plutôt qu'un autre.

▶ Définir la liberté comme libre arbitre, c'est donc considérer que cette question a des **enjeux moraux** (par exemple, la responsabilité morale : suis-je responsable du mal que je fais ?) **et politiques** (par exemple, la question du vote pour tous : tout le monde est-il capable de déterminer l'intérêt général ?).

B. La raison : contrainte ou condition de la liberté ?

▶ Lorsque l'on définit la liberté comme libre arbitre, il convient de se demander **à quelle condition** notre volonté peut être considérée comme libre. On peut distinguer deux cas de figure :
– je n'ai pas plus de raisons de faire un choix plutôt qu'un autre : la raison ne permet pas d'orienter la volonté, c'est ce qu'on appelle la **liberté d'indifférence** ;
– **la raison incline ma volonté** car elle lui donne des raisons de choisir dans un sens ou dans un autre : on pourrait alors dire qu'il s'agit d'une **liberté éclairée par la raison.**

▶ De prime abord, on pourrait croire que la volonté n'est libre que dans le cas de la liberté d'indifférence, car la raison, qui pourrait être assimilée à une forme de contrainte intérieure, n'oriente pas son choix. Mais la liberté d'indifférence ne nous permet de juger que dans les cas où le choix n'a aucune importance, ou qu'il est le résultat de notre ignorance : elle n'est donc qu'une forme de **liberté négative**.

▶ Au contraire, la raison expose les motifs qui orientent le choix : elle n'est pas une contrainte pour la volonté, qui peut juger de les suivre ou non. C'est ce qui la rend d'autant plus libre, qui lui permet d'acquérir une **liberté positive.**

2 La liberté n'est-elle qu'une illusion ?

A. Liberté et désir

▶ **Le désir se distingue du besoin**, qui est de l'ordre de la nécessité. Pour autant, **le désir n'est pas forcément un acte libre** : par exemple, on peut imaginer une forme de **contrainte intérieure** qui me pousse à manger du chocolat alors même que j'ai pris la résolution de ne plus en manger. **Je deviens alors esclave de mon désir.**

Cette idée que le désir est une forme de servitude dont on devrait pouvoir se libérer est au cœur du désaccord entre Calliclès et Socrate dans le *Gorgias* de **Platon**.

B. La question du déterminisme

▶ Le **déterminisme** est la doctrine selon laquelle l'enchaînement des événements, et notamment des actions humaines, obéit au **principe de causalité**. Il s'agit de se demander si la liberté ne serait pas une illusion car nous croirions être libre, mais par pure ignorance des causes qui déterminent nos actions.

Définition

Le **principe de causalité** s'appuie sur la relation de cause à effet. En vertu de ce principe, tout ce qui arrive a une cause, qu'il s'agit alors de déterminer.

▶ Un exemple possible de déterminisme est celui que l'on trouve dans la **théorie de l'inconscient psychique** chez **Sigmund Freud** (1856-1939) : alors que l'on croit faire usage de notre liberté, en pleine conscience de nos actes et de nos choix, **il y a peut-être une large part d'inconscient dissimulant les véritables motifs de nos actions.**

C. La nécessité naturelle

▶ **David Hume** critique le sentiment de liberté comme une **fausse évidence.** Ainsi, il remet en question la distinction traditionnelle entre les **processus naturels** qui obéiraient au principe de **nécessité** et les **actions humaines** qui seraient, elles, **libres.**

Exemple : J'observe le soleil se lever tous les matins : mon esprit en conclut un rapport de cause à effet et croit percevoir une nécessité dans ce phénomène. Pourtant, si j'observe que mon boulanger me court après chaque fois que je vole un pain, je conclus, à l'inverse, à sa liberté absolue. Pour Hume, l'idée de la nécessité comme de la liberté sont des inventions de mon esprit : ce n'est pas nécessairement faux, mais **je n'ai aucune preuve empirique de cela.**

▶ Enfin, pour **Spinoza** (1632-1677), tout ce qui existe obéit aux lois de la nature. Ainsi, **la liberté pensée comme libre arbitre est une illusion, et la seule liberté possible consiste à agir selon la nécessité de notre nature.**

À RETENIR

Les obstacles à la liberté

→ Le désir est une contrainte intérieure dont il faut se rendre maître (Platon, thèse de Socrate dans *Gorgias*)
→ Les raisons qui nous déterminent sont de l'ordre de l'inconscient (S. Freud, *Introduction à la psychanalyse*)
→ L'être humain agit selon les nécessités de sa nature (B. Spinoza, *Lettre à Schuller*)

La liberté : penser le rapport à l'altérité

117

L'homme vit en société : dès lors, penser la notion de liberté implique aussi de l'envisager dans son rapport à autrui. L'autre est-il un obstacle ou une condition nécessaire de notre liberté ?

1 La dialectique du maître et de l'esclave : deux libertés en conflit

▶ **Friedrich Hegel** (1770-1831) expose dans la *Phénoménologie de l'Esprit* ce que l'on appelle aujourd'hui « la dialectique du maître et de l'esclave » : deux hommes se rencontrent et se lancent dans une lutte à mort pour **la reconnaissance de sa liberté par l'autre.** L'un d'eux finit par prendre peur et accepte de renoncer à sa liberté pour préserver sa vie ; il devient alors l'esclave. Le second, au contraire, est prêt à sacrifier sa vie pour la reconnaissance de sa liberté ; il devient le maître. L'esclave n'est donc pas libre, et le maître l'est.

▶ Mais l'esclave, en travaillant et en transformant le monde par son travail, acquiert une forme d'autonomie face à la nature, alors que le maître, devenu complètement dépendant du travail de son esclave, n'a plus qu'une liberté négative. **Le rapport de servitude s'inverse donc en quelque sorte avec le temps.** De plus, la liberté du maître n'est reconnue que par un être qui est lui-même non libre ; elle n'est donc pas une véritable reconnaissance.

#podcast
La dialectique du maître et de l'esclave
foucherconnect.fr/24terstmg81

2 L'état de nature : l'homme avant la société

La fiction de l'état de nature a été utilisée par de nombreux philosophes afin de comprendre ce qui avait pu pousser l'homme à rentrer dans l'état civil. Pourquoi a-t-il accepté de se soumettre aux lois et de **renoncer à une part de sa liberté** ?

A. Hobbes : échapper à la menace de l'asservissement

▶ Pour **Thomas Hobbes** (1588-1679), l'état de nature est un « état de guerre de chacun contre chacun » (*Léviathan*) où les êtres humains, soumis à leurs passions, sont en compétition permanente les uns avec les autres. Ils sont donc, d'une certaine manière, libres, mais **cette liberté est constamment menacée par autrui.**

▶ La liberté de l'état de nature est donc une liberté qui paraît absolue, mais qui n'est qu'une **liberté en puissance**, que le passage à l'état civil et à la loi va permettre de garantir et donc de rendre effective.

Repères

En puissance/En acte
- Est **en puissance** ce qui est présent comme potentialité, mais qui n'est pas encore réalisé.
- Est **en acte** ce qui est achevé, présent, réalisé.

Ainsi, tout être humain est en puissance un être parlant, mais cette potentialité ne sera actualisée que par l'apprentissage de la langue.

B. Rousseau : dépasser ses propres limites

➢ Le contrat social libère de la loi du plus fort

▶ Jean-Jacques Rousseau explique que l'être humain, avant l'état civil, voyait **sa liberté naturelle limitée** par ses propres forces, en vertu de ce que l'on pourrait appeler « la loi du plus fort » : « Ce que l'homme perd par le contrat social, c'est sa liberté naturelle et un droit illimité à tout ce qui le tente et qu'il peut atteindre ; ce qu'il gagne, c'est la liberté civile et la propriété de tout ce qu'il possède. » Ainsi, **la liberté civile est une liberté plus « sûre », car elle est garantie par la loi** ; les limites personnelles ne sont plus un obstacle à ses prétentions.

▶ Tant que tous ne sont pas forcés à adhérer au pacte social, la soumission à la loi n'est pas une servitude, car pour Rousseau, « l'obéissance à la loi qu'on s'est prescrite est liberté ». C'est ce qu'on appelle l'**autonomie.**

Repères

Indépendance/Autonomie

• **Indépendance** : est indépendant celui qui peut tout faire sans se soucier des autres, dans une absence totale de contrainte ou d'obligation. Cela n'est possible que dans deux cas : soit il vit absolument et totalement isolé, soit il exerce sur les autres une domination absolue et totale.

• **L'autonomie** est la capacité à se donner à soi-même ses propres lois, ou au moins à adhérer librement à une loi comme si elle émanait de soi.

➢ La volonté générale garantit la liberté de l'individu

▶ Pour préserver sa liberté dans l'état civil, chaque individu doit paradoxalement renoncer à tous ses droits naturels, et ce pour deux raisons :
– si certains hommes conservaient des droits naturels, ceux-ci seraient nécessairement sources de conflits ;
– la soumission totale à la volonté générale permet de ne pas être lésé, puisqu'on ne se soumet à personne en particulier, et que, tous faisant de même, on gagne autant que l'on perd.

▶ La soumission à la loi nous rend donc libre à condition que celle-ci soit l'**expression de la volonté générale.** Ce qui amène à une affirmation paradoxale : si quelqu'un refuse d'obéir à la loi comme expression de la volonté générale, il faut qu'il soit contraint à le faire par le corps social, c'est-à-dire, selon Rousseau, « qu'on le forcera à être libre ».

À RETENIR

La liberté de l'individu est menacée par l'altérité

→ La dialectique du maître et de l'esclave (F. Hegel, *Phénoménologie de l'Esprit*)
→ Les êtres humains sont en compétition permanente à l'état de nature (T. Hobbes, *Léviathan*)

La liberté de l'individu est garantie par la volonté générale

→ La soumission à la loi est une liberté pensée comme autonomie (J.-J. Rousseau, *Du contrat social*)

La nature : l'artificiel en question

118

Le terme de nature vient du mot latin* natura *qui signifie « le cours des choses ».
Par extension, on définit comme naturel ce qui s'oppose à ce qui est artificiel.
Cette distinction invite alors à interroger les limites de ce qu'on considère comme naturel.

1 La conception de la nature

A. La nature échappe à l'homme

▶ Au premier abord, la nature semble être un concept évident, tant nous croyons avoir affaire à elle de manière immédiate : elle serait l'ensemble du monde physique, exception faite de toute ce qui porte la trace de la main de l'homme.

▶ Pourtant, parce qu'elle échappe à l'emprise de l'homme, elle lui est aussi énigmatique. Les sciences de la nature et la physique s'emploient alors à la connaître et à mieux la comprendre.

B. L'homme cherche à comprendre la nature

➢ Le principe de causalité

La nature, comme monde physique, semble soumise au **principe de causalité**. Ainsi, **Aristote** (384 av. J.-C. – 322 av. J.-C.), dans la *Physique*, explique qu'il y a une **régularité** dans la nature et très peu de hasard, la nature ne faisant rien de superflu ni vain. Il s'agit donc de classer les causes par lesquels les évènements se produisent pour comprendre la nature.

➢ La science moderne : les lois naturelles

▶ La physique moderne a eu tendance à substituer au concept de causes celui de **lois de la nature**. Ainsi, pour **Auguste Comte** (1798-1857), la révolution fondamentale de la science moderne consiste à avoir renoncé à déterminer les causes de ce qui arrive (la question du « pourquoi ») pour remplacer cette exigence par la recherche de lois (il s'agit donc bien plus de la question du « comment »). Ces lois se déduisent d'un constat statistique : on remarque qu'il y a une constance des relations entre deux phénomènes observés.

➢ Le biais du regard humain

▶ Pour **David Hume** (1711-1776), cependant, la détermination de lois continue trop souvent en sciences de ressembler au principe de causalité : mon esprit pense pouvoir prédire les phénomènes naturels, mais c'est une **illusion**.

▶ Ainsi, il explique, dans le *Traité de la nature humaine*, que **c'est notre esprit qui « invente » la causalité** : on ne fait qu'observer une union constante entre des objets et on en conclut un rapport de cause à effet : on croit alors percevoir **la nécessité**.

▶ La nature, étudiée par l'homme, comporte ainsi une **part d'artificiel**, induite par le regard qu'il porte sur elle.

2 La distinction entre le naturel et l'artificiel

A. La nature se distingue de l'artifice

Dans la *Physique*, **Aristote** définit une chose artificielle (un objet fabriqué) comme ce qui ne possède pas son propre principe d'existence, au contraire des êtres naturels (les êtres vivants) **qui contiennent en eux-mêmes le principe de changement.** Les artifices reçoivent leur principe d'existence d'une force extérieure à eux ; ils sont créés par une main extérieure. Ce qui est **naturel** (*phusis*) se distingue donc de ce qui est **artificiel** (*technê*).

B. Naturalité des objets artificiels ou artificialisation de la nature ?

▶ **René Descartes** (1596-1650) remet pourtant en question la distinction entre le naturel et l'artificiel : les objets artificiels font en quelque sorte partie de la nature, puisqu'ils obéissent aux mêmes règles que les objets naturels. « Toutes les règles de mécanique appartiennent à la physique », il ne faut donc faire « aucune différence entre les machines que font les artisans et les divers corps que la nature compose. » Ainsi, la limite entre naturel et artificiel est peu nette en raison de **la naturalité des objets dits artificiels** : tous les processus techniques, au fond, seraient des **prolongations des processus biologiques et naturels.**

Citation
« Toutes les choses qui sont artificielles sont avec cela naturelles. »
René Descartes, *Principes de la philosophie*

Exemple : Les organismes génétiquement modifiés (OGM). Il peut sembler absurde, selon leurs défenseurs, de penser qu'il y a une différence essentielle entre une sélection technique et une sélection naturelle qui a toujours existé et qui est au principe de l'évolution des espèces. On peut considérer, au contraire, que la technique est la nouvelle voie qu'a trouvée la nature pour continuer à sélectionner.

▶ À l'inverse, il peut paraître illusoire de trouver un objet purement naturel, car nous n'aurions plus affaire aujourd'hui qu'à des objets artificiels. Cette idée de l'**artificialisation de la nature** est portée par **Karl Marx** (1818-1883) dans *L'Idéologie allemande* : « Cette nature, de nos jours, n'existe plus nulle part, sauf peut-être dans quelques atolls australiens de formation récente ». Il pointe ainsi l'illusion qu'il y a à chercher des objets ni transformés ni conditionnés par le travail humain.

À RETENIR

Naturel ≠ Artificiel	Naturel = Artificiel	Le regard de l'homme sur la nature
→ La nature possède en elle-même son principe de changement (Aristote, *Physique*)	→ Ce que l'on appelle artificiel est une prolongation de ce que l'on juge naturel (R. Descartes, *Principes de la philosophie*) → L'existence d'une nature préservée de l'intervention humaine est aujourd'hui une illusion (K. Marx, *L'Idéologie allemande*)	→ La nature obéit au principe de causalité (Aristote, *Physique*) → Les lois de la nature sont une invention de l'esprit humain (D. Hume, *Traité de la nature humaine*)

La nature : interroger l'inné et l'acquis

119

La nature est définie comme ce qui nous est donné de manière immédiate, au contraire de la culture, qui est, elle, pensée comme artificielle. Le couple nature/culture est alors pensé comme une opposition, ce qui ouvre un questionnement sur l'inné et l'acquis.

1 La distinction entre le naturel et le culturel

A. La notion de culture

La culture peut être définie comme **l'ensemble des créations techniques, sociales et spirituelles par lesquelles les êtres humains transforment la nature et se distinguent des autres espèces vivantes** (par exemple les œuvres d'art, le mariage, ou les rites religieux). En ce sens, ce qui est naturel s'oppose à ce qui est culturel. La nature est ainsi pour **John Stuart Mill** (1806-1873) « tout ce qui arrive sans l'intervention humaine » (*La Nature*).

#info
Les trois sens du mot culture
foucherconnect.fr/24terstmg82

B. L'homme, un être de culture

▶ Dans la *Préface à un traité du vide*, **Blaise Pascal** (1623-1662) compare les abeilles aux êtres humains et montre que le « savoir » de celles-ci (la technique de fabrication d'une ruche par exemple) ne vient pas d'un processus d'apprentissage, mais constitue le résultat de la nécessité, qui s'exprime en elles à travers l'instinct. Au contraire, les êtres humains doivent **apprendre tout ce qu'ils savent**, mais peuvent donc aussi **accumuler indéfiniment des connaissances**, au niveau de l'individu comme au niveau de l'espèce.

▶ **Les êtres humains semblent donc être les seuls à avoir une culture** : ils échappent au déterminisme naturel parce qu'ils ont la capacité de se perfectionner et qu'ils sont animés par un principe de changement. **Jean-Jacques Rousseau** (1712-1778) appelle cela la **perfectibilité.** Mais, si les êtres humains ne sont pas déterminés une fois pour toutes par leur nature, leur **culture est donc contingente** (tout ce qui est culturel varie selon les époques et les civilisations) **et particulière**, alors que **ce qui est naturel est universel et nécessaire.**

Repères

Genre/Espèce/Individu
- **Genre** (du latin *genus*, du grec *genos*, « origine, naissance, race »).
- **Espèce** (du latin *species*, « apparence, aspect ») : ensemble de tous les individus qu'un ou plusieurs caractères communs permettent de classer ensemble.
- **Individu** (du latin *individuus*, « indivisible ») : corps vivant formant un tout.

#doc
Extrait de la *Préface à un traité du vide*, 1651
foucherconnect.fr/24terstmg83

Repères

Contingent/Nécessaire
- Est **contingent** ce qui pourrait être différent, ou ne pas être.
- Est **nécessaire** ce qui ne peut pas ne pas être, ou qui ne peut pas être autrement.

2 La culture n'est pas la négation de la nature

▶ Le problème se complexifie quand il s'agit de savoir ce qui est naturel ou culturel en l'être humain. En effet, **la culture n'est pas que la transformation de la nature à l'extérieur de nous, mais aussi en nous.** Or la plupart des pratiques culturelles sont en fait une actualisation de ce qui était déjà en puissance naturellement. À partir de besoins et d'événements naturels (manger, boire, dormir à l'abri, assurer la préservation de l'espèce, mourir), l'être humain a élaboré des pratiques et systèmes culturels qui, eux, diffèrent selon les civilisations.

Exemple : Les coutumes et interdits alimentaires sont une actualisation dans la culture d'un besoin naturel, celui de se nourrir pour se maintenir en vie et en santé.

3 Le problème de l'inné et de l'acquis

Repères

Inné/Acquis
- Est considéré comme **inné** un caractère biologique ou physiologique censé relever de la **nature** puisqu'il est présent chez l'être vivant dès la naissance.
- Est considéré comme **acquis** un caractère qu'on acquiert après la naissance, qui dépend de l'environnement et donc de la **culture**.

▶ La question de ce qui est **naturel** et de ce qui est **culturel** en l'être humain recoupe en fait la distinction entre **l'inné** et **l'acquis.** Or, le débat entre l'inné et l'acquis amène bien souvent à une impasse, parce qu'on a tendance à vouloir tout expliquer par l'un ou par l'autre :
– d'un côté tout serait inné, tout serait déterminé par des lois mécaniques ou génétiques ;
– de l'autre, tout serait acquis, toutes les manifestations qui nous paraissent naturelles seraient le résultat de processus sociaux.

▶ Pourtant, même dans le cas d'un objet qui nous paraît le plus naturel possible (notre corps), la limite entre l'inné et l'acquis, le naturel et l'artificiel semble extrêmement **difficile à déterminer.** En effet, notre corps semble être le signe de la matérialité en nous et nous rapprocher des autres êtres vivants : comme eux, nous naissons, avons des besoins corporels et mourrons. Mais selon les cultures, les classes sociales, les genres, les corps vont être plus ou moins minces, plus ou moins musclés, tatoués, percés, modifiés par les habits, et donc transformés par la culture. **Les catégories d'inné et d'acquis sont donc bien souvent réductrices.**

À RETENIR

La nature s'oppose à la culture	La culture n'est pas la négation de la nature
→ La nature est l'ensemble du monde physique hors l'intervention humaine (J. S. Mill, *La Nature*) → L'être humain peut accumuler indéfiniment des connaissances et n'est pas limité à son instinct (B. Pascal, *Préface à un traité du vide*)	→ L'être humain est animé d'un principe de changement et a la capacité de se perfectionner (J.-J. Rousseau, *Discours sur l'origine et le fondement de l'inégalité parmi les hommes*)

La religion : affaire de cœur ou de raison ?

120

Une étymologie possible du mot religion est le verbe latin religere*, qui signifie « se recueillir, réfléchir ». Il s'agit alors de penser la religion comme vie intérieure et de la renvoyer à l'attitude religieuse, c'est-à-dire à la foi (du latin* fides*, « confiance »).*

1 Deux approches de la foi

A. Descartes : démontrer l'existence de Dieu

➢ Le divin à l'épreuve du raisonnement logique

▶ Dans un sens général et commun, est divin ce qui nous dépasse, nous transcende, ce qui semble être d'un degré supérieur à la condition humaine normale. **Au sens strict, est divin ce qui est relatif à Dieu.**

▶ Ainsi, dans les *Méditations Métaphysiques*, **René Descartes** (1596-1650) **prouve l'existence de Dieu à partir du divin**, c'est-à-dire à partir de l'idée de perfection.

Focus

Il fait la démonstration suivante : j'ai en moi l'idée de perfection. Or, je ne suis pas un être parfait. Donc cette idée ne peut venir de moi. Il faut donc supposer l'existence d'un être parfait qui est la cause de mon idée de perfection. Cet être parfait, c'est Dieu.

▶ Pour Descartes, cela signifie donc que Dieu existe.

➢ Le « Dieu des philosophes »

▶ La **démarche rationnelle** de Descartes pour penser le fait religieux peut être rapprochée de l'expression de « **Dieu des philosophes** » employée par Blaise Pascal (1623-1662).

▶ Pour Pascal, le « Dieu des philosophes » est une invention à laquelle ont recours certains savants pour tenter de **penser la foi et Dieu comme objets rationnels**. Il s'agit d'identifier Dieu à la première cause, en reprenant le concept d'Aristote de premier moteur, pour **résoudre de manière logique le problème de la régression à l'infini des causes**. La question se pose toutefois de savoir si ce dieu rationnel peut encore être un objet de foi.

Focus

La régression à l'infini des causes
Si on considère que tout ce qui existe a une cause, on va donc chercher la cause d'une chose pour savoir pourquoi cette chose existe. Mais cette cause a elle-même une cause, sinon elle n'existerait pas. Si on remonte de cause en cause, on risque de devoir remonter indéfiniment. Il faut donc trouver une cause qui soit à la fois cause de toutes les autres, et sans cause elle-même. Une des manières de résoudre ce problème est de penser Dieu comme première cause (*prima causa*), et cause de lui-même (*causa sui*).

B. Pascal : accepter la nécessaire incertitude de la foi

▶ **Blaise Pascal** fait une distinction entre le Dieu « des philosophes et des savants », qui serait un dieu rationnel, et le Dieu des écritures, qui lui serait objet de foi.

▶ À l'opposé du « Dieu des philosophes », **le Dieu de Pascal est « sensible au cœur, non à la raison »** : il ne se prouve pas par une démonstration mathématique. **La foi implique une nécessaire incertitude**, parce que sinon il s'agirait d'un constat rationnel, et non de foi : l'acte de foi est rendu nécessaire par un « Dieu caché ».

#doc
Le pari pascalien
foucherconnect.fr/24terstmg84

2 La relation entre philosophie et religion

A. Foi et raison, accordées dans la recherche de la vérité

▶ Pour **Thomas d'Aquin** (1224-1274), **foi et raison s'entraident et se soutiennent mutuellement dans la recherche de la vérité** : c'est ce qu'il appelle « la vertu de la patience ».

▶ De même, **Averroès** (1126-1198) démontre dans *Le Livre du discours décisif* qu'il n'y a **pas de contradiction entre le texte sacré et la démonstration rationnelle.**

Focus

L'importance de l'interprétation
Averroès explique ainsi qu'il y a deux possibilités dans le rapport entre les connaissances que nous apportent les textes sacrés et celles de la philosophie :
– soit il n'y a pas de contradiction, et donc pas de problème à résoudre ;
– soit il y a désaccord, et dans ce cas, comme le texte sacré ne peut pas se tromper, et que ce que j'ai démontré rationnellement ne peut pas être faux, une conclusion s'impose : je n'ai pas bien compris le texte sacré. Il faut donc l'interpréter jusqu'à ce qu'il s'accorde avec la démonstration rationnelle.

B. La quête rationnelle de la vérité, contre l'illusion religieuse

▶ La philosophie moderne et contemporaine a eu tendance à s'éloigner de la question de Dieu, et à voir la croyance et la religion comme **une forme d'illusion néfaste.**

▶ Pour **Karl Marx** (1818-1883), **la religion est ainsi une création sociale**, en réponse à l'angoisse humaine. Elle masque à l'être humain sa vraie réalité et l'empêche de se libérer. C'est en cela qu'il considère que « la religion est l'opium du peuple ».

À RETENIR

Le rapport à la foi

→ L'existence de Dieu peut être démontrée rationnellement (R. Descartes, *Méditations métaphysiques*)
→ La foi n'est pas un constat rationnel (B. Pascal, *Le Mémorial*)

Religion et raison

→ Raison et foi collaborent pour rechercher la vérité (T. d'Aquin, *Somme théologique*)
→ Il n'y a pas de désaccord possible entre le texte sacré et la raison (Averroès, *Le Livre du discours décisif*)
→ La religion est une illusion qui détourne l'être humain de lui-même et l'empêche de se libérer (K. Marx, *Contribution à la critique de la philosophie du droit de Hegel*)

La religion : un rapport à la transcendance

121

La plupart des religions envisagent une rupture entre la vie ordinaire et un au-delà, entre lesquels elles font lien. Ne peut-on penser la religion que vis-à-vis d'un objet qui nous transcende ?

1 Le divin : ce qui nous dépasse

A. *Religare*, relier

▶ Une autre **étymologie possible** du mot religion est le verbe latin ***religare***, qui signifie « attacher, relier ». Ce terme peut être compris de trois manières :
– **le lien vertical entre le croyant et le divin ;**
– **la tentative de relier un ici-bas et un au-delà ;**
– **le lien horizontal entre les croyants eux-mêmes.**

Repères

Immanent/Transcendant
• Est **immanent** ce qui est du même niveau, ce qui est accessible.
• Est **transcendant** ce qui va « au-delà », ce qui nous dépasse, ce qui est d'un degré de réalité supérieure.

B. « Dieu est mort » : Nietzsche et la rupture du lien religieux

▶ Le premier critère pour définir la notion de religion que nous pouvons trouver est celui de la **croyance en un être divin.** Pour **Friedrich Nietzsche** (1844-1900), toutefois, la foi en un Dieu est une **caractéristique accidentelle** de l'attitude religieuse. Il écrit ainsi dans *Le Gai Savoir* : « Dieu est mort : mais, à la façon dont sont faits les hommes, il y aura peut-être encore pendant des milliers d'années des cavernes où l'on montrera son ombre ».

Repères

Essentiel/Accidentel
• Est **essentiel** ce qui appartient à la nature d'une chose, c'est-à-dire ce qui permet de la définir dans le temps, au-delà des modifications superficielles.
• Est **accidentel**, au contraire, ce qui dans une chose peut être modifié ou supprimé sans que la nature de cette chose ne change.

▶ Le philosophe ne proclame pas la fin de la croyance en Dieu (il existe toujours des croyants aujourd'hui), mais constate que dans nos sociétés occidentales contemporaines, **Dieu est devenu une affaire privée, et non plus publique.** Il ne fonctionne plus comme principe structurant de la totalité de l'existence personnelle et collective.

Cet effacement ne signifie pas que la croyance en Dieu comme référent moral collectif ait complètement disparu. Il persiste « comme une ombre », y compris hors de la religion.

▶ Au contraire, **l'attitude religieuse, qui consiste à diviniser ce sur quoi elle porte,** se retrouve en dehors du domaine strict de la religion. Ainsi, la foi implique bien la croyance en un être divin, dans le sens où c'est elle qui rend l'objet divin, qu'il s'agisse de Dieu ou non.

Exemple : Nietzsche considère que c'est la croyance en la vérité qui rend possible la science, alors même que celle-ci ne pense reposer sur aucune croyance ; ce qui revient à diviniser la vérité.

2 Le regard anthropologique sur la religion

A. L'être divin : le biais des traditions monothéistes

▶ **Émile Durkheim** (1858-1917) explique que la définition de la religion comme **la croyance en un être divin**, héritée de nos traditions monothéistes, a été **relativisée par la découverte anthropologique** de la diversité extrême des croyances religieuses.

Exemple : Nous savons maintenant qu'il existe au moins une religion sans dieu, le bouddhisme, qui insiste sur l'humanité de la figure du Bouddha. Pourtant on ne peut pas réduire cette croyance à une « philosophie de vie » car celui-ci génère des pratiques et des communautés religieuses.

▶ Dès lors, ce qui caractériserait avant tout une religion serait l'**existence d'une communauté de croyants.** Durkheim remarque qu'il n'existe pas de religion « sans Église », au sens de communauté. La foi, qui se présente comme une affaire personnelle entre le croyant et le divin, prend en fait forme dans le cadre d'une **relation horizontale** entre les membres d'une communauté.

B. La distinction entre le sacré et le profane

Pour Durkheim, la caractéristique essentielle de toute religion est alors de **distinguer ce qui est sacré** (c'est-à-dire séparé, mis hors de portée), et **ce qui est profane** (c'est-à-dire accessible). Le **rite religieux** aurait ainsi pour fonction de relier ces deux aspects, sans jamais leur permettre de se rejoindre complètement. Il préparerait ainsi le croyant à s'approcher, toujours à bonne distance, de ce qui est sacré.

3 L'illusion de la transcendance

Pour **Ludwig Feuerbach** (1804-1872), **la religion comme relation à un Dieu personnel et tout-puissant est une aliénation.** Ainsi, dans *L'Essence du christianisme*, il explique que l'être humain a transféré à l'extérieur de lui toutes les qualités proprement humaines dans un objet qu'il appelle Dieu et qu'il se met à adorer. C'est pour cela que Feuerbach considère que c'est l'homme qui a créé Dieu à son image, et non l'inverse.

Définition

L'aliénation signifie le fait d'être privé d'un droit ou d'une qualité. Au sens philosophique, elle désigne le fait de devenir étranger à soi-même parce qu'on est dépossédé de qualités qui nous sont propres, ou de biens qui nous reviennent.

À RETENIR

Une transcendance qui structure l'existence humaine

→ L'attitude religieuse consiste à diviniser son objet, qu'il soit Dieu ou non (F. Nietzsche, *Le Gai savoir*)
→ La religion distingue ce qui est sacré de ce qui est profane (É. Durkheim, *Les formes élémentaires de la vie religieuse*)

L'illusion d'une transcendance

→ Ce que l'homme appelle Dieu est en réalité l'ensemble des qualités proprement humaines réunies dans un seul objet, étranger à lui-même (L. Feuerbach, *L'Essence du christianisme*)

La technique : atout ou menace pour l'homme ?

122

Le terme de technique désigne un savoir-faire, c'est-à-dire la capacité à mettre en œuvre des règles dans le but d'obtenir le résultat souhaité.

1 L'homme évolue avec la technique

A. De l'instrument à l'outil

▶ La technique est **un instrument au service de l'être humain** : elle le distingue des autres animaux et **lui assure des moyens supérieurs** à ceux dont il dispose naturellement.

▶ L'objet technique qui nous paraît le plus facile à concevoir, c'est **l'outil.** Il peut être défini comme un **instrument artificiel** produit par l'homme dans le but d'accroître l'efficacité de son travail.

Exemple : L'être humain a d'abord utilisé une pierre tranchante trouvée dans la nature comme instrument, puis s'est mis à fabriquer des outils, comme la scie.

▶ **Le passage de l'instrument à l'outil est donc celui du naturel à l'artificiel.** Tandis que l'instrument (la pierre, par exemple) retourne après utilisation à son état naturel et perd sa fonction, l'outil, au contraire, est artificiel : il est fabriqué en vue d'une fin.

B. L'outil : le prolongement de la main

▶ Paradoxalement, l'outil, bien qu'artificiel, n'a pas véritablement été pensé comme un corps étranger à l'homme. En effet, il est considéré, à la suite d'**Aristote** (384 av. J.-C. – 322 av. J.-C.), comme un **prolongement de la main.**

▶ **Aristote montre que la polyvalence de l'instrument qu'est la main témoigne de sa supériorité.** La main, organe naturel, est déjà qualifiée d'outil et l'outil est vu comme le prolongement de la main-instrument, presque comme un organe externe et amovible. **L'outil est donc le signe de l'intelligence humaine, mais aussi l'endroit où elle est mise en œuvre.**

Citation

« C'est donc à l'être capable d'acquérir le plus grand nombre de techniques que la nature a donné de loin l'outil le plus utile, la main. » Aristote, *Les Parties des animaux*

Cette conception s'oppose à l'idée que le recours à la technique serait la marque de la faiblesse de l'homme, présente par exemple chez **Platon** avec le **mythe de Protagoras.**

C. La transformation technique des sociétés humaines

▶ **Henri Bergson** (1859-1941) affirme que le point commun aux différentes civilisations humaines est la **maîtrise et la diversification techniques.** Les innovations orientent le développement de ces sociétés et des êtres humains qui y vivent.

▶ Pour lui, nous aurions une **forme d'illusion sur la neutralité du progrès technique et de ses répercussions**, car nous ne nous rendrions compte des modifications que les innovations techniques apportent, à la fois pour l'homme et pour les sociétés humaines, qu'après-coup, « à retardement ».

2 La technique peut-elle échapper à l'homme ?

A. La menace de l'autonomisation des machines

Les progrès effectués dans l'autonomisation des machines invitent ainsi à interroger l'enjeu de **leur puissance, et de leur concurrence avec l'humanité. L'être humain demeure toutefois le concepteur et le programmateur** de ces machines. Il peut ainsi chercher à **conserver la maîtrise de ce qu'il conçoit**, en incluant dans la programmation une forme de sécurité.

> **Le petit +** Les Trois lois de la robotique rédigées par l'écrivain de science-fiction Isaac Asimov en 1942 s'inscrivent dans cette réflexion.

Exemple : Le codage génétique des cellules contient un garde-fou : il les condamne au suicide si elles deviennent néfastes.

B. Humanisation de la machine et technicisation de l'être humain

▶ La création de robots humanoïdes soulève néanmoins de multiples questions, **sur le plan moral notamment.** Que penser et que faire de robots qui seraient de véritables androïdes ? Sera-t-il encore moralement acceptable de les considérer comme à notre service ?

Exemple : La Corée du Sud réfléchit déjà à une charte éthique des robots, censée empêcher qu'ils soient maltraités par l'humanité.

▶ La question devient plus épineuse encore quand c'est **l'être humain qui devient un objet technique**. L'hypothèse soulève des **problèmes éthiques et politiques** innombrables.

En effet, les limites d'une vie humaine « normale » sont remises en cause par les projets **transhumanistes** : un être humain a un corps, naît, vit et meurt, a des désirs. L'être humain « augmenté » pourrait-il n'avoir aucune de ces caractéristiques ?

▶ Cet effacement progressif de la frontière entre l'humain et la machine constitue-t-il nécessairement une remise en question de la nature humaine ? **Donna Haraway** (née en 1944) suggère dans *Manifeste Cyborg*, que la **porosité des frontières entre organismes naturel et artificiel** serait au contraire une **chance pour l'humanité** : la figure du cyborg, hybride et inclassable, nous permettrait d'abandonner des catégories qui peuvent aujourd'hui nous sembler essentielles (genre, ethnies), mais nous empêchent de vraiment « faire humanité ».

À RETENIR

Le rapport de l'homme à la technique	L'influence de la technique sur l'homme
→ L'outil distingue l'homme de l'animal par la polyvalence d'usages qu'il permet (Aristote, *Les Parties des animaux*) → La technique compense la faiblesse de la condition humaine (Platon, *Le mythe de Protagoras*)	→ L'invention d'outils oriente le devenir des sociétés humaines (H. Bergson, *L'Évolution créatrice*) → L'hybridation progressive qui lie l'homme à la machine peut, à terme, permettre de redéfinir l'humanité (D. Haraway, *Manifeste Cyborg*)

La technique : le problème de l'automatisation

123

À partir de l'époque moderne, la technique se définit par sa fin utilitaire. Cependant, elle ne peut être réduite au moment de l'innovation : en effet, l'invention d'outils techniques, de plus en plus complexes, dessine et oriente l'évolution des sociétés humaines.

1 L'autonomisation croissante de la machine

Une **machine** peut être définie comme un objet technique capable d'utiliser une source d'énergie pour **réaliser par elle-même**, avec ou sans la conduite d'un être humain, **une ou plusieurs tâches**, en vue d'effectuer un travail mécanique.

▶ **Karl Marx** (1818-1883) explique dans *Le Capital* que « le nombre d'outils avec lesquels l'homme peut opérer en même temps est limité par le nombre de ses propres organes ». L'être humain aurait ainsi inventé les machines pour **pallier le nombre limité de tâches qu'il peut réaliser en même temps.** La machine serait en quelque sorte un « superoutil ».

Exemple : L'aspirateur permet dans un même mouvement de dégager et d'enlever la poussière du sol, là où le balai guidé par la main ne peut le faire qu'en deux temps.

▶ La différence fondamentale entre l'outil et la machine ne se situe cependant pas dans leur degré de complexité ; d'ailleurs un outil peut avoir des fonctions multiples, et une machine, une seule. Pour l'historien de la technique **Lewis Mumford** (1895-1990), la différence se situe bien plus « dans le **degré d'indépendance** de la machine au cours de l'opération, **par rapport à l'habileté et l'énergie de l'opérateur** : l'outil se prête à la manipulation, la machine à l'action automatique. »

2 La transformation du travail humain

▶ L'être humain s'habitue aux objets, qu'ils soient naturels ou créés par lui : **les machines comme les outils lui deviennent donc indispensables dès leur invention.**

Citation

« L'homme s'est donc adapté à un milieu de machines dès le moment où il les a inventées. » Hannah Arendt, *Condition de l'homme moderne*

▶ Si le problème de l'adaptation à la machine ne se pose donc pas véritablement pour l'être humain en général, il a en revanche des conséquences concrètes en ce qu'il modifie considérablement **le rythme du travailleur.** En effet, c'est le **rythme mécanique qui s'impose** au corps humain lorsqu'il utilise la machine, et non l'inverse. **Le passage à l'automatisation transforme donc profondément le travail humain.**

3 La machine, instrument d'aliénation ou de libération ?

A. Marx : le travailleur est au service la machine

Pour **Marx**, l'automatisation des machines implique **une aliénation pour le travailleur** : tandis que l'artisan maîtrisait la totalité du processus de fabrication, depuis la conception de l'objet en vue d'une fin connue, jusqu'à la réalisation de ses différentes parties, l'ouvrier, lui, a une **vue limitée à la tâche qui lui est assignée, et dépend du fonctionnement propre des machines.**

> **Focus**
>
> **L'aliénation du travail par la technique**
> Marx distingue ainsi deux aspects de cette aliénation :
> – d'une part, **une séparation se fait entre le travail intellectuel** (conception et connaissance du mécanisme, qui deviennent le propre de l'ingénieur) **et le travail physique de celui qui opère la machine** (gestes répétitifs à un rythme imposé) ;
> – d'autre part, **le travailleur est dépossédé de son travail**, et devient un **rouage** dans une organisation mécaniste, dont il ignore les fins.

B. Bergson : la technique libère l'attention

À l'opposé de cette vision aliénante et terrifiante de la machine, **on peut mettre en lumière sa dimension libératrice pour la pensée humaine.** On pourrait considérer que les critiques de Marx viennent de ce qu'à un moment donné, les machines n'étaient pas assez complexes, et assez autonomes. En effet, il ne peut plus y avoir aliénation du travailleur par la machine, s'il n'est plus nécessaire à son fonctionnement. Le problème de l'aliénation pourrait ainsi se résoudre le jour où la machine n'aurait **plus besoin de cette attention humaine.** C'est l'hypothèse formulée par **Bergson**, qui explique que la différence fondamentale se trouve alors plutôt entre « **un mécanisme qui absorbe l'attention, et un mécanisme dont on peut se distraire.** » Dans cette hypothèse, le dépassement technique, loin de réduire ou d'asservir l'homme, serait pour lui l'occasion de se retrouver.

> **Focus**
>
> **Le progrès technique selon Bergson**
> La première version de la machine à vapeur nécessitait qu'un travailleur intervienne pendant le processus pour ouvrir et fermer des robinets, jusqu'au jour où un enfant, lassé d'effectuer ce travail, invente le moyen de le faire faire automatiquement par la machine. Il se retrouve donc libre de s'amuser parce qu'il n'est plus absorbé par la surveillance constante du mécanisme. Bergson explique que « la différence entre les deux machines est radicale : la première retenait l'attention captive, la seconde lui donnant congé. »

À RETENIR

L'apport de la machine

- → La machine est un « superoutil » (K. Marx, *Le Capital*)
- → La machine diffère de l'outil par son degré d'automatisation (L. Mumford, *Le mythe de la machine*)

L'influence de l'automatisation

- → L'automatisation impose un rythme étranger à l'homme (H. Arendt, *Condition de l'homme moderne*)
- → L'automatisation est une aliénation pour le travailleur, qui devient un rouage dans un système (K. Marx, *Le Capital*)
- → L'automatisation a une dimension libératrice pour la pensée humaine (H. Bergson, *L'Évolution créatrice*)

La vérité : dire la réalité

124

Le sens commun définit la vérité comme ce qui est vrai, c'est-à-dire conforme à la réalité. S'opposant à l'erreur et au mensonge, le concept de vérité ne semble pas problématique. Pourtant, nous pouvons croire vrai quelque chose de faux : c'est le problème de l'illusion.

1 L'évidence de la réalité

▶ **La réalité, c'est ce qui existe et qui fait l'objet d'une expérience immédiate.** Par exemple, pour savoir si un objet est réel, il suffit d'étendre la main pour le toucher. La réalité nous est donnée, nous ne pouvons pas la contrôler selon nos désirs. **Jacques Lacan** (1901-1981), psychanalyste français, dit ainsi : « Le réel, c'est quand on se cogne ».

▶ Savoir si ce que l'on dit (ou pense) est vrai semble donc à première vue assez simple : il suffit de vérifier que cela correspond bien à l'expérience que l'on fait du réel.

▶ Ainsi, la vérité est « dite », c'est un énoncé, alors que la réalité « est », c'est ce qui nous est donné. **On peut définir la vérité comme la conformité d'une pensée ou d'une proposition avec son objet**, la réalité.

▶ La vérité s'oppose donc à **l'erreur**, au **mensonge** et à **l'illusion**. Le problème de l'illusion nous indique cependant que déterminer ce qui est vrai ou faux n'est en fait pas si simple que cela.

Exemple : Si je crois que mon illusion est une réalité, je croirai que ce que je dis sur elle est vrai, alors qu'il n'en est rien.

2 Des obstacles à reconnaître

A. L'accès à la réalité passe par l'expérience sensible

▶ La vérité pose d'abord **le problème de la fiabilité de notre expérience.** En effet, si la réalité existe indépendamment de notre perception (on pourrait alors penser qu'elle est objective), nous n'avons cependant accès à elle que par l'intermédiaire de nos sens (c'est-à-dire que ce que l'on peut énoncer sur la réalité passe nécessairement par notre subjectivité). Dès lors, il faudrait pouvoir s'assurer que ce que nous percevons est fidèle à la réalité telle qu'elle est.

> **Repères**
>
> **Médiat/Immédiat**
> • Est **médiat** ce qui n'est atteint qu'indirectement, à l'aide d'un intermédiaire (ici le témoignage des sens).
> • Est **immédiat** ce qui est atteint directement, sans intermédiaire.

▶ La vérité pose également le **problème du relativisme** : en effet, on ne peut pas affirmer que quelque chose et son contraire sont vrais en même temps, conformément au **principe de non-contradiction** énoncé par **Aristote** dans la *Métaphysique* : la vérité est censée être **unique** et **universelle.**

▶ **L'instabilité de la réalité** est alors problématique : en effet, la vérité ne peut à la fois être universelle (c'est-à-dire vraie en tout temps et en tout lieu, soit absolument fixe) et conforme au réel, qui est, lui, caractérisé par son instabilité. Comment connaître le réel, si la vérité doit être immuable, et que le réel est changeant ?

Héraclite (544 av. J.-C.–480 av. J.-C) écrit ainsi : « On ne peut descendre deux fois dans le même fleuve. » **Le monde comme réalité incarnée** (c'est-à-dire ce qui a aussi une matière, au contraire d'une idée) **change** : tout coule, tout passe, tout pourrit et meurt.

B. Les différents registres de la vérité

▶ Si la vérité est censée être unique, j'y ai cependant **accès par différentes facultés** : la raison, les sens, l'intuition. La vérité définie comme une conformité avec le réel n'est en fait qu'un type de vérité parmi d'autres : deux vérités n'auront donc pas le même statut.

Exemple : Une vérité d'ordre sentimental (« je t'aime ») n'aura pas le même statut qu'une vérité prouvée scientifiquement ; pourtant, les deux peuvent être vraies.

▶ De plus, la définition de la vérité comme conformité ne signifie pas la même chose selon le type de vérité : par exemple, une **vérité de fait** (il y a un rocher sur ma route) diffère d'une **vérité conventionnelle**, telle qu'une vérité mathématique ($2 + 2 = 4$).

Dans les deux cas, la vérité est une conformité, mais d'un côté il s'agit d'une conformité d'un énoncé à un réel (il y a un rocher sur ma route) et de l'autre de la conformité d'un énoncé à ses propres lois formelles et construites ($2 + 2 = 4$).

Repères

Formel/Matériel
- Est **formel** ce qui concerne la forme (par exemple les règles de la logique).
- Est **matériel** ce qui concerne la matière.

C. La médiation de l'entendement

▶ La vérité pose enfin le problème de son **immédiateté**. Dans le cas de la vérité conventionnelle, il paraît évident que la vérité est le **résultat d'une construction** : par exemple, en mathématiques nous construisons des règles qu'il s'agit ensuite d'appliquer, et un énoncé est alors vrai s'il est conforme à ces règles construites. Au contraire, la vérité de fait nous apparaît comme donnée immédiatement. Pourtant cette dernière est aussi le résultat d'une construction de mon esprit. Ce point devient évident si l'on prend l'exemple des illusions d'optiques. Ainsi, même dans le cas de la perception la plus immédiate, la plus quotidienne, **mon cerveau représente, reconstruit ce que je vois, la vérité n'est donc jamais immédiate.**

Exemple : Quand nous regardons le dessin d'illusion dit du « canard-lapin », certains voient un canard, d'autres un lapin, et une fois au courant de l'illusion, chacun peut voir alternativement les deux, mais jamais en même temps.

À RETENIR

La vérité est conforme à la réalité	La réalité est trompeuse
→ La vérité s'éprouve dans l'expérience du réel (J. Lacan, *Conférence au MIT*) → La vérité obéit au principe de non-contradiction (Aristote, *Métaphysique*)	→ Il est difficile de se libérer de l'illusion sensible (Platon, « L'allégorie de la caverne », *République*) → Le réel est instable et voué à un perpétuel changement (Héraclite)

La vérité : la méthode à l'épreuve 125

Si toute vérité est en fait construite, qu'on ne peut pas y accéder de manière immédiate, se pose alors la question de savoir comment on peut l'atteindre, c'est-à-dire quelle est la méthode à suivre pour être sûr de ne pas se tromper.

1 La définition de critères de vérité

Il s'agit d'abord de se poser la question d'un critère de la vérité : qu'est-ce qui nous permet de nous assurer que ce que nous énonçons est vrai ?

A. Constater

▶ **Le constat constitue un premier critère, d'ordre empirique.** Constater, c'est établir un fait par le témoignage des sens : ainsi, pour constater qu'il fait beau, je regarde par ma fenêtre.

▶ Il n'est cependant pas toujours facile de s'entendre sur un constat. De plus, beaucoup de vérités ne sont pas susceptibles d'être vérifiées empiriquement. On ne peut donc pas réduire la gamme des vérités possibles à ce qui peut être perçu.

B. Démontrer

▶ Faute d'avoir été témoin du fait, on peut le démontrer : la **démonstration** est donc un deuxième critère. Le modèle traditionnel est le **syllogisme**, dont la théorie est exposée dans l'ouvrage *Organon* d'**Aristote**.

Définition

Démonstration : opération par laquelle une proposition (la conclusion) est établie à partir d'une autre (la prémisse). La démonstration repose donc sur l'inférence, qui renvoie à ce qu'un raisonnement a de valide dans le passage d'une idée à une autre.

▶ Mais **un raisonnement logiquement valide peut tout à fait être faux**, si on considère sa conformité à la réalité. Cette distinction entre validité logique et vérité conforme au réel est énoncée par le philosophe **Emmanuel Kant** (1724-1804) dans la *Critique de la raison pure*.

Exemple : Imaginons le syllogisme suivant : tous les chats sont gris. Or Garfield est un chat. Donc Garfield est gris. Ce syllogisme est valide logiquement, mais faux en réalité, car Garfield est un chat roux.

▶ De plus, même dans le cas d'une démonstration à la fois valide formellement et conforme à la réalité, se pose le **problème de l'indémontrable** : comme le fait remarquer **Aristote**, il est impossible de tout démontrer, sous peine de tomber dans ce que l'on appelle une **régression à l'infini.** Ainsi, en remontant la chaîne des déductions, on doit nécessairement tomber sur une première proposition qui n'est déduite de rien, et qui est donc indémontrable, puisque pour la démontrer, il faudrait remonter de nouveau à une proposition précédente.

La démonstration ne se suffit donc jamais à elle-même, puisque **toute démonstration doit admettre au moins un élément indémontrable.**

C. S'appuyer sur l'intuition

Toute démonstration en appelle donc à une intuition première, une évidence qui n'a pas besoin de preuve : il n'y a alors pas lieu d'opposer intuition et démonstration. Ainsi, dans les *Méditations Métaphysiques*, **René Descartes** (1596-1650) explique que **le premier critère de vérité est celui de l'évidence** : est vrai ce dont je peux avoir une idée claire et distincte, sur le modèle de la vérité première qui est celle de savoir que j'existe, parce que je le pense.

2 La vérité scientifique : l'importance du doute

La présence de propositions indémontrables au sein de toute démonstration nous invite à nous interroger sur le rapport qu'entretient toute théorie scientifique avec la réalité. Loin d'être dans une relation purement descriptive, **les théories scientifiques sont en réalité des modèles d'explication du réel**, d'où le terme de théorie.

A. L'efficacité avant la vérité

▶ Le but d'un modèle scientifique n'est pas de décrire la réalité, **mais d'être efficace pour prévoir les phénomènes futurs.** La vérité en sciences est pensée en termes de **validité** et d'**efficacité.**

▶ Ainsi **une théorie scientifique est considérée comme vraie tant qu'elle est valide, jusqu'à preuve du contraire.** Le philosophe des sciences **Karl Popper** (1902-1994), dans *Conjectures et réfutations*, explique que c'est même à cela qu'on reconnaît une théorie scientifique : une théorie ne peut être considérée comme scientifique que si elle est réfutable, c'est-à-dire que rien n'empêche qu'elle soit un jour mise en défaut.

▶ **Ce critère de la réfutabilité distingue ainsi une théorie scientifique d'un système de croyances dogmatique**, c'est-à-dire n'acceptant pas la contradiction, et affirmant une vérité considérée comme absolue de manière péremptoire.

B. Une progression lente vers la vérité

Il faut en réalité beaucoup de contre-exemples pour qu'un modèle d'explication du monde soit considéré comme faux. Ainsi, **Alexandre Koyré** (1892-1944) explique dans les *Études d'histoire de la pensée scientifique* que le progrès scientifique s'est fait par des réfutations successives de théories, et donc sur un temps assez long.

À RETENIR

Logique et vérité

→ Il est possible d'accéder à la vérité par démonstration ou syllogisme (Aristote, *Organon*)
→ Une proposition logiquement valide peut être fausse (E. Kant, *Critique de la raison pure*)

Doute et vérité

→ Le premier critère de vérité est l'évidence (R. Descartes, *Méditations métaphysiques*)
→ Le critère de réfutabilité permet de distinguer une théorie scientifique d'une croyance (K. Popper, *Conjectures et réfutations*)
→ Les réfutations successives permettent le progrès scientifique (A. Koyré, *Études d'histoire de la pensée scientifique*)

Quiz express

126

Vérifiez que vous avez bien retenu les points clés des **fiches 112 à 125**

1 Une justice distributive consiste à donner à chacun...

a. ❑ la même chose
b. ❑ ce qui convient
c. ❑ ce qu'il mérite
d. ❑ ce qui reste

2 Est légal...

a. ❑ ce qui est conforme à la justice comme idéal
b. ❑ ce qui est moral
c. ❑ ce qui est conforme au droit positif
d. ❑ ce qui est raisonnable

3 Est universel ce qui...

a. ❑ vaut en tout temps et en tout lieu
b. ❑ admet des exceptions
c. ❑ appartient en propre à un groupe d'individus
d. ❑ est désintéressé

4 Le jugement esthétique est pour Kant un jugement...

a. ❑ objectif
b. ❑ subjectif universel
c. ❑ subjectif particulier
d. ❑ partagé par tous

5 Être empêché physiquement de faire quelque chose est de l'ordre de...

a. ❑ l'obligation
b. ❑ la contrainte

6 L'absence totale de contrainte ou d'obligation est définie comme...

a. ❑ indépendance
b. ❑ autonomie
c. ❑ autarcie
d. ❑ souveraineté

7 **Ce qui distingue, pour Rousseau, l'homme de tous les autres animaux est...**

a. ❑ son intelligence
b. ❑ son langage
c. ❑ sa capacité à se perfectionner
d. ❑ son humour

8 **Ce qui nous dépasse est...**

a. ❑ immanent
b. ❑ transcendant

9 **Qui considère que l'automatisation peut avoir une fonction libératrice pour le travailleur ?**

a. ❑ Karl Marx
b. ❑ Platon
c. ❑ Henri Bergson
b. ❑ Hannah Arendt

10 **Ce qui est valide logiquement...**

a. ❑ peut être faux dans la conformité avec son objet
b. ❑ est nécessairement vrai

↗ CORRIGÉS p. 317

Vers le Bac 127

Entraînez-vous à l'épreuve finale de philosophie.

1 Explication de texte

Lorsqu'il s'agit de ce qui est agréable, chacun consent à ce que son jugement, qu'il fonde sur un sentiment personnel et en fonction duquel il affirme qu'un objet lui plaît, soit restreint à sa seule personne. Aussi bien disant : « Le vin des Canaries est agréable », il admettra volontiers qu'un autre corrige l'expression et lui rappelle qu'il doit dire : cela m'est agréable. Il en est ainsi non seulement pour le goût de la langue, du palais et du gosier, mais aussi pour tout ce qui peut être agréable aux yeux et aux oreilles de chacun. […] Ce serait folie que de discuter à ce propos, afin de réputer erroné le jugement d'autrui, qui diffère du nôtre, comme s'il lui était logiquement opposé ; le principe : « À chacun son goût » (s'agissant des sens) est un principe valable pour ce qui est agréable.

Il en va tout autrement du beau. Il serait (tout juste à l'inverse) ridicule que quelqu'un, s'imaginant avoir du goût, songe en faire la preuve en déclarant : cet objet […] est beau pour moi. Car il ne doit pas appeler beau, ce qui ne plaît qu'à lui. Beaucoup de choses peuvent avoir pour lui du charme ou de l'agrément ; personne ne s'en soucie ; toutefois lorsqu'il dit qu'une chose est belle, il attribue aux autres la même satisfaction ; il ne juge pas seulement pour lui, mais aussi pour autrui et parle alors de la beauté comme si elle était une propriété des choses. C'est pourquoi il dit : la chose est belle et dans son jugement exprimant sa satisfaction, il exige l'adhésion des autres […] ; et ainsi on ne peut dire : « À chacun son goût ». Cela reviendrait à dire : le goût n'existe pas, il n'existe pas de jugement esthétique qui pourrait légitimement prétendre à l'assentiment de tous.

Emmanuel Kant, *Critique de la faculté de juger*, 1790.

1. **Quelle est la question à laquelle l'auteur tente de répondre ici ?**

2. **Dégagez les différents moments de l'argumentation.**

3. **En vous appuyant sur les éléments précédents, dégagez l'idée principale du texte.**

2 Dissertation

Pour s'entraîner à la rédaction de la dissertation, dans le cadre du sujet de type Bac « Faut-il ne croire que ce que l'on voit ? », rédigez un paragraphe argumenté défendant la position suivante : « Le principe de la croyance est de ne croire qu'en ce qui est incertain. »

Rédigez un paragraphe de dissertation.

3 Dissertation

Peut-on maîtriser le développement technique ?

Rédigez l'introduction.

↗ CORRIGÉS p. 317

Épreuve de Philosophie

.../20
4 h
Coeff. 4

Pour vous préparer à l'épreuve écrite de Philosophie dans les conditions du Bac, voici un sujet type. L'épreuve est notée sur 20, a une durée indicative de 4 heures et est coefficient 4.

1 Sujet 1

La culture dénature-t-elle l'être humain ?

2 Sujet 2

Une vérité peut-elle être définitive ?

3 Sujet 3

Expliquez le texte suivant :

Qu'est-ce qu'une bonne loi ? Par bonne loi, je n'entends pas une loi juste, car aucune loi ne peut être injuste. La loi est faite par le pouvoir souverain, et tout ce qui est fait par ce pouvoir est sûr, et approuvé par tout un chacun parmi le peuple. Et ce que tout homme veut, nul ne saurait le dire injuste. Il en est des lois de la communauté politique comme des lois du jeu : ce sur quoi les joueurs se sont mis d'accord ne saurait être une injustice pour aucun d'eux. Une bonne loi est celle qui est à la fois nécessaire au bien du peuple et facile à comprendre.

En effet, le rôle des lois, qui ne sont que des règles revêtues d'une autorité, n'est pas d'empêcher toute action volontaire, mais de diriger et de contenir les mouvements des gens, de manière qu'ils ne se nuisent pas à eux-mêmes par l'impétuosité[1] de leurs désirs, leur empressement ou leur aveuglement ; comme on dresse des haies, non pas pour arrêter les voyageurs, mais pour les maintenir sur le chemin. C'est pourquoi une loi qui n'est pas nécessaire, c'est-à-dire qui ne satisfait pas à ce à quoi vise une loi, n'est pas bonne.

Thomas Hobbes, *Léviathan*, 1651.

1. Impétuosité : ardeur, fougue, violence.

1. Expliquez : « Il en est des lois de la communauté politique comme des lois du jeu ».

2. Expliquez : « Une bonne loi est celle qui est à la fois nécessaire au bien du peuple et facile à comprendre ».

3. Expliquez : « comme on dresse des haies, non pas pour arrêter les voyageurs, mais pour les maintenir sur le chemin ».

Sujet 4

Commentaire

La loi ne consiste pas tant à limiter un agent libre et intelligent qu'à le guider vers ses propres intérêts, et elle ne prescrit pas au-delà de ce qui conduit au bien général de ceux qui sont assujettis à cette loi. S'ils pouvaient être plus heureux sans elle, la loi s'évanouirait comme une chose inutile ; et ce qui nous empêche seulement de tomber dans les marais et les précipices mérite mal le nom de contrainte. De sorte que, quelles que soient les erreurs commises à son propos, la finalité de la loi n'est pas d'abolir ou de restreindre mais de préserver et d'élargir la liberté ; et dans toutes les conditions des êtres créés qui sont capables de vivre d'après des lois, là où il n'y a pas de loi, il n'y a pas de liberté. Car la liberté consiste à être délivré de la contrainte et de la violence exercées par autrui, ce qui ne peut être lorsqu'il n'y a point de loi ; mais la liberté n'est pas ce que l'on nous dit, à savoir une liberté, pour tout homme, de faire ce qui lui plaît (car qui peut être libre quand n'importe quel homme peut nous imposer ses humeurs ?). Mais c'est une liberté de disposer et d'ordonner comme on l'entend sa personne, ses actions, ses biens et l'ensemble de sa propriété, dans les limites de ce qui est permis par les lois auxquelles on est soumis ; et, dans ces limites, de ne pas être assujetti à la volonté arbitraire de quiconque, mais de suivre librement sa propre volonté.

John Locke, *Deuxième traité du gouvernement civil*, 1690.

La loi est-elle la condition de la liberté ?

↗ CORRIGÉS p. 318

L'objectif du Grand oral

128

L'épreuve du Grand oral vous permet de montrer votre capacité à prendre la parole en public de façon claire et éloquente. Convainquez le jury en argumentant sur les différentes connaissances et méthodes acquises pendant les années de Première et de Terminale.

1 Les compétences développées lors de cette épreuve

Le Grand oral doit vous permettre de **prendre la parole en public de façon claire et convaincante.** Plus spécifiquement, cette épreuve vous conduit à :
– **construire une problématique**, en vous investissant dans une démarche de recherche pour répondre à un questionnement lié à l'étude d'une organisation réelle et sur un détail de son environnement ou de son marché. On attend de l'élève une étude approfondie d'un problème de gestion dont le traitement débouche sur la réalisation d'un projet. L'élève doit engager une démarche pour résoudre ce problème et dégager 2 problématiques ;
– **communiquer le plus clairement possible sur votre démarche**, en étant capable d'expliciter les différentes étapes de celle-ci ;
– **argumenter face à différents questionnements** que le jury peut évoquer.

2 Le Grand oral et les liens avec l'enseignement de spécialité de Management, sciences de gestion et numérique

Le Grand oral s'inscrit pleinement dans le programme de STMG.

▶ **L'enseignement commun de Management, sciences de gestion et numérique est un appui très important pour trouver l'inspiration et développer vos recherches et argumentations sur votre questionnement !** À travers différentes notions, définitions, exemples d'activités sur des faits d'actualité, vous avez la possibilité de choisir au sein d'un très large éventail de sujets.

▶ **L'enseignement spécifique que vous suivez parmi la gestion et finance, la mercatique, les ressources humaines ou les systèmes d'information de gestion, à travers ses contenus de Première et de Terminale, constitue une boîte à outils indispensable pour construire vos travaux :**
– la méthodologie de recherche documentaire abordée en classe de Première vous permet de constituer votre dossier documentaire et de construire vos outils d'investigation de terrain ;
– la démarche d'analyse d'un projet de gestion vue en Terminale vous permet de mieux analyser et décrypter des projets sur un territoire, et d'en comprendre les enjeux et les acteurs, en vue de les rencontrer.

▶ La préparation du Grand oral se réalise **sur votre temps scolaire**, mais surtout **sur votre temps personnel.** Il est indispensable de vous organiser un planning de travail pour pouvoir avancer efficacement dans cette préparation tout au long de l'année, aux côtés de vos professeurs.

#vidéo
Retrouvez toutes nos vidéos pour réussir l'épreuve
foucherconnect.fr/24terstmg95

3 Le Grand oral vu par les évaluateurs

Le jury du Grand oral est composé d'enseignants des matières de spécialité. Leur évaluation repose sur différents critères en fonction des deux temps de l'épreuve :
– **la qualité de votre prestation orale** : le placement de votre voix, son rythme, votre engagement dans le discours, sa fluidité… ;
– **votre capacité à dialoguer « en continu »** : la fluidité de votre discours pendant l'exposé et votre gestion du temps ;
– **la qualité de vos connaissances et leur mobilisation** : c'est-à-dire comment vous allez utiliser vos connaissances vues en cours pour expliquer votre sujet ou explorer votre problématique ;
– **votre capacité à répondre aux questions du jury en lien avec votre problématique**, en utilisant les connaissances (concepts, définitions, méthodes, outils) développées en classes de Première et Terminale ;
– **la qualité de l'interaction** : c'est-à-dire la manière dont va se dérouler l'échange avec le jury, votre capacité à répondre aux questions, à dialoguer, à rebondir sur les propositions ;
– **votre capacité à construire votre argumentation** : la structuration de votre présentation et la pertinence des idées et avis que vous développez au regard de vos recherches.

À SAVOIR

• Le jury du Grand oral n'est pas là pour vous juger, mais **pour évaluer votre travail dans le cadre d'une épreuve au baccalauréat coefficient 14.** Le jury est conscient de la complexité d'une épreuve orale et reconnaît qu'il s'agit d'un exercice difficile pour de nombreux candidats.

• **Dans tous les cas, et surtout pendant l'entretien, soyez positif et restez confiant !** Si vous ne comprenez pas une question, demandez une reformulation au jury, prenez votre temps pour répondre, et si vous ne savez pas répondre, le jury vous posera d'autres questions.

Le format de l'épreuve du Grand oral

129

L'épreuve du Grand oral s'organise en deux temps. Une première phase vous permet de présenter une question qui s'appuie sur l'enseignement spécifique que vous avez choisi. La seconde phase consiste en un échange avec le jury, où vous répondez à différentes questions et argumentez sur vos choix.

#doc
Programmes et ressources en série STMG
foucherconnect.fr/24terstmg85

1 Les phases et durées de l'épreuve

A. Le déroulé à votre arrivée le jour J

L'épreuve du Grand oral dure 20 minutes. Avant l'épreuve, vous bénéficiez d'un temps de préparation de 20 minutes.

▶ À votre arrivée au centre d'examen, **vous allez présenter au jury 2 questions préparées durant l'année**, qui portent sur un problème de gestion abordé dans l'enseignement spécifique que vous avez suivi en parallèle de votre matière de spécialité Management, sciences de gestion et numérique.

▶ **Le jury choisit l'une de ces deux questions** et vous avez ensuite 20 minutes pour vous préparer sereinement dans une salle d'examen.

B. Les 2 grandes phases de l'épreuve

PHASE 1
10 MIN. D'EXPOSÉ ORAL DEVANT LE JURY

- Vous présentez votre sujet, votre question, problématique, et déroulez votre argumentation devant le jury
- Vous êtes debout et vous pouvez vous appuyer sur le support écrit pendant les 20 min. de préparation

PHASE 2
10 MIN. D'ÉCHANGE AVEC LE JURY

- Vous répondez aux questions du jury et mobilisez vos connaissances et compétences. Vous approfondissez, avec l'aide du jury, votre pensée sur ce sujet. Vous dialoguez avec le jury, en prenant le temps d'écouter les questions et de répondre de manière pertinente
- Vous pouvez utiliser si vous le souhaitez le tableau mis à votre disposition, ou vous appuyer sur ce que vous avez produit pendant les 20 min. de préparation (schéma, carte mentale...)

2 Différentes questions récurrentes sur le Grand oral et leurs réponses

PENDANT LES 20 MIN. DE PRÉPARATION

SI LE CANDIDAT **PRÉPARE** UN SUPPORT POUR SON EXPOSÉ

- Y a-t-il un nombre exact de feuilles qui constituent le support ?
  👉 **Non. Au choix du candidat**
- À qui est destiné le support ?
  👉 **Au candidat uniquement**
- Le candidat peut-il donner son support au jury ?
  👉 **Non**
- Le jury peut-il évaluer le support ?
  👉 **Non**
- Le candidat doit-il créer un support spécifique pour le jury ?
  👉 **Non**
- Le candidat peut-il montrer son support au jury ?
  👉 **Oui**
- Quand peut-on utiliser le support ?
  👉 **Durant les 2 temps de l'épreuve**

SI LE CANDIDAT **NE PRÉPARE PAS** UN SUPPORT POUR SON EXPOSÉ

- Le candidat peut-il se préparer pendant 20 min. sans rien écrire ?
  👉 **Oui**
- Le candidat peut-il écrire pendant sa préparation sans pour autant fabriquer de support pour son exposé ?
  👉 **Oui**
- Est-il limité dans le nombre de feuilles de papier dont il peut disposer pendant le temps de préparation ?
  👉 **Non**
- L'absence de support empêche-t-elle la tenue de l'épreuve ?
  👉 **Non**
- L'absence de support entraîne-t-elle des points en moins ?
  👉 **Non**

DURANT L'ÉPREUVE

- Le candidat peut-il utiliser le tableau, s'il y en a un dans la salle d'examen ?
  👉 **Oui, pendant le deuxième temps de l'épreuve**
- Le jury peut-il demander au candidat d'écrire (au tableau ou sur une feuille) ?
  👉 **Non**
- Le jury peut-il demander au candidat de faire un exercice ?
  👉 **Non**
- Le candidat peut-il répondre par écrit aux questions du jury ?
  👉 **Non**

À SAVOIR

- **Les 2 phases de l'épreuve du Grand oral sont complémentaires**. La partie relative à l'exposé vous permet de présenter votre problématique et d'exposer vos principaux arguments pour y répondre.
- **La phase d'entretien avec le jury a pour objectif d'échanger et d'approfondir votre approche du sujet**. Pendant ce temps d'échange, il est possible de revenir sur votre démarche méthodologique, mais également sur les limites de celle-ci (vos difficultés éventuelles, vos regrets de ne pas avoir pu réaliser telle investigation...).

Comment choisir ses sujets ? 130

L'épreuve du Grand oral doit vous permettre d'explorer une problématique en lien avec des sujets d'actualité sanitaire et sociale. Votre préparation à cette épreuve est longue, il est donc primordial de choisir un sujet qui vous intéresse et vous motive !

1 Le choix du thème

▶ Vous allez devoir construire 2 problématiques, 2 « **énigmes** », en lien avec votre programme de spécialité de sciences sanitaires et sociales, et dans une moindre mesure de chimie, biologie et physiopathologie humaine (CBPH). **Vous devez obligatoirement choisir un sujet qui croise avec le programme de sciences sanitaires et sociales.**

Info Votre sujet doit être relié à certaines connaissances du programme de Première, de Terminale, voire les 2.

#podcast
Comment choisir ses sujets ?
foucherconnect.fr/24terstmg86

▶ Vous avez ci-dessous une synthèse de l'ensemble des **notions clés de l'enseignement commun de Management, sciences de gestion et numérique**. Veillez à ce que le sujet que vous choisissez corresponde *a minima* avec plusieurs de ces notions !

EXEMPLES DE NOTIONS CLÉS CLASSE DE 1RE	EXEMPLES DE NOTIONS CLÉS CLASSE DE TLE
Action collective : objectifs, intérêts individuels et collectifs	La démarche marketing : approches, études de marché, veille
Cadre juridique de l'organisation	La création de valeur
Ressources : humaines, financières, matérielles, immatérielles, technologique	L'innovation de produits
Les entreprises privées, publiques les organisations de la société civile	Le modèle économique
Le management des organisations	Les ressources humaines, financières
Les transformations numériques	La production de biens et de services, la logistique
La stratégie des organisations	Les transformations digitales
	La culture de l'organisation

▶ Bien entendu, **l'enseignement spécifique (gestion et finance, mercatique, ressources humaines et communication ou systèmes d'information de gestion)** est également à considérer. Il constitue **une boîte à outils indispensable** pour construire votre démarche pour le Grand oral.

2 Explorer votre thème

L'outil 3QCOP est essentiel pour explorer votre thème et vous assurer que celui-ci corresponde à un sujet adapté des secteurs sanitaires et sociaux.

3 Du thème vers les problématiques

▶ **L'épreuve du Grand oral impose la construction d'une question problématisée.**

▶ Une question problématisée pour le Grand oral en STMG :

– **doit reposer sur une situation réelle** (une organisation publique, privée ou associative) avec l'identification d'un problème en sciences de gestion et un diagnostic complet de la situation ;

– **fait référence aux fondements du programme de la spécialité Management, sciences de gestion et numérique** et prend appui sur l'enseignement spécifique suivi par l'élève ;

– **implique une réflexion approfondie** de l'élève pour apporter des propositions concrètes et une analyse de la situation ;

– **permet de défendre à l'oral un point de vue** et pas seulement de réciter différentes connaissances de cours le jour de l'épreuve.

Focus

Voici 3 premiers exemples de questions problématisées :
- La qualité de vie au travail (QVT) est-elle compatible avec la performance globale de l'entreprise ?
- Est-il nécessaire d'optimiser la trésorerie d'une entreprise ?
- Les nouvelles technologies améliorent-elles les modes de productions des entreprises ?

À SAVOIR

- **Consultez l'actualité économique, juridique et managériale dans la presse ou des sites spécialisés.**
- **Les thèmes en lien avec l'actualité** sont particulièrement appréciés s'ils sont bien traités.

Construire les problématiques 131

L'épreuve du Grand oral s'organise autour d'une réflexion que vous menez à partir d'une organisation existante. Cette réflexion prend appui sur un questionnement relativement élaboré : votre problématique. Vous avez à développer 2 problématiques.

1 Le processus de construction d'une problématique

Votre réflexion initiale dans le cadre de cette épreuve est de choisir votre sujet en fonction de **vos envies** et des **possibilités de croisement avec le programme**. Si vous avez été intéressé par une **innovation marketing** ou une **stratégie d'entreprise qui vous a marqué** en classe de Première, cela peut être une piste à suivre.

> **Focus**
> Vous vous questionnez au sujet de l'intelligence artificielle et vous avez identifié une solution innovante développée par une start-up dans le domaine médical. Vous aimeriez en savoir davantage sur le développement de cette technologie et de son impact dans notre vie quotidienne. Vous projetez alors en Terminale de faire un stage de découverte dans une structure qui évolue dans le même domaine ou essayez d'obtenir un entretien téléphonique ou vidéo avec l'un de ses fondateurs.

2 Le plan

▶ Dans un premier temps, vous repérez dans le programme d'enseignement de spécialité de Management, sciences de gestion et numérique les différentes notions clés associées à l'intelligence artificielle et au développement des nouvelles technologies :
– programme de Première : intelligence artificielle, plateforme, innovation, choix stratégique… ;
– programme de Terminale : nouvelles technologies, objets connectés, algorithmes…

Si votre sujet recoupe avec de nombreuses notions du programme, il est pertinent !

▶ Dans un deuxième temps, vous délimitez et recentrez votre sujet à l'aide de l'outil 3QCOP : Les nouvelles technologies dans le domaine de la santé peuvent révolutionner le quotidien de certains malades et impacter de manière différentielle les populations (quelle population ciblez-vous, quelle tranche d'âge ? quelle pathologie). Le choix d'un territoire restreint est également important : vous allez être amené à faire des recherches de terrain, pourquoi ne pas questionner votre sujet sur votre territoire (commune, département) ?

▶ **Vous proposez ensuite un « brouillon » de votre 1re problématique**, que vous allez améliorer au cours de l'année avec l'appui de vos recherches documentaires et de terrain, et l'aide et les conseils de vos professeurs.

> **Focus**
> Quels outils numériques peuvent aujourd'hui aider les malades qui souffrent d'une pathologie chronique comme le diabète par exemple ? Existent-ils des applis ou des objets connectés qui pourraient faciliter le quotidien de ces malades ? Comment sont commercialisées les applications numériques en santé aujourd'hui ?

3 Du thème vers un questionnement problématique

1 Questionnement initial, thème
« Les applications numériques au service de la santé »

3QCOP : PREMIÈRES RECHERCHES DOCUMENTAIRES

2 Délimitation et recentrage de votre sujet
Applications numériques de quel type, pour quelle pathologie , quelle population ?

3 Premier « brouillon » de votre problématique
« Comment la technologie peut aider le quotidien de certains malades ? »

RECHERCHES DOCUMENTAIRES EN LIGNE ET EN CDI EN DÉBUT D'ANNÉE SCOLAIRE : CONSTRUCTION D'UNE BIBLIOGRAPHIE

4 Problématique n° 1 retenue
« Comment sont commercialisées les applications numériques en santé aujourd'hui ? »

RECHERCHES DE TERRAIN PENDANT VOTRE ANNÉE SCOLAIRE : INVESTIGATIONS AUPRÈS DE PROFESSIONNELS ET DÉCOUVERTE DE PROJETS D'ACTIONS

VERS LA STRUCTURATION DE VOTRE PRÉSENTATION ORALE ET DE VOS DIFFÉRENTES ARGUMENTATIONS

À SAVOIR

Un questionnement problématisé ou une problématique adaptés à l'épreuve du Grand oral ne peuvent pas être un questionnement auquel vous pouvez simplement répondre par « oui » ou « non ». Il est nécessaire d'amener un niveau de complexité dans votre problématique, en ciblant des sujets qui mobilisent de nombreuses questions, réponses et dispositifs pour y répondre.

La recherche documentaire 132

L'analyse de votre sujet nécessite un travail de recherche documentaire important. Ces recherches vont vous permettre de mieux comprendre votre sujet, de construire votre problématique, mais aussi de vous documenter pour vous préparer à argumenter à l'oral.

1 Mener une recherche documentaire pour le Grand oral

▶ **Vous devez rapidement lancer des recherches documentaires une fois votre sujet délimité et votre premier brouillon de problématique réalisé.** Celles-ci vont avoir pour objectifs :
– de qualifier votre sujet en récupérant différentes informations et définitions actualisées ;
– de quantifier les problématiques soulevées par votre sujet en apportant une approche chiffrée (via des indicateurs) dans vos analyses. Il est primordial d'arriver à obtenir suffisamment de données actualisées pour l'analyse de votre sujet.

> **Info**
> **Les recherches ne peuvent, ou ne devraient pas se réaliser depuis des sites internet dont la fiabilité reste très limitée** (sites « grand public » dotés de forums, presse nationale ou locale) ou depuis une presse « non spécialisée » sur les sujets de la santé.

▶ **Les recherches documentaires peuvent s'effectuer** :
– **depuis vos contenus de cours**, en remobilisant différents supports de révisions ou activités réalisées avec vos professeurs ;
– **depuis des documents professionnels,** issus par exemple de l'organisation choisie pour votre grand oral ;
– **en ligne, en utilisant des sources d'information pertinentes** et également des portails scientifiques spécifiques ;
– en allant consulter des **ouvrages au CDI** ou dans des centres de documentation.

2 Mener une recherche documentaire en ligne… sans se perdre !

En complément des documents de terrain collectés sur l'organisation ciblée par votre étude, vous pouvez utiliser un ensemble des portails de recherche documentaire en ligne. **Nous vous conseillons pour le Grand oral CAIRN et Google Scholar** qui regroupent de nombreuses revues et publications en sciences de gestion :
– **CAIRN** est un portail documentaire en ligne français regroupant de nombreux éditeurs. Certains contenus sur CAIRN sont gratuits (ils peuvent être assez nombreux en fonction de votre sujet) : ils vous donnent la possibilité de vous construire une bibliographie de qualité. L'utilisation de l'outil « **Recherche avancée** » sur CAIRN est conseillée pour réaliser des recherches avec des mots-clés, mais aussi pour filtrer vos recherches sur des contenus récents ;
– **Google Scholar** est un portail documentaire international qui recense diverses publications. En le consultant, vous avez la possibilité de trouver davantage de contenus, mais qui peuvent être moins pertinents. Votre regard critique sera ici déterminant !

CAIRN.INFO

chercher, repérer, avancer

Logos des portails CAIRN et Google Scholar

#vidéo
Tutoriel Cairn
foucherconnect.fr/24terstmg87

#vidéo
Tutoriel Google Scholar
foucherconnect.fr/24terstmg88

3 Valoriser sa recherche documentaire dans l'épreuve du Grand oral

▶ Le jour de l'épreuve, vous devez exposer votre sujet et argumenter. Cela nécessite que vous ayez collecté en amont suffisamment d'informations pour bien connaître votre sujet.

▶ Le jury va certainement vous questionner sur vos « sources », et il est nécessaire que vous les exposiez.

Vous n'avez pas besoin d'avoir 30 sources documentaires pour votre Grand oral ! Cependant, il est nécessaire que les quelques sources documentaires utilisées soient pertinentes et fiables, **et que vous puissiez présenter leurs auteurs, leur date de publication, et leur intérêt**.

À SAVOIR

En dehors de CAIRN et Google Scholar, de nombreux sites institutionnels vous permettent de collecter des informations solides et adéquates en ligne de manière totalement gratuite. Le site de la revue fiduciaire vous propose par exemple de très nombreuses ressources en sciences de gestion : https://www.revue-fiduciaire.com/.

Les investigations de terrain

133

La préparation de votre Grand oral doit s'appuyer sur des investigations de terrain afin de rencontrer et d'échanger avec des acteurs du monde professionnel, tout en découvrant différents projets ou dispositifs implantés sur votre territoire d'étude.

1 Mener une investigation de terrain

Vos investigations de terrain sont à lancer après avoir :
– **défini un premier brouillon de votre problématique**, vous permettant de vous diriger efficacement vers les bonnes personnes, acteurs, et dispositifs de terrain ;
– **recueilli un certain nombre d'informations via votre recherche documentaire**, vous assurant de maîtriser un minium votre sujet pour pouvoir poser des questions pertinentes et mener des recherches adaptées sur votre territoire d'étude.

2 Des outils et méthodes pour des recherches de terrain pertinentes

▶ **Le guide d'entretien** (dit « semi-directif ») peut être considéré comme une sorte de « pense-bête » où vous allez lister un grand nombre de questionnements relatifs à vos recherches. **L'intérêt de ce type de guide est qu'il favorise l'échange et le dialogue avec votre interlocuteur.**

Attention cependant à bien construire votre outil en amont ! **Une discussion avec un professionnel sur une thématique scientifique ne s'improvise pas**.

▶ Dans l'exemple d'un grand oral sur l'organisation X, proposant des applications numériques pour la santé, avec la problématique suivante : **Comment l'entreprise X construit son offre pour s'adapter aux nouveaux besoins de santé et attentes des personnes ?** Un guide d'entretien semi-directif structuré et bien préparé pourrait vous permettre :

• De lister un certain nombre de questions que vous vous posez, et souhaitez partager avec un ou plusieurs professionnels de l'organisation en question, comme ici un professionnel en recherche et développement.

• D'organiser ces questions par grandes thématiques pour structurer ce futur échange, interview, en thèmes principaux, comme ici par exemple :
– **thème 1 :** L'organisation X, ses caractéristiques principales et son histoire, son positionnement dans le secteur d'activité des applications numériques en santé ;
– **thème 2 :** Les spécificités des produits et applications numériques en santé (durée de vie, rentabilité, spécificité de développement et stratégies marketing associées en fonction du repérage des nouveaux usages) ;
– **thème 3 :** L'environnement concurrentiel de l'organisation X et ses stratégies de positionnement sur un marché en forte évolution.

3 Exemple de structuration d'un guide d'entretien semi-directif

GUIDE D'ENTRETIEN SEMI-DIRECTIF DU GRAND ORAL À DESTINATION DE PROFESSIONNELS DE L'ORGANISATION

Thème La commercialisation des applications numériques en santé

Problématique
Comment l'entreprise X construit son offre d'applications numériques en santé pour s'adapter aux nouveaux besoins de santé et attentes des personnes ?

DATE : __ / __ / ____ **NOM ET POSTE DE LA PERSONNE RENCONTRÉE : ...**

Rappel
Présenter en début d'entretien le thème et la problématique, ainsi que l'intérêt de la rencontre pour approfondir ses recherches
Demander une autorisation orale si l'on souhaite enregistrer l'échange

Thème 1
« L'organisation X, ses caractéristiques principales et son histoire, son positionnement dans le secteur d'activité des applications numériques en santé. »

Question 1.1 : ...
Question 1.2 : ...
etc.

Thème 2
« Les spécificités des produits et applications numériques en santé (durée de vie, rentabilité, spécificité de développement et stratégies marketing associées en fonction du repérage des nouveaux usages). »

Question 2.1 : ...
Question 2.2 : ...
etc.

Thème 3
« L'environnement concurrentiel de l'organisation X et ses stratégies de positionnement sur un marché en forte évolution. »

Question 3.1 : ...
Question 3.2 : ...
etc.

À SAVOIR

- **Les questionnaires** sont également des outils que vous pouvez utiliser pour récupérer des **données quantitatives,** en fixant au préalable les **caractéristiques de votre échantillon** étudié.
- **Soyez vigilant aux questions éthiques et juridiques** quand vous vous lancez dans la réalisation d'un questionnaire, même en ligne ! Réaliser un questionnaire sur l'utilisation et l'intérêt des applications en santé, dans le but de comprendre les motivations et aspirations de futurs utilisateurs peut être intéressant. Il s'agit là d'une focale plus sociologique, qui nécessitera d'avoir en amont, lors de la recherche documentaire, identifié différentes caractéristiques actuelles de ces applications et de leur utilisation.

La structuration de l'exposé

134

La partie « soutenance » du Grand oral dure 10 minutes. Pendant cette présentation orale, vous avez à présenter votre problématique et vos différentes recherches et investigations. La structuration de votre présentation est déterminante pour assurer une prestation orale fluide et attractive.

1 Une introduction synthétique et construite

L'introduction de votre exposé vous permet :
– **d'expliquer les raisons du choix de votre thème** et votre cheminement intellectuel pour arriver à votre problématique ;
– de contextualiser, c'est-à-dire **de situer votre sujet dans le temps, dans l'espace**, et si possible en lien avec une actualité récente ;
– **d'énoncer de manière précise la problématique retenue** ;
– **de présenter votre plan**, soit la suite de votre présentation, en expliquant succinctement les éléments que vous allez développer dans vos différentes parties.

2 Un développement argumenté et structuré

A. Partie 1 : vos recherches documentaires et votre analyse du sujet étudié

Cette partie développée vous donne les moyens de préciser vos démarches de recherches documentaires, et de détailler votre compréhension du sujet. Vous pouvez remobiliser des connaissances de cours de Management, sciences de gestion et numérique (définitions, concepts), mais faites-le de manière fluide afin de ne pas donner un effet « catalogue de définitions » à votre présentation.

N'oubliez pas de **préciser vos sources** et l'intérêt de celles-ci pour éclairer vos réflexions.

B. Partie 2 : vos questionnements en suspens et vos investigations de terrain complémentaires

Cette partie développée vous offre la possibilité d'expliciter vos démarches de terrain menées pour l'analyse de votre sujet, et également d'apporter des pistes de réponses à votre problématique et un point de vue critique, au regard des éléments dont vous disposez.

Vous n'avez pas ici à proposer une réponse ferme et définitive à votre problématique, mais plutôt à présenter votre point de vue, construit à partir de vos investigations, en expliquant vos méthodes d'exploration du terrain.

3 Une brève conclusion

Une conclusion succincte est utile pour :
– **rappeler les raisons qui ont guidé le choix de ce sujet**, et les liens avec votre projet d'orientation ou professionnel ;

– **exposer à nouveau très rapidement les pistes de réponses principales à votre problématique** et les grandes idées principales développées dans votre argumentation, tout en soulignant les investigations complémentaires qui seraient nécessaires pour aller plus loin ;
– **de connecter votre sujet à des perspectives actuelles** et de contextualiser votre argumentaire dans l'actualité sanitaire, sociale, du moment.

À SAVOIR

• **Vos argumentations concentrées dans une ou plusieurs parties centrales de votre plan doivent bénéficier d'un temps de développement suffisant pour être pertinentes**. Ne passez pas 5 minutes sur une introduction remplie de définitions et contenus de cours, qui ne vous aident pas à présenter vos recherches, ni votre réflexion et argumentaire sur votre sujet.
• **Une introduction courte et synthétique allant à l'essentiel vous permet de gagner en confiance** et vous laisse du temps pour développer vos idées dans les parties suivantes.
• **Entraînez-vous en vous enregistrant pour construire une introduction synthétique**, percutante, avec une phrase d'accroche pour donner l'opportunité au jury de rentrer rapidement dans votre sujet et sa problématique.

Argumenter et convaincre à l'oral

135

L'épreuve du Grand oral se termine par un entretien de 10 minutes avec le jury. Cet entretien doit vous permettre de développer vos idées, de revenir sur des points de questionnements avec le jury et de montrer vos capacités d'argumentation.

1 Présenter et défendre vos démarches, vos investigations

La préparation de votre Grand oral s'étend sur l'ensemble de votre année de Terminale. Il est important que vous soyez en mesure de montrer votre investissement et motivation à mener ce travail, en profitant des questionnements du jury pour valoriser votre implication.

Pour vous aider à avoir confiance en vous avant cet entretien, entraînez-vous seul ou à plusieurs à :
– **justifier le choix de votre thème et de la problématique retenue** (à savoir les raisons précises qui vous ont poussé à investiguer le sujet : cela peut être en lien avec un sujet d'actualité qui vous a intrigué, une histoire personnelle…) ;
– **présenter votre démarche de recherche bibliographique** en étant capable d'expliciter au moins 3 sources de manière précise (auteurs, type de publication, contenu qui vous a marqué…), et de justifier de leur pertinence ;
– **présenter votre démarche de recherche de terrain, complémentaire à votre recherche bibliographique, en précisant les outils utilisés** (guides d'entretien, questionnaires…) et leur importance. Veillez à **présenter les fonctions** des personnes que vous avez rencontrées et **l'intérêt de ces témoignages** ;
– **situer dans le temps vos démarches** de recherche bibliographiques, de terrain, et toutes les autres étapes de la préparation de votre Grand oral (revues de projet menées avec vos enseignants…). Vous pouvez **mémoriser quelques dates importantes** qui permettent de découper votre démarche de Grand oral en grandes périodes (choix du thème, premières recherches bibliographiques, choix de la problématique, recherches de terrain…).

2 Maîtriser les concepts clés et le vocabulaire technologique

Votre sujet est en lien avec différents points du programme de STMG.

▶ Il est fortement recommandé de **maîtriser les quelques concepts et définitions phares propres à votre sujet et problématique.** S'ils n'ont pas forcément vocation à être récités pendant votre présentation orale, une mauvaise connaissance risque de vous gêner pour développer vos idées et répondre aux questionnements du jury pendant l'entretien.

▶ Nous vous conseillons fortement :
– de connaître les différentes étapes d'une **démarche d'étude** (programme de Première) et les étapes de la **démarche de projet** (programme de Terminale) ;
– d'être capable de mobiliser les différentes notions associées pour ces 2 démarches ;
– d'être en mesure de justifier le choix de vos outils d'investigation, leurs avantages et limites (principalement sur le volet des investigations de terrain).

3 Être suffisamment préparé et veiller à une élocution fluide

▶ L'épreuve du Grand oral nécessite une importante préparation, qui ne peut pas uniquement se réaliser en classe. **Vous devez absolument être proactif dans le processus de préparation de votre oral** et prévoir des temps d'auto-évaluation, notamment à plusieurs.

▶ Enregistrez-vous régulièrement lors de vos entraînements et partagez ces enregistrements avec vos enseignants et camarades pour vous assurer :
– **de votre assurance à développer votre sujet**, défendre vos investigations et points de vue ;
– **de la maîtrise de votre vocabulaire scientifique et technique** ;
– **de la non-monotonie de votre voix et plus largement de la fluidité votre discours** (variations adaptées de votre voix, accentuation des termes principaux, temps de respiration et de pause, rythme général de la présentation orale mais aussi des réponses développées face au jury…).

À SAVOIR

• **Argumenter à l'oral est un exercice complexe !** Ne vous rendez pas la tâche plus compliquée en parlant rapidement et en faisant des phrases trop longues, ou en vous perdant dans des détails.
• **Soyez concis et précis, faites des phrases courtes**. Prenez le temps de marquer vos transitions entre les différentes parties par des pauses de quelques secondes.
• N'oubliez pas que vous présentez un oral dans une discipline scientifique et technique. **On attend que vous maîtrisiez votre sujet, le vocabulaire technique associé et que vous soyez capable de défendre votre point de vue au regard des éléments que vous avez collectés.**

Un oral sur la commercialisation des applis numériques en santé

136

Voici une démarche de construction d'un sujet de Grand oral sur le thème de la commercialisation des applications numériques en santé.

1 Du thème vers la construction d'une question problématisée

▶ **Ce thème peut être mis en lien avec différentes notions de sciences de gestion :** démarche et approches marketing, étude de marché, veille commerciale, facteurs explicatifs des comportements du consommateur, modèle économique, innovation de produits, innovation de procédés, contrôle des coûts, gestion du cycle de vie des produits, cultures d'organisation…

▶ Le préalable pour définir votre sujet avec précision est d'effectuer des premières recherches documentaires sur les caractéristiques de ces applications, tant dans leur commercialisation que dans leur durée de vie.

Exemple : Des sites institutionnels, nationaux, sont une bonne première entrée pour ces recherches, comme par exemple ici, le site de la HAS, proposant un descriptif de différentes applications numériques en santé ou encore la revue *Gestion et management public* qui propose un article en ligne sur le sujet.

#info
Différentes applis numériques en santé (HAS)
foucherconnect.fr/24terstmg100

#info
Spécificités de la e-santé
foucherconnect.fr/24terstmg101

▶ Ce thème peut amener la construction de problématiques spécifiques, qui peuvent vous amener à des réflexions et développement différents, sur l'exemple du développement et de la commercialisation d'applications mobiles de E-Santé. **Il est nécessaire de prendre appui sur une organisation existante, choisie et validée avec votre enseignant qui vous servira d'appui pour explorer ce sujet.** Nous prendrons ici un exemple fictif d'organisation, l'organisation « Xpod », jeune startup spécialisée dans le développement et la commercialisation d'applications mobiles en e-santé :

– **problématique n° 1 :** Comment l'organisation Xpod construit son offre de e-santé pour s'adapter aux nouveaux besoins de santé et attentes des personnes ? Cette problématique vous permettra d'explorer comment l'entreprise Xpod commercialise son offre de service et structure sa stratégie marketing dans le secteur très concurrentiel des applications mobiles de e-santé. Elle vous permettra également de questionner les comportements du consommateur dans ce secteur d'activité ;

– **problématique n° 2 :** Quels sont les risques de la commercialisation des applications d'e-santé pour le modèle économique de l'organisation Xpod ? Cette problématique vous permettra d'explorer les stratégies déployées par l'organisation pour anticiper les risques liés à la commercialisation de ce type de produit. Elle permettra d'explorer également, dans le cadre par exemple d'un enseignement spécifique de gestion et finance, la situation économique de cette jeune startup.

2 Des pistes pertinentes pour la recherche documentaire

Dans le cadre de votre recherche et plus largement sur différentes problématiques de gestion, vous pouvez consulter :
– **le portail documentaire CAIRN**, proposant par exemple des revues spécifiques en sciences de gestion comme *Innovations* (revue d'économie et de management de l'innovation) ou encore la revue *Questions de management* (proposant des articles de fond sur l'évolution des organisations) ;
– spécifiquement en lien avec la problématique n° 1, dans le cadre d'une recherche sur les habitudes des consommateurs et utilisateurs d'applications mobiles d'e-santé, **le site de l'UFC que choisir** propose par exemple un éclairage actualisé sur ces produits.

3 Des investigations indispensables au sein de l'organisation ciblée

▶ **Les recherches documentaires effectuées doivent être complétées par une recherche au sein qui de l'organisation choisie.** Une prise de contact assez rapide avec l'entreprise Xpod, et la réalisation d'outils d'investigation (guide d'entretien semi-directif auprès de professionnels repérés) est indispensable pour mieux cerner les réalités de leur mode de fonctionnement dans un environnement concurrentiel.

▶ **Une veille documentaire sur les différents documents interne de cette entreprise, après accord de leur part et diffusion, vous permettra le croisement de différentes précieuses informations :**
– extraits de comptes et niveau d'activité de l'entreprise ;
– fonctionnement interne (organigrammes) et modalités de management ;
– process de fabrication des produits, stratégies de R/D, modalités de commercialisation ;
– consultation d'études de marché pour mieux cerner l'environnement concurrentiel.

À SAVOIR

En réponse à la problématique N° 2, le plan suivant peut être proposé :

• **Introduction d'une à deux minutes environ**, avec présentation de votre problématique et un lien avec l'actualité, précisément sur le « boom » des applications santé et bien-être utilisées depuis des smartphones, en précisant les limites de l'utilisation de celles-ci. Cette introduction vous permettra de présenter également les risques liés à l'investissement dans ce secteur, particulièrement concurrentiel.

• **Un développement central argumenté**, permettra de préciser le modèle économique de l'entreprise Xpod, le contrôle des coûts et les process de fabrication de leur produit phare. Vous préciserez ainsi dans cette argumentation les résultats de vos recherches documentaires sur le sujet, et les données collectées pendant vos investigations auprès de l'organisation. Dans ce développement vous insisterez sur les différents retours d'expériences que vous avez collectés, concernant la réussite ou l'échec de commercialisation de certains produits d'e-santé.

• **Une conclusion d'une minute environ** vous permettra de revenir sur les idées clefs, et de préciser en ouverture en quoi ces applications, et plus largement le numérique, peut impacter durablement les habitudes de vie et la santé des individus ; en soulignant pourquoi pas les questions éthiques que soulèvent la commercialisation de ce type d'application.

Fiche 9 Quiz express (p. 25)

1 b.
2 c.
3 b.
4 a. ; c.
5 a.
6 b. ; c.
7 b. ; c. ; d. ; e.
8 a. ; d.
9 b.
10 a. ; c. ; d.
11 a. ; b. ; c. ; d.

Fiche 10 Vers le Bac (p. 27)

1 1. Cette décision oriente l'avenir de l'entreprise sur un horizon temporel de moyen terme. Elle repose sur une analyse des ressources et de l'environnement de Lucibel (en particulier les évolutions des attentes de la clientèle). Elle permet d'autre part à cette entreprise d'espérer un avantage concurrentiel lié à une plus grande réactivité de sa production, même si les coûts de fabrication risquent d'être plus élevés. Cette décision aura également des conséquences sur les marchés de l'entreprise : elle conduira certainement à un abandon de la clientèle chinoise. La décision de relocalisation s'inscrit donc dans le cadre du management stratégique de l'entreprise : ses implications financières et organisationnelles sont importantes et elle sera certainement déterminante dans le succès ou l'échec de l'entreprise à moyen terme.

2. Chez Lucibel, le choix de relocalisation de la production suppose la mise en œuvre d'une nouvelle organisation de l'usine de Barentin et l'adaptation de la main d'œuvre aux nouveaux besoins (embauches, licenciements…) de l'entreprise. Cette usine, ancienne filiale de Schneider Electric avait en effet vocation à fermer et Lucibel pourra reprendre une partie du personnel. Mais des licenciements sont inévitables et des formations devront être organisées pour adapter les compétences du personnel aux spécificités de la production des produits Lucibel. Les écarts de culture d'entreprise devront également être pris en compte. Cette optimisation des ressources disponibles s'inscrit dans la dimension opérationnelle du management. Il appartient donc aux managers de réaliser des choix organisationnels contraints par les objectifs de la direction, la disponibilité et le coût des ressources.
Il est possible d'évoquer :
– la recherche d'un site industriel en France permettant de développer, produire et conditionner les produits Lucibel ;
– le déménagement progressif des machines depuis la Chine jusqu'en France, pour ne pas stopper la production ;
– l'adaptation des ressources humaines aux besoins via une sélection des formations, éventuellement des recrutements… ;
– l'obtention des ressources nécessaires (financières, techniques…) pour répondre aux ambitions de Lucibel (diversification, innovation, montée en gamme, flexibilité…) ;
– l'évolution de la logistique et des relations avec les fournisseurs ;
– la mise en œuvre du nouveau process de production.

3. Il est possible d'évoquer :
– la recherche d'un site industriel en France permettant de développer, produire et conditionner les produits Lucibel ;
– le déménagement progressif des machines depuis la Chine jusqu'en France, pour ne pas stopper la production ;
– l'adaptation des ressources humaines aux besoins via une sélection des formations, éventuellement des recrutements… ;
– l'obtention des ressources nécessaires (financières, techniques…) pour répondre aux ambitions de Lucibel (diversification, innovation, montée en gamme, flexibilité…) ;
– l'évolution de la logistique et des relations avec les fournisseurs ;
– la mise en œuvre du nouveau process de production.

2 1. Pour Color-foods, il s'agit d'une production en continu qui concerne des produits standardisés (fruits secs). Pour le pâtissier, il s'agit d'une production en discontinue qui correspond à de petites séries ou à un travail à l'unité.
2. Il est possible d'identifier les opérations suivantes :
• **Réception des matières premières** : La marchandise qui arrive chez Color Foods est d'abord contrôlée (contrôle quantitatif et qualitatif) avant l'enregistrement informatique des palettes réceptionnées. Des échantillons de matières premières sont alors prélevés pour permettre l'agréage par le service qualité. La validation de cette étape est indispensable pour que la matière soit utilisée en production.
• **Stockage des matières premières** : Les palettes sont identifiées puis stockées en fonction des caractéristiques du produit (stockage au froid et au sec pour les produits les plus sensibles). Color Foods dispose d'une capacité de stockage d'environ 2 000 palettes en réception.
• **Préparation de la recette** : Color Foods dispose de plusieurs lignes de production destinées à griller, caraméliser, réhydrater, mélanger ou encore assaisonner les fruits secs.
• **Pesage, étiquetage et mise en carton :** Les lignes de conditionnement sont équipées de peseuses associatives qui répartissent les fruits dans les emballages. Les produits peuvent alors être conditionnés en sachets, pots, barquettes ou coffrets.
• **Mise en carton** : Les produits finis sont alors mis en carton.
• **Palettisation** : Les colis sont alors acheminés jusqu'à la zone de palettisation et contrôlés avant stockage.
• **Stockage et numérotation** : Les colis de produits finis sont disposés sur palette. Chaque palette est identifiée, numérotée et stockée. La capacité de stockage des produits finis est de près de 2 200 palettes.
• **Préparation des commandes et filmage** : La traçabilité est maîtrisée sur toute la chaîne logistique grâce à l'enregistrement de la provenance de tous les colis prélevés. Le prélèvement se fait en respectant la règle du FIFO (First In, First Out), permettant de garantir une DLUO (Date Limite d'Utilisation Optimale) pour tous les produits livrés chez les clients. Cette règle est aussi observée pour la consommation des matières premières. Les commandes sont préparées et vérifiées à l'aide d'un pistolet-scan. Un second contrôle, visuel, est ensuite effectué avant filmage, puis expédition.
• **Expédition** : Les produits sont alors transportés vers les plateformes logistiques de nos clients, puis jusqu'en magasin.
Durant tout le processus de production intervient le Contrôle qualité : Respect des cahiers de charges de nos clients, de la réglementation et garantie de l'absence de risque sanitaire pour le consommateur sont les missions de notre équipe.
3. Dans le cas de Color-Foods, l'étude du process de production peut faire apparaitre des gisements de productivité liés aux flux de matière ou d'informations, aux progrès du numérique ou à l'efficacité des ressources humaines. De nouveaux contrôles qualité peuvent également être envisagés. Dans le cas d'un artisan-pâtissier, l'efficacité de la production peut passer par une formation ou une meilleure organisation, mais le savoir-faire compte davantage que l'outil…

Fiche 17 Quiz express (p. 41)

1 **d.**
2 **a.**
3 **b.**
4 **c.**
5 **c.**
6 **a.**
7 **c.** ; **d.**
8 **b.**
9 **b.**

Fiche 18 Vers le Bac (p. 43)

1 **1.**Paul Hersey et Ken Blanchard ont développé dans les années 1960 le concept de « leadership situationnel » : selon ce modèle, un bon dirigeant, loin d'être inébranlable et figé, doit pouvoir s'adapter au contexte de l'entreprise. Le choix du style de management est alors principalement déterminé par le niveau de maturité des subordonnés (leur degré d'autonomie) et la nature des activités de la société (centrées sur les personnes ou les tâches). Les auteurs ont ainsi identifié quatre types de conduite (directive, persuasive, participative, délégative) correspondant à quatre situations distinctes :
- Directif : les leaders dictent à leurs employés exactement ce qu'il faut faire et comment le faire ;
- Persuasif : les dirigeants fournissent (vendent) de l'information et orientent leurs subordonnés. La communication est meilleure que dans le premier cas ;
- Participatif : les leaders se concentrent davantage sur la relation et moins sur la direction. Le leader travaille avec l' équipe et il partage ses responsabilités décisionnelles ;
- Délégatif : les leaders transfèrent la plupart des responsabilités sur le suiveur ou sur un groupe de subordonnés. Les dirigeants gardent toujours un œil sur les progrès, mais ils sont moins impliqués dans les décisions.

2. Selon Hersey et Blanchard, le choix approprié de leadership et de facteurs de motivation dépend principalement du degré de maturité des subalternes dans la situation considérée. Plus le degré de maturité et d'autonomie des collaborateurs est élevé, plus le type de management doit être délégatif.
Dans la phase 1, le salarié est surtout motivé par l'appropriation de son nouvel environnement de travail. Il convient de l'encadrer pour lui permettre d'acquérir les compétences qui lui manquent.
Dans la phase 2, l'enthousiasme initial peut s'émousser, le management est toujours encadrant, mais il doit être encourageant : le collaborateur a encore besoin de guides et peut être sensible à des éléments concrets de motivation (motivations financières...).
Dans la phase 3, le collaborateur ressent un besoin de réalisation personnelle. Il convient donc de confier un certain nombre de responsabilités, même s'il doit être encore encadré.
Enfin, **dans la phase 4,** la personne encadrée a atteint le niveau d'autonomie où la délégation complète de l'activité est possible. La motivation repose surtout sur la confiance et le leader peut se passer d'actions de motivations concrètes.

2 **1.** La marque employeur désigne l'ensemble des avantages fonctionnels, économiques et psychologiques inhérents à l'emploi, grâce auxquels une entreprise est identifiée en tant qu'employeur (Ambler et Barrow, 1996). Il existe plusieurs approches de la marque employeur, qui se déclinent en externe et en interne. Il semblerait que chez Ovicloud, il y ait un décalage entre la marque employeur externe et la marque employeur en interne, moins valorisante, d'où une déception des jeunes salariés recrutés.

2. Il s'agit de mieux adapter les modes de communication interne au profil des nouveaux salariés recruté. L'intranet de l'entreprise semble ne véhiculer qu'une communication descendante : il conviendrait de davantage y associer les salariés pour permettre une communication horizontale et transversale plus valorisante.

Sur quoi communiquer ?

- éviter une communication centrée sur l'entreprise et des envolées lyriques sur les valeurs : un discours qui ne reçoit que peu d'échos auprès de la nouvelle génération ;
- privilégier des thèmes auxquels les jeunes sont sensibles : l'environnement de travail, la convivialité et le « fun », l'équilibre vie privée/vie professionnelle, la possibilité d'être acteur de l'entreprise ;
- construire la marque employeur en communiquant sur les avantages spécifiques de l'entreprise Ovicloud par rapport aux entreprises concurrentes.

Comment communiquer ?

- privilégier systématiquement une communication à la fois ascendante et descendante, chaque fois que cela est possible ;
- privilégier les nouveau outils de communication : réseaux sociaux professionnels ou non, blog RH, Twitter et le microblogging, les « chats » RH et le webinaires, les serious games... ;
- privilégier l'instantanéité par rapport à une communication durable mais plus figée.

3. En externe, il convient de proposer une communication plus précise et réaliste à Ovicloud pour éviter la déception des jeunes salariés. Il ne s'agit en rien de dévaloriser l'entreprise, mais de montrer aux candidats et futurs candidats toutes les implications du travail chez Ovicloud, ses avantages comme ses contraintes. Des vidéos peuvent être diffusées sur internet, et Ovicloud peut s'efforcer d'attirer davantage de stagiaires ou salariés en alternance qui pourront ensuite être recrutés après une première expérience professionnelle au sein de l'entreprise. La prévention de l'effet déceptif peut ainsi réduire le taux de *turn-over*.

Fiche 27 Quiz express (p. 61)

1 a. ; c.

2 b.

3 a. ; d.

4 c.

5 b.

6 d.

7 a. ; b. ; c.

8 b. ; c.

Fiche 28 Vers le Bac (p. 63)

1 **1.** Le travail des enfants reste très répandu à travers le monde. On peut par exemple citer les enfants soldats de Colombie ou du Tchad, les enfants exploités dans les mines de cobalt du Congo, ou les *criaditas*, ces enfants esclaves du Paraguay.

Le travail des enfants les enferme dans une situation figée : ils ne peuvent pas bénéficier de l'école ni d'une possible ascension sociale ; ils compromettent également leur santé physique ou mentale. Néanmoins, pour comprendre la complexité de cette question et trouver ou créer les solutions adaptées, il faut en comprendre les raisons. Plusieurs éléments doivent ainsi être pris en compte :

– la pauvreté dont souffrent certaines populations, qui induit le travail des jeunes enfants et qui pousse les jeunes adultes à devoir et vouloir quitter leur communauté pour l'aider financièrement ;
– dans certains pays, le nombre d'écoles est très réduit et la distance à parcourir pour s'y rendre décourage les parents et leurs enfants ;
– le travail des enfants découle aussi de la culture et de la tradition. Le métier de cultivateur s'hérite, et est donc enseigné aux jeunes depuis le plus jeune âge. Puisque la vie dans ces régions est difficile, une croyance en Côte d'Ivoire dit par exemple qu'il faut endurcir les enfants pour qu'ils puissent y faire face lorsqu'ils grandiront.

2. Nestlé a alors voulu cibler le changement à travers l'amélioration des conditions de vie des cultivateurs. Avec la Fondation International Cocoa Initiatives (ICI), le groupe a mis en place le « Système de suivi et de remédiation du travail des enfants » pour identifier, surveiller et arrêter cette pratique. Leur méthode n'est pas figée, mais repose pour l'instant sur 7 étapes :
– des volontaires parmi les villageois, désignés comme relais communautaire se déplacent chez les familles et sur les terrains d'exploitation pour récolter les informations ;
– le travail des enfants est alors identifié et déclaré ;
– une application mobile permet ensuite la saisie de ces données ;
– les agents de la coopérative les vérifient avant de les valider ;
– ces données sont alors analysées dans le but d'établir une palette d'action permettant de remédier au problème ;
– ICI et ses partenaires sociaux entreprennent l'action appropriée pour l'enfant et ses parents ;
– un suivi est finalement mis en place pour s'assurer de l'efficacité de l'action et sa continuation.
Ainsi, depuis 2012, ce programme a permis d'identifier 7 327 enfants en situation de travail et d'en suivre, jusqu'à présent, 5 232. En 2017, 51 % des enfants qu'ils ont pu identifier ne travaillent plus.

2 **1.** Tout dépend du type d'entreprise et de ses priorités stratégiques. On peut par exemple évoquer les éléments suivants :
– **la visibilité** qu'apporte l'emplacement choisi est un critère plus ou moins important suivant l'activité. Une vitrine bien visible est importante si l'entreprise compte sur la clientèle de passage ;
– **la présence de ressources** : humaines, logistiques, sous-traitants… ;
– **le type de zone** : il faut plutôt cibler le centre-ville et les zones commerciales pour les boutiques de prêt-à-porter, la périphérie pour les activités de transport et les activités industrielles… ;
– **la clientèle** : le choix de l'emplacement se fait également en fonction du lieu où se trouve la clientèle. Il se peut très bien qu'elle soit située dans des zones bien définies ;
– **la concurrence** : il peut être compliqué de réussir à développer son activité en s'implantant dans une zone où se trouvent déjà de nombreux concurrents. Toutefois, pour certaines activités, il peut s'agir d'un critère essentiel ;
– **l'accessibilité** : l'emplacement doit être facilement accessible pour les clients et les fournisseurs. Par exemple, une activité de commerce de gros ne peut être implantée dans une rue piétonne. Quels sont les accès routiers ? en transport en commun ? quelles sont les possibilités de stationnement ?
– **la configuration** : la configuration des lieux où se trouve le local peut être importante. Une boutique peut avoir du mal à fonctionner si elle se situe le long d'une rue où aucun stationnement n'est prévu. Également, il faut que l'emplacement choisi vous permette de respecter toutes les règles applicables aux commerces (sécurité, accessibilité…) ;
– **l'évolution** : il faut se renseigner sur les changements qui ont impacté la zone dans laquelle se situe l'emplacement et sur les évolutions possibles ;
– **le prix** : ce critère s'applique à la plupart des projets de création. Le budget prévu pour le local est un critère de choix et il ne vous permettra peut-être pas de vous implanter dans les zones prisées ;
– **les aides publiques et les partenariats potentiels**.

2. La délocalisation est le fait, pour une entreprise, de transférer une partie de ses biens, capitaux et/ou activités dans un autre lieu, généralement d'un pays d'origine vers un pays étranger. Il peut également être question d'un transfert au sein d'un même pays entre zone urbaine et zone rurale par exemple.

Les motifs des délocalisations sont variés et souvent cumulatifs :

– la principale raison d'une délocalisation est de **nature économique** : la délocalisation est réalisée vers des pays où la main d'œuvre est moins chère, parfois plus abondante également. Une fiscalité attractive peut également justifier une délocalisation. Mais cela peut être également une question de stratégie de rapprochement de matières premières, ce qui évite des coûts de transport ;

– les délocalisations se justifient parfois par des **raisons commerciales** : il s'agit de rapprocher la production de la clientèle étrangère ou de contourner des barrières protectionnistes ;

– il peut y avoir un **aspect juridique**. C'est le cas lorsque le transfert d'activité a lieu vers un pays où le droit du travail est moins réglementé que celui du pays d'origine. Autre exemple d'intérêt en matière juridique, une société peut transférer son activité dans un pays qui exige moins de normes dans une usine eu égard à son impact sur l'environnement… ;

– enfin, des questions **d'ordre technologique** peuvent être évoquées : tel est le cas du rapprochement d'un pôle de compétitivité étranger, bénéfique à l'activité (exemple de la proximité de la Silicon Valley, en Californie, qui attire les entreprises liées aux nouvelles technologies).

3. Que ce soit les lunettes pour Morez, les chaussures à Roman-sur Isère, l'automobile à Sochaux ou l'industrie pharmaceutique à Castres… la géographie économique d'une ville ou plus largement d'un territoire s'avère souvent très dépendante d'une ou plusieurs entreprises dominantes. Celles-ci créent de nombreux emplois directs et génèrent 2 à 3 fois plus d'emplois indirects. Les conséquences sur l'habitat et la création d'infrastructures (routes, centres commerciaux, équipements, administrations…) sont évidemment très importantes. La démographie d'un territoire est ainsi étroitement liée aux évolutions économiques et donc au tissu d'entreprises. La croissance démographique crée de nouveaux besoins au niveau local : crèches, écoles, structures de loisirs et sportives, transports… Dans certaines régions, la culture locale est également associée à la présence souvent très ancienne d'organisations à finalité économique (la pêche en Bretagne) ou non (associations culturelles locales). Inversement, le départ d'une ou plusieurs organisations peut avoir des effets catastrophiques via un effet « boule de neige » au niveau local ou régional : car le départ de quelques entreprises peut entrainer un effet de contagion particulièrement destructeur pour l'emploi, et parfois irréversible.

Fiche 37 Quiz express (p. 81)

1 **d.**
2 **b.**
3 **d.**
4 **b.**
5 **b.**
6 **c.**
7 **c.** ; **d.**
8 **b.**
9 **a.**
10 **b.**
11 **c.**
12 **a.**

Fiche 38 Vers le Bac (p. 83)

1 **1.** Première annuité = 15 000 × 25 % × 7/12 = 2 187,50 €

		31/12/N		
68112		Dotations aux amortissements Immo. Corp.	2 187,50 €	
	28182	Amortissements du matériel de transport		2 187,50 €
		Amortissement véhicule		

2. Pour le client Lucciani : la société pense perdre 1 200 € (3 000 × 40 %). Il existe déjà une dépréciation de 500 €, donc elle va faire une dotation de 700 € (1 200 – 500).
Pour le client Bernardoni : la créance est irrécouvrable. La société doit faire une reprise des 1 200 € de dépréciation antérieure et enregistrer la créance irrécouvrable.

		31/12/N		
68174		Dotations dépréciations créances	700,00 €	
	491	Dépréciations clients		700,00 €
		Dotation Lucciani		
		31/12/N		
491		Dépréciations clients	1 200,00 €	
	78174	Reprises dépréciations créances		1 200,00 €
		Reprise Bernardoni		
		31/12/N		
654		Pertes sur créances irrécouvrables	5 000,00 €	
44571		TVA Collectée	1 000,00 €	
	416	Clients douteux		6 000,00 €
		Créances irrécouvrables Bernardoni		

2 **1.**

FRNG	1 754 708 – 1 013 116	741 592,00 €
BFR	734 185 – 210 563	523 622,00 €
TN	741 592 – 523 622	217 970,00 €

2. Analyse :
• Les ressources stables sont suffisamment importantes pour financer les emplois stables, il reste même un excédent important de 741 592 €.
• Pour financer son cycle d'exploitation, la société doit trouver 523 622 €.
• Comme le FRNG est assez important pour couvrir le BFR, l'entreprise possède une trésorerie nette largement excédentaire de 217 970 €.
• Nos clients nous paient plus rapidement que la moyenne du secteur ce qui est favorable pour notre trésorerie.
• Il semble difficile de payer nos fournisseurs plus tard car on se situe déjà au niveau de la moyenne du secteur.
Comme l'entreprise est très peu endettée, elle peut facilement contracter un emprunt en cas de besoin.

3 Répartition du bénéfice de l'année N

Bénéfice de l'exercice	789 813,00 €
RAN débiteur	- €
Réserve légale	5 000,00 €
Réserve statuaire	50 000,00 €
RAN créditeur	2 400,00 €
Bénéfice distribuable	737 213,00 €
Réserve facultative	300 000,00 €
Dividendes	437 000,00 €
RAN de l'exercice	213,00 €

Calcul de la réserve légale
789 813 × 5 % = 39 490,65 €
39 490,65 + 45 000 > 500 000 × 10 %
Réserve légale = 50 000 – 45 000
Calcul de la réserve statuaire
500 000 × 10 % = 50 000
Calcul des dividendes
(737 213 – 300 000)/10 000 =
43,72 € arrondis à 43,70 €
43,70 × 10 000 = 437 000 €

Extrait du passif du bilan au 31/12/N

	Montants avant répartition	**Montants après répartition**
Capital (10 000 actions à 50 €)	500 000,00 €	500 000,00 €
Réserve légale	45 000,00 €	50 000,00 €
Réserve statuaire	320 000,00 €	370 000,00 €
Autres réserves	1 000 000,00 €	1 300 000,00 €
Report à nouveau	2 400,00 €	213,00 €
Bénéfice de l'exercice	789 813,00 €	- €
Total des capitaux propres	2 657 213,00 €	2 220 213,00 €

Fiche 55 Quiz express (p. 117)

1 a. ; c.
2 d.
3 a.
4 c.
5 c.
6 a.
7 d.
8 a.
9 d.
10 a. ; b. ; d.
11 a. ; d.
12 a. ; b. ; d.

Fiche 56 Vers le Bac (p. 119)

1 **1.** Les raisons pour lesquelles le groupe Swatch a lancé la montre Swatch sont la lutte contre la concurrence des montres asiatiques et la difficulté de l'industrie horlogère suisse.

2. L'offre était standardisée ; il s'agissait de fabriquer une montre conciliant qualité et coûts de production faibles afin de relancer l'horlogerie suisse. Même si le produit était original, il était fabriqué en grande série.
3. Gamme pour homme, femme, enfant ; Swatch applique une stratégie de marketing segmenté.
4. C'est une montre fun, originale, personnalisable (par la diversité des planches et des combinaisons possibles sur chaque planche. Un message peut être ajouté au dos de la montre (emprunte ce concept aux montres de luxe). Certaines planches sont conçues en collaboration avec des artistes ; elles seront peut-être collectors dans quelques années. De nouvelles planches sont proposées régulièrement. Le prix est de 110 €.
5. Il s'agit d'une expérience de consommation car il y a un aspect ludique, créatif. En outre, on a le sentiment d'avoir une montre unique.
6. La qualité perçue est relativement élevée car la montre a initialement une valeur d'usage (lire l'heure). Ici, Swatch transforme ce produit en une offre unique. De plus, s'il s'agit d'un cadeau ; cela signifie que la personne a passé du temps à choisir la planche et le message.
7. La stratégie utilisée est la mass customization. Swatch combine production de masse et personnalisation en fin de chaîne. L'intérêt est de combiner la réduction des coûts grâce à une production de masse et l'attrait pour le consommateur pour la personnalisation des produits qu'il achète/porte.

2 **1.** exclusive **2.** sélective **3.** exclusive **4.** intensive **5.** sélective **6.** intensive **7.** exclusive

Fiche 69 Quiz express (p. 145)

1 **a.** ; **b.** ; **d.**
2 **a.** ; **c.** ; **d.**
3 **b.**
4 **a.**
5 **b.** ; **c.** ; **d.**
6 **b.** ; **c.** ; **d.**
7 **b.**
8 **a.**
9 **b.**
10 **a.**
11 **d.**
12 **a.** ; **c.** ; **d.**

Fiche 70 Vers le Bac (p. 147)

1 **1.** Recruter une ou un manager de restaurant pour Maguro Sushi présente plusieurs intérêts :
– décharger et seconder Edwige ROMAN (surmenée) ;
– avoir un suivi plus régulier de tous les restaurants ;
– être plus disponible auprès du personnel pour limiter les tensions ;
– améliorer le bien-être du personnel (plus d'écoute, d'échanges) ;
– répondre à la demande des clients.
2. Le poste de manager de restaurant requiert les **qualifications** suivantes : un bac+5 dans la filière hôtelière, commerciale ou touristique, une expérience de 2 ans dans la direction de restaurant ou de restaurant rapide, une certification dans le domaine de l'hygiène et la sécurité alimentaire.

Le poste de manager de restaurant requiert les **compétences** suivantes : la prise de décisions adaptées aux situations, l'animation et la gestion administrative des équipes de cuisine, le respect des normes d'hygiène, la gestion des stocks et des commandes, les procédures administratives et comptables, la mise en œuvre d'une politique commerciale, les qualités relationnelles, le sens du service, les aptitudes à accompagner une équipe, le dynamisme et la rigueur.
3. Modalité de recrutement envisagée : recrutement externe car aucun membre du personnel ne possède une certification dans le domaine de l'hygiène et la sécurité alimentaire. Cette certification étant exigée par Tao GRISON, celui-ci est contraint de recruter à l'externe.
4. Plusieurs méthodes de recrutement sont envisageables pour le poste de manager de restaurant : les sites internet d'offres d'emploi spécialisés ou non, la cooptation, les réseaux sociaux, le « jobdating »...
5. Les actions pour intégrer rapidement la ou le manager sont : l'accueil physique par Tao GRISON, la visite de restaurants, la rencontre avec les équipes, l'accueil administratif (remise de documents, du badge, etc.), le pot d'accueil, un entretien avec sa collègue Edwige ROMAN, un stage d'observation avec Edwige ROMAN, un tutorat, une formation terrain, un entretien bilan avec Tao GRISON.

2 1. Le personnel est confronté à trois types de risques :
- les accidents du travail liés à la surcharge de travail et qui entraînent notamment des blessures liées aux découpes de poisson et aux brûlures ;
- les maladies professionnelles comme les troubles musculo-squelettiques liés à des gestes et postures pénibles ;
- les risques psychosociaux dus à l'intensification du travail entraînent de la fatigue, du stress et du surmenage.

2. *On attend le calcul de l'évolution des taux de rotation, d'absentéisme, de fréquence et de gravité des accidents du travail et l'analyse de chacun des taux. On attend le calcul de l'évolution de quatre indicateurs pertinents de l'enquête et l'analyse de leur évolution :*

– **Mesure et analyse de l'évolution du taux de rotation entre 2015 et 2017** :
[(3,77 – 6,52)/6,52] × 100 = – 42,18 %. Le taux de rotation est en baisse de près de 40 % entre 2015 et 2017. Cela montre la fidélisation et la stabilité du personnel, d'autant qu'il est nettement inférieur à celui du secteur (3,77 % contre 6,21 %).

– **Mesure et analyse de l'évolution du taux d'absentéisme entre 2015 et 2017** :
[(8,16 – 6,74)/6,74] × 100 = 21,07 %. L'augmentation du taux d'absentéisme est importante. De plus, ce taux de 8,16 % en 2017 est largement supérieur au taux des entreprises du secteur qui est de 4,59 %.

– **Mesure et analyse de l'évolution du taux de fréquence des accidents du travail entre 2015 et 2017** : [(23,10 – 15,32)/15,32] × 100 = 50,78 %. L'augmentation du taux de fréquence des accidents du travail est alarmante. Ce taux en 2017 (23,10) est d'ailleurs nettement supérieur à celui du secteur qui est de 18,32.

– **Mesure et analyse de l'évolution du taux de gravité des accidents du travail entre 2015 et 2017** :
[(0,64 – 0,42)/0,42] × 100 = 52,38 %. L'augmentation de ce taux est aussi inquiétante. En 2017, il est de 0,64 mais reste inférieur au taux des entreprises du secteur (1,20).

3. Conséquences pour les membres du personnel :
- démotivation ;
- baisse du sentiment d'appartenance ;
- manque de cohésion ;
- risque d'une hausse des démissions ;
- mal-être au travail, stress ;
- sentiment d'insécurité.

4. Les mesures qui permettraient d'améliorer les conditions de travail peuvent être :
– les **mesures relatives à la surcharge de travail** : l'optimisation du planning de répartition des tâches, l'embauche de personnel supplémentaire ;
– les **mesures relatives à la santé et à la sécurité au travail** : la formation, l'achat de matériel ergonomique adapté aux métiers de la restauration, l'achat d'équipements de protection individuelle (EPI) ;
– les **mesures relatives au climat social** : des échanges plus fréquents, une salle de détente pour les pauses.

3 **1.** Il s'agit d'un conflit ouvert : les salariés s'expriment librement en face à face. Le conflit semble être un conflit d'objectifs qui a pour origine des divergences d'intérêt entre les salariés qui souhaitent obtenir la même promotion
2. Annie : joie, tristesse, peur (« air enjoué », « les larmes aux yeux ») ; Bruno : colère (« agressif ») ; Stéphanie : surprise (« ton comportement m'étonne »).
3. Le conflit a pour conséquences possibles : dégrader le climat relationnel ; développer une souffrance relationnelle, psychologique ; entraîner, à terme, une baisse de motivation et de mobilisation ; risquer de freiner la coopération au sein de l'équipe et ainsi en diminuer la performance.

Fiche 81 Quiz express (p. 169)

1 c.
2 d.
3 d.
4 a.
5 b.
6 a. ; c. ; d.
7 a.
8 c.
9 d.
10 d.
11 a. ; b.
12 a. ; b. ; c. ; d.

Fiche 82 Vers le Bac (p. 171)

1 **1.** Le responsable du service numérisation n'affectera plus les tâches aux techniciens. Il indiquera uniquement les lots à mettre « en production » dans l'application. Tous les techniciens auront la qualification pour traiter complètement les lots : numérisation et finalisation se feront dans la foulée par la même personne. Les activités finalisation et numérisation seront regroupées dans une seule colonne « technicien ».

2. Les différentes conséquences de la mise en place du module PGI ADEL seront :

Numest	Salariés	Clients
- Numest devra former ses techniciens afin de les rendre polyvalents - Numest pourra répondre à la demande des clients dans de meilleurs délais - La satisfaction des clients sera meilleure	- Le responsable du service disposera d'outils de pilotage - Les techniciens seront polyvalents avec des tâches plus riches. Ils seront toutefois plus contrôlés	- Le client pourra consulter l'état d'avancement de la commande - Il pourra être contacté et consulté en cas de problème - La prestation sera mise en place plus rapidement - Moins de papier sera consommé, avec l'utilisation du numérique dès la saisie du devis

2 **1.** La formation doit être assurée par Julie Delrieu qui n'est plus disponible à partir du 22e jour. Elle doit donc être terminée au plus tard le soir du 21e jour. Comme elle dure 2 jours, elle doit débuter au plus tard le 20e jour au matin. Mais la formation doit être réalisée sur l'application. Il faut que celle-ci soit terminée, donc la formation peut débuter au plus tôt le 11e jour.

2. A : 1 chef de projet, 5 jours à 500 € = 2 500 €.
B : 2 designers, 3 jours à 250 € chacun = 2 × 3 × 250 = 1 500 €.
C : 3 développeurs, 5 jours à 300 € chacun = 3 × 5 × 300 = 4 500 €.
D : 2 développeurs, 8 jours à 300 € chacun = 2 × 8 × 300 = 4 800 €.
E : 1 chef de projet, 3 jours à 500 € = 1 500 €.
F : 2 développeurs, 2 jours à 300 € chacun = 1 200 €.
G : 1 chef de projet, 2 jours à 500 € = 1 000 €.
Formation : 1 formatrice, 2 jours à 100 € = 200 €.
Total : 17 200 €.

3. Si un seul des designers est affecté à ce projet, la tâche B qui devait durer 3 jours durera finalement 6 jours. Elle se terminera donc le 11e jour, elle avait une marge de 2 jours. Son allongement de 3 jours va donc retarder la durée totale du projet d'une journée. Celui-ci durera finalement 24 jours.

3 **1.** M. Cetin Yuksel ne peut pas réaliser un nouvel investissement pour ce projet, car la table Investir contient un investissement ayant une clé primaire correspondant à cet investisseur et ce projet. Or la clé primaire doit être unique. Pour que cela soit possible, il faut modifier la relation Investir de la façon suivante :
Investir (numInvest, idMembre, idProjet, montant)
Clé primaire : numInvest
Clés étrangères : idMembre en référence à id de la relation Membre idProjet en référence à id de la relation Projet

2. - SELECT nom, prenom, montant
FROM Membre, Projet, Investir
WHERE Membre.id = Investir. idMembre
AND Investir. idProjet = Projet.id
AND libelle = "Un toit bio en ville"
- SELECT Projet. libelle, SUM (montant)
FROM Membre, Projet, Investir
WHERE Membre.id = Investir. idMembre
AND Investir. idProjet = Projet.id
AND createur = 23
GROUP BY Investir. idProjet

ANNALES CORRIGÉES – Épreuve de Management, sciences de gestion et numérique (p. 173)

#corrigé

Corrigé des annales de Management

foucherconnect.fr/24terstmg89

DROIT ET ÉCONOMIE

Fiche 94 Quiz express (p. 205)

1 c.
2 b.
3 b.
4 b.
5 a. ; b.
6 c. ; d.
7 b.
8 b.
9 b. ; c.
10 b.
11 a.
12 b.
13 a.
14 a.
15 a.

Fiche 95 Vers le Bac (p. 207)

1 **1.** M. X est une personne physique. Il est un consommateur. Il est client de Mme Y avec laquelle il est lié par un contrat de consommation. Il est le demandeur.
Mme Y est une personne physique. Elle a la qualité de commerçante donc c'est une professionnelle. Elle est la défenderesse. M. X veut exercer son droit de rétractation et se faire rembourser le prix du livre. Mme Y lui dénie ce droit au motif qu'il aurait exprimé la volonté d'y renoncer. M. X décide de s'adresser au juge.
2. La question de droit est : Un professionnel (Mme Y) peut-il légitimement s'opposer au droit de rétractation d'un consommateur (M. X).
3. Toute clause par laquelle une personne abandonne son droit de rétractation est nulle (article L 121- 18 du Code de la consommation). Même si le bon de commande coché en ligne marque l'abandon consenti du droit de rétraction de M. X, cette clause est nulle. M. X, en tant que consommateur, dispose bien d'un droit de rétractation. Les professionnels sont tenus de rembourser intégralement les consommateurs qui exercent leur droit de rétractation y compris les frais de livraison (article L 121- 21- 4 du Code de la consommation). Par conséquent, Mme Y devra

intégralement rembourser M. X. Elle ne peut pas légitimement s'opposer à l'exercice de son droit de rétractation.

2 **1.** Monsieur X, en sa qualité d'artisan, effectue une prestation pour le compte de Monsieur Y qui est son client. Ils sont liés par un contrat d'entreprise. La chute du marteau a dégradé le bien de Monsieur Y, propriétaire du logement, lui causant ainsi un dommage matériel.
2. Les articles 1244, 1245, 1246 ne s'appliquent pas car la qualification des faits ne permet pas de les rattacher à la situation juridique présentée. Le dommage n'est pas causé par un animal, ce n'est pas le propriétaire du bâtiment qui a généré le dommage dont il est victime et il ne s'agit pas de la vente d'un produit défectueux.
3. Monsieur X est responsable des dommages causés par les objets dont il a la garde, dont le marteau (article 1242). Même s'il l'a lâché par négligence (article 1241), il engage sa responsabilité civile extracontractuelle. Il devra remettre le carrelage en l'état ou en dédommageant financièrement Monsieur Y. S'il est assuré, c'est éventuellement son assurance professionnelle qui réparera le préjudice.

3 **1.** Non, si la tenue vestimentaire du salarié n'est pas néfaste aux intérêts de l'entreprise dans l'exercice de ses fonctions d'après l'article L. 120- 2 du Code du travail. L'employeur ne peut pas interdire une tenue vestimentaire à un salarié si cela n'est pas justifié par sa fonction. Par conséquent cela ne peut pas être un motif de licenciement réel et sérieux.
Oui, d'après la Cour de justice européenne qui a statué en 2017, qu'un règlement intérieur d'entreprise pouvait interdire à ses salariés les tenues et symboles religieux. Par conséquent si le contrat de travail ou le règlement intérieur le prévoit, dans le respect de la loi, un employeur peut interdire à un salarié certaines tenues vestimentaires. Cela n'est pas forcément un motif de licenciement si le salarié accepte une autre fonction où sa tenue vestimentaire ne nuit pas aux intérêts de l'organisation qui l'emploi et à l'exercice de sa fonction. Dans le cas contraire il peut être licencié.
2. Non, selon l'article L 1222- 9 du Code du travail, un employeur doit avoir l'accord du salarié pour organiser le télétravail et le refus du salarié n'est pas un motif de licenciement. Oui, selon Article L 1222- 11du Code du travail, un employeur peut dans des circonstances exceptionnelles dans le but d'assurer la continuité de l'activité, imposer au salarié sans son accord une situation de télétravail. Cela est considéré comme un aménagement du poste de travail. En l'absence de solutions alternatives, le refus du salarié peut alors constituer une faute qui justifierait un licenciement.

4 Apriori, Mme Y exerce son activité actuelle dans le cadre d'une entreprise individuelle. Son activité ne semble pas réclamer de gros investissements. Si Mme Y souhaite rester seule et indépendante pour exercer son activité, elle peut choisir l'un des statuts suivants :
- le statut de micro-entrepreneur : les formalités sont simples et rapides ; la tenue des comptes est simplifiée ; les ventes ne sont pas soumises au régime de la TVA (sous plafond). L'activité de Mme Y ne doit pas dépasser un certain seuil de CA, ce qui est le cas ici ;
- l'EIRL : sa création est simple et peu coûteuse. Elle permet une limitation des risques (déclaration d'affectation) par la protection du patrimoine privé de Mme Y : en cas de difficulté, seul le patrimoine affecté à l'exploitation professionnelle encourra les risques liés à son activité économique ;
- l'EURL : la responsabilité de Mme Y, associée unique, sera limitée à ses apports. L'EURL peut facilement être transformée en SARL, ce qui peut s'avérer utile en cas de développement de l'activité de Mme Y. Si Mme Y souhaite exercer son activité avec d'autres personnes, elle peut choisir de créer une SARL avec un ou plusieurs associés. Aucun capital minimum n'est exigé par la loi, la responsabilité est limitée aux apports ; cette solution peut lui permettre de réunir davantage de moyens financiers pour exploiter son activité.

Fiche 110 **Quiz express** (p. 237)

1 c.
2 a. ; c.
3 b.
4 b.
5 c.
6 a.
7 a. ; b. ; c.
8 b. ; c.
9 a. ; b. ; c.
10 a.
11 b.
12 b.
13 a.

Fiche 111 **Vers le Bac** (p. 239)

1 **Arguments pour :** L'État est garant de l'intérêt général et de la sécurité morale et matérielle des citoyens. La covid 19 est une menace pour la santé publique. L'État-providence doit donc agir pour aider les citoyens, en particulier les plus fragiles, à préserver leur santé. Pour les mêmes raisons, au nom de la solidarité, il doit aider les entreprises en difficulté. Le taux de croissance des dépenses de l'État était depuis plusieurs années en forte diminution (2 % en moyenne jusqu'en 2008, moins de 1 % depuis 2013, alors que la part des dépenses de fonctionnement dans le PIB a chuté de 40 % à 10 %). Les dépenses d'investissement sont restées stables depuis 1960 (entre 9 et 6 % du PIB) tandis que la population augmentait. Si l'État n'augmente pas les dépenses publiques, il sera difficile de faire face à la pandémie dans de bonnes conditions. Par nature, ces dépenses ne sont pas soumises à la contrainte de la rentabilité. Elles sont néanmoins essentielles au fonctionnement normal du secteur privé, notamment quand les services publics prennent en charge la santé des salariés malades et la formation des enfants des salariés qui sont au travail. Une population en bonne santé est une population qui est capable de produire des richesses. Une pandémie diminue fortement la capacité de la population active à produire des richesses car les malades ne peuvent plus travailler. L'absence des salariés désorganise la production et diminue fortement la compétitivité des entreprises.
La pandémie perturbe les habitudes de consommation ce qui diminue la demande auprès des entreprises. On observe au premier trimestre 2020 sur trois mois une baisse de l'activité de 32 %. Toutes les entreprises ne sont pas touchées de la même façon : certains secteurs d'activité sont plus exposés que d'autres. Entre l'augmentation des coûts, la baisse de la productivité et la chute de la demande, c'est l'ensemble du système productif qui menace de s'effondrer. En trois mois, le PIB a déjà chuté de 5,8 %. Cela justifie l'intervention de l'État. Il peut mobiliser d'importantes ressources pour préserver l'économie et la santé de ses citoyens. Le coût du plan d'aide d'urgence annoncé est de 100 milliards d'euros (chômage partiel, achat de matériel, rémunération du personnel de santé). L'État dispose de moyens financiers importants qui dépassent celles d'un simple individu. Sa solvabilité n'est pas limitée à une génération. Il peut donc étaler la charge financière de son action dans le temps sur plusieurs générations. D'autant plus que les emprunts publics d'aujourd'hui ont un coût très faible. Les taux d'intérêt auxquels l'État français emprunte depuis 2019 sont bas (moins de 1 %). De plus, la BCE rachète auprès des investisseurs privés les dettes publiques (plan d'aide de la

BCE de 1 000 milliards d'euros pour faire face à la pandémie). Elle peut geler à long terme l'obligation de rembourser les dettes publiques qu'elle détient dans son bilan. Ainsi, les sommes injectées dans l'économie par le rachat des dettes publiques soutiennent le secteur privé tout en donnant des marges de manœuvre aux politiques publiques des États sans fortement hypothéquer les chances des générations futures. Une politique économique budgétaire de relance coordonnée au niveau européen pourrait être nécessaire.

Argument contre : L'État n'agit pas avec discernement car les décisions politiques sont prises par des hommes soumis à des conflits d'intérêts sous la pression des lobbyistes (grande distribution, partenaires sociaux, industrie pharmaceutique, laboratoires, école de pensée universitaires etc.). Son action n'est donc pas guidée par le seul intérêt général. Le plus souvent, son action est moins efficace que celles des acteurs privés qui veillent à leurs propres intérêts. Or, les ressources utilisées par l'État sont prélevées sur le secteur productif, le coût de l'action publique n'est pas soutenable. La pandémie du covid-19 alourdit encore les dépenses publiques. Le chômage partiel financé en partie par l'État concerne 8 millions de salariés pour un montant minimum estimé à 24 milliards d'euros sans compter les baisses de cotisations sociales (AFP 14/04/2020). L'État ne peut plus prélever de ressources fiscales sur le secteur productif pour financer ses dépenses car le niveau des prélèvements obligatoires (PO) est déjà très élevé. En 2019, le taux des PO atteint 44,1 % du PIB ; c'est le plus élevé de l'UE depuis 4 ans. En période de pandémie, les entreprises qui ont peu de trésorerie sont fragiles. L'augmentation de la pression fiscale précipiterait des secteurs d'activité entiers vers la faillite. Le chômage augmenterait en accroissant encore le coût de la Sécurité sociale. Pour financer les dépenses de santé urgentes, l'État serait donc contraint de laisser les déficits publics se creuser. D'après les prévisions, en 2020, la dette publique dépassera 112 % du PIB soit beaucoup plus que ce que la France produisait en 2019. Le remboursement de la dette publique limitera la capacité de l'État à financer les investissements structurels d'aménagement du territoire qui sont nécessaires au développement de l'activité privé. Or, depuis les années 1960, l'investissement public ne représente que 6 à 9 % du PIB et moins de 3 % de la richesse nationale est consacrée à la recherche-développement. La dette devra être remboursée par les générations futures. Cela handicapera leurs chances de croissance et de développement. La politique économique consiste à faire des choix dans l'allocation des ressources. L'essentiel des richesses créé par les agents économiques dans le pays est utilisé pour financer un système de protection sociale très protecteur. Les dépenses sociales représentent plus de 58 % des dépenses publiques or, une grande partie des prestations sociales sont financées par les fruits du travail. Si l'État intervient, alors le besoin d'assistance des ménages et des entreprises privés de travail va encore s'accroître. Or, sans activité économique, il n'est pas possible de financer les aides sociales. Les cotisations salariales représentent 54,2 % du financement de la Sécurité sociale. Pour limiter l'endettement, il faudra donc faire le choix rationnel de faire baisser les dépenses publiques ou de trouver d'autres sources de financement (privatisation etc.). Les économies les plus performantes et résilientes résisteront à cette crise.

2 Arguments pour : Quand le coût du travail diminue par rapport au coût du capital, il y a une substitution du travail au capital dans la combinaison productive. Ainsi, la demande de travail augmente et le taux de chômage diminue. Les charges patronales et salariales augmentent le coût de l'heure travaillée. Par conséquent, si on fait baisser les taux de prélèvement, le coût du travail diminue et les marges augmentent. La rentabilité des investissements est plus grande. Comme les taux d'intérêts des emprunts sont faibles, cela incite à investir pour créer de l'activité, ce qui est au final favorable à l'emploi. La baisse du smic permet de diminuer le coût du travail non qualifié. Les sommes non dépensées peuvent être utilisées soit pour embaucher plus de personnes non qualifiées ou pour recruter des personnes plus qualifiées qui sont mieux rémunérées. Cela est favorable à l'emploi. On constate qu'en France, la demande de travail qualifié augmente dans l'économie. La baisse du coût du travail permet de faire diminuer les coûts de production. Ainsi, il est possible de faire baisser les prix par rapport à la concurrence, notamment étrangère. Cela améliore la compétitivité des produits français. La demande étrangère augmente, ce qui est favorable à l'augmentation de la production et donc à l'emploi.

Argument contre : Quand le coût du travail baisse, cela n'entraîne pas une hausse de la demande de travail car le principal déterminant de la demande de travail, c'est la demande sur le marché des biens et services. La baisse du coût du travail permet aux entreprises de restaurer leurs marges et de rémunérer les propriétaires du capital sans distribuer de pouvoir d'achat. Or, c'est la hausse du pouvoir d'achat des ménages qui fait augmenter la consommation, donc la demande auprès des entreprises. Les investisseurs ne sont pas incités à investir quand le coût du travail diminue. Ils recherchent avant tout une rentabilité à court terme des capitaux qu'ils investissent suivant une logique financière et non suivant une stratégie industrielle à long terme. Par conséquent, c'est leur perception de l'évolution du marché qui guide leur investissement. Ainsi, la baisse des coûts salariaux ne se traduit pas forcément par une hausse des investissements favorables à l'activité malgré une meilleure rémunération des capitaux. La baisse du smic n'entraine pas nécessairement une hausse de la demande de travail car les emplois d'aujourd'hui sont surtout des emplois qualifiés. Les emplois les moins qualifiés sont souvent remplacés par des systèmes automatisés. Par exemple, il existe toutes sortes de robots de manutention. Nous pouvons tous constater l'apparition de caisses automatiques dans les grandes surfaces. En Chine, il existe des magasins où c'est l'intelligence artificielle couplée à des balances et des logiciels d'analyse de l'image qui permettent de facturer directement le client quand il sort du magasin sans qu'il passe en caisse. Dans ces magasins, il n'y a plus de caisses en sortie. La baisse du coût du travail diminue les rémunérations versées et donc le revenu disponible des ménages. Cela est défavorable à la consommation donc à la demande sur le marché des services et par conséquent à l'augmentation de la production. Le coût du travail est un faux problème car il peut être compensé par la productivité du travail. Le différentiel de coût du travail entre la France et l'Allemagne en défaveur de la France est quasi ou compensé par la productivité du travail en France. Quand la productivité du travail augmente, il faut moins d'heure de travail pour réaliser le même volume de production. Par conséquent, même avec un coût horaire du travail plus élevé, le coût global de la production n'est pas défavorable. La compétitivité face à la concurrence étrangère est préservée. Avec une forte productivité, la France reste un pays attractif pour les investissements directs étrangers.

3 **Les arguments pour** : Le Canada représente une faible part du commerce international français : 0,7 % des exportations et 0,5 % des importations. La marge de progression des échanges avec la France est forte, ce qui peut être source d'opportunité pour notre industrie et notre secteur agricole. D'ailleurs, depuis la mise en œuvre de l'accord en 2017 avec l'UE, le solde de la balance commerciale de la France avec le Canada est nettement excédentaire. Il passe de + 39,7 m€ en 2017 à + 455,1 m€ en 2019. Les secteurs concernés par ordre d'importance sont les produits agroalimentaires, les équipements mécaniques, le matériel électrique, l'électronique, l'informatique, les produits chimiques, la cosmétique parfumerie le textile, l'habillement et le cuir. Le traité conduit à une harmonisation des normes de production et de fabrication vers le standard le plus haut donc au bénéfice de la sécurité des produits vendus aux consommateurs européens.

Les arguments contre : Le Canada est lié aux États-Unis par un accord de libre-échange. Par conséquent, les produits américains qui ne respectent pas les normes européennes, notamment dans le secteur de l'agriculture et de l'agroalimentaire, entrent librement au Canada où ils peuvent être exportés comme produits canadiens vers l'Union européenne sans droit de douane ou être incorporés dans des productions du Canada destinées à l'Europe. Ainsi, l'agriculture intensive américaine ferait concurrence à l'agriculture européenne de façon indirecte et déloyale. En particulier, la filière bovine serait particulièrement menacée par l'élevage aux hormones, l'utilisation de farine animale et l'usage des antibiotiques par les Américains. Les normes en vigueur en Amérique du Nord sont moins contraignantes pour les producteurs et industriels, notamment en matière environnementale (émission de gaz à effet de serre, ce qui leur donne un avantage en matière de coût de production). Les produits nord-américains et canadiens seraient de ce fait plus compétitifs que les produits européens équivalents, en étant moins vertueux par rapport au réchauffement climatique. Si bien qu'à terme, 200 000 emplois seraient menacés en Europe contre 23 000 au Canada, par la mise en concurrence de nos entreprises alors qu'on demande aux entreprises françaises de consentir des efforts d'investissement importants pour respecter des normes contraignantes en matière d'écoconception, de gestion des déchets et d'énergie. Une dernière critique porte sur la possibilité de contourner la réglementation sur les droits d'auteur en Europe et notamment en France, en s'appuyant sur la notion de copyright, moins contraignante au Canada selon le droit en vigueur, ce qui à terme menacerait la production de produits culturels et de logiciels en Europe.

4 **Arguments pour** : Oui, il faut de la croissance car sans croissance il n'y a pas de richesse. Sans richesse, on ne peut pas investir dans le progrès technologique. Or, ce sont les progrès techniques qui permettent l'augmentation de la productivité et donc l'économie des ressources. La croissance de façon endogène est facteur de progrès, ce qui rend la croissance soutenable à long terme. Aujourd'hui, il faut de moins en moins de ressources matérielles pour créer de la valeur ajoutée. Ce sont les innovations technologiques qui permettront par exemple de développer des batteries plus performantes comme celles développées par la société Airbus qui sont nécessaires à la transition énergétique. Les biotechnologies et l'observation de la nature permettent de développer de nouveaux secteurs d'activités plus respectueux des équilibres environnementaux et sociaux. Ainsi, il est possible de produire sans créer beaucoup de déchets, voire aucun, si les produits et les services sont écoconçus. On peut aussi améliorer le bilan énergétique de la production grâce aux technologies des énergies renouvelables. Dans le secteur du bâtiment, on peut aussi avoir recours aux technologies de l'habitat passif qui consomme très peu d'énergie. Ainsi, il y aurait moins de gaz à effets de serre diffusés dans l'atmosphère, ce qui diminuerait le réchauffement climatique. La croissance verte implique aussi de raccourcir les chaînes logistiques d'approvisionnement pour diminuer le coût de l'énergie. La relocalisation des activités entraînerait une meilleure valorisation des ressources humaines et naturelles locales. Si les approvisionnements sont locaux, alors les pollutions liées au secteur du transport diminueraient. Il faut repenser les transports en favorisant par exemple le fret ferroviaire plutôt que les transports routiers qui sont plus polluants. La pandémie du coronavirus a entraîné une diminution des échanges mondiaux mais aussi une amélioration de la qualité de l'air aux abords des grandes agglomérations comme Paris.

Arguments contre : Non, la croissance verte est une utopie car le réchauffement climatique s'inscrit sur une longue période. Il faudrait un arrêt brutal de l'activité économique pour que le climat se rééquilibre car pendant la précédente décennie, malgré les avertissements des scientifiques, les décideurs politiques et économiques ont manqué d'ambition. Il faudrait 10 à 30 térawatts de capacité d'énergie décarbonée pour changer la trajectoire du réchauffement climatique au rythme de la production actuelle. C'est l'équivalent de la production de 30 000 centrales nucléaires pendant 363 ans. Or elle n'existe pas. Les choix idéologiques ou les choix de réduction des coûts rendent la transition énergétique impossible dans un avenir proche. Par exemple, l'abandon par de grands pays industriels comme l'Allemagne de l'énergie nucléaire rend la croissance verte impossible. À chaque fois que la production augmente, on consomme plus d'énergie issue du charbon ou des hydrocarbures car les éoliennes, les barrages hydroélectriques, les panneaux photovoltaïques ne suffisent pas à compenser les capacités de production avec de l'énergie nucléaire. Quelle soit verte ou pas, la croissance nécessite de transformer des ressources plus ou moins renouvelables alors que la population mondiale augmente ainsi que les besoins. La croissance verte ne permet pas de résoudre le défi du réchauffement climatique. Au mieux, elle repousse les échéances tant que nous ne changeons pas de modèle de société. En 10 ans, depuis 2018, la demande mondiale d'énergie a augmenté de 2,3 %. Il n'y a que 20 % des besoins qui sont couverts par les énergies renouvelables et moins de la moitié des nouveaux besoins... Il faudrait une harmonisation des normes de pollution et de production au niveau mondial ; or, pour des raisons d'indépendance et de puissance des Etats, il est quasiment impossible d'établir des normes communes. Chaque pays cherchera à préserver son indépendance et ses avantages compétitifs par rapport aux autres. La coordination est une utopie. D'ailleurs, la remise en cause dans de nombreuses régions du monde du multilatéralisme (marginalisation de l'OMC, Brexit, etc.) au profit du bilatéralisme le montre. Alors qu'on aurait pu penser que la pandémie du coronavirus relancerait la coopération internationale, on s'aperçoit que c'est la compétition, les rivalités entre nations pour acquérir du matériel médical ou pour développer un prochain vaccin qui prédomine.

ANNALES CORRIGÉES – Épreuve de Droit et économie (p. 241)

#corrigé

Corrigé des annales de Droit et économie

foucherconnect.fr/24terstmg90

PHILOSOPHIE

Fiche 126 Quiz express (p. 275)

1 b.
2 c.
3 a.
4 b.
5 b.
6 a.
7 c.
8 b.
9 c.
10 a.

Fiche 127 Vers le Bac (p. 277)

1 **1.** Dans cet extrait de la *Critique de la faculté de juger*, Emmanuel Kant tente de répondre à la question de savoir si le jugement esthétique dépend des goûts de chaque individu ou bien s'il peut être objectif et universel.

2. L'auteur opère dans ce texte une distinction entre le jugement esthétique concernant le beau et le jugement concernant l'agréable. Dans une première partie (l. 1 à 8), Kant explique que le jugement concernant le caractère agréable des choses ne contient aucune exigence d'universel. Nous acceptons très bien le désaccord en matière de goût et la diversité des jugements sur l'agrément des choses. Le jugement concernant l'agréable est donc un jugement subjectif particulier. Mais, concernant le jugement esthétique (l. 9 à 17), il affirme que nous ne jugeons pas uniquement pour nous-même, nous exigeons l'accord des autres : ce n'est donc pas un jugement particulier. Le beau ne peut exister que s'il plaît universellement, c'est-à-dire ici s'il peut légitimement plaire universellement : le jugement esthétique contient donc une exigence d'universel. Nous jugeons

comme si la beauté « était une propriété des choses », c'est-à-dire comme s'il s'agissait d'un jugement objectif, alors même que nous jugeons le beau à travers notre subjectivité.
3. L'idée principale du texte est donc la suivante : afin de combattre l'idée relativiste que le beau dépendrait de chacun, Kant affirme que lorsque nous jugeons qu'une chose est belle, nous jugeons en même temps que cette affirmation devrait être universelle : le jugement esthétique contient en lui une exigence d'universel, malgré le constat probable du désaccord des autres. Il est donc subjectif mais paradoxalement universel.

2 L'incertitude semble bien être, paradoxalement, ce qui permet la croyance. Ainsi, dans le domaine de la religion et de la foi, Dieu n'est un objet de foi que dans la mesure où sa présence n'est pas absolument manifeste. En effet, dans les *Pensées*, Blaise Pascal distingue le « Dieu des philosophes » et celui des Écritures pour affirmer que seul le deuxième est un objet de foi, de croyance.
Il reproche ainsi à René Descartes d'avoir utilisé Dieu comme premier moteur, pour donner « une chiquenaude » au monde et de l'avoir ensuite évacué du reste de sa philosophie, car il n'en avait plus besoin. Au contraire, pour Pascal, Dieu est « sensible au cœur, non à la raison », et il n'est un objet de foi que parce qu'il est un « dieu caché ». C'est parce que je ne peux prouver indubitablement, avec certitude, que Dieu existe, que je crois en lui : *credo quia absurdum*, je crois parce que c'est absurde. Ainsi, pour Pascal, l'attitude de saint Thomas affirmant dans les *Évangiles* qu'il ne croit que ce qu'il voit, n'est pas véritablement une attitude de croyant. C'est l'attitude du témoin religieux qui peut constater empiriquement le miracle ou la présence de Dieu. Le croyant, lui, est condamné à faire confiance au témoin, personne ou texte, qui atteste de ce qu'il a vu. Pour croire, il faut donc bien faire confiance, pour pallier l'incertitude que suppose la foi.
Mais alors nous pouvons nous demander : la croyance ne se confond-elle pas avec la crédulité ?

3 Il peut sembler paradoxal de poser la question de la maîtrise du développement technique. En effet, si on définit la technique comme un instrument au service de l'être humain comme être de culture, celle-ci lui permettrait alors de se distinguer des autres animaux et serait le moyen pour lui de réaliser pleinement sa condition. Mais force est de constater que la technique semble pourtant aussi inspirer une forme de méfiance : ainsi le cinéma de science-fiction contemporain abonde en exemples de récits dans lesquels des machines et robots, de plus en plus perfectionnés, finissent par prendre le pouvoir sur l'humanité et l'asservir, ou la mettre en danger de disparaître. L'être humain, animal apparemment technophile par définition, se révèle parfois bien technophobe.
Nous devons donc nous demander : la technique, comme instrument de contrôle et de pouvoir de l'homme, peut-elle être un pur instrument dans sa main ? Ou bien le développement technique entraine-t-il nécessairement un processus de modification de l'humanité elle-même, sur laquelle elle n'aurait aucun contrôle ?
Tout d'abord, nous verrons dans une première partie qu'il semble que la technique soit un outil qui permet à l'être humain de se réaliser, outil sur lequel il aurait donc le contrôle. Mais, dans une deuxième partie, nous constaterons que l'invention et le développement des objets techniques modifient les sociétés humaines et les hommes qui les emploient, rendant alors ce contrôle assez illusoire. Nous envisagerons enfin à quelles conditions la technique peut néanmoins demeurer au service de l'être humain, et non l'inverse.

ANNALES CORRIGÉES – Épreuve de Philosophie (p. 279)

#corrigés

Corrigé des annales de Philosophie

foucherconnect.fr/24terstmg91

SG-SM-BM-CM

PAPIER À BASE DE
FIBRES CERTIFIÉES

Hatier s'engage pour
l'environnement en réduisant
l'empreinte carbone de ses livres.
Celle de cet exemplaire est de :
750 g éq. CO_2
Rendez-vous sur
www.hatier-durable.fr

Achevé d'imprimer en Espagne par Macrolibros
Dépôt légal : 17122-4/01 - Juin 2024